78忆78

——1978级中国科学院研究生院纪念文集

文集编辑部

目 录

编者的话 IX

序 .... 李又宁 X

序 .... 舒昌清 XII

回忆中国科学院研究生院 .... 朱学渊 1

为 78 级研究生护航 .... 孙景才 9

    一、为 17 个孩子落北京市户口 10

    二、诱导精神不太正常的校友 12

    三、为无辜学生避免牢狱之灾 14

    四、避免了一场飞来的横祸 15

    五、简化档案材料 16

    六、丰富同学们的文艺生活 17

    七、给英语不及格的同学拉分 18

    八、涨工资推荐信 19

    九、尾声 20

MARY VAN DE WATER 的回忆 .... MARY VAN DE WATER 21

研究生院的英文老师求职之路 .... MARY VAN DE WATER 26

1978 年我是如何到中国教书的 .... LYNDALL NAIRN 31

一样教学 两样学生 .... LYNDALL NAIRN 37

点破天机放我行 .... 陆文禾 48

偶然的科学院学子 .... 田大鹏 53

i

从农庄到肖庄..张韧 63

从唐山抗震救灾到考研......................................樊哲民 70

柳暗花明...朱蓬蓬 81

特别的七八级研究生..贺祖琪 87

我的研究生之路..谭建亮 92

转折点..唐一华 98

走下白鹿原的研究生..卞锦儒 104

报考科仪厂研究生的机遇....................................程上聪 110

比一千个太阳还亮...郑玮 113

考研背后的几位女性推手.....................................刘江波 117

 一、成为老伴的前女友....................................118

 二、南航数学系的女教师和江苏省政府的女工作人员...............119

 三、南航体育教师的女儿和北大物理系毕业的女老师................120

 四、大学女同学..121

 五、后记..121

考研与读研记...张增耀 124

考研读研的前前后后..田维熙 129

 一、不甘平庸要考研..129

 二、一波三折终录取..130

 三、强化学习攀高峰..132

那年我是孩子他妈...张天蓉 137

 一、"考考玩而已"..137

 二、考研初试...139

 三、廊坊复试...140

四、林学院 141
　　五、李政道讲课 142
　　六、出国的机会 143
　　七、美国奥斯丁 144

郝柏林先生和"朗道势垒" .... 张天蓉 **147**

把握偶然尽当然 .... 王宏 **150**
　　偶然机会 改变人生 150
　　民国打造 勤奋使然 153
　　怀疑一切 挑战权威 154
　　淡泊名利 献身科学 155
　　进而趑趄 有错必纠 156
　　不惑偶然 行所当然 157

忆导师黄秉维先生对我们研究的引领和指导 .... 蔡强国 **160**

1978年前后的回顾 .... 周心铁 **171**

林磊的故事 .... 舒昌清 **182**
　　一、选题 183
　　二、让数据说话 184
　　三、论文写作中的两个坚持 185
　　四、对论文评审意见的答辩 186
　　五、物理学派 187
　　六、漓江游艇上 187
　　七、送礼 188
　　八、火柴盒 189

师恩如山——纪念导师陈家镛先生 .... 邓彤 **190**

吴文俊院士对我科学生涯的决定性影响 .... 周咸青 **196**

"听不懂，都是讲的人的问题" .... 葛惟昆 **201**

师从关肇直先生读研 .... 程代展 **207**

深切怀念关肇直先生 .... 余德浩 **216**

追忆冯康先生 .... 余德浩 **221**

    一、饮水思源,师恩难忘 221

    二、指点方向,开拓创新 224

    三、提携晚辈,激励后人 228

    四、只争第一,不要第二 230

    五、论著传世,影响深远 233

    六、音容宛在,风范长存 235

有缘科学在春天 .... 余德浩 **239**

恩师郭承基先生十年祭 .... 郑宝山 **244**

    一、无论事情大小,绝对不可做害人、损人之事 245

    二、人生在世,总要千方百计为国家、为民族做些有益的事 246

    三、在你所作所为无愧于人,对国家尽心尽力的情况下,你有责任让你的家人过上尽可能好的生活 248

追随刘东生先生的三十年 .... 郑宝山 **254**

回忆研究生院的几位英语老师 .... 罗宝林 **263**

    一、李佩教授的功德 263

    二、年轻活泼的英语老师彭静芙 265

    三、一对英籍华人姊妹花 267

追思李佩老师赋 .... 余德浩 **270**

怀念研究生院和李佩先生 .... 蒋自新 **272**

丁训班和我的硕士论文 .... 王克斌 **279**

    参加丁训班 279

    考 CUSPEA 284

感恩 CUSPEA 和研究生院 .... 徐依协 295

乘西风飘洋过海 .... 朱蓬蓬 300

我的美国求学之路 .... 黄乃中 310
    一、进入研究生院 310
    二、负笈美国 314
    三、走入圣母大学 UNIVERSITY OF NOTRE DAME 315
    四、不惑之年的研究生 317
    五、论文答辩(DEFENSE)与毕业典礼 321
    六、后记 324

初来乍到时——留美故事 .... 张天蓉 325
    一、房东小屋国际家庭 325
    二、物理大楼鸡腿飘香 330
    三、驱车加州有惊无险 333
    四、美丽校园往日时光 337

从反革命到研究生再出国留学 .... 周克诚 342
    一、莫须有的冤案影响我报考研究生 342
    二、成功考取中国科学院研究生院 344
    三、当"电灯泡"帮助我学习英语 345
    四、命运安排我留学澳洲 346

感恩科学的春天 .... 程惟康 354
    一、在中科院研究生院的日子 355
    二、在密西根大学留学 360
    三、在休斯顿大学留学 366

中科院研究生院——命运的转折点 .... 高稚宜 374

人生的相变 .... 舒昌清 379

一、补学计算机 379
　　二、涉足图像处理 380
　　三、入行语音识别 381
　　四、危机变契机 382
　　五、寻找突破口 384

改变我人生命运的英语情结 .... 杨萃青 **386**

东风 VS.西风 —— 英语 VS.俄语 .... 郑元芳 **396**

悼念袁和 .... 冯翘 **400**

怀念徐鸣清 .... 李英治 **404**

怀念刘国玺 .... 李英治 **408**

深切怀念蒋洪德屠美容 .... 李英治 **414**

回忆黄升堉学长 .... 张韧 **418**

王新华永远活着 .... 徐文耀 **425**

中国科学院大学与我的人生格局 .... 潘云唐 **429**

从研究生院到盐湖城 .... 刘平宇 **461**

一则新闻和一桩往事 .... 葛惟昆 **502**

我没有忘记（诗） .... 张增耀 **506**

纪念研究生院成立 40 周年兼寄板房兄弟 .... 陈治明 **508**

寻梦风雨中 .... 应行仁 **511**

"充军口外"的日子 .... 杨静韬 **516**

　　63 人的"战斗情谊" 516

　　插队生活与考研风波 520

天眼之行 .... 周莉 周克诚 **526**

中科院研究生院培育了网络安全人才 .... 许榕生 **528**
　一、考进研究生院 528
　二、在研究生院学习 530
　三、继续深造与回国贡献 531
　四、投身网络安全的研究 532

后 记 .... 文集编辑部 **535**

编者的话

戊午之年，大乱初定，人心思变。盛夏金秋，中科院首开先河，创立研究生院。不拘一格，凭考择优。历十年浩劫，众士翻身；沐一日春风，千贤竟至。白首青丝共聚一堂，讲自由精神，求独立思想，跻身肖庄板房玉泉校园，激情满怀心寄天下。习西文数理，练现代科学，陋室简餐，其乐融融。

幸有科学巨擘，李政道、丁肇中、李远哲、沃森（James Watson）之诺奖折桂者，拨云解惑指点迷津；有神州各行之翘楚，开课执教亲授弟子。洪荒大漠喜得甘泉浸润，瞬间绿草如茵。兼有西人师友玛丽女士道破天机，更难得彭平、李佩二位先贤热血担当，开创自主留学之路，莘莘学子滚滚西去，国门自此不可闭锁。

人生苦短，弹指四十余年，当年同窗，皆已花甲耄耋，亦有早行者驾鹤西去。或客居他乡，或留守报国，各有所成。沧海桑田，世殊事异，若非当年诲人不倦者，何来今日叱咤科技风云之人！如无劈荆斩棘开路者，哪有后世之康庄大道！抚今追昔，忾我寤叹，缱绻情往，诉诸文字。校友84人，或谢师恩，或忆友情，说坎坷往事，写奋斗精神，道尽世事无常！纵有荒诞不经，亦为各人亲历。合134篇，汇聚成册，得此文集，分为两卷。涓涓细流汇入史海，以求正史，为后人鉴。

序

－1978 年的科学春－

陈远焕先生在南京大学图书馆从事选书工作三十多年，他向一些美国学者募集他(她)们的著作及藏书，捐赠给南京大学图书馆，我也是其中之一。

2020 年 5 月，陈先生电询：是否愿为《1978 级中国科学院研究生院纪念文集》书稿写篇序？他知道远在半世纪前，我曾写过一本《吴晗传》，资料多来自文革时期。此後，我关注的是其它人物和题目。

然而，文革是大戏码。当年排山倒海而来，惊天动地。主要策划者虽已作古，许多登上舞台的演员仍然健在，例如，当年的"知青"，原地踏步者固然不少，功成名就者亦为数可观。幸运者恰逢国家政策斗然大变，改革开放急需大批科技人才。为了培养人才，中国科学院研究生院向全国招生，获录取者到北京中科院入读特选系所，所修课程通过後可颁给硕士学位。得到硕士学位後，或在国内或到国外进修博士学位。其後，此批荣获学位者，多数献身教育及科学，晋升大学教授、学术带头人或大学院校领导，或科技单位主管，直接或间接促成改革开放后中国的进步和崛起。

这本书稿集聚了很多资料，展示了这群知识人的提升转变及国家社会的演化转型。1978 年是他(她)们人生的转捩奌。作者们写自己及家庭，纪念难得可贵的师友，语言真诚，叙述平实，不论政治，没有高调，是最好的文学和历史。在贫穷和艰困中想办法挣脱重重束缚，探索个人及国家的出路，靠的是乐观和努力，以及师友的指教和助力。

如书中一位作者所写："…我辈生不逢时，先天不足，多经磨难，荆棘坎坷，若只是听其自然，无视'偶然'，恐怕更难有所作为，荒废一生。"(页 156)

序

另一位作者说:"回顾一生,深悟一个真理,个人的命运与国家的命运紧密相连。国家兴盛发展,个人才有发挥才智贡献国家、成就事业的可能。1978年国家走上改革开放之路,给了本人和本书所有作者发挥才智的舞台,实际上是解放了最富创造力的生产力。"(页251)

"我们都已垂垂老矣,我们历史使命的最後一件事,就是以我们的经历告诉後人:世界潮流,浩浩荡荡,顺之者昌,逆之者亡。开历史倒车的人,可以得逞一时,终将遗臭千古!只有改革开放,走百年来世界各国成功发展之路,中华民族才有光明的未来。"(页251)

以上引文,令我思考再三,深有同感。并且建议华族"文青"们不再终日沉湎于意识形态斗争,期望他们抽空思考上引的历史教训。

李又宁

美国纽约圣若望大学亚洲研究所终身职正教授、所长
华族留美史研究会会长,美国哥伦比亚大学历史学博士

序

舒昌清

本书收集了近百位中国科学院研究生院首届（1978 级）研究生撰写的回忆文章，记述了 1978 年前后五十年间，他们人生跃变的故事和他们所处的年代。

1978 年，黄土地终于迎来了开放 3.0。这是自明朝洪武年间颁布禁海令以来的第三次开放。明清两朝海禁虽时有宽松，但禁的主调 500 年间基本未变。黄土地成为自外于西方近代文明的孤岛。直到 19 世纪 70 年代（清同治 10 年），才开始有小规模的派遣留学生，即幼童出洋，是第一次主动开放国门，为开放 1.0。辛亥革命前后，官方和民间的留学渐成气候，为开放 2.0 之始。值得注意的是：隋唐以来的官方教育体系（私塾加科举）里，数理化工始终缺失。这表明，直到 20 世纪初闭关锁国的黄土地上没有长出数理科学，也失去了向西方学习数理科学的机会。这一时期社会生产力水平远远低于西方，证明了孤岛政策是多么的愚蠢和有害。令人扼腕的是，满清灭亡以来的 100 多年间，黄土地仍然在封闭和开放间徘徊。

1978 年，经历了十年文革浩劫之后，黄土地终于迎来了开放 3.0。那年 10 月，中国科学院创办的研究生院在北京正式开学。这次招生一改先前重政审重家庭出身的条条框框；经两轮学业考试，近千人被择优入学。他们是正式建立研究生制度下入学的研究生排头兵。在古代中国取仕重地南京的夫子庙旁，有一座科举博物馆（原江南贡院）。其顶部，是一淌 36 米见方平展如镜的水池，其寓意据说是"取士公平，不拘一格"。1978年的招生回归到不拘一格，是当时振奋人心的大事情。本文集有一则研究生院为保护已入学研究生，拒绝其原单位派人来京欲追讨该"犯有政治错误"者的故事，反映着当时"有一格"与"无一格"交替时期社会认知的激烈冲突。

研究生们是十余年教育荒漠中藏匿于荒野中的小小鸟。一部分是文革前入学的老大学生，他们或者是名牌大学的明星，或者是因家庭出身屈居普通高校的学霸。如华罗庚北京数学竞赛的历届三甲，和多次获奖的英才。可惜文革初期，他们被撒到山野，乡间或小镇等最基层。另一部分是只读了几年中小学，而被上山下乡的知识青年。幸运的是，在这文化被革命了和教育被荒芜了的年代，他们没有被"读书无用论"所忽悠，反而从自学、读书和做学问中获得慰藉。1978年气候变了，荒漠中的野草发出了新绿之芽，小小鸟也有了从荒漠飞向学术殿堂的机会。

科学院研究生院得天独厚的优势是有一批得益于开放2.0的管理人。他们请来了一批受教于开放2.0的大学者，如李政道、黄昆、彭桓武等，李政道先生曾称道研究生院有西南联大之风；他们还坚持延引了来自西方国家的外语教师。这批研究生在肖庄的生活紧张而又丰富多彩。特别是那一幕幕从从山沟奔向肖庄，继而飞向世界的大戏。当年出国留学主要是官选官派官费官筹。自主留学困难重重，其中最难的是：海外的学费和生活费对比月薪人民币30-60元是天文数字。幸运的是，外教Mary Van de Water老师顶着压力，介绍了向海外学校申请奖（助）学金的方法，解开了这个"结"。本文集第一次披露了在Mary老师的领航，李佩主任和彭平付校长护航下，研究生院的一批穷学生非官派出国留学的曲折精彩故事。这是后民国时代，西方学校资助下学生自主留学的肇始。自主留学和官派留学的两翼齐飞是开放3.0的洋洋大观。这批从肖庄飞出的留学生走上了与西方文明对接的新平台。自主留学的那一群，在另一种文明的荆棘中求生；文明的冲撞，使他们蜕变成长。然而，小小鸟是会长成凤凰的，只要有适当的环境。

对比1978年前后本书作者们的人生，是很有意义的。之前，他们在最基层挣扎生存，有人甚至担心"反革命"、"坏分子"帽子不翼飞来，没有地位没有机会也不可能有成就。四十多年后的今天，他们是跨洋飞翔的自由鸟：从不同语言的同音词发掘出相应民族历史联系全新信息的开拓者，离证实引力波实验最近的物理学家，多次获得NASA奖章的发明人，因绘画成就获邀总统就职典礼的地理学教授，继承发展国内数学家重要成果的数学教授，为外太空飞行器在线查错纠错的神人，更多的是在大学及公司研发第一线的开拓者或顶樑柱。更重要的是：这些人在事业有成时，眼界、胸襟、对自由思考的追求和对不同意见包容已有长足进步。值得一提的是，比起列举的一些成功事例本身，他们人生的"前后对比"才是更有启示的：是开放改变了他们的人生，是开放使他们苦涩单调的生命变得趣味盎然。

人类文明的发展是靠人才推动的。小至公司大到国家民族的强弱兴衰是与人才政策关联的。江山代有人才出。可是，没有人能够预先知道谁可以真正成才。废止砍伐人才的软硬件，充满爱心地培植人才成长的沃土，放开双手任人才自由思考自由成长，芸芸小小鸟中，必有凤凰升天。本文集记述了五十年间，这一群人的人生巨变。它显示着：没有开放的大前提，不打破孤岛的藩篱，一切都是空谈。

文集的一位作者写道："记得有一天，对十岁大的孙女说起，五十多年前我在乡间教书的日子。那里只用油灯因为没有电，那时她的爸爸也是十岁却没有一件玩具。孙女望着满地满架的玩具，看着我眨了眨眼睛。我告诉她我正在把这些都写下来。也希望她把自己写的小故事留起来。五十年后，她可以对她的孙儿孙女讲他们的奶奶和他们奶奶的爷爷的故事。"

希望开放3.0能长久永续！期盼人才成长的天地永远广阔！

力学所

回忆中国科学院研究生院

朱学渊

刚经过文革浩劫和左倾路线长期折磨的中国，科学技术、文化教育处于百业凋敝的可悲境地。除"两弹一星"可对抗强权，基础科学则一律乏善可陈，所能表彰的也只是：童第周的金鱼杂交，陈景润的数论猜想，或杨乐、张广厚的函数论研究等几件试管中或纸面上的成果而已。没有出路的青年学子把攻读"基本粒子理论"当作了用武之地；大作家徐迟写了篇泣颂闭门造车精神的"歌德巴赫猜想"，竟误导了亿万百姓，将陈景润的算术当做是"富国强兵"的画饼。自外于世界的中国，久违了科学的潮流。经过数十年的锁国路线和弱智政策，已把中国误得"人财两空"了。

1978年，是中国走向转折的一年。邓小平在科学大会上，重申了"科学技术也是生产力"的基本常识；晋升为"工人阶级的一部分"的知识分子们，无不为之感激涕零。胡耀邦主持平反冤假错案，把历次政治运动的"伟大成果"一笔勾销，化解了消极对抗力量。专制恐怖的时代结束，理智的春风吹向人间，改革开放的苗头正在萌发之中。在高等学校恢复招生后不久，教育部和科学院就分别部署大规模地招收研究生。不拘一格寻找"伯乐"和"千里马"的开明风尚，取代了那个活似种姓制度的阶级路线。仇视知识、崇尚愚昧的中共，也终究悟出了："世间最大的浪费，莫过于对人才的摧残"的不惑真理。

母校中国科学院研究生院，就在这时被催生了。也有人管它叫"中国科技大学研究生院"，其实它与迁到合肥去了的科大没有统属关系，西郊玉泉路的科大校舍，已经成了高能物理研究所的地盘。而研究生院还是借北郊林学院的"遗址"开张的；那个北京林学院也没有死，它是在"四人帮"的时代，被活逼到出林木的云南去了。1976年的"京津唐大地震"还叫人心有余悸；可是那说是要"几年搞一次"的"文化革命"终于魂归西天了。1978年秋天，在那个布满了被遗弃的地震蓬的、死寂般的林学院里，突然涌进了一帮来自全国各地的意气风发的"研究生"。

我们这届入学的八百多个同学，都是由科学院下属各研究所的科学家们自己录取的。其中有自学成才者，亦有饱学不遇者；有池鱼遭殃的干部子弟，亦有不得翻身的地富余孽；更有年少无辜落水，中年始得平反者。年龄、成分和经历的落差，非但没有助长尊卑、门户之见，反而造就了一派平等、清新气息。而导师中又以理论物理学家何祚麻教授最开明，他兼收并蓄、普度众生，招了好多个非常有才干学生，分别挂在高能物理所、理论物理所和自然科学史所的名下。那时，不少省市地方，还思想禁锢、不识时务。陕西省公安厅曾来人追查"有重大政治问题"的刘平宇同学（何祚麻先生的学生），气势十分蛮横，校方孙景才先生严词以对，叫他们坐了冷板凳；后来平宇同学赴美时，《科学报》还发表了一篇"刘平宇出国了"的专文，抨击陕西省的恶劣做法。

院长是由科学院副院长严济慈先生领衔；实际管事的副院长彭平先生，是"一二九"运动时清华学生领袖之一，他与钱伟长等十名志士骑自行车去南京请愿抗日，曾震动全国；解放后他做北京市共青团委的工作，文革以前就因为路线问题倒了楣；教务长吴塘先生也是个儒士干部，一个面目堂皇、和颜悦色的正人君子。胡耀邦在文革后期曾经一度主持过科学院的工作，很得民心；科学院里也有一种"团派"的开明空气。因此，我们这个中国科学院研究生院的生动活泼，就与教育官僚蒋南翔治下的清华、北大的循规蹈矩，适成反照。

那时间，科学院里的一切都是科学家说了算的。著名的"三元流理论"的奠基者、已故吴仲华教授在文革中曾挨过耳光，这回轮到几十年来第一次加工资（一人几块钱而已），他手握大权，执意要当年的打人者向他道歉。结果，"工人阶级"不得不向他赔罪了事，"资产阶级知识分子"也算为自己讨还公道。科学家们说话也很幽默机智，记得有一次钱伟长、谈镐生二位先生陪美国归来的林家翘先生来座谈，林先生不大明白中国的事情，问他们二位：为什么"数学研究所"里又分出了个"系统工程研究所"？钱伟长先生不假思索地答道："解决人事矛盾嘛。"一语中肯，惹得哄堂大笑；而林家翘先生好象仍然摸不着头脑，他大概还没有弄清楚"矛盾"一字的意思。

　　林学院主楼的一、二两层做教室，三、四、五层做宿舍，房子不够用，还有一些就住在临时搭建的木板房里。各个研究所的几百个同学聚在一起，一日三餐都在一个不大的食堂里，围成一圈一圈的咬咸菜，喝玉米粥；有的切磋学问，有的针砭时弊（那时共产党还无贪渎之风）。林学院里学术气氛十分高涨，而政治气氛则更为开放。辽宁张志新女士被残杀的事件揭发出来后，同学们个个义愤填膺。北大郭罗基先生在《光明日报》上发表了一篇题为"谁之罪？"的轰动文章，在阅览室里的那张报纸上，批满了骂毛泽东的文字，院方也睁眼不管，让它挂了许多个日子。中国茫茫大地上，言论自由之风，林学院里早吹了十年。

　　那时，科学院里招聘了一批外籍英文教师，他们大多来自美国和澳大利亚，有洋人也有华裔，都住在友谊宾馆里，工资500元人民币上下一个月。这些教习中，不少很有个性，对中国的社会主义很好奇。其中有个叫白克文的美籍华裔青年，刚从哈佛大学毕业，一句中国话不会说，又喜欢穿中山装，有时连友谊商店都混不进去，管门的说他的英文是"假冒的"；然而，他没事就往农村钻，有一次在颐和园那边与农民一起打鱼，被地方政府送了回来，弄得外事和保卫部门都紧张兮兮的。有同学问他美国是否很自由，他说："美国也有挨饿的自由"。社会理念溢言于表。

　　在同学们的心目中，首席英文教习是 Mary Van de Water 小姐，她稍年长，三十五、六岁；学问和人心都很好，但脾气却很坏，容易与人冲撞，曾经当众与那个脾气也很毛躁的白克文争执；Mary说话很有见地，有愤世忌俗之意气；明明是个美国人，却偏偏要说一口英国音；她后来做出了一番惊人之举。来自澳大利亚的 Lyndall 女士，那时还是一个真纯、羞涩和乐于助人的小姑娘，她与陆文禾同学堕入情网，两人后来在佛罗里达共结连理。

同学们学习英语的兴趣特别旺盛，年轻的同学进步更快，口语琅琅上口。那时似乎已没有了"里通外国"的担心，不少同学与教习们打得火热，有人还常去他们的公寓洗热水澡；而他们也不嫌弃我们的苦日子，天天挤在食堂里和大家一起啃窝头，在谈笑风生中，留心者还都拣到了一口好英文，他们也了解了中国的真情。

郭永怀夫人李佩女士，任研究生院外语教研组负责人。她是四十年代的进步青年，受业于康乃尔大学时，结识卓有成就的航空空气动力学家郭永怀先生。五十年代初期，两人胸怀激情和理念，回归报效；郭永怀与王淦昌、彭桓武三先生，乃中国"两弹一星"之父。1968年，郭永怀先生因飞机失事而不幸殉职，是国内尽人皆知的一件大事。李先生承庭家训、学兼中西，是科学院里很难得的一个美国通。她日日奔波于中关村和林学院间；应接国外知名学者，安抚外籍英文教师，有尊严而无傲气；对同学们亦从无疾言厉色，那清癯的身影中有着一颗慈母般的心，是院里最有威望和人缘的人物之一。

来校开课的，都是当时国内的顶尖学者，如彭桓武先生讲理论物理，谈镐生先生开流体力学，黄昆先生授固体物理，邹承鲁先生上分子生物学。彭桓武先生是一身老农打扮，谈镐生先生会与学生递烟喷雾，都很和气。他们课上也只是点几个问题说说，行云流水，很是精彩动人。听彭先生课的同学很多，他上台时穿着厚厚的北方老棉袄，讲到后来便满身大汗了；记得他说过，中国的学术著作最大的问题是没有索引，用起来很不方便。黄昆先生那时才五十多岁，还很健硕。一天正讲"能带论"，讲台太窄小，不小心从一头失足跌下来，他正正色说："Umklapp，我要是颗电子，就已经到了那头去了"。当然，不懂固体电子论，是听不懂这句笑话的。还记得，那时候吴方城同学的斗争性就很强，带头给邹承鲁先生贴了一张大字报，好象是因为考题太难；邹先生也当仁不让，用非常优美的书法回敬学生一张，劝大家多多留心功课。

国外知名学者来校讲课的，也是川流不息。李政道先生假科学会堂讲"统计力学"和"量子色动力学"时，全国各校都有慕名要来听课的，因此不得不发票入座。那时李先生礼遇很高，进出都是坐的"大红旗"轿车。我们这些人别说"红旗"，就是"伏尔加"也没坐过；后来从美国回国，才尝到了"伏尔加"颠颇起来的味道，不知道李先生当年坐"红旗"的感觉如何了。李先生每星期要请几位同学与他一起吃午饭，这本该是个"工作午餐"而已，可是国内那时还不懂这一套，一桌子正餐大菜，叫大家都不敢下筷子。在饭席上李先生很热情地说话，李夫人则常常在一旁提醒他："政道，你太累了"。还记得李先生说过，下一个世纪中国人应该对世界有更大的贡献，前辈们对我们都充满了殷切的期望。

据说，最初外派方式是由一些老一代的学者定下来的，他们自己是在二、二十年代出国留学，因此对二战后期到冷战时期的西方科技进步，特别是美国大学向研究生提供大量资助的情况了解不足。自掏腰包派出"访问学者"（Visiting Scholar）的办法，就是周培源等先生与美国科学院约定成章的；当然，那时西方世界对竹幕后中国的人才水平也不了解。1978年政府首次外派50人，1979年增至500人；前50人的内情无人知晓，但后500人尽皆精锐。美国学府刮目相看，中国政府也发觉自己当了"冤大头"。

也可能是因为中国政府手头拮据，只想用不多的外汇，像当初清政府派出象詹天佑、唐绍仪等一批幼童学子，博采各国之长，回国指导改革。科学院也从我们中间选拔了一百多名较年轻的同学，在玉泉路办了一个"出国班"。因此中国科学院研究生院第一届同学，也就有了两个门户：林学院的和玉泉路的。两拨子人虽然联系不多，但还是心心相通的，大家都希望有出国的机会。玉泉路的同学在耐心等待"组织安排"，那时政府大概正在美国、欧洲、日本为他们化钱买路子；而林学院里，除了少数有海外关系，和李政道先生挑上的几个同学外（这就是CUSPEA交换计划之始），则都苦于无门。

1979年中美正式建交，十月，Mary Van de Water小姐，竟大胆向几个同学传授了申请美国大学研究生入学的门道，结果一试果灵。不出数月，近百名同学从各个美国大学获得了助学金；其中，何晓民同学于21天内，就办妥入匹兹堡大学的一切手续，速度之快，令人咋舌。于是一个"自谋出路"的群众运动一袭而起；又不出一年，数百名同学飘洋过海。校方竟一律不加阻拦，美国大使馆更绿灯大开，从未听说哪个同学签证被拒绝了的；倒是科学院外事局多事，还要找点麻烦，审查各人的"门路"，后来也知道是大势所趋，不可阻挡，于是也就网开一面了。

待到1982年，北大、清华诸校同学亦循此道时，林学院里已经人去室空。此风传到上海，已是几年以后，我们有些同学已经在做博士后了。这几百个自谋出路的同学，不仅在人数上相当于政府一年派出之总和，出国后在学业上也大展风采，资格考试轻车熟路，都有傲人的基本功夫，美国各校倍生好感，从此对中国学生大门洞开。很可惜的是，我们这些一文不名的"自费"先行者，大多未能入得已与中国政府挂钩的一流名校，这对未来进入门户之见很深的美国学界，遗有若干不良之后果。

中国科学院研究生院所开启的留学潮，就此在全中国磅礴兴起。二十年多来，数十万华夏学子走向世界，无数学成者留居各国，无惧优胜劣败，立足科技，创业从商。如今世事逆转，当年的"外流人材"，一举领来了国际资本、现代技术和民主思想，邓小平先生的"走出去，引进来"的理想，却以一个未料的方式实现着。

事隔二十年后，一群在北京聚合的研究生院的同学，从各地赶到美国首都，追寻他们幸运的回忆，渡过了感觉极为良好的一天一夜。

在他们学有所成的身影和岁月造就的霜鬓中，还依稀可辨当年百废待举的林学院中的风发意气。

良师益友Mary Van de Water小姐也专程从英国赶来，与我们共度良宵，她的瘦削身影和鲜明性格，和那口愈见深重的英国口音，依然传送着具有强烈责任感的奔放热情；她说我们这群中国人，是她毕生真正的和永恒的朋友。这一夜她留宿在唐一华同学家中，无意中说到，老唐家的客厅比她在英国的居所至少要大三倍。而有个同学回忆：1980年夏天，他在广州火车站送Mary去深圳，她随身携带的竟只是一个装满了求学申请的小箱子。我们这些原来连邮票都买不起的穷光蛋，如今的美国专业人士们，真不能忘却一个国际社会工作者曾经伸给过我们的援手。

聚会的同学们一致认为，科学院研究生院所开启的留学潮，是中国思想解放历史上的一件不可磨灭大事，特别是 Mary Van de Water 小姐的贡献，是值得为之树碑立传的；没有她的努力，这个潮流的到来，可能要推迟数年之久。在热烈的气氛中，这次聚会的组织者陈祥昆、毛进同、杨晓青、唐一华代表全体与会同学，向 Lyndall 和 Mary 女士赠送了纪念状和礼品。

然而，Mary Van de Water 小姐却揭出了一个秘密：当时，她注意到了中国政府在派遣留学生方面的包办无效倾向，因此她向李佩女士提出，可否向同学们介绍美国大学招收研究生的办法，并且鼓励大家自行办理申请手续，争取美国大学研究院的奖学金，自费出国留学；但她又担心这些同学可能会受到校方的不当处分。深谙国情的李佩先生，亦知其法之可行，及其罪之难当。于是由李先生出面向彭平先生建议。几天后，思想开明的彭平先生竟同意了李佩先生和 Mary 小姐的建议。Mary回忆，那天彭平先生背操着双手，踱着方步，若有所思地对她们说："我已经老了，也没有什么可以怕的了，你们就这么办吧"。于是，在院方领导的默许下，破败的林学院里涌起了不可阻挡留学潮。与会同学都为这个故事深深地感动了。

经过三十年的历次政治运动，国内各大专院校位实权、居要津者，多系外行领导或又红又专者。尸位素餐犹可原，而红专双全者最为可恶，他们中仅个别人学有所长，大部分人则是搞业务的废料；平日只会见风使舵说假话，运动中更能狠心整人当先锋；文革中，他们中亦有不少被冲击，这也就成了文革后重新上台的"资本"。他们所具有的只是膜拜威权的奴性，惟独没有一点悲天悯人的良心；对于这种毫无廉耻的人来说，充当国民党的特务，日本人的汉奸，或共产党的积极分子，都是随遇而安的事情，只不过无法一身三兼而已。彭平先生则不然：一个抗日救国的热血青年，国民党牢狱中的囚徒，屡经路线斗争的共产党人，竟心无余悸，睿智犹存；居权位而褒掖后进，利国利民不顾得失；开风气之先，则毅然决然。正如孟子所曰："大人者，未失赤子之心者也。"

　　无论是破坏传统或重建文明的真实历史，都不可能完全是由个别伟人作就的。振兴中华的事业就凝聚了无数有良知的人，如中国科学院研究生院彭平、李佩、Mary 等人的见识和心血，以及它的全体学生勇气和实践。科学院研究生院所启动的这个"自费留学潮"的重大意义还在于：一个企图包办一切的大政府，终于发见了自己的低效和无能；而无权无势的千万小人物，却从中找到了自我和自信。近百年来的中国，仅少数精英、领袖高举民族主义大旗，而十亿人众却不许有自强精神。意气高昂的追赶科学院研究生院的八百弟子，竟破国门而出，创一代新风，在改革开放中推波助澜，于自立于世界民族之林的中华民族大业，有不没之功。

　　我们祖国已经从一场噩梦中苏醒；然而，是否愿意珍惜和表达对苦难和善恶的记忆，无疑是检验这个民族真将成为一头醒狮，或重新沉沦于醉生梦死的一方试剂。我们留恋中国科学院研究生院贫贱而奋发的生活，缅怀那些曾经启迪过我们的一代无异于民族英雄的学术大师，更感激那些作了无数善举而不事声张的光荣的先辈们。

为 78 级研究生护航

孙景才口述 郑立维笔录 编辑组整理

2018年10月13日，科学院大学（中科院研究生院）举办建校40周年纪念集会。阔别近40年的校友们就要见面了，我心里久久不能平静！我翻出当年同学报到时的卡片一一回忆，上面有他们40年前的相片。这是我保留的珍贵历史资料，虽然最后都交给了校友会，但依然珍藏在我的记忆中。

40年前，十年浩劫之后百废待兴。我有幸来到刚成立的科学院研究生院（当时挂着中国科技大学的牌子，现在更名为中国科学院大学）工作，成为研究生处的副处长，主要职责就是管理和帮助研究生，替他们解决各种困难，保证他们能够安心地学习。

回想当初，校舍建在原林学院的一座大楼内，原来的教室、实验室用木板隔开就成了学生宿舍。每屋都用双层床，住了7-8人，里外屋挤得满满的，代培研究生则安排到操场上临时搭建的木板房内。还留下几间当教室，教工办公室也全部安置在木板房内。每个人的房间和床位都是我安排的，回忆起来历历在目。从那个特殊的年代里走出来，78级研究生几乎每个人都有一个精彩的故事，他们当年的点点滴滴都像印在我的脑子里，难以忘怀。40年了，我想校友们！去年在北京和美国的聚会，我有幸见到了大多数校友，了却了我多年的一个心愿。现在校友们让我写写当年的事情。我不会写作，但是，我为 78 级的研究生做过的几件事尚值得回忆，就说出来与大家分享，请校友们批评指正！（编辑组按：孙老师当时是老师，但他把研究生都当成朋友，尊称他们为校友。本文中的校友都是指 78 级研究生。）

一、为 17 个孩子落北京市户口

文革十年，整个文化教育陷于停滞的状态。一朝解冻重新招收研究生，入选的人员自然年纪偏大。他们来自全国各地，很多都有家室，拖儿带女来到京城。这些孩子们的户口和粮油关系却无法落在北京。因为研究生院是集体户口，只能安置研究生，不能容纳孩子。孩子与大人绑定的户口落不上，竟连大人也不能解决粮油关系。当时我只能从管粮油关系的办公室借粗粮票，再从自己家里和亲戚朋友那里借细粮票，每月分发给他们。这当然不是个长久之计，我就把具体情况打了报告。可是，按照政策规定，孩子的户口必须与家长绑定。那么小的孩子不能单独办户口本，孩子落不下，意味着大人也不能落户。科学院经办人不为学生解忧，反而告知我们做退学处理，一道批示冷酷无情："这个问题解决不了，动员这十七个家长，哪来回哪去！"

既然科学院已有批文，研究生院也无计可施。这对这些研究生的影响有多大！多不容易考上科学院的研究生，却因为户口问题成了黑户，没有了粮油关系意味着吃不上饭，还要退回原单位，一生前途自此断送！

我非常同情这些校友们，抱着拼死一搏的决心，要为这十七个孩子争取权益，维护这些祖国的科技栋梁。我决定，到北京市政府找林乎加市长请愿！我给研究生院打了报告，首先找了工程热物理所的研究生方季生，跟他讲了我们遇到的困难，请他回家找他爸爸方毅批示。方毅看后用铅笔批示："找北京市市长林乎加处理"。

我如获至宝，拿着报告，一大早就来到北京市政府。市长办公室不让我进，说没有这么办事的，没有预约就跑到市长办公室！问我是什么人，干什么的？让我把报告放下回去等消息。我说不见市长不回去，我是来为民请愿的。警卫要把我赶出去。我赖着不走，对他们解释，我是研究生院管学生的，不是坏人。他们问研究生院是干什么的？我又对他们解释，是比大学生更高的科学人才，是国家的希望，科学家的苗子。他们半信半疑才没有把我当坏人抓起来。

  林市长听说后，让办公室主任接待了我。我把招收研究生的情况介绍了一番，并说："这些研究生是改革开放后的第一批研究生，是邓小平指示要发展科技招来的研究生，是我们科学界的未来，国家宝贵人材！他们被文革耽误了十几年，都是30多岁带着孩子好不容易考出来的。不能让她们就这么回去，都是国家的希望呀！可是，落不上户口母子都没有饭吃，我们不能放任不管……"当时许多人对研究生还不了解，接待人员说这个问题挺复杂，我们解决不了。我就请他们上报给林市长，不能压下来。

  林市长看到方毅批示，才同意给这17个孩子破格处理，批示同意在北京落户，并让我找北京市公安局局长刘坚夫处理，说："他管落户口！"我又趁热打铁跑到市公安局，忙到很晚才算落实。公安局管理户口的处长告诉我，已经发文处理，让我告诉这些研究生，他们有饭吃了！那个年头，落北京市户口有多难呀，许多两地分居多年的人都解决不了北京户口，最后只好一方放弃北京市户口到外地去！我也没想到，居然还真得办成了！

  当时没有电话，我只能赶回研究生院报告好消息。可是，折腾到晚上12点以后，已经没有公交车了。我把报告批示紧紧抱在怀里，像捧着17颗孩子的心，在泥泞的路上一个人从西单走回肖庄，虽然劳累心里却很高兴，为这些校友和她们的孩子高兴！直到后半夜我才走回来，立即告诉那十几位一直焦急等待着的校友。看到我，看到批示同意孩子们落户北京的文件，她们落泪了！

  她们奔走相告，我们的孩子有了北京市户口，不再是黑孩子了！我们有饭吃了，我们有希望继续念书了，我们得救了！这个消息很快就在研究生院里不胫而走，校友们对我的做法非常感激。第二天，梁丽糯和李先卉就买了一个大相册送给我，到现在我还珍藏着呢！

后来立刻又有二十几个同学拿着孩子户口过来了，说他们的孩子也带来了，暂时寄放在亲戚朋友家，也希望能落成北京户口。于是学校又打了报告，想再给这些孩子办理户口，但都如石沉大海了。对于这些学生来说，十年浩劫中无法读书深造，宛如沙漠上没有饮水。如今高等教育的大门重开，人人怀抱希望。他们满怀着献身科学的精神，却又遇到这样的切身困难，无法兼顾学习和家庭。我们是一个初生的集体，尽力保护这些伤痕累累的年青人，我认为是我肩负的职责，也是我对将来寄予的希望。可是，我个人的能力实在有限，毕竟，北京市长不可能天天给咱们开特例啊。

我唯一的希望是，以后再也不会有这样的故事了！中国绝对不能重复这样的命运！

二、诱导精神不太正常的校友

钻研科学的人头脑一般都比较灵敏，也比较奇特，与一般常人有些不同之处，就容易产生一些奇特的状况，尤其是经过十年浩劫之后，他们对周围环境特别敏感。那时，全校有一千多人，他们的安全都在我的职责范围内。在我心里，每个人都不能出事。所以我平时很关注校友们的状况。研究生报到时，我稍微留意，就注意到几位校友的举止和其他人不一样。对于他们，我格外小心地跟踪保护和注意诱导，可是依然发生了一些常人看来比较荒诞的故事。

有的校友可能有妄想症，有的总认为同宿舍的室友身带窃听器，还有的一喝水就头痛，就怀疑有人在他碗里下药，需要我多方劝解。还有一位可能有梦游症，只要一犯病，半夜三更的往外跑。他在前边跑，我骑车在后边追，抓住他带回来。第二天我问他，他自己还完全不知道！

还有一位的故事比较长，他一进校就小声地告诉我，有人监视他。他给自己写了一封信，没有任何内容，只用一根头发穿过信封，两边系了结。当他收到这封信时，头发不见了，于是他断定有人打开检查过！我只好告诉他，你不是什么重要人物，没有人会花精力专门跟踪监视你！我还劝他，你们是经过审查挑选出来的杰出科技人材，把精力用在学习上吧！后来做毕业论文，这位校友写了"政治与物理"。研究所领导让他改成科技论文，他不同意。教育科石老师找我劝他，他还挺给我面子，答应重写。他却又写了一篇"驳斥爱因斯坦的相对论"，而且坚持不再修改，还要求把他的论文放在所里，300年后见分晓！分配工作开始，因为他要求回福建省福州市，就分配他去了福州大学。大学安排他教物理，他在试讲时又和校领导发生了矛盾，大学决定把他退回科学院。当时的科学院长卢嘉锡让我和研究所的党委书记去和福州大学商讨。经过一番波折，最后还是把他留在福州大学工作。

另一位是数学所的研究生。他一犯病就会怀疑同学监视他，指着一双布鞋告诉我，里边装有窃听器，让我用刀切开检查。我叫他到我办公室谈谈，他却表示不能说话，只能笔谈，而且要找一个别人不许进出的地方。我就带他到严老的办公室。他仔细地关好门，才写了一些乱七八糟的事。我耐心地按他的思路引导出来，帮他分析，解脱他的疑虑，直到他深深出了一口气，写道："没有什么了，我要睡觉了"。

当时我家住在南苑，平时无法回家，只有在放假时才能回去。整天与学生在一起，所以全校一千多人的事都找我。有一次，好不容易放假回到家中，突然一个电话打来，通知我马上回校，有一个研究生出事了。我饭都没吃，立刻动身，经过丰台、东城、西城、海淀，五个小时才赶到林学院。一进木板房我就看到这位同学已倒地抽风，嘴歪着，手抽着，口吐白沫，大家都紧张地束手无策。彭平副院长也在场，伤心落泪。我马上给他按摩嘴、手，王大夫喂水。半天功夫，他才缓过来说话："孙老师，您可救了我一条命！我两天没有吃饭，可这样去食堂打饭，会被当成要饭的。"我马上给他打了饭，刚开始一点一点喂，后来他能自己吃了。他家在云南，想利用假期完成论文就没有回家。亏得那次抢救及时，如果他在老家犯病，还不知道会是个什么结果。

另外还有一件事，我回想起来还有几分后怕。那是一位20多岁研究生，正值青春期，失恋后十分苦闷，几天都睡不着觉，患上神经衰弱。与他同住一个板房的同学发现他在褥子底下藏了把刀。那女孩已经躲了起来不见他，他每天带刀出去堵截那个女孩，让她说出分手的理由。他的同屋告诉我这事，觉得挺危险。我就在他的床边等，直到半夜他才回来。我就说，听说你有把好刀，借我玩几天吧。他只好把刀交到我手中。然后我找张大夫给他治疗，打了针睡了几天就好了。后来他问我："我好像有件东西在你手里？"我一直没有承认，只希望他是在病态中不受控制做了件糊涂事。现在药物治疗起了作用，我不想他看到那把刀回想起来再诱发疾病。至今我还珍藏着这把刀作为留念，看到它就会想起往事，为他庆幸。毕竟，他有很强的业务能力，如今已经是国家级专家了。我相信，他再也不需要这把刀了。

三、为无辜学生避免牢狱之灾

78级的研究生里，有很多是头脑敏锐有独立思想的人。这种人在十年封闭禁锢只准盲从不准思考的环境中，难免不被人抓辫子打棍子，遭受过无妄之灾。招收研究生的时候，研究生院一改旧习恶习，只看学生的学术能力，不再受政治条件的约束，真正做到不拘一格广收人才。由此，也带了一些令人啼笑皆非的故事。

记得刚开学不久的一天上午，有两个便衣来到研究生院我的办公室，要找一个学生："我们是西安市公安局的，要把你们这里的刘平宇带走！"他们给我出示了公安人员的证件，并露出手铐。当时气氛十分紧张。我要求他们拿出证据，他们就拿出了逮捕令，并说："这个人是历史反革命，是逃犯，我们要抓走收监！"我只好与他们周旋，问他到底有什么反革命言行。他们给我拿出几张划了道道并写有评语的毛选一卷，说此人敢在毛选上乱批乱画，是胆大妄为的反革命！我看到上边有一句话是"照此办理，我们就有希望……"这种现象，当时确实会被打成反革命——毛选岂容他人来评判！这是刘平宇在大学一年级念书时干的事，文革中被人翻出来，他就成了历史反革命！

　　为了保护刘平宇，我就与这俩便衣聊天，说我以前是带兵打仗的，给他们讲述我以前在部队的经历。他们听着很新奇，还叫我首长。我不断开导他们："四人帮都倒台了，现在是1978年的春天，你们还拿这些东西做文章，跟不上形势了。北京已是春天了，他这样努力学习毛主席的书，我们可认为他是学习模范。请你们回去好好学习吧！四人帮倒台后，邓小平上台要抓科技！在全国科学大会的号召下，我们这儿已是科学的春天，要培养科技人才，建设祖国。我们这批研究生是经过严格的考试，严格的政治审查录取的，是中国科学发展的未来希望，不是一般的人才！我们学校都是由科学家授课，专门给国家培养人才的！"他们听我说了一大番北京的局势，态度也有些转变，说，"北京的局势是这样啊。那你写个材料，我们好回去交差！"我同意了，由他们执笔写了材料，我签字并做了担保。

　　等把这两个人送走，我才舒了一口气，然后简单地告诉刘平宇，已经把那两个公安局的人打发走了。他当时吓得直哆嗦，毕竟，他在文革中曾被无辜地关押起来，差点丢了性命，那时依然记忆犹新。由于怕学校保卫处找麻烦，此事我没有向保卫处汇报。后来却不知什么人多嘴汇报上去，说我包庇反革命嫌疑犯，立场不坚定，思想严重右倾，最后不让我继续管学生。但是，我没有后悔。这些人并没有犯罪，反而是勇于独立思考的人才，我能解救一个是一个，绝不能让他们受冤枉，无辜地再蹲监狱！

四、避免了一场飞来的横祸

　　研究生院的教学方式也与众不同，一个很小的例子是在外语教学上。为了培养高级科技人才，能够与国外进行学术交流，研究生院请了一些外籍教师教英语。这些外教住在友谊宾馆，学生以三人一组轮流去宾馆找他们学英语。因当时外教人少，我们还请了一些外国人和同学们练习口语。谁也没想到，这么芝麻大的一件小事，差点给一个学生惹了大祸。

一天中午，两个便衣找到我。他们拿出一张绿色工作证自我介绍，国家安全部的，让我指认一张相片："你了解这个人吗？"我一看就认出，这是数学所的研究生关普华，说："当然了解。这是我们的研究生，学数学的，住在五楼的518房间。"他们问："这个人与外国人接触你们知道吗？你们是什么单位？"我很奇怪他们为何而来。原来，关普华在北海后门时遇到一辆某国大使馆的车，下来一个人和他打招呼，说了几句话。恰巧被安全部的人看到，一直跟踪关普华到五道口饭店，给他偷拍了照片。关普华吃完饭回到研究生院，那两个便衣就一直跟踪到学校找到我。我对他们介绍说："我们是科学院的研究生院，因为初建，还没有挂牌子，是培养高级科技人才的学院。"我还向他们解释了一下我院请外教教外语并鼓励学生和外国人对话的情况。我认为，关普华只是为了练习口语才跟外国人说话的。可他们告诉我，从大使馆车上下来的人是英国的二秘，专搞情报工作的，也可以称为特务。他们怀疑关普华是跟他们交换情报。我明确地告诉他们说，这不可能！我们这些研究生都是经过严格的政治审查录取的，肯定没有问题！我可以担保！最后他们写了一个材料，让我签字走人。总算结束了对关普华的跟踪调查，也没有留下案底，否则，这件事至少会在他的档案里留下污点，成为祸根。

五、简化档案材料

因为我的工作就是管理学生，当年的学生档案都发到我这里保管。在过去的年代，档案是伴随每个人一生的，不但影响到当事人自己的前途，甚至会影响其孩子和亲朋好友的命运。而这些档案大都是背着当事人由各级当权者任意编织的，里边的内容五花八门，当事人自己却不一定知道。很多有为青年就被档案拖累了一生。这也是中国当时的一大特色。

　　我看了一下学生们的档案，立刻发现了问题。里边有很多乱七八糟的东西，都是那些年动不动搞运动整人时留下的，还有一些当事人当时被迫写下的各类检讨。我心想，这种档案如果继续留下去，一定会被带到当事人毕业以后的下一个工作单位，很容易成为把柄，给他们的工作生活带来麻烦，影响到一生的前途。于是就请示校领导，删除那些不实的材料。校领导也很开明，同意了我的提议。那些黑材料就从那些所谓的右派和反革命或挨过整的同学们的档案里取出销毁。这样一来，这些同学不用再背负着这个莫须有的包袱，轻轻松松地面对今后的事业和生活。除了面对国内的政审制度，所有研究生院学生的出国政审材料也都是我签署的。我相信这些学生都抱着为科学奋斗的一腔热血来到研究生院，许多人已经历尽坎坷，我不能再给他们留下阴影！

六、丰富同学们的文艺生活

　　劫后初定，被洗劫过的文艺界还没有喘过气来，人们的文化生活依然十分贫乏。为了调剂同学们的业余生活，在紧张的学习之后得到放松，电教主任同我审看了一部录像片《彩云飞》。当时看录像也算是一种特权，限制在一定的范围里。我看了以后想让校友们也能看到，就利用晚上，领导们都回家的机会，在装有 27 寸电视机的教室里，组织各班按顺序轮流观看。物以稀为贵，第一次看录像的人都觉得真好看！大家高高兴兴地过了一个晚上。可是，第二天我就被政治部李主任叫去训了一顿！她说："不许看谈情说爱的带子！要看《卖花姑娘》（七十年代中一部歌颂领袖，宣扬个人崇拜的朝鲜影片），那是一部忆苦思甜的带子！"我告诉她，这种片子早已过时已经没人愿意看了。最可笑的一件事是，后来又有人告黑状，说研究生院离婚率高都是我给大家放《彩云飞》闹的！

七、给英语不及格的同学拉分

78 级研究生,都经历了文革时期的劫难,受到过读书无用的影响,尤其是外语。因为学习外语很可能被人联系到里通外国,有间谍特务之嫌。所以,除了外语专业的学生,大家的英语水平相对不高,特别是以前学习俄语的那一批学生。可是,英文当时是必修课。当了研究生再从 ABC 开始学英语,又都是 30 多岁的人了,读写尚可,听说就困难得多,舌头不转弯了。

研究生院最后的英语考试,及格的分数线规定为 60 分,不达标的需要补考,补考不及格不能毕业,拿不到毕业证书。英语考试有听、说、读、写四项功能综合评分,就是说,要求这些学生在短短的一年时间里,达到普通学生三、五年的学习进程。这对于封闭了多年的国情和这批特殊的学生来说,确实比较困难。许多人夜以继日练听说,整天抱着录音机,还是未能通过考试。有一百多人不及格呀!这个情况很严重,关系到这些学生是回所做毕业论文还是继续待在研究生院学外语等待补考。听到反映以后,各所教育科的头头都来找我,还代表了各位导师的意思——能否和外语教研室商量,降低及格标准?有的导师明确表示:"我不需要学生能听说英语,只要能看英文文献就行!听、说、写可以以后再学!"

有了导师的支持,我就去找外语教研室主任李佩老师,替同学说情。李佩老师很坚持原则,说:"这事不归你管!阅卷是其他老师集体判卷。如果没有原则,还考试做什么?"我知道她说得有理,可是咱们的学生不是平时那样一帆风顺从小学中学大学一直学习英语再进的研究院啊。那么多人仅仅英文不及格,就不能回所做论文,导师急学生更急。我这人心软,一看这些学生来找我,就想帮他们一把。有个学生只差 0.8 分,还有人只差 2-3 分,我就跟外语教研室商量。后来他们同意让那个差 0.8 分的同学通过了。但问题又来了,如果给个别同学拉分,别的同学怎么办?标准是什么,哪里是个尽头?是不是要重新判卷？最后与教研室协商的结果是：不用重新阅卷，就把及格标准降低。像拉锯一样，一个台阶一个台阶往下降，最后从 60 分下调到 40 分，依然还有 40 几位同学不及格。我又顶着李佩老师发火的情况下争取下调到 38 分，又解放了一批人。至此，也就没剩下几个人了！

　　这事，我也不知道做的对不对。因为我曾反复与外语教研室协商，还吵了好几次架，所以印象比较深。现在想想也挺有意思的，最后这些同学都很努力，许多人还出了国，并没有因为英文影响到他们的职业生涯。

八、涨工资推荐信

　　文革十几年期间，大家都没有涨工资。大学生毕业后的实习期按照地区差价，每月工资分别在 43-46 元之间，转正后成为 50-56 元。一晃多年，这批人多半都有了孩子，生活非常拮据。在研究生院期间，上面下达了一个涨工资文件，每月增加 7 元，这在当时是一个不小的数目。但不是每个人都涨，只有 40%，要经过评选才行。我立即找各位班长开会，商量如何给校友原单位的党委领导写信，争取大家都当分子，不当分母！几位班长凑成笔杆子，很快汇成了一封非常漂亮的推荐信！信中对每位校友做出了高度评价：注重政治学习，积极上进，学习成绩优秀，为我国高科技的发展做了很大的贡献……好话多说，还留有毕业后要回原单位做贡献等信息。信写好我马上找到学校唯一的打字员把信打印在蜡纸上，再按照每位校友的名字分别用油印机印刷。我不分昼夜，用手推油滚子推了上千封信，终于赶在那批涨工资之前，分别发到每位校友的原单位。后来有校友告诉我：工资涨了 7 元，那是 15% 左右的涨幅！在当时多年没有涨工资的年代，可是管大事了！这是我为校友们做的一件实事。到现在想起来，我还是很高兴。

九、尾声

　　研究生院还有许多趣事，几天几夜说不完，我会把那些甜美的回忆留在脑海中。40多年过去了，78级的每个人都经历了很多变化，有些人功名成就，成为国家的栋梁；有些人当了院士、所长、院长、企业CEO、杰出人士。当初年轻力壮的热血青年现在大多数人都到了退休年龄，回顾走过的历程，1978年的研究生院留下的是不可磨灭的记忆，那个林学院大食堂里，各界精英汇聚，敲着饭碗等着开饭的盛况是任何热闹场面都不可替代的。那里的每个人都在争分夺秒地学习，珍惜科学的春天！那是改变命运和前途的起点，是重大的人生转折！

想念校友的老孙

2019年12月20日

Mary Van de Water 的回忆

外教玛丽范德沃特在中科院研究生院 2018 年聚会上的报告

（编辑组翻译）

Mary Van de Water 和李佩在 2005 年北京聚会上

我实在不能确定你们要我写些什么，不过我猜想，你们想知道我如何发起并帮助我的学生们到美国大学学习和发展他们的事业。我在要为这本书写一点东西时，回想起我在北京所经历的许许多多的事情，或许就是你们想知道的核心内容。我在北京的往事至今仍然像春天山谷中开放的百合花那样鲜活，如在眼前。我把这些细节汇集在一起，便有了以下的描述。

我不记得是谁对我说的，"当局"认为我的学生程度不够，以致于外国的大学不会接受他们。我从来没有遇到过比这样一群质量合格又积极进取的学生更好的集合，因此我对那种看法大为愤怒。我完全有把握我的学生会让各大学迅速挑中，但是我可不愿意让他们中的任何一个因出国留学而遇到麻烦。于是我就去找李佩，看她有什么想法。李佩在康奈尔大学受过大学的教育，因此了解美国的系统。李佩和我还有副院长彭平在主楼后面的地震棚周围散步，讨论此事。彭平很感兴趣。最后的决定是，如果我为我的学生提供方便，让他们向美国的大学发出申请的话，这些学生不会受到惩罚。

申请过程中的一个关键环节是，要有一本详列西方各大学研究生课程的"大全"，说明学校的规模、课程的内容、针对何种学生等等。我作为外教回美国探亲的时候（路费报销）买了这么一本书。

还有一个问题是，美国大学需要托福成绩或者剑桥大学的英语考试证明。唯一可行的途径是让学生到美国大使馆或者英国大使馆去参加考试。但是参加这样的考试需要大使馆发放签证，中国当局断然拒绝任何学生可以进入大使馆考试的准许。我对此大为光火，于是想了个折中的办法，即在我的课堂上进行严格正规考试，就其结果发放合格证书，并对各学生的英文程度和语言能力是否可以胜任美国大学一年级新生的 TA（助教），写出书面评价。

美国大学对申请者征收申请费，虽然为数不多，但必须是美元。作为一个单身的外教，我工资的三分之一可以用外币支付。我把所得外币全部寄到了香港，存入一个我建立的香港银行的户头，从那里连通我母亲在美国俄亥俄州的另外一个户头。我母亲用这些钱写支票为那些需要的学生支付申请费，她安排的头头是道。

差不多是同时期，李政道教授从中国科学院研究生院招了一大批物理学生到他所在的哥伦比亚大学，以显示给世人看他们毫不落伍。

我记得我开过几次介绍西方大学的会议。有一次就在友谊宾馆的草坪上，我对学生们解释他们到美国大学里当 TA（助教）的时候需要干些什么，才能够教大学一年级的新生而得到这笔钱，同时又可以从事自己喜欢的专项研究，提供给你的生活费数量之大会让你惊奇！

那本大全我交给了我的学生，条件是必须自由而公平地传阅。我猜想这一点大概是做到了，因为成功出国的学生数量如此之大。当时我给他们出了很多主意，比如申请一个顶级学校、一个中等学校、一个差一些的学校。只要有学校接收，不满意以后总可以转校嘛。

首先取得成功的，是我的学生中最为年轻的关普华和田大鹏。他们同时想去俄亥俄州立大学（OSU），当时我大为反对，因为我以为那只是一个奶牛学校。（编辑部注：Mary本人是密西根大学毕业的，而密西根大学和OSU乃中西部势不两立之对手，两校在校学生和毕业生均以诋毁对方为业。）但是OSU一下子就要了他们。去OSU唯一的好处是，他们和我母亲及弟弟住处只有一步之遥。或者这就是所谓命中注定吧。我现在还有一张我在北京火车站为他们送行的照片。我后来也到OSU去访问并且旁听他们的教学。

我想，自行出国留学启动之后，大概互相帮助如同滚雪球效应。我又对学生提出要求，要他们在美国获得成功之后，回到中国自己的大学来提升他们自己的大学。这个建议不很成功。有一位学生对我说，我在这里有我的实验室和设备，回到中国，就只好回到落后的状态之中去。

所以啊，功绩仍然是你们自己，你们本身的素质、你们的勤奋、你们互助的精神，以及你们拥抱未来那完备的蓄势待发的状态。

附：英文原稿

MARY VAN DE WATER'S REPORT AT THE GSCA 2018 REUNION:

I am not sure exactly what you want me to write about, but I have an idea that it is about how I helped students initiate their studies and careers in USA universities. The request to contribute to this publication has prompted me to recall hundreds of things about my years in Beijing, and those details have resulted in my getting to what I hope is the heart of what you want. My memories of my time in Beijing are as fresh as lily of the valley in spring and just as vivid, so I am reluctantly putting them aside for the following:

I don't recall who it was who told me that the "authorities" had told students that they were too poor to be accepted by foreign universities. I myself had never known such a highly qualified and motivated student body

外教   Mary Van de Water

and was furious at this. I knew my students would be snapped up very quickly, but I didn't want to get anyone into trouble, so I went to Li Pei to see what she thought, and then she and I and Vice-President Peng went for a walk around the earthquake huts behind the main building. Li Pei had gone to Cornell as an undergraduate and knew the American system, and Peng was interested. It was decided that if I wanted to facilitate students applying for places at US universities, they would not be punished.

One of the key features of this process was my getting a copy of what I'll call "the yellow book" - the catalogue of all university courses in the USA, telling what subjects they taught, to what type of students, size of student body etc. I think I got this book on one of my free trips to the US as a foreign teacher.

There were several problems. Most universities required either the TOEFL or Cambridge Cert in EFL, and to get either, a student had to go to the embassy to sit it. However, this required a visa from China, and the Chinese authorities resolutely refused students permission to enter embassies. Again I was furious, so invented my own exam and ran tests in my class room in strict exam conditions and issued certificates. I also wrote references as to the adequacy or otherwise to teach freshmen in English as TA's (teaching assistants).

American universities charge applicants a fee to apply - not a lot but nevertheless in US dollars, which my students didn't have. As a single teacher, I could have 1/3 of my salary in foreign exchange, which I took and sent to Hong Kong, where I set up a bank account, and from there, sent it on to another account in Ohio, where my mother wrote cheques for those who needed it. She was a great administrator and was happy to do this.

It was around this time that Prof. Li took a huge number of physicists from the Chinese Academy of Sciences to work with him at Columbia, so people could see that they were "up to scratch".

I remember that I gave several talks - one in the open in the Friendship Hotel "park" about what TA's did, how you taught first year undergraduates in exchange for your fees being paid while you studied for your graduate degree in your own subject. You also normally got a living allowance. Such largesse was a great and welcome surprise to you!

The yellow book: I handed it over with the obligation that it circulate freely and fairly. It must have done so, given the number of students who were successful. I did give lots of advice at the time. For example, choose one top university in your subject, and one mid-level one, and then a low one - all you want is a place to get started….You can always transfer later. Our first students to leap off the branch were our "babies", i.e., the youngest, DDT (Tien Dapeng) and GPH (Guan Puhua) who both opted for the Ohio State University, to which I said NOOOO - that is a cow college! However, they were snapped up, and the advantage of OSU is that it was just down the road from my mother and brother, so possibly it was "meant to be". I have a photo

Mary Van de Water 的回忆

or two of us waving them off at the train in Beijing. Later, I did visit and watch them give lectures. I think that the other thing that happened was that you all helped one another after getting started. A sort of snowball effect. I did also ask students who were successful to come back to China after they had finished their studies to elevate their own universities. This suggestion was not a great success. As one student said, "I have my own lab with technicians, up to date equipment etc. whereas in China I'd still be working with outmoded conditions...."

So the credit goes to yourselves, your quality and hard work, your collegiality and readiness to embrace the future.

I think that is it!

Many of my Beijing memories are of cycling and eating - no surprises there!

All the best,

Mary Van de Water

Mary Van de Water 在一个英国偏远小岛上的生日照。她的一位朋友送她一娄牛马粪作为生日礼物，她大起知己之感，故有此照。

研究生院的英文老师求职之路

玛丽 范德 沃特

我曾经在一个"评估中心"教育有问题的少年儿童，那中心其实就是一个少年监牢。可是，那些问题儿童比普通循规蹈矩的孩子们要有趣得多，我也很爱他们。但是，有一天我和一位朋友打电话的时候突然发现，我居然变得和那些孩子们一样的胡搅蛮缠！于是我意识到，是时候离开了。

下一步呢？我很想读应用语言学哲学硕士，但是已经满员了。我找了一位教这一行的朋友想开后门——无望。不过他建议我去读教育研究的科学硕士，同时旁听应用语言学的课程，并答应替我写推荐信。我就这样开始了我的科学硕士课程。我可选的专业有两种：成人教育，或者是也门、墨西哥、中国这三个国家的第三世界教育。后者有点古怪，因为我知道教这门课的老师对这三个国家均一无所知，根本没有真正的研究，只是在图书馆里读文献而已。我选的课题是妇女和她们接近政治权力的渠道。

随着时间推移，我开始考虑毕业之后的工作去向。我申请了一个非盈利组织，他们给了两个位置让我选择，一个在也门，另一个在南美。于是我利用周末去伦敦了解情况。结果才发现，并不是由我选择去哪里工作，而是所有的应聘者都得到了同样的这两份工作！我们面临的是一场测试，而测试的方法是美国式的，招聘者在屋子里用照相镜头来看我们的表现，而应聘者却一无所知，甚至还要自己准备午餐。

我很愤慨，就把大家召集起来，告诉大家是怎么回事，给每人一个公平的机会。随后我就回到了住所，坐在床上问自己，如果真能让我选择，我究竟想做什么？有关中国的书面材料都是中国官方杂志，此外还有一个上海的婚姻介绍所成立工会的历史。我很想到中国去看看，就翻了一下电话本，发现此地离中国大使馆只有六七个街区。于是我拔腿就走，记得那天阳光明媚。

中国大使馆位于 Piccadilly Circus 附近，优雅的洋房离开 BBC 旧址不远。我爬上阶梯敲门，没有人应门，毕竟是星期六下午。于是我再敲，敲得久一些，并推了推门上的信箱，提起嗓子喊，哈罗。终于有了人声，然后门开了，出现了一个大约二十岁的女孩子，穿的却是男装，尼龙袜子，男式皮鞋。"哈罗，是您在敲门？""是啊，"我回答，十分小心不要去学她的口音——实在太诱惑。"您有事吗？""我想到中国去。""啊，旅行社在那边。"她很帮忙地指点了一下。"不，我想去工作。"她顿时大笑着嚷嚷开了。声音沿着宽敞的楼梯间传播上去，当然我一个字都听不懂，猜想是说，这儿有个人居然想去中国工作。一片善意的笑声从上边传开来，"对不起"，门关了。

于是我打起背包回到爱丁堡，然后去看中文系的主任 John Chinnery，他在北大和爱丁堡都教过书。他要了我的工作履历，然后写了一封推荐信，寄给了中国大使馆文化参赞夏鸿（音 Xia Hung）。一开始没有回音。我再问他，他说，继续找夏女士。于是我每周都送一张明信片。我记得有一张是苏格兰高地山坡上的牛，还有一张是苏格兰格兰口地方的风琴放在苏格兰裙边，还有一些别的。我正好又要去伦敦一趟，就给夏鸿送了一张卡片，告诉她我会在那个时候去伦敦，还给了她我在伦敦住处的电话号码。

又是个星期六，我到了伦敦。当我得了感冒浑身是汗，正趴着全身无力的时候，电话铃响了。"哈罗，我是夏鸿，Mary 在吗？是吗？啊，好好好。你能马上到大使馆来一趟吗？"我真是连坐都坐不起来，但还是说，过一个小时一定到。于是我去了，阶梯爬起来像是更加吃力,阶梯尽头的大门也仿佛高了一些,然后敲门。这次门马上开了。"请进,请进。"

于是我进去了,那是我见过的最大的会客厅,让我坐下的沙发至少有三四米长,旁边有个大号热水瓶。我们开始聊,没有一个字提到我的履历。我们很快发现当我在尼日利亚读书的时候她正在加纳,于是我们大谈了一番非洲。我喝了一整瓶热水,然后又找来一瓶,我也不客气地全部喝完——别忘了我的感冒。这样聊了一个多小时,夏鸿说,你没有博士学位却写了三本书。她又提到了些别的什么我现在记不起来了。她最后说,我很喜欢你。我会把你的申请存档,送到中国,让需要外教的单位挑,谁知道呢,说不定真有地方急着要人呢?

那个档案四处传阅,那些虽然不太合格,却是"中国的朋友"(多半是美国人)的外国申请人都被优先录用了。当轮到李佩来挑人的时候,只有我剩了下来。我可是学位和语言学都够资格的啊。那时的官僚还是对科学家有着抵触情绪,所以中国科学院的研究生院只能排在最后挑人。

不过,这些情况当时我一点都不了解。我开始在我毕业之后的研究项目,非洲文学,方面找工作。一回到爱丁堡,就接到一个电报,要我"马上"报道。飞机票已经通过一个中介定好。我把我在爱丁堡的事情草草处理了一下。虽然在 Waverly 车站我的送行仪式很热闹,我却一路哭到了 Newcastle。从香港到北京是火车,到北京是早上六点过一点儿,送到友谊宾馆吃早饭。李佩对我说,休息一下,休息一下,你可以过一两个星期再来上班。我没说话,心里却说,我真该在爱丁堡度过这一两个星期啊。

我就这样开始了我在中国科学院研究生院的工作,教这里的首届研究生英文。

附:英文原稿

I had been teaching children with behaviour issues which got them put into an "assessment centre". Essentially a prison for youngsters with total control and behaviour management. Much as I loved them, they were far more interesting than run of the mill, ordinary pupils. when I heard myself being equally firm n the telephone with a friend, I decided it was time for a break.

What to do… I wanted to do the M.Phil in Applied Linguistics but it was full and I asked a friend who taught on it if he could get me in "the back door" - no way. But he recommended that I do an M.Sc. in Education Studies and audit the Applied Linguistics course and would always give me a reference if I needed one. So I duly started the M.Sc. with my two choices being Adult Education and Education in the Third World with Yemen, Mexico and China being my three countries.. Naughty because I knew the tutor of this module knew nothing about any of them. None of this real research, just library reading. My theme was women and access to political power.

As time drew on, I decided to explore jobs for after and applied to one NGO which was offering a post in Yemen and one in South America. So I travelled to London for a week end of selection. It turns out they had offered all of us these 2 jobs and were using American methods - cameras on the rooms so they could see us perform without our knowing. We were asked to make our own lunch. Disgusted, I called everyone together and told them what was being done so they had a fair chance each. I then walked back to my bedroom, sat on the bed and asked myself, what would I do if I really could. The material about China had been all China press magazines aside from some very interesting history about the women match makers in Shanghai who set up a union. I'd like to go to China and see what it is really like. So a quick look into the telephone book which told me the Chinese Embassy was only a half a dozen or so blocks away and off I went. I remember it was a bright sunny day.

The Chinese Embassy is a distinguished and big building near Piccadilly Circus and the BBC recording house (as was). I climbed the stairs and knocked on a huge door. Nothing (It was Sat. afternoon after all). I knocked again, longer. Repeat. I pushed in the letter box and called out "halloo" and there was a shuffle at the door before it swung open. A girl - probably about 20 - in a man's suit, nylon sox and men's shoes. Hello. I think you are knocking. Yes I answered trying hard not to copy her accent - so easy to do… What do you want? I want to go to China. Aha, tourist office just down there and she helpfully pointed. No, no I said. I want to work there. She "fell about" laughing as she called up into the huge stairwell. Of course I didn't know a word of Chinese but it must be that here was someone who wanted to work in China. A generous cloud of laughter followed. "Sorry" and the door was shut.

Back I went to pack my bag and return to Edinburgh where I went to the head of Chinese, John Chinnery who taught at Bei Da as well as Edinburgh. He told me to prepare my CV, write a covering letter and send it to Xia Hung the Cultural Attache at the embassy. No reply at all. Next advice, keep in touch with her. So every week or so I'd send a post card, I remember one a highland cow on a Highland hill, another a Bagpiper in Glen Coe with a kilt and all, and then I needed another London break. I sent a card to Xia Hung to tell her I'd be there and gave her the telephone number of the house where I'd be staying. I managed to get the flu so was prostrate and sweaty of Sat. when the telephone rang. "Hello. This is Xia Hung. Is Mary there? Speaking. Ahhh, good. Can you come to the Embassy just now? I could barely sit up but assured her I'd be about an hour. And off I went. I climbed the imposing steps to the imposing door and knocked. Opened immediately. Come in. Come in.

And in I went to the biggest reception room I'd ever seen and was invited to sit down on a sofa at least 3-4 meters long. Then a thermos - one of those big ones - was placed near me. And so we began. Not a question at all about my c.v. but after a few minutes we discovered that she had been in Ghana when I had been a student in Nigeria and we talked quite a lot about Africa, I drank the whole thermos (the flu, remember) and another came along. Which I also finished. After about an hour or two, Xia Hung said, "well, you don't have a Ph.D., 3 books in publication (there was something else but I forget now) but I like you. I can put your application into the folder. It will go to China and be passed to the institutions who want a foreign teacher and who knows, maybe someone will be desperate!?"

And because unqualified (mostly American) Friends of China applicants were taken up first as the folder circulated, when Li Pei got it there was just me left. With both education and linguistic qualifications. The army still had it in against the scientists so the GS was last.

Still, I heard nothing and was just beginning to look at university jobs in African literature (my post grad. subject). On getting back to Edinburgh there was a telegram telling me to come "immediately". A ticket was sent to a travel agent and I got my life in Edinburgh (more or less) sorted out. There was a good send off at Waverly Station but I did cry all the way to Newcastle and beyond. On getting to Beijing via train from HK, very early morning 6 a.m.ish, to be taken for a meal at the Friendship Hotel, Li Pei told me to " take a rest take a rest - you can start in a few weeks" to which I thought silently, I could have done with these weeks in Edinburgh....

So it came to be that I commenced at the GS

1978 年我是如何到中国教书的

外教 Lyndall Nairn

Lyndall Nairn, 2009

我第一次去中国是 1978 年 6 月跟着一个旅游团。虽然澳大利亚和中国的邦交正常化是在1972年，在1978年尚无私营旅游的机构组织旅华团。我能去中国的唯一途径是通过澳中友好协会。人们可以想象，我们见到和听到的都遵循着中国共产党的准则。但是我对于这次旅行很感兴趣，大概是因为我那时 24 岁，第一次到澳大利亚境外旅行经历完全不同的文化。我在北京的途中邂逅一位在北京外国语学院附中教英语的澳大利亚妇女。她非常热衷她的工作，很明显地，很享受在中国的生活。我告诉她我也有教英语的经验，很自然地问她，我能不能也在中国申请找工作教英语。"当然了"，她说，"你回到澳大利亚后，可以给中国大使馆写一封信。他们会做出相应的安排。"

于是我就照办，写了一页纸的信，我表达了要到中国教英语的方向性兴趣，并且简单介绍了我的教育背景和工作经历。我并没有附上正式的履历，因为我以为在得到一个合适的工作机会时，必然要提供，此时不必着急。

发信几个月后我收到堪培拉中国大使馆一张邮卡，上面两句话。"感谢你对中国教书的兴趣，但是中国大使馆对此不作任何决定。我们已经把你的申请转告中国有关方面。"对于我来说，这两句话像是有礼貌的拒绝。当他们把我的信转到中国，一定就石沉大海了。所以我也就准备把它忘了。

又过了两个月，堪培拉的中国大使馆给我打了一个电话，让我吃了一惊。"我们已经得到有关方面的通知。我们愿意给你一个在北京的中国科学院研究生院的教职。你有兴趣吗？"我说，"当然啦，不过你能不能给我介绍一下更多的情况？"他们的回答是，"这是一所新学校，我们这里并没有很多的信息。但是如果你感兴趣，这个工作机会是肯定存在的。"

"我当然感兴趣。我能不能到堪培拉来面谈，了解更多的情况？""我们当然欢迎你来，不过我们实在没有更多的信息。""那好吧，我反正就想谈谈。下周我请假来。"在打这个电话的整个过程中，我一直在想，他们给我一个工作机会，怎么连正式申请程序和面谈都没有？他们怎么会在没有很了解我的情况下给我一个工作机会呢？怎么会是我要求面谈而不是他们？真是奇怪得很啊。

不管怎么说，我去见到了他们。在此期间，他们还真得找到了一点有关研究生院的资料。他们解释说，这是一个两年的工作合约，以及有关的旅程安排。听到这些我稍微安心了一些。于是，我想干嘛不接受这次机会呢？这至少是个冒险总比在悉尼的略微无聊的生活要好一些。我于是同意在1978年的最后一周去中国，从1979年一月的第一周开始教书。大使馆的工作人员解释，要我自己买一张从澳洲到香港的单程飞机票，事后会报销的。到了香港之后去中国旅行社，那里会有人等着为我安排到北京的剩余行程。

后来的几周我就辞去我的工作，打包并且买了几本教外国人英语的书。买了一张到香港的单程机票。这几周我很憧憬将到北京生活和工作，想起那位澳洲教师对在她北京的工作非常正面的描述。只是到了飞机上，我才有一点犹豫，"万一到了香港出点什么事怎么办？我的钱不够买飞机票回悉尼的。"对此我很哲学性地认为，既然一切都不在我的控制之中，也就没有必要再想。

飞机到达香港是下午5点。中国旅行社已经关门了。我找了一个旅馆，把闹钟设置好，可以在第二天一大早九点中国旅行社开门就进去。当他们说，根本不知道有我这回事的时候，大家可以想象得到我有多地沮丧。他查了他们的名单，没有我的名字！不过他说你等一等我打几个电话问问。我在那里等了两个小时，心里嘀咕不要刚到香港就搁浅了。两个小时后，同一个人出来说，一切都已经安排好了！他给了我所有旅行票据，并且解释，我需要坐第一班火车到深圳过关，然后坐火车去广州。在广州车站会有出租车等我载我去广州机场。我然后坐飞机去北京，研究生院会派人到机场接我，把我送到我的住处友谊宾馆。他在解释这些的时候我心里还是不踏实。但是他非常肯定地说一切都会到位。我手里拿着票据心中也仿佛有了一点把握。然后他几乎是把我推出了旅行社，说如果我不快走，第一班的火车就赶不上了。

幸运的是，从那时开始，我的旅程多多少少是按部就班的。深圳过关很慢，让我担忧赶不上下一班火车。好在那火车居然等所有人落座才开。广州的飞机晚点。等到我坐在离开广州的飞机上，我的心才定下来。

我到北京时已经很晚。三位研究生院的人来接我，他们自我介绍之后我才真正地放心了。一位是李佩，她是外语系主任。还有一位是联络处的老毕。互相介绍完了之后，李佩说，Lyndall，你的衣服穿得不够。我跟她解释悉尼是没有冬天的，所以我没有厚大衣也没有棉裤。我原准备在北京购置。"但是你现在马上需要棉衣和帽子。"所幸汽车里有暖气，我没有被冻坏。他们把我送到友谊宾馆已经过了午夜。那里的厨师居然等着给我准备了饭。老毕陪着我非常客气，没有评论我用筷子的笨拙。李佩回家找了大衣和帽子，送来借给我。我终于平安到达了目的地。

几天以后，我遇见了 Mary Van de Water，也是在研究生院教英语的外教，后来成为我的好朋友。我然后认识了我的学生。以后的事情大家就都知道了。

附：英文原稿

HOW COULD A YOUNG AUSTRALIAN ENGLISH TEACHER GET A JOB IN CHINA IN 1978?

I first went to China in June 1978 with a tour group. Australia and China had normalised relations in 1972, but by 1978 there were still no private travel companies organising tours to China, so the only way for me to see China was with the Australia-China Friendship Association. As you can imagine, everything we saw and heard followed the CCP line. Nevertheless, I found the tour interesting, mainly because at age 24, I was travelling outside Australia and experiencing a completely new culture for the first time. While I was in Beijing, I met a young Australian woman who was teaching English at the Middle School attached to the First Foreign Languages Institute. She was enthusiastic about her job and obviously enjoying living in China. I told her that I also had experience as an English teacher, so I asked her if it would be possible for me to apply for a job in China too. "Sure," she said. "When you go back to Australia, you should write a letter to the Chinese Embassy in Canberra, and they will handle everything."

So that's what I did. In my one-page letter, I expressed a general interest in working as an English teacher in China and gave a brief overview of my educational qualifications and my work experience. I did not include a resume because I thought that would only be required if and when I heard about a suitable job opening.

Several weeks after I mailed my letter, I received a response from the Chinese Embassy in Canberra. It was a post card with two sentences: "Thank you for your enquiry about English teaching positions in China. The Embassy staff do not make any decisions about jobs for foreigners in China, so we have forwarded your letter to the relevant authorities in China." To me, the message on that postcard sounded like a polite rejection. I thought that when they forwarded my letter to China, it had disappeared into oblivion, so I simply forgot about it.

Then about two months later, I was surprised to receive a phone call from the Chinese Embassy in Canberra. "We have heard back from the relevant authorities in China, and they want to offer you a job teaching English at the Graduate School of the Chinese Academy of Sciences in Beijing. Are you interested?"

"Yes," I said, "but could you tell me a bit more about it?"

"Not really, because this is a new school that has been set up quite recently. No one here knows anything about it, but the job is definitely there if you are interested."

"I am interested, but I would like to know more information. Could I come to Canberra to talk to you in person?"

"Yes, you are very welcome to come here, but we really can't tell you anything more."

"Well, I would like to come to anyway. I will ask for time off work next week and let you know when I can come."

All through this phone conversation, I was thinking, "How come they are offering me a job without a formal job application and an interview? How come they are offering me a job when they really don't know much about me? How come I am the one asking for an interview, not them?" It all felt very weird.

Nevertheless, when I met the Embassy staff a week or so later, they had been able to find a bit more information about the Graduate School. They explained the terms of the two-year contract and the travel arrangements, so I felt a bit more reassured. Then I thought, "Why not accept this opportunity? It will be an adventure and certainly more interesting than continuing with my somewhat boring life in Sydney!" I agreed to travel to China in the last week of December so that I could start teaching in the first week of January, 1979. The Embassy official explained that I should buy a one-way ticket to Hong Kong, for which I would be reimbursed. Then I should go to the China Travel office in Hong Kong, where the staff would be expecting me, and they would make arrangements for the rest of my travel to Beijing.

In the following weeks, I resigned from my job, packed up my belongings, purchased some books about teaching English as a second language, and bought the one-way ticket to Hong Kong. All through this period, I was quite excited about the prospect of living and working in China, and I remembered how positive that young Australian teacher in Beijing had been about her work. It was not until I was on the plane that I started to have some doubts. "What if something goes wrong in Hong Kong?" I thought. "I have a one-way ticket, and I don't have enough money to buy another ticket back to Sydney." I tried to adopt a philosophical approach, thinking that any complications in my travel between Hong Kong and Beijing were beyond my control, so there was no use worrying about it.

When the plane landed in Hong Kong, it was after 5:00 pm, so the China Travel Office was closed. I found a hotel for the night and set my alarm so that I could get up in time to be on their doorstep at nine o'clock the next morning. You can imagine my dismay when I told the officer my name and that I was going to Beijing to start a teaching job, but he said that he knew nothing about me. He checked his registers, and said that my name was not there. Then he asked me to wait while he made some phone calls. "Oh dear!" I thought, "I hope I am not going to be stranded." I waited anxiously for two hours, but then this same officer called me to the counter and told me that everything had been resolved. He presented me with all the necessary tickets and dockets. First, I would take a train from Hong Kong to Shen Zhen, where I would walk across the bridge into China. Then I would take another train from Shen Zhen to Guangzhou, where a taxi driver would meet me and take me to the Guangzhou airport, where I would board a plane for Beijing. He said that someone from the Graduate School would meet me at the Beijing airport and take me to the Friendship Hotel, where I would be living. I was a bit nervous as he explained these arrangements, thinking of all the things that could go wrong, but he assured me that it would all work, and I felt comforted by the tickets in my hand. Then he almost pushed me out of the office, saying that if I did not hurry, I would miss the first train, and then I would not be able to get to Beijing that day.

Fortunately, from this point on, everything went more or less according to plan. The customs officers in Shen Zhen were slow, making me think that I might miss the next train, but the train waited until everyone had boarded. The plane was delayed in Guangzhou, but by the time that I was on that plane, I felt reassured that there were fewer opportunities for things to go wrong.

By the time we arrived in Beijing, it was late at night, so I was relieved when three people from the Graduate School came and introduced themselves to me. One was Li Pei, the head of the Foreign Languages Department; another was Lao Bi, from the Foreigner Teachers' Liaison Office. After the introductions, the next thing Li Pei said to me was, "Lyndall, you are not wearing enough clothes!"

I explained that I had come from Sydney, which does not have cold winters, so I didn't own a heavy coat or padded pants. I intended to buy the appropriate clothes in Beijing.

"I see," she replied, "But you need a winter coat and hat right now." Fortunately, the car was heated, so I didn't freeze to death immediately. They took me to the Friendship Hotel, where a few of the dining room staff had stayed past midnight to give me a meal. Lao Bi was polite enough not to comment on my clumsy chopstick skills, and meanwhile, Li Pei went home and got a winter coat and hat to lend me until I could buy my own. I had arrived safe and sound!

In the following few days, I met Mary Van de Water, a fellow teacher at the Graduate School, who became my good friend, and I also met the students in my classes, all of whom know the rest of the story.

一样教学 两样学生

——给两组截然不同的中国学生授课的经历

外教 Lydall Nairn

从 1979 年 1 月到 1981 年 1 月,我在北京的中国科学院研究生院教英文。我的学生都是聪明勤奋的理科研究生,从文革后首次竞争激烈的全国性考试中脱颖而出。但是,当时我并没有完全明白这一批学生有多么特殊,或许是因为年仅 25 岁的我初出茅庐。在以后一生的教学中,我逐渐对曾教过这批学生的经历看得越来越重,他们的唯一性是在我教学生涯的后期才更凸显出来。

从 2012 年 9 月到 2017 年 2 月我又教过中国学生英文。这次的学生分别在美国弗吉尼亚州和澳大利亚地区大学读商业或财会专业。这两批中国大学生与四十年前我在北京教过的研究生截然相反。虽然这两者之间并非黑白分明,前者并非十全十美,后者也不是一无是处。但从我当教师的角度看来,这两组学生是两个极端。

四十年前的那理科批研究生,可以说是学生中的佼佼者,属于中国知识分子中的尖子,他们对世界充满好奇,对求知如饥似渴,对事业孜孜不倦,有着不断向前的进取心。他们中有很多人在文化革命以前就经过了大学教育,又经过那场文化革命的浩劫,入学时的平均年龄为 32 岁。他们除了精益求精的专业素质,还具有很好的社会修养。

而我在 2012 年和 2017 间教的中国这些商科大学生简直就是我教学生涯中最差的学生。他们厌恶学习,毫无进取心,在我上课的教室里枯坐着,惰性十足,对于自己的未来缺乏任何责任感。虽然少数学生也做出过一些努力,有了点认真学习的态度。但绝大多数学生在课前不做准备，不完成作业，甚至不准备考试，更没有能力参与课堂上的讨论。当我提问时，他们的眼睛不和我对视，只专注于手机而不听我在说什么。当我要求他们将手机关闭放到口袋里，他们却把手机移到大腿上，继续低着头阅屏或打字，似乎他们认为我并不在乎他们在教室里干些什么。我曾几次要在课堂上没收他们的手机，下课时归还，而他们以惊讶的眼光看着我，仿佛我要卸去他们的肢体！我实在无法将他们的注意力从手机上移除。当我要他们进行小组讨论时，他们在我走近时假装讨论，而在汇总时无话可说。他们中的多数连完成作业的愿望都没有，或者用网上搜寻来的材料来搪塞，很多根本不切题；或者找枪手来代答；抄袭行为蔓延。我曾经鼓励他们用 TURNITIN 来查询是否原创并且学会引用引语的出处。只有几位学生试图掩盖自己抄袭的行迹，许多人甚至不屑于掩盖。从我的角度来看，最糟糕的是他们对自己低劣的表现并不具有羞耻感。他们不愿意承认他们必须改弦更张方能成为一个成功的学生。实际上他们对学习完全没有兴趣。他们并不感到他们在海外大学花的时间会帮助他们的前程，因此是否参加课业，是否学到知识并无所谓。不过当学期结束分数不及格的时候，他们就会到我的办公室来哭诉，企望取得及格的分数。虽然他们没有当面对我抱怨，可我确定，他们认为我很恶意，因为我坚持他们只有合格才能通过。

　　教导这些学生是我一生中最为沮丧的经历。我想如果中国的前途托付给这样的年轻人的话，中国一定会全方位地迅速地无法运作。这些中国留学生的低劣表现，一部分责任应该由接受他们的西方大学来负。既然他们根本没有在西方大学取得课业上成功的希望，各大学原本就不应该接受他们。2012 年至 2013 年我任教的弗吉尼亚州美国大学，在一年后停止了对中国学生的招生，做得很好。澳大利亚的大学看起来水准要差一些，因为在连续几年中国学生高比例不及格的状况下，他们仍然继续接收来自中国的不成气候的学生。

　　我教这些没有进取心的中国学生已经过去几年了。我一直不明白这些学生的行为和他们的世界观，我只能对此做一点揣测。从这些学生的生长环境尤其是家庭出身或许可以做出解释：大多数学生家庭收入优渥，绝大多数学生是独生子女。他们的家长和西方一般家庭态度不同，对孩子不可接受的行为不设限制，宠溺骄纵予取予求。当一个孩子已经行为不端了，家长还只以含义模糊的"淘气"来掩饰。因此小孩不守规矩的行为就得不到制止。长期以往的结局就是，这些孩子在家有点像小王爷小公主，对自己的行为不负责任，而且完全不顾别人的感受。他们的家长常常不让孩子做家务，而希望孩子尽量把时间用在学习上，日后可以找到好的工作。但是，其结果是儿童没有为家庭作出任何贡献的意愿。父母也不要孩子参与解决问题，学习应付困难的局面。这样的育人方式自然无法使小孩逐渐建立起坚韧性格和内在的驱动力。更加糟糕的是，大多数家长自己没有上过大学，他们致富的途径并不需要大学和更高的学术训练，因此家长缺乏对大学教育的了解，也无法指导孩子如何改进学习方法以取得学业的成功。但是即使是最慷慨的父母之爱也很少是无条件的。我猜想中国的父母之所以溺爱孩子，是期待孩子长大成功之后为家庭带来荣耀。许多中国的家长还期待孩子成功后会赡养年老的父母。因此大多数中国学生都肩负着父母的高期望。

  这些中国父母知道中国的经济正在改变，他们认为他们的孩子如果有一个大学的文凭，会帮助自己的孩子应付比父母时代更为复杂的职场。父母的首选是国内的一二流大学，不过因为他们的孩子在高中就不成功，而中国的竞争太激烈这条路走不通。父母的第二选择是出国留学，因为国外的大学文凭比国内三流大学的文凭得到的好评要多一些。我的几个澳洲大学的中国学生告诉我，当他们离开中国要来澳洲之际，他们怀疑在外国大学成功机会不高时，他们的父母只是简单地说，"尽你的力量，你不会有问题的。"但是当这些学生在留学中真得碰到了问题，他们倾向于不告知父母，因为他们不愿意家长对他们失望。于是年轻的学生们就被扔在谷底，既无任何学习方法，也没有单独生活的能力，情感上也缺乏应对挑战的资源。

年轻学生在国外大学低劣表现的另外一个因素，是之前在中国的教育训练的本质。中国的小学和中学只要求学生死记硬背，学生很少有机会培育自己的批判性思维技巧，一个普通的中国高中毕业生几乎没有进行分析评估和组合的基本训练，而这些恰恰是他们到西方大学所必需的技能。另外中国的中学生是高度结构化。老师不停灌输，即使是在数学课上老师也提供了细致的思维步骤，学生没有被提问过没有答案的问题，因此他们很少有机会培养出独立思维的能力，只是做别人要他们做的，不必自己思考。这样，中国学生无论在家还是学校都没有积极学习的动力或者面临高难境地时需要的坚韧。那么中国的中下等学生在国外学习成绩不及格难道还算奇怪吗？他们不具备在英语为主体的大学里成功的技巧，也缺乏动力。

他们刚到澳洲或者美国，就一下感到了放松，终于父母老师和领导不再管束他们了。他们乐于整夜打游戏，开车乱逛，和男朋友或者女朋友同居。这都是在中国不被允许做的事情。老师并没有整天盯着他们的课业，不是每天都有考试，作业常常好几周才到期，因此忽视学业进度太自然了。这种多方面的自由度，使大多数学生不知道如何自己掐时间来计划和安排读书及其他事情的先后。

到国外来之前，这些学生对未来的事业是很懵懂的。因为他们只习惯于父母的安排。他们的父母只说"好好学习争取成功"。大多数学生用物质的占有作为成功的判断，比如昂贵的汽车、名牌衣服、名牌电子器具。他们没有读书的动力，也没有对知识的好奇和追求，更不以为思维有什么价值。他们以为，学成回国后的前程取决于父母。他们的父母会动用关系来为成年子女找到合适的工作，而外国大学的文凭只是一张纸而已，不是那张纸代表的技能和学识。

以上的推断，使我改变了我对后期教过的那些中国大学生的看法。一开始我想，既然他们对于学习不感兴趣，即使我假装教他们，也是在浪费我的时间和他们父母的钱。现在我想想他们告诉我的情况，对他们的背景和所受到的压力有了进一步的了解，开始对他们抱有同情的态度。他们在中国的日子，不管是出国之前还是回国以后，都会是很受限制的。他们基本上没有任何机会发展自己的兴趣或者做出自己的决定，因为他们只能去满足父母的期望，也就是有一个好工作赚很多钱，以及找一个合适的配偶，然后和那位配偶结婚生孩子。祖父母将会为他们带孩子，使他们可以把精力聚焦于事业上。这样的三代家庭就是成功的中国梦。

因此，我认为我教过的这两批中国学生根本的不同之处就在于动机之迥然不同。四十年前我在北京教的理科研究生有着内在的求知的热切，执着于专业，不需要任何人告诉他们要好好学习。而我近年教的商科专业的大学生们只有来自父母的、当然还有过去的老师和中国社会整体的外来压力。 他们的动机主要就是去满足这些人的期望。于是问题就成了，能否把外来的动机转换成内在的动机？用什么办法转变？这个问题很大，而且结果会严重地影响这些年轻的中国大学生一生的幸福，也会影响中国的未来。

也许我们做不了什么，因为造成现状的是过去四十年来中国的累代推进和经济发展的制度性的问题。不过我还是想采取半杯水是满的方式，来建议 1978 年入校的研究生们尝试着发挥正面作用来改善这个问题。因为他们已经成为中国知识分子中的年高资深之士，说话有一点力量。许多已经退休了也有一点时间，对社会媒体和网上的论坛乃至出版杂志都有影响。能不能请研究生院的校友发起讨论来提醒在国内之家长老师和学生，寻找养育少年和中小学教育的别种途径？讨论中下等的中国学生是否适合到西方念大学？我希望广大中国社会重视这样的问题，让教育过程中各个阶段的所有人去重新考虑，免得那些成绩不及格的中国学生到西方大学来自取其辱。

本文曾于 2018 年 10 月在旧金山举行的中国科学院研究生院聚会上宣读。
2019 年 12 月编辑组整理编译

附：英文原稿

TWO VERY DIFFERENT EXPERIENCES TEACHING CHINESE STUDENTS

Lyndall Nairn, December 2019

(An early draft of this article was presented at the reunion of the alumni of the Graduate School of the Chinese Academy of Sciences held in October 2018 in San Francisco, California.)

When I was teaching at the Graduate School of the Chinese Academy of Sciences in Beijing between January 1979 and January 1981, I knew that the students were intelligent and hardworking. After all, they had been successful in a highly competitive, nationwide entrance exam, the first of its kind to be held since the Cultural Revolution. However, at the time I did not fully realise how special these students were. At 25, I didn't have much teaching experience. Over the course of my career, I have come to appreciate the value of my experience teaching these science students in Beijing, but their uniqueness became really obvious to me right at the end of my teaching career. Between September 2012 and February 2017, I taught Chinese students again; this time, they were undergraduate students majoring in business and accounting at regional universities in Virginia, USA, and in Australia. This crop of young Chinese students was the complete opposite of the graduate students I had taught forty years earlier in Beijing. Whereas the scientists were bright, curious about the world, fascinated by their fields of study, dedicated to advancing knowledge, motivated to succeed, and diligent in their study and research, the young business students in my classes presented as dull, bored, lazy, unmotivated, and lacking any sense of responsibility for their own futures.

How could these two groups of Chinese students be so different from each other? From my point of view as a teacher, they were at opposite ends of the spectrum. The positive attitudes of the intelligent scientists were easy to understand, but the apparent self-absorbed laziness of the business students was puzzling to me. Of course, this issue is not black and white because forty years ago, not all Chinese students were wonderful, and not all of today's Chinese students are terrible. The fact that the students I taught in Beijing in 1979-81 were outstanding is easily explained by the nationwide entrance exam that the Chinese Academy of Sciences conducted in 1978. The students who were successful in this exam and who were admitted were the cream of a very large crop of Chinese intellectuals, most of whom had had their undergraduate education before or at the beginning of the Cultural Revolution (1966-1976). In 1978, the average age of the first intake of students at the Graduate School of the Chinese Academy of Sciences was thirty-three, so in addition to their fine-tuned intelligence, they came to their graduate-level study with some significant life experiences gained during the turmoil of the Cultural Revolution. However, the situation of the undergraduate students I taught in the US and Australia between 2012 and 2017 requires more complex explanations.

It was the behaviour of the young Chinese undergraduates in my class that made me decide that they were the worst students I had taught in my entire career. Although a small number did put in some effort and did demonstrate some level of commitment to their studies, most of them did no preparation for class. Most of them did not do the assigned readings or prepare for in-class tests, so they were not capable of participating in class discussions. When I asked a question to start the discussion, they would not make eye-contact with me. Instead of paying attention to what I was saying, they would fixate on their phones. When I asked them to turn their phones off and to put them in their bags, they would just move their phones to their laps and continue reading or typing on the screens, as if they thought that I did not care what they did in the classroom. Several times, I became so frustrated with their phone addiction that I attempted to confiscate their phones for the duration of the class. The students looked at me in horror, almost as if I was threatening to cut off some body parts! I was powerless to hold their attention compared to their phones. When I put them in groups for discussion, they would pretend to be discussing the topic when I was within earshot, so when the time came to report back to the class on each group's findings, they had nothing to say. When it came to writing papers, most of them made very little attempt to complete the assignments. Instead, they would copy/paste swathes of information from websites whether it was relevant or not, or they would hire ghost writers to write their essays for them. The plagiarism was rife. I encouraged them to use Turnitin so that they could learn how to identify any text that was not original and where to cite their sources. A few of them made some half-hearted attempts to cover their cheating, but many didn't even bother. The worst aspect of their attitudes from my point of view was that they seemed to have no shame over their poor performance. They were not ready to admit that they needed to change their ways in order to be successful students. In fact, they demonstrated no interest in their learning. It seemed to me that they considered that the time they were spending in overseas universities would have no impact on their future careers, so whether or not they participated in class or attempted to learn did not matter. However, when their final grades revealed that they had failed, many of them would come to my office and cry, pleading with me to give them a passing grade. Although none of them ever said anything critical directly to me, I am sure that they thought that I was very mean when I didn't agree to let them pass when they had not earned it. Teaching these students was the most discouraging experience of my career. I thought that if the future of China lies in the hands of young people like them, then China will quickly become completely dysfunctional.

Some of the responsibility for the poor performance of these Chinese undergraduates lies with the Western universities who admitted them. If they have no hope of academic success in Western universities, these students should not be admitted in the first place. To their credit, the university in Virginia, where I was teaching in 2012-13, stopped admitting Chinese students after the first year. The Australian university administrators seem to be less ethical because they have gone on admitting weak students from China despite their chronically high failure rates.

Some years have passed since I taught these unmotivated students, and I am still somewhat puzzled about their behaviour and views of life. I can only guess at what is going on. The context that they have grown up in may explain a lot, particularly their family backgrounds. Most of them come from economically comfortable or very wealthy families because a Chinese family needs considerable financial resources to be able to support a child in overseas study. Most of these students are the only child of their parents, who of course love them deeply and who demonstrate their love by giving their children everything they want (and more) all the time that they are growing up. These Chinese parents' attitudes to child-rearing are different from Westerners' attitudes in that many Chinese parents often do not set clear boundaries for what kind of behaviour is acceptable and what is not. They tend not to discuss possible consequences for misbehaviour; instead, when the child misbehaves, they might make a vague comment about being "naughty" or "bad", but often the child's rude or inappropriate behaviour goes unchecked. I have observed that the long-term effect of this parenting style is that the only child becomes like a little prince or princess in the home, with very little sense of being responsible for their own actions and almost no consideration for the feelings or well-being of other people. The parents are often reluctant to ask their children to do any household chores because they want their children to devote as much time as possible to their study so that they can later find successful jobs, but the result of this approach is that the children do not feel that they should contribute to the welfare of the family in any way. Similarly, the parents do not usually ask their children to engage in any problem-solving activities because they want to protect them from any difficult life experiences.It seems to me that as a result, these children do not build up any resilience or intrinsic motivation.Furthermore, most of their parents have not had any university education; they have made their money in various kinds of business ventures that have not required advanced study. Hence, the parents do not have much understanding of what is involved in university education, so they are not able to give their children much guidance or support in developing study skills and approaches that will help them to succeed with their study. However, even the most generous parental love is rarely unconditional. I can speculate that the reason why most Chinese parents indulge their children when they are young is that they expect their children to be successful when they grow up so that they will bring honour to the family.

Furthermore, many Chinese parents think that when their children become successful as adults, they will be able to support their parents in their old age. In this way, most Chinese students at school leaving age are conscious of their parents' high expectations of them.

These Chinese parents know that the economy of China is changing, and they think that a university degree will help to insure a successful future career for their children who will experience a more competitive employment market than the parents did in the past. The parents' first choice for their children would be for them to attend a first or second-rate university in China. However, when their children have not been successful in high school, the stiff competition in China will close off this opportunity. The parents' second choice is to send their children overseas to study because in China a degree from a foreign university is viewed more favourably than a degree from a third-rate Chinese university. Several of my Chinese students in Australia told me that when they were leaving China and they expressed their doubts about their chances of success in studying in a foreign country, their parents simply said, "Do your best. You'll be fine." Then when the students do experience problems in the foreign country, they tend not to tell their parents because they do not want their parents to be disappointed with them. In this way, the young students are thrown in at the deep end, with no specific guidance for how to study, no preparation for living on their own, and no emotional resources for dealing with challenging situations.

Another factor in these young students' poor academic performance when studying overseas is the nature of their previous educational experiences in China. In primary and secondary schools in China, most teachers expect their students to learn by rote. Memorisation is the key skill for learning to read and write the thousands of characters of the Chinese language. However, when Chinese teachers expect their students to master other subjects, like history, science and literature, by rote learning, they have very little opportunity for developing any critical thinking skills. As a result, when the average or weak students finish high school in China, they have had almost no exposure to or practice in analysing, evaluating, and synthesising information – the very skills that they will be expected to bring to their study in Western universities. Furthermore, the daily lives of Chinese school students are highly structured, with teachers constantly reminding students about what they need to do next. Even in maths classes, where many Chinese students excel, the teachers demonstrate the thinking processes in very small, detailed steps. The students are not asked to solve open-ended problems, so they have very few opportunities for developing any independent thinking. They know that they should simply do what is asked of them without asking any questions. Therefore, in both home and school environments, Chinese students do not engage in much active learning or face any high-stakes situations where they have to demonstrate some resilience if they fail. Is it any wonder when the weakest high school graduates in China flounder when they go overseas to study? They lack both the motivation and the skills to succeed in universities in English-speaking countries.

When they arrive in Australia or the U.S., these students at first feel relieved that no parents, teachers or authority figures are telling them what to do. They delight in staying up all night playing video games, in driving cars wherever they like (even though they have had very little previous driving experience), and in living with their girl- or boy-friends -- all things they would not be permitted to do in China. Their instructors do not constantly remind them about their assignments; they do not have tests every day; several weeks or even a month might go by before any papers are due, so it is very easy for these Chinese students to ignore their academic workload. This level of freedom and lack of parental and teacher supervision are too much for most of these students to handle because they have no idea of how to manage their time or how to prioritise their activities. Before travelling overseas, these students have not given much thought to their future careers or what preparation would be required for a given career because up until this time, their parents have made all those types of decisions for them and just told them to "study hard and be successful". Most of these students seem to judge other people's success by their material possessions: the expensive cars and the brand name clothing, accessories and electronic devices. In fact, most of them cannot see any connection between academic success in a foreign university and their material or career success in China, so they have no motivation to study, or curiosity about intellectual pursuits, or appreciation of the value of ideas. Instead, their main hope for a successful career when they return to China after completing their undergraduate degree overseas lies in their parents' networking skills. Their parents will do their best to use their contacts to find suitable jobs for their adult children, so the degree from a foreign university is only useful as a piece of paper, not for the skills and learning that the piece of paper represents.

This line of thinking has helped change my mind about the young Chinese undergraduates who were in my classes between 2012 and 2017. At first, I found them frustrating because I thought that if they were not interested in learning, then I was just wasting my time and their parents' money by pretending to teach them. However, now that I have thought more about what they have told me and I understand more about their background and the pressures they experience, I am more sympathetic to their situation. Their lives in China both before they go overseas and after they return home are very restrictive. They have almost no opportunities to develop their own interests or to make decisions about how they would like to lead their lives because they are entirely focused on meeting their parents' expectations of "being successful", which means having a good career where they can make a lot of money. Their parents also expect them to find a suitable partner soon after they return to China. Next, they will be expected to marry that partner and to have at least one child, whom the grandparents will raise so that the young parents can continue to devote their time and energy to their well-paid jobs. Then the three-generation family will be fulfilling the Chinese dream of "success". When the young undergraduates go overseas to study, they know that their life path has already been laid out for them in this way and that they have no control over it, so they see their three- or four-year educational experience in a foreign country as a small window of relative freedom in this big regimented picture. Of course, they have no motivation to study when they haven't been good students in the past, when they have not been equipped with the necessary skills for independent learning and living, and when they think that what they will learn in foreign universities is not at all relevant for their future jobs in China.

In fact, it seems to me that the nature of their motivation is the fundamental difference between the two groups of Chinese students I am comparing. The scientists whom I taught in Beijing forty years ago had intrinsic motivation. They were committed to their study of their own volition, so nobody needed to tell them to study. However, the young undergraduates majoring in business and accounting whom I taught more recently have only extrinsic motivation in the form of pressure from their parents, their former teachers and Chinese society at large. Their motivation consists mainly of trying to meet other people's expectations. So the question now arises: is it possible to convert extrinsic motivation into intrinsic motivation? If so, how?

Can anything be done to address this problem? It is a large problem with significant consequences for the lifelong happiness of these young Chinese people as individuals as well as for the future of the China as a whole. Perhaps we can't do anything because of the systemic nature of the generational and economic issues that have led to this situation in China over the past forty years. Nevertheless, I would like to take a "glass half-full" approach and to suggest that perhaps the alumni who were part of that first intake of students at the Graduate School of the Chinese Academy of Sciences in 1978 could make a positive contribution to this problem. After all, they are now the "elder statesmen" of the Chinese intellectuals, so what they say does carry some weight.Many of these former graduate students are now retired, so they have some time on their hands. They also have access to social media, online forums, and printed magazines. Is it possible for these alumni of the Graduate School to initiate discussions to prompt parents, teachers, and students in China to consider the impact of alternative approaches to child rearing and to educating students in primary and secondary schools in China? Is it possible to raise the issue of students with below-average performance in Chinese middle/high schools being sent to overseas universities where they are not likely to be successful? I hope that by raising these problems within the broad Chinese community, everyone involved in all stages of the education process of Chinese students will reconsider their approach so that fewer students will be set up to fail.

师资班

点破天机放我行
——文革后中国学生赴美留学的起源

陆文禾

作者简介 祖籍江苏扬州。1953 年生于上海。1969 年 4 月赴内蒙古插队。1973 年上内蒙古师范学院外语系的工农兵学员。1976 年分配到内蒙古乌兰察布盟丰镇县第二中学任教。1978 年考取中国科学院研究生院师资班英语专业研究生，师从李佩先生。1980 年出国。1986 年佛罗里达大学计量经济学博士。后转入精算学，从业三十年刚刚退休。现在印第安纳州印第安纳波利斯生活。

这本回忆文集中，很多同学都提到了上世纪 80 年代初的赴美留学浪潮及其背后的故事。看了他们的回忆，我觉得仍有未尽之言。尽管有 Mary 老师自己的回忆，可是，她一则谦虚，二则上了年纪精力不支，有些细节没有涉及到。作为当时听她说过真相的亲历人之一，我觉得有责任把这些事情记录下来，尽可能还原历史。题目里，"点破天机"是指 Mary Van de Water 老师点破了"可以拿美国人的钱到美国留学"这个天机。"放我行"，则是指当时研究生院的负责人彭平先生和直接介入此事的外语教研组负责人李佩老师密谋同意放我们这一届研究生出国的秘密。

我们申请出国是 1979 年冬，出国是 1980 年秋天，而密谋这件事首次被揭密，是 2001 年 1 月 20 日上午。也就是在二十年之后。

2001 年的 1 月 19 日，文革后中科院研究生院首届研究生里，有 22

位同学来到了位于美国华盛顿特区西北边的 Rockville，参加我们离开中国以来的第一次校友聚会。主持人是自动化所的陈祥堃学长，地点在陈祥堃学长所在社区的会议室。记得陈祥堃学长在聚会上的开场白是"一晃已经 23 年了"。那天下午，屋外大雪纷纷扬扬地飘落，室内我们一个个轮流发言，精彩至极。晚餐也是在陈祥堃学长联系的餐馆，菜肴丰盛，气氛欢乐。外地来的同学当晚分散留宿在当地各学长家里。我们在佛罗里达大学的同学杨晓青夫妇、冯群夫妇和我的一家都住在唐一华学长家里。我们当时的英文老师 Ms. Mary Van de Water 也在那里住。

　　第二天，大雪之后，白茫茫的一片。美国首都华盛顿正忙着准备小布什总统的首任就职典礼。我们则按计划接着第一天的聚会，还有半天。早上七点，我起床下楼，一华学长的夫人向兰已经为大家准备好了早点，Mary Van de Water 和 Lyndall Nairn 已经坐在餐桌旁，正在谈李佩。不一会儿，杨晓青学长下楼后也参与了她们的谈话，并且为她们聊天的内容所震惊。他就把 Mary 的话前前后后地翻译了好几遍，告知陆续来就餐的冯群和唐一华。后来我们移师陈祥堃学长家，晓青学长又向所有的同学传递了 Mary 的谈话。其主要内容朱学渊学长已经在他的纪念文章里提到。只是因为当天晓青学长来晚一步，有些细节他没有听到，而我觉得很重要，有必要做一个补充。

　　当时，Mary 找李佩提议放这批研究生出国"用美国大学的钱去美国留学"，也就是鼓励我们那一届的优秀学生，申请美国大学研究生的奖学金，不花自己的钱，也不花国家的钱。李佩很感兴趣，就带她去找彭平副院长。但是，这件事不是在 Mary 发动学生们申请美国各大学之前，而是在学生们已经进行申请之中。

　　Mary 是荷兰人后裔，出生在美国的俄亥俄州，在密西根大学读的大学。在英国的格拉斯哥大学读的语言学硕士。她那时是美国的左派，也就是现在的自由派，比较亲华，否则也不会在那个年月到中国来。保守派的美国人来到中国是多年之后，那都是来赚钱的。只有自由派才会关心我们这些和她不是那么相干的人。她是在 1979 年初才到的研究生院，研究生院比她早来的英文外教有邓洁真、白克文，都是在美国出生的第二代中国人。还有香港来的陈英和。还有一两位的名字我记不清楚了，都是中国血统的外教。这些外教给我们上英语课，平时也和我们一起说笑聊天。虽然他们也很清楚中国学生可以通过申请美国大学的助学金奖学金出国留学，可从来没有和我们提过。比较起来，反而是Mary这个金发蓝眼高鼻梁的美国人更加关心我们。只有她，才给我们点破了这个天机，启动了中国学生的自费留学的浪潮。我一直感慨为什么不是中国血统的外教先来帮我们？

Mary是一个非常细心很有观察力的人。她来中国还不到一年，就了解到中国公派留学生出国的弊端，而且知道那时的中国人收入太低无法由家庭承担在国外学习的费用。但是她认为我们首届研究生中优秀的中国学生完全可以达到美国大学研究生录取和奖学金的标准，可用美国大学的钱去美国留学。她还结合她对中国的了解，考虑到在她所发起的留学运动中，并非人人都会成功，从而推测，这些失败的学生很可能会身处逆境，无端背上"里通外国"的罪名。出于一种保护学生的强烈责任心，她认为，应该未雨绸缪，为这些可能会失败的学生争取一点保护。她又是个非常聪明敏锐的人。凭着对研究生院教职员的基本了解，直接找李佩先生协商。如果她找别的人，比如研究生院的对外联络处，她们不像李佩那样通晓中美两国事务，那样开明善于变通，那么此事也就多半会在官僚主义的蛮横之中夭折了。

她又是一个公平的人。在二十年之后的谈话中，面对同学们的一片感激之声，她并没有把所有的功劳据为己有，却说自己对李佩佩服得五体投地。她说李佩，无论是行止坐立、谈吐行事都有大家之范，无懈可击。她说，李佩去找彭平先生谈这件事不光挑对了人，而且筹谋得十分周密。她们不是白天去办公室，却是傍晚去彭平家，去了家不进屋，就在院子里谈。这些都有利于彭平先生做决定，为事情的发展预留了退步。即使无结果，也可以不露痕迹不留把柄。况且，为了防止泄密，李佩先生那天亲自做翻译而没有带Mary平时的翻译。

彭平先生当时是常务副院长，主持研究生院的日常工作。Mary回忆说，彭平犹豫着，在院子里转了一圈又一圈，思忖再三最终答应了Mary的提议，保证尽力保护学生，不追究学生申请留学的政治问题。

当时中国在邓小平主政下改革开放的潮流异常汹涌，中美之间处于蜜月阶段。按照Mary了解的情况，美国大学对中国学生很感兴趣，一则出于对竹幕之后的这个神秘国度的好奇，也由于以李政道杨振宁为代表的优秀华人在科学领域里做出的贡献为华人学者增添了信誉。我们也一定要提到，在 1979 年我们申请之前的二十年台湾到美国各大学读研究生的留学生也普遍而持续地有上乘的表现。种种原因，1979 年用 Mary 传授的方法申请美国大学留学于 1980 年秋季入学的同学居然 100%顺利得到签证，全部踏出了国门；这一空前绝后的记录人们没有注意到吧？

　　随后，按照这个方法出国留学的人群更是浩浩荡荡，形成了一股势不可挡的狂潮。因此，对他们的政治迫害也就成了没有必要发生的事，自然也没人再提过 Mary 与李佩和彭平的这次密谋。但是在他们谈话的那个时刻，谁又会未卜先知我们这一次申请会如此顺利？十年浩劫余波未定，百废待兴。彭平和李佩的举动，一点点私利都没有，而个人承担了极大的风险，随时面临着再次被批斗打倒的可能！而且做了天大的善事，绝口不提。我们到美国二十年之后 Mary 才说出来。我们当时对 Mary 的关爱，李佩的睿智和彭平的担当深深地感动于五内之中。大人之道，大概就是这样的吧？

　　我后来问过孙景才老师，当时如果李佩先生找教务长吴唐，或者干脆拿到院党委会讨论，事情将如何发展？孙老师说，那就连门儿也没了，通过李先生找彭院长，那是唯一可行的路。为什么呢？因为彭平这个人特别。

　　彭平是他参加革命以后的化名。他自己原本就是清华大学一个大学生，崇尚自由民主。抗战之前，他在清华念书，曾经领头组织了清华大学的 10 人自行车队，从北平到南京请愿抗日。他们沿着津浦路骑车南下，一路骑车一路宣传抗日。过了天津，就来了一位大汉骑着马和他们聊天同行，一路走到济南才离开。时任山东省主席的韩复榘在济南接见他们时才告诉他们，那大汉是沧州一带最大的土匪头子。他专门出来护送这些学生，让他们宣传抗日不受干扰。彭平的队员里有后来的著名科学家钱伟长和我的一位世伯。这故事就是我的世伯告诉我的。我想，彭平曾经在热血学子的时候受过具有正义感的强者的保护；而晚年的他，又在自己权力的范围内不顾风险保护热血学子，历史是何等的巧合，然而，并不是一个简单的重复！

Mary 对彭平也很佩服。她还记得彭平对她讲过的一个周恩来的故事。1959 年，周恩来和一位美国共产党的黑人领袖在北京见面，那位领袖比周恩来年纪大，以长辈革命者自居侃侃而谈。周恩来只问了他一句话：美国共产党饿过肚子没有？答说没有。周恩来说，没有饿过肚子的怎么可以算是共产党？！Mary 对这个故事大为赞叹，说，西方的自由派还是不行。Mary 之所以欣赏这个故事，是出于她对穷人的怜悯和天下大公的理念。她不仅这么想，也是这么做的。Mary 除了指点我们出国，还出钱为她的学生交申请费。虽然那时美国大学的申请费只是区区$20 至$50，但是，对于身无分文美金的中国学生来说，已经是登天之难。Mary 就把她工资里面可以换美元的那三分之一拿出来,替申请出国的学生交申请费。虽然她和我关系不错，但她了解我家的情况，曾经对我说："你家有办法弄到美金，还是让别的学生用吧。"体现了她对她的学生一视同仁。Mary 的高风亮节更在于施恩不望回报，在很多同学完全不知情的状况下为我们打开出国的航道，直到 20 年后的 2001 年才告诉我们当初的细节。虽然我们向 Mary 和李佩先生都送上了我们迟到的感谢，我却很遗憾再也没有机会能让彭平先生知道我们的感激！

　　Mary Van de Water、李佩和彭平是我们这一届研究生，也是整个中国学生自费留学的发起人和推动者，而这个出国浪潮直接把中国的开放和走向世界推到了一个全新的阶段。他们的举动不光使中国优秀学生出国可以不通过公派的限制而自行离开，而且也使得我们中国学生留学大潮提前了。 我们记录这些是为了在历史上为他们留下这灿烂的一笔！

2020 年 3 月于印第安纳州

计算所

偶然的科学院学子

田大鹏

作者简介 1954 年出生于哈尔滨，1975 年进入黑龙江大学，1978 年考取中国科学院研究生院，师承计算所耿力大。1980 年赴美国学习，1984 年赴澳大利亚工作，先后获得硕士博士学位。研究兴趣：生物医学工程，图像/信号处理，俄罗斯语言。发表文章 120 余篇。现在澳大利亚 CSU 大学工作。

1978 年，在正常的高等教育和科研活动停摆了十年之后，突然恢复的研究生入学考试对于全中国的莘莘学子宛如一道全新的大门，多年挤压下的各类人才蜂拥而至，竞争的激烈程度不难想象。我走进设在哈尔滨的考场就被一排排黑压压的考生吓住了，心不由得一沉："我一定是疯了，怎么会心血来潮报名投考！"

当年我 23 岁，是一名哈尔滨黑龙江大学(黑大)数学系计算机专业的非正式的工农兵学员。了解那段历史的人可能都知道，工农兵学员的知识水平极具争议，更不要说我这个编外的进修生了。

当第一轮考试结果公布时，人人包括我自己都感到无比惊奇。随后我接到通知去北京参加第二轮笔试及面试，最后被中科院计算所录取。这件事成为黑大的奇闻轶事，广泛流传。

当时的另一件奇闻是，黑大公认的一位最优秀的数学教师却没有考进中科院数学所。他是黑大的数学教师，我俩及另外三人在黑大同住一间寝室。他曾经用两年时间求解了吉米多维奇数学分析题集中全部的 4000 多道习题。这本题集至今还被中国和俄罗斯奉为数学圣经。如此浩大的一项工程，除他以外，我从未听说过还有别人曾独立地完成过。他顺利通过了研究生入学的第一轮考试。我们同去北京复试，他却没有通过。黑大同仁无不惊愕至极，至今也不明白原因。

另外，黑大还有一位老师叫徐国良。奇葩的是，他根本没打算读研究生，参加考试仅仅是为了测试一下自己的数学水平。因而，他只参加了一门代数考试，却因为成绩斐然，被通知进京复试，并补考第一轮的缺考科目。随后，徐国良就成为当时他们所最年轻的学子。我们成为挚友。在中科院他给了我很多帮助，尽管后来与他失去了联系，我一直怀念我们的同窗时光。

如果说，徐国良成为研究生，在于他扎实的代数功底，那么，我有幸成为研究生，却是因为我的知识比较全面。说起来也很简单，我导师招收的专业是机器翻译。他需要一个同时懂计算机、数学和英语的研究生。虽然我单独在哪一科都远远不是最佳人选，但是，当时能同时驾驭三科的人很少，尤其是刚刚兴起的计算机专业，了解的人更是寥寥无几，我就成了猴山中的大王。

可是，在那个普遍认为"知识越多越反动"的社会环境里，我怎么能比较纯熟地同时掌握了这三门知识呢？这就是偶然中的机遇了。

1966 年文革开始时我上小学 5 年级，平淡无奇地混了出来。1968 年，我进入了黑龙江省最好的中学，哈尔滨第三中学。然而，入学的原因并不是因为我成绩好，当时根本就废除了入学考试。学校分片招生，我便偶然地由家庭住址的原因进入了名校。不到四年时间，我便"完成"了初中和高中的学业。在"读书无用"的精神指导下，我在学校里其实没有学到任何文化知识，只不过挖了 4 年的防空洞，准备应付随时会到来的苏联入侵和核打击。而这种威胁却歪打正着地激起了我对前苏联及俄语的兴趣。30 年后我终于如愿以偿去了俄国符拉迪沃斯托克，并爱上了这片间接地毁了我青春的土地。

尽管中学没受过正规教育，但我却有过另外的机遇。我们学校被遣送来一批家庭出身不好的大学毕业生，都是地主、军阀、资本家的子女。他们大都毕业于诸如北大、南开等顶尖大学。当时我母亲是妇产科专科医生，中学老师们想通过她走后门方便就医。作为条件，母亲要求他们教我英语和数理化。我承认，我只是在表面下了点功夫以取悦父母，实际上所学寥寥。我迷恋当时的美好生活，不用上课，没有考试，老师夏天领我们去松花江游泳，冬天去滑冰。

其次，在省级中学里，当时三中的图书馆最好，但毁于文革。我到学校时，图书馆一片狼藉，书架倒翻，书和各种唱片散落一地。常有人去那里捡书回家引火，大部分人会把小说和音乐唱片带回家，而教科书却无人问津。我捡了一些数学教材，并且幸运地捡到一堆英语教学唱片。这些唱片于 50 年代灌制，由北京外国语学院（现在北京外国语大学）的外教朗读。在以后的若干年，这些唱片中的每一张都被我至少聆听过几百遍，受益匪浅。1976 年，我将这些唱片归还了学校，英语老师们喜出望外，谁也没想到，这些唱片竟然能在那样的劫难中得以幸存！

高中毕业后悠哉了一年，我于 1972 年进入哈尔滨电子仪器厂学徒，开始每月工资为 18 元人民币。那时，正是知识青年上山下乡的高潮，参军或入厂就可以留在城市，成为年轻人梦寐以求的出路。所以，很多权势人物的子女便通过后门进了工厂。电子仪器厂的雇员中也就有了两位大学校长的公子、哈尔滨市长及省公安厅领导等人的千金。可是，我和他们并不很熟，却很快就和一个叫孟克的工友成为挚友。原因很奇葩，我们两家都被多次抄家。抄我父母家的理由是当局怀疑家父是台湾间谍，因为他的母亲和弟弟逃往台湾，虽然，这些都是我多年以后才知道的，我和他的交往也算是物以类聚，人以群分吧。

孟克家被抄的原因很简单，他父亲黄埔军校六期毕业，成绩排名第六（蒋介石每年接见前十名），1948 年被委任为国防部副总参谋长，负责坚守四川最后一道防线。当时国民党在四川有 20 万大军加上胡宗南的 40 万人马，按说，凭借天险守住四川是没有问题的。毕竟日本军队花了5年时间无法打入四川。然而，他父亲当时并不知道，自己的顶头上司，国防部总参谋长刘宗宽是共产党内线。1949 年 12 月刘宗宽开辟了一个无防御通道让刘邓大军从川东长驱直入。蒋介石差点未能逃离四川。因为受到父亲的拖累，1965 年，孟克虽然在全国高考中夺得黑龙江省状元，数学满分，却没被他的第一志愿北大数学系录取，只得勉强去哈尔滨一家学院就读，毕业后分配到哈尔滨电子仪器厂当了工人。

哈尔滨电子仪器厂生产示波器，堪称当时的高科技产品，销路极好而且卖到天价，一台 2 万元人民币。当时工人的平均月薪才 45 元，2 万元绝对算得上巨额财富，每个月只要卖出一台就能维持工厂运转。我虽然当时才疏学浅，但却有着组装和检修电子设备的天赋。很快我就对设备了如指掌，谙熟示波器电路每个节点的电压。荒唐的是，如此高价的示波器，质量却很差。而这些劣质产品却在偶然中又给我创造了机会。我 19 岁刚刚出师被派往 20 多家山沟里的三线工厂和大学实验室修理示波器。这次出差历时 4 个月，去了北京、西安、兰州、武汉、昆明、广州等地，几乎走遍全国，从工作中积累了很多经验。

在电子仪器厂的日子非常惬意舒适。像当时所有的国营大厂一样，一年里只有三个月有生产任务，其余九个月则无事可做。大部分工人不是打扑克下象棋就是逛商店。当时大部分主要食品限量供给，品种单一，不管买什么东西还都要排长队，正好让人消磨时光。闲得无聊之际，我曾经组装了一部黑白电视机供父母消遣。完成之后，我又回到无所事事的状态，于是，一个念头油然而生，想学点有用东西。偏偏就碰到了我生命中的又一个偶然。孟克对我说："你在学校什么都没学到，我来教你数学好了"。父母也劝告我："只要英语好，其它科目不重要"。尽管我不全信服，还是听了他们的话，开始学习数学，并且把英语捡了起来。

我在中学就曾经自学过英语，但是，不喜欢阅读和写作，只想提高口语和听力，唯一的目的是希望能听懂所谓的敌台广播，诸如英国广播（BBC）、美国之音（VOA）、莫斯科广播、澳洲广播等等。当时这些电台的中文频道被强烈干扰，英文频道却是漏网之鱼。1973年，VOA开始播出一个由何丽达主播的"英语900句"的教学节目。这本书当时可以在哈尔滨外文书店买到。我自制短波接收机，把最佳接收点调在VOA频率附近。英语900节目每12个月重播一次，一天三播，哈尔滨上午7:30--8:00时段的干扰最弱，但是，我8点上班，步行到工厂需要7分钟，只好在7:53准时关掉广播，离家去工厂。就这样，我一直跟听了三年。车间主任到最后也没有搞清楚为什么我几年如一日，每天早上8点到岗上班，一分钟不早，一分钟不晚。为了得到更多的英语学习机会，我还向厂里频繁请假，去黑大英语专业听课。1974年我在厂里竞争，希望能成为大连工学院的工农兵学员，却因为爷爷的问题未能如愿，当然，原因我后来才知道。1975年，厂里分到一个去黑大进修一年的名额，同事们成全了我。这也算是一个偶然的机会，让我进入了黑大。

　　1975年计算机科学还处在萌芽时期，我只是进修生，没人管理，上专业课时心不在焉，反而每天上午跑到英语专业74级学习英文。一年后76级计算机软件专业的学生入学，我加入了这个软件班，才开始正规上课。在这个阶段，我除了学习计算机专业课程，还同时在数学系学数学，在英语专业进修英语。这三件事结合在一起，对我日后考入中科院起到了关键作用。短短的两年时间，我不但与黑大76级软件的同学建立了一生中最珍贵的友谊，还遇见了很多大咖级人物，有教师，也有同学，正是在他们的大力帮助、激励和鞭策下，我后来才考入了中科院，成了一名研究生。

　　不用说，接到中科院研究生录取函的瞬间，我万分高兴，很有一种鲤鱼跳龙门的激动。然而，当时却还有一个关卡，一个在当时能毁掉人生一切的关卡—档案。众所周知，在中国每个人都有一份档案，即使今天也是如此。我被录取后，中科院来函调取档案。我的档案当时依然存放在我上大学以前上班的那个工厂。工厂人事主管把档案交给我，"你自己带去北京吧"，然后对我神秘一笑。此举非同寻常，档案应该直邮中科院，不能让相关人员自己接触。这个做法立刻让我怀疑，档案里可能有文章。回到家，我马上烧了一壶开水，用水蒸汽融开信封的浆糊。果然，里面的一页纸上写道："田大鹏的祖父田温其曾任国民党陆军第68军119师少将师长。他的奶奶及叔叔于1949年解放前夕逃往台湾。"

我大惊失色！这是我平生第一次知道这段家史。出于显而易见的原因我父母一直对我隐瞒了它。看了一眼父亲，我从未见过他如此沮丧，泪流满面。他认为这段家史不仅使他身处逆境，还可能断送儿子的前程。我很想把这张纸销毁。但和父母再三讨论之后，考虑到潜在的政治风险，我只能又把它放了回去。没想到的是，到了中科院研究生院以后，我发现很多同学的家庭都有类似的历史污点，我油然产生了一种同流合污的感觉。后来警方还来校要逮捕一名学生，罪名是曾经有反革命行为，幸亏被当时的学生处的负责人孙景才老师阻拦。我后来还听说，在这位老师的建议下，研究生院把学生档案里类似的黑材料全部取出来，一把火统统烧掉，解除了学生的心头大患！

若干年后，再遇工厂人事主管，他提及当年之所以违规让我自持档案，就是想让我拆封销毁那张纸，不想让它断送我的前程。一瓶茅台过后，他借用了中国的一句谚语说："我知道你有那个贼心，但没想到你没那个贼胆！"岂止是我，从那个年代走过来的人，大都被各种政治迫害的高压震慑，有这个胆量的人只怕不多。我更加钦佩孙老师和当时敢于做出决定销毁黑材料的那几位院领导！同时，我也曾经有过后怕，倘如招收研究生的过程中，也和当时招工招生走一样的程序，先政审再录取，就凭着我档案里的那张纸，我能否过关，还是像1975年那样，名落孙山？或许，改革开放带来的招生程序的改变，也是我成为研究生的无数"偶然"之一吧。

没想到的是，偶然很快又在我的生活中做了一回导演，把我送出国当了留学生。这就不得不提到一位撼动了整个中国的女性，Ms. Mary Van de Water。她是我在研究生院学英文的老师，从英国请来的外教。由于我多年来一直坚持学英文，尤其是听、说的口语练习，到研究生院以后我被分到了英文高级班，并当了甲一班的班长。高级班有个得天独厚的优越性，有外籍老师授课。我这个班就更是近水楼台，由全院的首席外教 Mary 任班主任。

Mary 与另一位澳洲外教 Lyndall Nairn 老师沿用了西方的教学方式，从驻在北京的英国、美国及澳大利亚使馆借来很多英文电影，大都是经典片，如查尔斯.狄更斯的片子，供教学使用。学生通过观影，语言能力得到大幅度提升。Mary 还经常约请她的访客到学校和我们交谈。有一次，她约请了 Isabel Hilton 和 Neal Ascherson，这两位是星期日泰晤士报和独立报的记者。他们当时的身份触动了校方的敏感神经，作为班长，我被叫去质询。我也因此结识了两位记者，和他们的关系一直保持至今。1983 年，我离美赴澳，Mary 安排我在伦敦和他们呆了几个月，这期间，他们动员我去共产党执政的东德和波兰看看。这次东欧之旅成为我终身难忘的记忆。几年后我在澳洲做一档电台节目，还采访了他们，这是后话不提。

我班有一个同学叫关普华，是数学所的。时至今日我还对数学所的人心怀敬畏，理由嘛，我认识的黑大最好的数学家都没考进数学所，关普华却考上了！我们成了朋友，经常一起去 Mary 那里学习。有一次我们在 Mary 那里见到了一位英国外交官。几天后普华在天安门附近一条街上与他偶遇，打了个招呼。不幸的是，其人当时正被安全局警员盯梢。普华也成了怀疑对象，被人一路跟踪到学校，核定身份准备抓捕。幸而还是学生处的孙老师出面解释，才将他保了下来。

在校一年后，Mary 渐渐了解了中国当时的科技水平，也留意到了，中国政府在用有限的外汇储备，把选定的研究生送往西方国家进修。费用高昂，人数有限，成效不佳。为了让中国更快地走向世界，她提出了一个"外费留学"的方案，让美国大学资助中国学生留学海外。

这个方案，不但对中科院的研究生，乃至于对整个中国都产生了巨大影响。

为了证明"外费留学"方案可行，Mary 在研究生里开始试验。1979年一月份的一天，Mary 问我是否可从英语班里鼓动几个人申请美国大学奖学金。

我大吃一惊，"这个不大可能。大多数同学的月工资不到 68 元人民币，我们甚至连 8 毛钱一张的邮费都负担不起，更不要说那 25 美元的申请费了。"

她鼓励我说，"既然你能考进中科院，你就肯定能拿到学位。而且美国大学对中国正在发生的一切也很感兴趣。"另外，她还教我们向美方要求免去申请费，并且慷慨地承诺，如果实在需要，就用她自己的薪水里有限的美金部分帮我们支付报名费。

我找到普华商量，普华大大咧咧地说："既然 Mary 有求于咱，不妨试试，受到的损失不就是少去几次担担面馆嘛"。

"吃是我唯一的乐趣，我可不愿意用来换取邮票。不过既然 Mary 发话了，我们也不好驳她的面子。"这是我当时的回答，也是我真实的想法。我压根就没想到，只花了一张邮票钱就能够去美国留学！当然，虽然我的报名费确实被美方免去了，但是，Mary 还是帮有些同学付了报名费的，这笔钱并没有被我计算在内。

谁都没想到，当时我们一共 8 个人提交了申请，3 个月内就都获得了美国不同大学的研究生录取通知和留学资助。我们立刻上报科学院，申请护照，办理出国手续。这可是前所未有的大事。秘书不敢做主，院长正在开会，我们 8 人便在门厅里等待，颇有些不达目的誓不罢休的勇气。或许是改革开放的威力极其强大，院长居然批准了我们的申请，只说"下不为例"。不过，恰恰相反，我们的例子立刻传遍了研究生院，一霎间暗流涌动，很多同学纷纷效仿，照此办理留学手续。校方也予以默认，在各方面大开绿灯，很快就又走了一批。随后，"外费留学"的消息也传到清华北大和其他大学。再随后，就不仅仅是留学生们捷足先登，我们的亲人朋友及其子女也争先恐后，通过同一条途径来到美国和西方各国。终于，出国留学成为中国莘莘学子通往世界的一条捷径。

"外费留学"不仅打开了中国走向世界的大门，最重要的是，它建立了一个公平竞争的良好环境。人人都得到了留学海外的机会，而结果取决于个人的学术造诣和进取精神，而不是领导对你的评估。在2005年中科院78级聚会上，我受邀到中国中央电视台录制了一个纪录片，专门讲述了"外费留学"方案的始末，该影像保存在www.icita.org/as/ascctv.mp4。后来，我在澳洲的一个电台工作，又专程采访Mary，重叙中科院的往事。该语音资料存放于：www.icita.org/as/mary.mp3。

可能有人会说，如果不是Mary，也会有别人想到这个利用外国人的资金帮助中国人留学的"外费留学"方案。那么，谁又会说，如果不是哥伦布1492年发现美洲，世界上也许会有其他人发现？历史就是历史，偶然之中孕育着必然！正因为Mary既了解中国派送留学生制度上的弊病，又通晓西方大学招收研究生的惯例，同时，又非常关心中国，真心地想帮助中国学生，她才会"多管闲事"在自己本职工作的范围之外，提出了这个方案。仔细分析起来，每个踏上海外资助留学之路的中国人，无论是几十万还是上百万，都欠Ms. Mary Van de Water一个真诚的感谢。

无论别人是否同意，至少我自己深深地感谢Mary。在她无私的帮助下，我于1980年夏进入美国，来到俄亥俄州立大学继续我的研究生课程，就此告别了虽然只有短暂两年却对我的一生具有巨大影响的中科院研究生院。我唯一的遗憾的是对我的导师耿力大。他为人和善，对我和他的另外一位学生曾经寄以厚望。然而，我们同在1980年离开他去美国读博，并没有对他的课题做出任何贡献。从2007年开始我在中科院寻找他，但一直无果。直到2018年，在北京的一次同学聚餐上有人告诉我，他或许已经转到中科院软件所。饭后我马不停蹄，直奔软件所，却非常遗憾地得知，他已于一周前去世，师母也去了美国的女儿家。我深感悲痛，也只能在此，以我拙劣的文笔，向他略表深深的怀念和歉意。

2020 年春于澳大利亚

植物所

从农庄到肖庄

张韧

作者简介 张韧，1956 年生於北京，1973 – 1978 年在天津市武清县插队落户，其间到南开大学生物系"社来社去"班学习，1978 年考入中科院研究生院(北京植物所)，获硕士学位，1986 年澳大利亚国立大学博士毕业，曾任职于中、美、澳多家大学和研究所，从事分子遗传和生物技术方面的研究和教学。已退休，现居澳大利亚卧龙岗市。

文革结束后 1977 年国家决定恢复研究生教育将举行全国招考，消息传来时我正就读于南开大学农业生物学专业。因为上的是半脱产的"社来社去"班、也才刚刚两年，我自知学业基础很差，对于是否报名参考很是犹豫了一番。反复考虑后还是觉得机会难得，就下决心鼓起勇气报了名。经过初试和复试，结果最后竟心想事成及第，把户口从农庄转到肖庄，进了中国科学院研究生院。 还记得被录取后大学里一位熟识的老师曾对我说："知道你报名，但说心里话真的没有料到你能考上。"我用当年小靳庄一句老贫农的诗"贫下中农不信邪"自嘲，那回确是撞上了大运，一举考上研究生 ——在个人层面上意义可能堪比"一举粉碎四人帮"。回想起来， 那时我还就是凭着"初生牛犊不怕虎"，也真是万分有幸才抓住了那个时机。本文是我对考研前学历和经历的简短回忆，可印证以上所言非虚，不是自谦。我的另一篇回忆《研究生院轶事》[1] 记下了一些当年参加考试的细节。

植物所　　　　　　　　　　　　　　　　　　　　　　　　　　张韧

　　1966年文革爆发时，我小学三年级还没念完。虽然一年多后又开始"复课闹革命"，在学校里也多是念毛主席和林副主席的语录、搞大批判，主要是批"刘少奇的读书做官论"，没有作业和考试。这样混了三年多，1970年我就随同级的小学生们一起"升入"了天津市的天津中学。这所学校当时刚刚建校一年多，在原天津政治师范学校的旧址，那是上世纪文革中一场大武斗"火烧政师"惨案的发生地（1967年夏）。文革中没有什么"重点校"之说，天津中学虽然还是新校，但当年那所学校的老师们多是政治师范和天津另一所中专（滑翔学校）的原师资，教学水平相当高；学校的管理、风气也相对不错。三年间我除了学工、学农、学军、野营拉练，还算幸运地赶上些"教育回潮"，上了些文化课。当然，那年头学领袖语录、学中央文件、大批判是绝对不能少的。记得班里一个男生因为在上课时和旁座同学说话被老师批评："你这样在课堂上不遵守纪律，就是受了'读书做官论'的翻版'读书无用论'的影响，这都是刘少奇的余毒"。那男孩儿用天津话反驳："批'读书做官儿论'，您说是刘少奇，批'读书无用论'您又说是刘少奇，您还嘛儿都赖人家刘少奇啦！"1973年我就算初中毕业，作为"知识青年"下乡插队了。

　　在南开大学我算"工农兵学员"，但因为上的是和朝阳农学院当时办学模式类似的"社来社去"班，按其规定，学员们的户口还都留在原地农村——和文革中大学里一般"工农兵学员"都带户口入学不同，每年一半时间在校学习、另一半时间回生产队劳动，仍然挣工分，毕业后不分配，还回原地当农民。1975年，南开大学开办了农业生物学和政治经济学两个专业的"社来社去"试点班，我们这个班的目的是为培养基层农业技术人员，当年共招收了天津郊县农村的四十二个学生，我是唯一的下乡知青，被选送入学时刚好已插队两年。可能是因为毛泽东曾说过："农业大学办在城里不是见鬼吗？"两个"社来社区"班的学生和老师就被安排在远离主教学区的校农场里生活和教学，我们农业生物学班还同时耕种几十亩农田。一开始我们挤住在原来的几间旧房里，后来自力更生又盖起了几间平房宿舍才安顿下来。虽然我们名义上也肩负了"上大学、管大学、用毛泽东思想改造大学"的重任，但老感觉像是"后娘生的"。

在当年的形势下，南开大学虽然有众多优秀的教师和不错的教学条件，但鉴于我们这些"社来社区"班农村学员的文化程度、培养目标、和非常有限的在校教学时间，对我们的教学安排不得不比对同校工农兵学员普通班还要"从简"许多，比如：不设外语、数理化及很多专业基础课；连一点生物化学知识还没有就直接上植物生理学课，记得学光合作用等细胞过程涉及代谢途径时，所有化合物的名称都用汉字。同学中几乎连学过有机化学的都没有，很难记住那些代谢物的名字，更难理解那些化学转变，老师和同学们都叫苦连天。想来，老师们在那个特殊的年代为了培养这批特殊的学生，不但生活中和我们同甘共苦，在教学中又用了多少苦心？付出了多少精力！文革结束、科学大会后，学校为我们增设了一些基础和专业基础课，比如有机化学和生物化学。因为同学中对学外语没有太多的呼声，就没有曾设英语课，我就拣起中学时认识的英语字母、国际音标、和几打还记得的革命单词，如 Long long live Chairman …, Down with imperialists… 之类，靠一本薄冰编的《英语语法手册》和那时候为非外语专业工农兵大学生用的两册课本，再加北京广播电台的《业余英语广播讲座》，自学起来。看到我下决心努力要考研究生，老师们对我非常鼓励支持，尤其是第一个把我带上研究之路、指导我毕业论文的吴树明老师，不但对我耐心引领，让我随他发表了第一篇文章[2]，还倾注了大量精力、牺牲了许多时间，热情地对我多科辅导。我最终能考取研究生，他是应被感谢的第一人！还要特别谢谢周仕林老师，他出差到北京植物所碰到我的目标导师崔澂先生、被问到我的身体状况时，即刻为我美言："壮得像头小牛儿"。

除了学业水平差距上的压力，当年报考研究生我心头还另有一个很大的纠结：如何面对村里关怀、培养、寄望于我的人们？这需要简单地说说我下乡插队的经历。

1973年10月，我们同校同届四十个同学（男女各半——上级已为我们做好了"长远安排"）到了天津市武清县一个只有一百二十九户农家，平均每人只有一亩半地的小村后河淤插队落户。那一年4月25日，毛泽东给福建省莆田县小学教师李庆霖回信，对他头一年底上书反映其子下乡屡遭苦难的状况表示同情，并寄了300块钱。中共中央随即下发（中发[1973]21号）文件，召开全国知识青年上山下乡工作会议，严办了一批迫害知青的案件，就势又掀起了继1968年大规模下放知青之后的第二个高潮。和"老三届"早期上山下乡相比，这时全国安置知青的境况已有些改观。我们去的地方也特殊一点，后河淤村子虽小，但是天津市农业"学大寨"的先进村，我们离城里的家不远，队里出三个人的工分办了知青食堂，保证我们粮食足吃，超出上面定量供应的部分由队里补（每人年定量500斤；我第一年就多吃差不多100斤），年终扣除粮款还能有现金分红（每天全工分值一块钱以上）。当时除了离开家、没有周末、在农村生活的单调苦闷和对前程的迷茫，对我们这些少男少女知青的另一大挑战是干农活儿的苦累：工时长，每天最少三出工，鸡鸣即起、日落方休，农忙季节则四出工，晚上还要加班；强度大，尤其经常有包工定额，我们知青干农活的体能和技能都难和当地农民相比。我那时对"最高指示"没有任何怀疑，真心"接受贫下中农再教育"，插队第一年我出全工三百四十多天，甚至狠心地连春节都没有回去和家人团聚。

　　下乡前我还买了些农业科技方面的书籍，准备像当年大力宣传的知青标兵"赤脚医生"孙立哲那样，能利用知识在农村有所为。这是我当时为自己设计的最佳发展路线，也符合家父母对子女能学有一技之长的期盼。到村里后我每晚坚持"挑灯夜读"，结果不久即被提拔为大队科技组长，不但如愿以偿沾上了专业技术，还当上了正生产队长级的"中层干部"。我们科技组除大部分时间和村里其他社员一起干活儿外，一大任务就是监控农田里的病虫害并喷施农药防治，这活儿不太累但有毒害。也有机会搞过几次小试验田，种出过亩产千斤小麦、试验过棉花密植等。在科技组长任上，我还得以多次参加了公社、县、以及市的各级农业部门组织的技术培训、参观、和会议，受益匪浅。记得考研复试时，曾被问到有无任何科研想法，我马上提起当年学到的小麦分蘖和产量的关系，表示对植物激素控制分蘖的机理和应用感兴趣。记得崔先生等口试考官听后微笑鼓励，让我还有点小得意。

1973.12.9 时任国务院副总理陈永贵到后河淤视察，陈对面为笔者，左为村支书徐景树。

后河淤村的支部书记徐景树是个复员军人，1950 年代回乡后带头苦干，使得村里的生产和村民们的生活改进不小，成为全县乃至地区有名的先进。徐本人很廉洁、公正、强干，在后河淤这样一个有多姓家族的村里能站住脚、威望也很高，当年远近都非常有名气，我插队时他还同时担任了公社书记和县委副书记。徐一直对我很好，着意提携、支持我去南开大学学习，期待我毕业后、甚至未毕业就能回村助力。文革后国情大变，随年龄和见识增长，我当年"左青"的豪情渐退，也自知之明、改变了以为真能扎根农村、大有作为的想法。所以我对徐表示，希望村里能让我把南开的学业完成，同时表露出了有意进一步求学、考研究生的想法。他表示支持，并说不要有顾虑，这让我得以将心中的纠结放下。

1975.6 后河淤大队副支书丁少启（左一）和科技组成员在田间观察小麦长势，左二为笔者。

1978年初我们这批知青选调回城开始，村民们给我们四十个人排序，然后按县、市下达的名额依次先后返城，结果我被排在第一名。徐即派大队副支书李洪林到南开大学通知我办理回城手续，我则很坚决地表示不参加选调，如果考不上研究生就继续待在村里。当时还未初试，我当然没有任何能考取的把握，但我这样表示也完全是真心话，不仅是为对得起后河淤送我出来上学，也因为和回城不知干个什么工作相比，我更愿意用知识从事农业科技工作，哪怕在村里还当个挣工分的农技员。顺便说一下，我们"社来社去"班其他同学毕业回农村一段时间后，即按后来出台的文件规定，经考试绝大多数都转为了拿工资的农业技术干部，不少后来还当上了各级领导，但这都是后话了。

获得研究生院录取后，我去村里辞别，见到徐景树和其他村干部时，除了感谢五年来受到的关照和培养，我还表示要退还在南开大学三年学习期间村里给我记工分得到的钱款--总计千元左右，结果被他们谢绝了，说那也是我三年中为村里仍有贡献的劳动所得。多年来我一直保持联系、十数次回武清去探访，用各种方式以图报答，还计划将来到后河淤村的小学去任教……徐景树文革后任武清县县长、县委书记，还当选中共十四大代表，领导推动武清成为国家级开发区，退休后仍然为武清的发展尽力，2002年2月因病去世，终年68岁。认识他近三十年，他不但有恩于我，也是位农民出身，善于学习、德才兼具、很有人格魅力、让我真心敬佩的领导者。后河淤村另一位非常关照我的原副支书丁少启也已经过世。可惜连后河淤村，随着城市化的发展，都已经不复存在了。但是京津间龙凤河南岸那个小村庄不会从我的心里消失,永远感念那些年接纳、关照我们的后河淤父老乡亲！

文革中近两千万城市知识青年上山下乡，历经磨难，最后大部分又落入社会的弱势群体。几十年来，对当年决策者的谋略至今还在争论，千百万被运动的当事人或含恨或自慰，正在渐渐离去。在这个大潮中，笔者无疑是非常幸运的少数人之一。因为在农村插队落户的时期较短和其它的际遇，我没有经历太多的苦难，还踏进了大学的门槛（尽管只是特殊的"社来社去"班）。拨乱反正伊始我又赶上时机有幸考入了可以说是当时中国最高端和开放的学府——中科院研究生院，得以享沐"科学的春天"，受教于名流大师，更让我结识了一批经历曲折丰富、志远才高的学长。这是让我真正"睁开眼睛看世界"的开端。

2020年1月于澳洲

1、张韧（2018）"研究生院轶事"，载《纪念中国科学院研究生院四十周年文集》，研究生院第一期校友合著，2018，CreatSpce, Charleston SC. USA, pp.228-234。
2、吴树明，张韧，孙晓晨(1980) 吡啶-3-丙醇（3-2-pyridyl-propanol）对大豆生长的影响。《农药工业》3: 45-47。

师资班

从唐山抗震救灾到考研

樊哲民

作者简介 1945 年出生于陕西省蓝田县，1965 年考入西安交大数理系。1970 年到西安灞桥热电厂工作，后到西安热工所从事软件研发。1978 年考入中科院研究生院师资班。1982 年到航天部四院从事卫星通信和信息系统研发。1987 年赴美国，从事软件工程、模式识别等方面研发。2010 年担任中科院国家授时中心的计算机技术顾问。退休后定居于美国德克萨斯州布兰诺市。

1978 年我参加了中国科学院恢复研究生制度后的首届入学考试，被录取为中科院研究生院 78 级的研究生。我的考研准备，是在唐山参加抗震救灾工作中进行的。

1976 年 7 月 28 日，唐山发生了 7.8 级的大地震。当时我在水电部西安热工研究所工作，由于报纸和电台缺乏进一步的报道，大家对地震的详情都不得而知。有亲属在唐山的人非常着急，但电话已打不通，他们也干急没有办法。不过没有多久，我们从电力系统内部得到了消息。当时陕西电力建设公司有 2 千多人在唐山陡河电站进行建设，受到了惨重损失。以后才知道这个公司确切的死亡人数是 581 人，重伤有 400 多人。而唐山市总共有 80 多万人，在地震中死亡 24 万多人，重伤 16 万多人。这时电力系统各单位都纷纷抽调人力进行支援，我也被抽调出来参加了在西安的支援工作。我们的任务是联系西安的医院，安排从唐山空运回来的伤员进行治疗，安置地震孤儿，接待伤亡职工家属，做他们的思想抚慰工作并安排他们的生活。

做了一段这样的工作后，8月16日和23日四川松潘发生了两次7.2级的强震，西安有较强烈的震感，使得各单位都紧张起来，纷纷在室外搭地震棚。我们研究所也不例外，我就返回本单位参加搭地震棚的工作。我和另一位同事李春源因为年轻力壮，且属于两地分居型的，住在单身宿舍，没有多余负担，便被编入地震抢险队。大家开玩笑称为"敢死队"。但人们担心的西安地震后来并没有发生，这个抢险队没有派上用场。

在住地震棚的日子里，我们两人只带了最必须的随身衣物。但所里有些人怕地震造成损失，恨不得把家都搬到地震棚。结果小概率的地震没有发生，却发生了大概率的火灾。有十几家搬的东西过多，一下子全部烧光，包括花了几年心血准备的闺女嫁妆。那时候人们普遍工资收入不高，受到这样的损失确实是很严重的。

到了9月份，毛泽东主席逝世，举国哀悼。10月份粉碎四人帮，举国欢腾。这时水电部下达了指示，要热工所组织人力赶赴唐山，支援陡河电站地震后的恢复工作。我们研究所立即按锅炉、汽轮机、电气、自动化等专业组织了一支数十人的支援队伍。我属于自动化室计算机组，也成了这支队伍中的一员。我们经过紧张的准备，乘火车向唐山出发。为了不给灾区增加负担，我们从西安一家旅社租赁了被褥带去。

陡河电站位于唐山市东北，距市中心约25公里。我们乘车经过市区时，只见到处是残垣断壁，瓦砾废墟。有些楼房虽然没有倒塌，却已经是残缺不全，摇摇欲坠。到了陡河电站，看到高大的烟囱断成两节，厂房的损坏已经被修理好了。听厂里人说，由于地震发生在夜里，人员的伤亡多半是因为宿舍楼倒塌造成的。厂里只有少量的人在值班，但厂房里的煤粉仓掉了下来，把十几个正在值班的人压在了下面。还曾有人被吊在危楼的高空，明明还活着，但因为缺乏救助的设备，无法上去抢救，眼睁睁地看着被吊的人在风吹雨淋下慢慢死去。

由于余震不断，我们便被安排住在工地提供的木板活动房子里。开始活动房不多，而我们去的女工作人员少，不够单独分一间活动房，大家就在房子里简单地隔断一下，住了下来。后来条件改善了，房子增多，女士们便单独住一间活动房子，男士们也住得更宽松了。

一开始，由于还不具备开展技术工作的条件，我们年轻人就参加了清理和抬送尸体的工作。尸体都是装在塑料袋子里，抬上卡车，拉到指定地点掩埋。当时天气已经变冷，唐山是产煤区，燃料供应是很方便的。活动房子里有一道火墙，从外面的地坑里用煤烧，使得整个房间很暖和。为了防止灾区疾病流行，经常有防疫人员给房子内外喷药。另外，余震还是经常发生，不定什么时候，房子、地板、床就摇晃起来。时间一长，大家也习惯了。

陡河电站是火力发电站，当时一期工程两个机组已经发电，地震时受了些损失，经过抢修，恢复了生产。二期工程的两台机组是全套日本日立公司的产品，正处于安装阶段，原来有 10 名日本技术人员在现场指导施工。地震发生时，有 3 名日本人死亡，3 名受伤，地震后他们全部回国。后来日立公司希望再派人来参加恢复工作，但当时国内的政策是谢绝一切外来援助，完全依靠自己的力量先行恢复，所以日立公司的人暂时不能前来。参加二期工程的施工单位是陕西电力建设公司（简称陕电）和北京电力建设公司（简称京电），各负责一台机组的安装调试。我们的任务是二期工程，合作方就包括陕电、京电和厂方，以后又加上日方。陕电虽然人员损失惨重，但技术力量比京电还是要强，所以我们的重点是帮助京电完成 3 号机组的安装调试。

我们分为好几个专业小组，我这个小组的任务是调试机组的计算机控制系统。工业控制计算机与通用计算机的不同，就在于多了生产过程数据处理的外围设备。外围设备的调试是由齐徕之、王纪荣、朱鸿昌等同事负责的，包括模拟量和数字量的互相转换、巡回检测、数据计算、输入输出、报表打印等功能。我自己的任务则是负责计算机操作系统的功能掌握、试验和维护，这是整个计算机的中枢神经，管理所有其它程序的运行。计算机设备地震前没有拆箱，还放在仓库里，经检查没有受到损坏，这对我们完成任务提供了一个良好的基础。

七十年代的计算机，和今天的计算机有很大的不同，一是体积大，一套计算机系统要占很大一间房子。二是设备娇贵，对室内的温度、湿度和清洁度有很严格的要求。三是每一家厂商制造的计算机系统都有自己独特的硬件和软件，互相之间不通用，掌握了这一家的计算机，遇到另一家的还得从头学。四是人和计算机之间的输入输出比现在困难得多，没有屏幕显示，更谈不上鼠标，须用控制台面板、电传打字机、穿孔纸带或穿孔卡片等设备进行输入输出。五是操作都需要打一行命令，全部为英文，还不能处理诸如中文、日文这样的方块文字。六是缺乏现在的高级程序设计语言，编程使用的是低级的面向机器的汇编语言，有时甚至需要人工读出或修改穿孔纸带上的二进制机器指令。七是资料繁多，一台计算机系统动辄就有几十本到上千本的资料，不像现在的计算机只提供一本小册子，就可以让用户掌握操作技术。

日立公司的这一计算机系统，提供的资料有几十本，少部分是英语的，大部分是日语的。因此，我们面临的第一关，就是钻研资料，熟悉各个技术细节。英语我是在大学里学过的，后来又进行了自学，而日语则完全是自学的。但即使我这样自学出来的半瓶醋，在来唐山之前，还居然是所里举办日语培训班的三名教师之一。教别人实际上对自己的提高更大，这会儿就真刀真枪地派上了用场。

快到 1976 年年底的时候，其他人都回西安过年去了，只剩下我负责留守。我一个人在这里度过了两个多月的时间，这对我集中精力熟悉资料倒是提供了方便。灾后的陡河没有什么地方可去看的，我每天除了吃饭、睡觉，就是看资料。我在所里时，曾经分析过日本横河电气公司的 YODIC-100 计算机的操作系统，有了一定的经验，再来分析日立公司的 HIDIC-350 操作系统就有了很大的把握。我翻译了这套系统十几本日、英文资料，对用汇编语言写成的操作系统程序进行了仔细的分析解剖，绘出了粗略的控制流程图和组织结构图，就把这个系统的逻辑结构和操作细节从里到外熟悉得差不多了，给后来的工作创造了良好的条件。

春节前后，唐山发生了一些令人震撼的事情。相当多的人在地震中有亲属死亡，但由于灾难降临的突然性、巨大性，人们似乎还没有意识到灾难的真实性，在很长时间内几乎没有痛哭的。但到了春节，按老传统是全家团聚的日子，人们好像突然明白发生了什么，再也控制不住悲伤的情绪。听说有的人精神失常，还有的人自杀。这时候，市领导给各单位下达通知，鼓励地震中失去亲人的人重新组织家庭，以便减弱人们的痛苦心情和社会的悲哀气氛。在与我们合作的几个单位中，失去亲属的同事也不少。他们忍着悲痛，仍然努力工作，实在令人敬佩。其中陕电有一位女技术员，本来就要结婚了，结果碰到地震，未婚夫不幸身亡。我便也当了一回红娘，把西安的一位朋友介绍给她。遗憾的是，当时虽然四人帮已被打倒，但许多"左"的观念还没有纠正过来，这件好事最终因为我的朋友家庭出身问题而没有成功。

春节后，我们所的支援人员又回到了陡河。我尽管不在所内，仍然被评选为先进工作者。鉴于当时生产现场控制室还没有准备好，为了争取时间，我们先把一间活动房子改装成试验室，把计算机系统及其控制的外围设备安装在里面，进行试验室调试。由于我们对资料掌握得很充分，所以计算机系统在试验室的安装、调试非常顺利。

到了 1977 年春夏之交的时候，工程指挥部通知我们，日本的技术人员要来了，并组织我们学习了有关外事工作的规定。规定说，只有被指定的领导人可以和日本人谈话，但他们不许说日语，只许说汉语，必须有翻译人员在场，通过翻译与日本人谈话。我们小组这个领导人是自动化室副主任陈永济，我们一般工作人员都没有资格和日本人交谈，有问题必须通过陈主任来转达。

这些规定我们开始还诚惶诚恐地予以遵守，可是到了后来，谁也不在乎这些条条框框了。这是因为，首先，试验中发生许多情况需要随时沟通，如果按照外事规定，效率太低，而直接交流，往往也就是几句话的事情。其次，配备的翻译人员都是外语专业出身，对通用日语很熟，但对技术不懂，翻译中往往卡壳，还需要我们帮忙。我们给翻译人员解释半天，他们仍然似懂非懂，还不如直接对日本人说。这样，我们就突破了限制，直接和日本人交谈，上面也默认了。

但我们有时也到日本人的办公地点通过翻译谈话，其好处是，有茶水和香烟招待，可以喝好茶，抽高级烟，还可以利用日本人带来的复印机复印资料。那时个人收入都不高，没有人舍得把钱花在好茶好烟上，这时顺便去沾点光，何乐而不为。当然我自己是不抽烟的。另外，当时国内的单位一般都没有复印机，买一台复印机要经过部里批准，这时利用一下日本人的办公设备也减少了我们不少工作量。

在日本人的办公地点，我们遇到了一位年龄较大的日本人。一听他开口说话，我们不由大吃一惊，原来他说一口很油的京片子，北京人那种"盖了"、"没治了"的口头语脱口而出。交谈之下，才知道他是日立公司方面的翻译。他的经历颇富传奇色彩，早年参加过侵华日军，后来被八路军俘虏，加入了日本人反战同盟。抗日战争结束后他仍然留在中国，五十年代还在北京上了大学，一直到六十年代才返回日本，被日立公司聘为翻译。

负责计算机系统的有两位日本人，一位叫福田贤治，负责硬件；一位叫宫本大作，负责软件。他们对我们的试验室工作非常满意，后来大家也合作愉快。他们对工作非常认真，办事效率很高，给我们留下了深刻的印象。另外，他们非常看重本公司的声誉，如果有什么地方发生问题，他们就承认是自己工作没有做好，但决不说是他们公司的问题。相处时间久了，大家熟悉了，除了工作之外，也经常在一块儿聊聊天，甚至开开玩笑。他们两人会一些唐诗，这也成为我们聊天的话题之一。

有一次，他们听说我会闭着眼睛打键盘，不信，就要当面试验。原来他们两个人虽然操作很熟练，打键盘很快，但并没有按照指法，因而必须用眼睛看着打字。我是跟我们研究室的一位老工程师学的打字指法，可以不看键盘打字。这种技能在今天计算机普及的情况下，完全是稀松平常的事。但在七十年代，会打字指法的人可说是凤毛麟角，非常稀少。我接受了他们的挑战，于是他们一个人用布把我的眼睛蒙起来，另一个人念英文句子。结果，我打得丝毫不差，让他们佩服得连连竖起大拇指。

试验室调试完成以后，随着主控制室的完工，计算机系统被安装到主控制室。为了不出差错，我们爬高钻低，对工人安装的线路仔细复查，确认没有短路、断路和接错，保证信号传输正确。日本人也参与了这种检查。试验结果，我们计算机小组的线路没有问题。但另一个仪表小组却出现接线错误，虽然是由中国工人接的，但日本技术人员没有检查出来。问题发现以后，日立公司的总代表铁青着脸来到现场，一句话不说，当着两国工作人员的面，对那位犯了错误的日本技术人员，啪啪就是两个耳光，然后扭头而去。那位日本技术人员站得笔直，挨过打后似乎浑身轻松了许多，接着便和大家谈起了工作，一点儿没有难堪的样子。

就在我们为整套机组并网发电积极准备的时候，忽然传来了消息，说指挥部为了用 3 号机组发电向 1977 年国庆节献礼，准备甩掉计算机系统。原来这是以前国内大型发电机组安装的习惯做法。因为国产机组各种设备的质量不稳定，如果要成套设备都调试好再发电，势必花费很长时间。于是人们为了向某个节日献礼，就先抛开附属设备，先抓主机组。只要发电机转了，哪怕还达不到额定的每分钟 3000 转，但仪表指示有电产生了，就立刻向上级报喜，然后停下机组从头检修。从报喜到全部设备能正常运行、真正持续发电，往往还需要好几个月的时间。这次他们也想在日本设备上使用类似的方案。

我们听了，全小组都跳了起来，认为这不但不尊重我们的劳动，而且是在日本人面前丢中国的脸！大家把这种抛开配套设备的形式主义"发电"称为"裸体发电"。群情激奋之下，我们决定向水电部写信反映。经过大家讨论，确定了信的内容，由我执笔来写，最后再由大家提意见定稿。信发出大约一个星期后，指挥部的总工程师便通知我们说，计算机系统的功能将与主机组的发电同时启动。我们向部里写的信起作用了！

发电那天，整个厂房洋溢在一片喜悦气氛之中。那天恰好是日立公司总代表的 40 岁生日，他特别兴奋。他们拿着茅台酒先祭神，说是神保佑他们取得了成功。福田和宫本也都喝醉了，发着朗朗笑声，频频向我们说着醉话。

1977 年夏季，中央广播电台传来中国科学院恢复研究生制度的消息，我听了非常激动，暗暗下决心要去报考。因为我是西安交大 1965 级应用数学专业的学生，本来学制是 5 年，但上了一年课就遇上了文化大革命，文革中间又复了一年多课，到 1970 年毕业，总共只上了两年课。这时正是文革后百废待兴、科技恢复发展的历史时机，我觉得自己的知识储备远远不够，迫切需要去进一步深造。

于是，我利用回西安休整、路过北京的机会，到中科院去打听研究生招生的详情。中科院本来准备 1977 年招生，但教育部不同意，因为全国各高校和国务院各部委研究所都没有准备好，中科院单独招生就不公平了。后来经过协调，决定改为 1978 年中科院与各高校及部委研究所同时招生。我根据自己的工作实践，打算报考计算机软件专业，就到计算所负责软件研究的九室去请教，受到许孔时研究员的指点，在北京购买了需要准备的操作系统、编译程序、算法语言等专业书籍。这个九室后来发展为中科院的软件所。

回到西安后，我向所里表达了报考中科院研究生的意愿。自动化室领导见劝我不下，就搬出了所党委书记张步高来做我的工作。这位张书记曾经是我的贵人，是他把我调到热工所的。我大学毕业后被分配到西安灞桥热电厂，搞锅炉本体的检修，专业完全不对口。后来热工所进口了一台日本横河电器公司的工业控制计算机 YODIC-100，人手不够。我得到消息以后，就找了张书记。他原来是灞桥热电厂的党委书记，在厂里时就认识我，后来调到热工所担任党委书记。我对他说，我的专业是应用数学中的计算数学，在学校学过两种计算机的程序设计，一是103机，这是中国五十年代研发的第一代电子管计算机，是仿照苏联的 M3 计算机研发的；二是 X2 机，这是六十年代西安交大研发的晶体管计算机。我说目前热工所缺少计算机技术人员，我正好能发挥专业特长，否则我继续在厂里搞锅炉检修，对社会、对个人都是一种浪费。

于是，张书记凭着他在厂里的老面子，把我调到了热工所，我从内心是非常感激他的。这次他来做我的工作，劝我不要去考研了，我确实很不好意思。但我考虑到这关乎自己的专业成长，是一辈子的事，就向他解释我自己知识基础不够，希望继续去深造。他见我态度坚决，也就不再反对了，但向我强调不能耽误本职工作，我自然满口答应。

正当我在 1978 年春节期间休假探亲时，突然接到所里通知，让我立刻去唐山。原来就在春节那天，水电部部长钱正英来陡河电站视察，恰好这时计算机系统出了故障。因为我对操作系统最熟悉，所里就决定派我去处理，并因情况紧急，让我乘飞机出发赶赴现场。这也是我生平第一次乘坐飞机。

我到陡河电站后很快解决了问题，就留下来维护计算机。这次我随身带着考研资料，工作之余就进行考试准备。实际上，待在唐山对我更有利。因为计算机正常的运行维护并没有多少事情，而且天高皇帝远，没有人给我安排其它任务，可以专心于备考。在西安则所里各种事务的干扰太多。

这一年，我回西安参加了初试。初试通过后，我又在路过北京去唐山时参加了计算所的复试。复试结束后，计算所组织我们这些考生参观了中南海，除了欣赏里面的美丽景色和主要建筑以外，更重要的是参观一些已故领导人的故居。对我印象最深的便是毛泽东主席居住过的地方，丰泽园里的菊香书屋。当时中南海开放参观不久，但不对社会公开，我们有幸赶上了。

陡河电站3号机组经过半年多的运行，计算机系统性能稳定，我们就把这个系统正式移交给厂方管理。返回西安后，我们对参加唐山抗震救灾的整个工作进行了总结，我自己负责写出了控制计算机 HIDIC-350 的操作系统分析报告。生产单位只需要掌握运行和维护技术，而对我们研究所来说，则要尽可能多地掌握该系统的设计思想和结构特色，为以后研发自己的控制系统提供有益的借鉴。

不久考研有了结果，我被中科院研究生院录取，隶属于研究生院本部的师资班，在计算所仲萃豪导师的指导下攻读计算机软件专业。这样，我开始了在北京几年的研究生生活，也给自己的唐山抗震救灾画上了句号。

几十年过去了，抚今追昔，不胜感慨，乃赋七律《忆考研》一首：

> 回思立意考研日，正是除灾抗震时。
> 二载木房风雨度，一腔心血智能驰。
> 编程测试调佳境，负箧耕耘攻未知。
> 最感当年闻信喜，终登科苑拜名师。

师资班同学：前排左起：吴正大，乐秀成，韩文盛，沈德。后排左起：赵珀璋，张启营，樊哲民。

化学所

柳暗花明

朱蓬蓬

作者简介 安徽人。当过知青、工农兵学员、地质队员。1978年成为中科院文革后首届研究生。1980年赴美，1985年获博士学位并定居美国。曾在大学任教，在公司任资深科学家、部门主管。发表过十几篇科研论文。闲暇之际提笔写作，介绍美国的生活习俗和观念并与中国的传统作些比较。曾经在报刊和网站以实体和电子形式发表过上百万字的文章，出版过个人散文集、各类小说，并主编出版过海外知青文集在海内外出版。

整整30年了，可好像就在昨天。

那是个百废待兴的时节。十年疯狂浩劫，文化科技惨遭摧残，知识成了反动的代名词。一朝春晓，大学恢复了高考招生的制度。紧接着，1977年秋，教育部和科学院开始大规模招收研究生，不拘一格寻找人材。

消息传开，如轻风吹皱春池，十数年来被压抑的人才，包括文革前和文革中的数届大学毕业生，六届工农兵大学生，加上一批自学成才的知识青年，心情浮动，涟漪圈点。

我那时在皖中的一个地质队工作，驻扎在小山头上，每月拿着几百毛工资，衣食无忧，比起在农村插队的时候强多了。本以为就这样浑浑噩噩地混日子算了，可是，不知为什么，我却莫名其妙地卷入了"阶级斗争"、"路线斗争"的漩涡，差点儿进了"两犬对言"之处，想调离却脱身无术，自然心情郁闷。听到招研的消息，我忍不住怦然心动，毕竟，好学好胜是我的本性。可是，高等研究院是科学的神圣殿堂，思忖着一年中学、两年半大学的经历，我又不觉自惭形秽。就这么迟疑着，报名日期已经晃晃荡荡地漂走了。

转眼之间，冬天过去了。正是春寒料峭，在大学工作的母亲一直关心着招收研究生的进展。她专门来了一封信，告诉我考研的报名日期推迟到1978年的3月底，招生名额也扩大了。她随信寄来了登载招生消息的剪报，还用红笔圈出了我这个专业的导师。我正在饭厅排队买饭，收发员把信交给我，鼓鼓囊囊一大包。众目睽睽之下，我只敢急忙塞进口袋。那个消息闭塞小山头上，立刻多了一点儿嚼舌头的材料。哈哈，一定是情书吧，写了那么多！

唉，人言可畏。那么个弹丸之地，很少有娱乐活动，说别人闲话是饭后茶余的消遣。谁家少了一颗芝麻粒都是个新闻，更何况考研生这么大的事。我不能不犹豫。地质队里大学生汇聚，对专业要求很高，也算得上藏龙卧虎之地。有些人曾有过理想抱负，却只能在青崖黑水之间销磨时光。我悄悄地打听了一下，没听说有谁想报名。是呀，那种年头，一旦有了安身活命之处，谁还想点灯熬油，再对寒窗？如果我报了名而考不上，以后的日子又怎么过？吐沫星子淹死人，这可有过前车之鉴。

知女莫如母。母亲知道我一向爱好学习，也一直不安于当时的处境。几年来，我在做好本职工作的同时，曾经用一个月的时间学完了大学一年的微积分课程，又接着学常微分方程和量子化学。我坚持每天早晨读英语，见缝插针阅读科研资料。单位里订了几本专业杂志没人看，差不多成了我的私人所有。我工作的实验室和山顶的办公楼遥遥相对，时常都是彻夜通明，灯火辉映。不同的是，那里聚着一群人聊大天打扑克，而我却总在加班、看书。母亲劝告我，自己的路要靠自己走。人生总要拼搏，机会一闪而逝。

思索良久，我终于听了妈妈的话。3月13日我到照相馆照了张"标准相",28 日我拿了相片去报名填表。一位徐姓好友陪我,一大早骑车来到县城,好不容易找到设在中学里的报名处,却见大门紧闭,杳无人迹。报名截止了?我猛然感到一股说不出的沮丧和懊恼。朋友惦着上班,催我回去,我只好忧郁地和她往回赶。可是我不甘心,既无心工作,也吃不下饭,索性趁着午休,又骑了一个小时的车进城。没想到这时的办公室大门洞开。工作人员一听我说要报名考研,特别热情,耐心地指点我填表办手续。我喜出望外,霎那间柳暗花明。

考试分初试和复试。初试是导师出卷子,封到各地、市的考场开考。从5月15日到5月17日考了三天,分基础课、专业基础课、专业课、外语以及必不可少的政治。我们这个学科的基础课和专业基础课同卷,只考四场。第一天两场,上午考基础课,下午考专业课。因为驻地离考场较远,我一大早骑车进城,中午找个小饭馆吃点儿东西,躲在角落里闭一会儿眼睛再参加下午的考试。第二天和第三天都是上午考试,外语和政治各一天。因为那是文革后的第一次,考外语允许带字典。我只有一本小小的《袖珍英汉词典》,只好临时去借,还征得书主同意,连夜在字典的翻页处按顺序标上"A、B、C、D……"以方便查阅。

初试的通知一到,我考研的消息也就传开了,果然成了轰动山头的大新闻。议论和嘲笑铺天盖地,它们自然不是空穴来风。在那个荒唐的年代里,我连初一都没上完就到农村插队,然后又成了所谓的"工农兵大学生"。在很多人的眼里,我不过就是当时被人嘲笑凭着手上的老茧进大学,仅知道"马尾巴的功能"而已,凭什么去攀登科学高峰?对于这些议论和嘲笑我虽然心里很不安表面上却安然处之。多年的风霜雨雪,我都已经修练得快像个石头人,无论听到什么都充耳不闻,付之一笑。

默默地等待中,我收到了复试通知,那是6月20日。说好话的人立刻占了上风,说怪话的也突然客气起来,我也摇身一变,成了无师自通的天才。有了这份通知,我就有了借口请假,窝在宿舍里读了几天书。我7月1日动身，长途跋涉三天，进京参加复试。母亲特意拜托了她的几个老同学，请她们照顾我。她们都是母亲上大学时的闺蜜，在当时的潮流推动下，追求新时代的进步，先后到了解放区。母亲因为和大学时的恋人同行，稍后达到了结婚的标准，和我父亲喜结连理。而她的几个闺蜜大都接受了组织安排的婚姻。几年后形势大变，她的老同学们大都随着夫婿水涨船高进了京城。虽然地位不同了，可是她们的闺蜜感情没变，依然保持着联系。

我到了北京先去看望万姨。她已经恢复工作了，很忙。正是夏日炎炎，她见我满头大汗，好意地让我沐浴。可是，毕竟条件局限，龙头里冲出来的只有凉水。第二天，万姨送我去杨姨家，一住下我就发起高烧来。幸亏杨姨那时虽然已经平反了，但还没有安排具体工作，闲居无事，她才有时间照顾我。她们都是职业妇女，和我母亲一样，处理家务的能力都很差。反倒是文革几年被打倒的时候，锻炼出一点烹饪织补的本领。记得后来我去菜市场帮她买菜，买回来一只活鸡。他们全家人都束手无策，还是我拿出插队当知青时的本领，把那只活蹦乱跳的鸡变成了一锅香喷喷的鸡汤。但是，老太太对我确实很好，就像对待自己的女儿一样，给我拿药熬汤，还把她丈夫的特供牛奶拿给我滋补。在她的细心照料下，我才慢慢恢复，勉强支持着参加了7月12和13日的复试。

复试的第一天是笔试，在一个阶梯教室里进行。每个导师的考生坐成一直行，迤逦而上。我坐在最边上，紧挨着楼梯。一个很和蔼的白发老人总在我旁边走来走去，还不时停下来看我答卷，看得我心里直发毛。好不容易考完了，我悄悄地问别人，"那老头儿是谁呀？"结果引来一通大笑，"你考他的研究生，还不知道他是谁？"我这才知道，他就是大名鼎鼎的梁树权先生——上世纪三十年代拿着洪堡基金留德，获得博士学位以后回国，分析化学界的绝对权威。

第二天口试，梁先生主考，还有两位老师帮着提问，可惜不记得他们的名字了。我战战兢兢地坐下来，不知是害怕还是仍在发烧，只觉得浑身发抖。我上大学时，梁先生写的教科书是我们这个专业的唯一教材，工作时也以此为蓝本，再加上这几个月没日没夜的复习，差不多都能背下了。可是，这并没有多大帮助，因为他的问题大多来自文献。幸亏那时的专业杂志很少，地质队都订了，我也基本都看了。尽管我只是囫囵吞枣，并没有全部理解，可是记性好。梁先生一问，我兴致就来了，一边回忆，一边比手划脚也都答上了。现在依稀还记得的只有一个问题，有关稀有金属的富集和分离。严格地来说，那不属于分析专业的范围。我略微思考了一下，想起以前在有关杂志上看到过类似的介绍，便搬出了电解法，其中涉及到极谱分析中半波电位的概念以及电极正负相位变化对金属离子的作用。我心里压根就没有一点底，只能随意发挥。梁先生点头微笑，就让我出来了。

　　出了门，我又觉得不对头，别人口试的时间都很长，怎么轮到我半个小时就完了？别是梁先生不喜欢，连问下去的兴趣都没了吧？我看到研究生办公室的老师挺和气，就悄悄地向他打听。谁知他非常爽快，先让我看初试成绩。我这才知道，全国报考这个导师的考生九十多人。我的专业课考了 87 分，名列第一；基础课也不错，79 是第二名，第一名是我后来的大师兄，王志学长；可是我政治不及格，59 分；英文好像刚过及格线，记不清了；后来到研究生院后，学校按照英文成绩分甲乙丙班上课，我分在乙班应该算是中流。总分相加，前几名的分数非常接近。我名列第六，和第一名只差 3 分。

　　听研办的老师说，按照最初的安排，梁先生招收两名学生，只取前四名复试。梁先生很不满意，他看重专业成绩，对政治实在不感兴趣。可那时大乱初定，人人心有余悸，谁敢明明白白地说这样的话？我听了很吃惊，也迷惑不解。老师笑着接了下去，另一个所也想招研究生，但是报批晚了，没赶上初试，请这个老头儿代招两个，复试的人数这才增加到八个。

　　原来是侥幸过关！我不禁一阵后怕。

　　心安了，我才有了和大家一起游玩的心情。参加复试的考生得到特别许可参观纪念堂和历史博物馆。从博物馆出来，我们一堆人在大门口说笑，没注意有人正在上面维修，一桶红粉水"哗"地泼下来。大家躲闪不及，或多或少都沾了点儿红色，忍不住一起哈哈大笑，"中了！中了！"

虽说是"中了"，可是没拿到通知，谁能保证没有变化？我身心交瘁，又病倒了，在杨姨家里躺了十多天才被批准离京。因为耽搁的时间太长，已到七月底，我没敢回家就直接回单位工作，却不知从何处传来消息，说是研究所派人来外调，还要到我父母工作的单位搞政审。真像十冬腊月迎头一盆凉水，我吓得浑身哆嗦，心里却像火烧一样焦虑不安。因为先父的冤案那时还没有平反！

我急忙借了辆自行车进城，到邮电局往家里打电话，想了解一下外调和政审的情况。可是连打几处都不通，只好悻悻地往回走。一路上心神不定，腿脚发软，硬是从车上摔下来，手脚疼得钻心才回过神。

整整等了一个半月，我明白了什么叫度日如年。9月13号，我正忙着做实验，外边吵吵嚷嚷地闹了起来，还有人大声喊我名字。我跑出来一看，工会主任摇着一封信，从山顶的办公楼一路吆喝着来找我，跟了一大群人看热闹。哈，我被梁先生录取，果然"中了"！

我立刻收拾行装，来到北京。位于肖庄的原林学院旧址变成了中科院的研究生院。就这样柳暗花明，我的命运就此发生了一大转折。

原载《侨报》副刊 2008 年 8 月 28 日 2020 年 1 月改写于木棉高地

附记：2008 年曾以此小文纪念中国科学院研究生院成立 30 周年。转眼又是十多年过去，遵学长嘱托，稍作改动，供文集选用。

应用数学所

特别的七八级研究生

贺祖琪

我是一个特别的78级研究生。

第一，二进宫。1964年我从北大数学力学系数学专业函数论专门化毕业，考上科大数学系华罗庚和龚昇先生的研究生。14年后，1978年我第二次考上他们的研究生。

第二，超龄。按照1978年第一次研究生招生的规定，我已超龄。第二次补发的招生通知，放宽了年龄限制我才可以报考。此时离考试只有两周时间了。我十几年没有看过数学书，公式都忘光了。临时抱佛脚，复习两周，高等数学考了60分，勉强准予复试。复试在一个多月后，复试课程是"复变函数"。我用4周多时间复习这门课，得了80多分，总算被录取了。

第三，妻儿陪读。1978年我已40岁了，家有妻儿老小。应用数学所盖了几栋木板房，让我们几个外地的研究生带家眷住，我即其中之一。我们这些人经过劫难又有了机遇，当年全国招收近万名研究生，我们被录取，当算幸运。还有几十万，几百万文革中毕业的大学生、研究生和工农兵学员，只能另找机会了。

第四，无经政审。在文化大革命中我没有做错一件事，没有说错一句话，但因516嫌疑被关过一年多"学习班"。开学后，既不问出身，也不问文革干过什么，就让我当数学和应数两所研究生班的班长，让我扬眉吐气，思想包袱都卸光了。

第五，科大很特别。我在北大本科的六年，大半是瞎折腾；而在科大和中科院研究生院待了七年，就感到科学院系统政治环境的宽松。

1958年，北大数力系力学专业的两班新生刚进校门，就被送到沈阳滑翔机厂去边劳动、边上课；加上无休止的"斗私批修"和"白专红专"，弄得我们心神不宁。家庭出身地主的徐育成同学，暴露了一点"一闪念"的思想，就被党支部书记约去谈话，他害怕极了，神经开始错乱，学校派人送他回家，他从火车上跳了下去，幸好只是受了些伤；留在学校的58级数学专业同学也有一名女同学精神失常。科大的同学则告诉我，他们不但正常上课，知名学者给他们讲课，校长郭沫若还拿出自己的钱来补贴学生的伙食费。1964年华罗庚取了六名研究生，三名来自科大，一名中山大学，一名浙大，一名北大（即我），我就自感学力不如科大的同学。

第六，中科院研究生院也很特别。1964年我入读试办中的中科院研究生院，各所200余名研究生，都住在中关村计算所东南的一幢楼里。当时，"困难时期"刚过，生活才见恢复，阶级斗争的弦又开始绷紧。但院内还比较宽松，不大过问什么出身成份。1965年，王光美做了"桃园经验"的报告后，全体研究生都随政治干部下乡搞"四清"，学业就统统荒废了。

1966年"文革"开始，我们回到玉泉路科大校园，参加了科大"文革"的全过程。文革中北大师生死亡63人，科大仅折损数学系教师周进聪一人，他是被装在麻袋里打死的。又如，北大不仅以斗"走资派"出名，斗"反动学术权威"亦不留情。经反右、反右倾、文革历次政治运动，"大学问家"基本上被消灭光了。而科大斗"走资派"仅有一晚最惨烈，那还是北大附中的"小将"彭小蒙来把刘达、李侠等领导拉到操场上，拳打脚踢，目不忍睹。科大的批斗会也文明多了，最多是低低头而已。华罗庚是副校长，也算是当权派，但只陪斗过一次。

听说华老走出去推广"统筹方法"，写了一篇《统筹方法平话》寄给毛主席，而且得到了回信。大伙推裴定一与我去华老家验证此事。华老拿出主席给他的字迹华丽的亲笔回信，内容大约是：华罗庚同志：知道你去西南讲学，可喜可贺……云云。我们见证了此信，就合写了一张《华罗庚不是资产阶级反动学术权威》的大字报，贴在校门口醒目处，保留了很长时间，没有人敢围攻，华老曾站在那里品酌良久。

1968年工宣队和军宣队进校后，科大受害最大，数学系几位教师自杀未遂，其中李乔、殷勇泉等才学都很高，也不大参与运动，只在私下发了些议论，工宣队和军宣队就对他们大动干戈，龚昇先生也挨了批斗。

总的来说，科大执行党的教育方针只宽了那么一点，执行阶级斗争也只松了那么一点。1977年历史转折后，科大能较快转身，较快恢复，就与这些点滴宽松的积累有关。

1978年是科学和教育的春天，在林学院原址建立的中科院研究生院里，我们能自由地呼吸，安静地夜读，平等地讨论。大家如饥如渴地学习，有人进食堂耳朵里还插着耳机听英语，夜深了有人仍在灯下读书。我们读书人只求这点读书的自由。

第七，我的经历非常特别。我是在农村长大的。1958年，我就读的常州高级中学500名毕业生中，40多名考上或保送清华，只有五名进北大，其中就有我；北大58级240名数力系学生中，毕业时考上研究生不足十人，考上华罗庚的又仅我一人。

我们六个华老的研究生，从下乡"四清"至"文革"开始，根本就没有读书。到1968年七、八月就分配工作了。其中四人，一个到铁路工程段当养路工，一个到钢铁厂当电工，一个到大庆油田养猪，还有一个到军垦农场劳动。还有两人暂不分配，一人因私下议论江青，另一人即我，要审查是否真是"516"。

当时我妻子杨硕在唐山，儿子才四个月大时，她下班回家途中在人行道上被汽车撞到，伤势严重，我急忙坐火车去了唐山。她在医院抢救，一直昏迷说胡话。我在医院陪了她两三天后，居委会干部来说学校要我回去。我只好丢下昏迷中的妻子，回到学校。军宣队不仅不让我陪伴昏迷中的妻子，还一味地训斥我。直到 1968 年年底，突然把我分配到吉林省梨树县，临行只有北大 62 级师兄钟家庆送我，心中酸酸的。

从北京到四平的路上，我在唐山下火车去看住院的妻子。这时她已动了手术保住了性命。但却被从军队医院强制转到地方医院，原因不是因为我被审查，就是因为她爸是走资派。我在医院只陪了她一天半，就赶去四平去报到。在四平转乘汽车到梨树县，再被分到郭家店模具厂铸造车间去筛沙子，抬铁水包。我落得在东北当了一个翻沙匠，所幸妻儿能来与我团聚了。1970 年，郭家店模具厂的军品（雷达）生产部门，搬到桦甸县的宏伟机械厂（离县城 15 公里）。

不久，徐伟宣同学转来华老给我的一封亲笔信。说在天安门城楼上，他被领到毛主席身前，主席握着他的手，把他介绍给林彪，还对华老说："这是林彪同志。"信中华老的喜悦溢于言表。我也为华老高兴。徐伟宣嘱言，华老很少亲笔写信，足见他对我的厚爱。

一天晚上，军宣队不让我回家，要我参加学习班，还说我去广西串联时可能与那里的"516 分子"有联络。我为此在学习班待了两个来月后，1971 年的一天，广西来了两个军人把我押到柳州的一家工厂里，看守我的有一名军人，三名干部。我经常被提审，有时还连轴转不让睡觉，无中生有地要我承认是 516 成员。我被关押审讯了一年多，林彪死后，一切不了了之，只是给我一份"判决书"，说我"罪行累累"云云，却又只字不提什么 516 了。

回到东北，大家并不认为我犯了什么事，照旧与我友好，厂领导把我安排到子弟中学教初一数学。三个月后，宏伟机械厂要试制台式计算器，又将我从子弟中学调去参加试制工作。

1973 年，华老带着推广优选法小分队来到吉林，华老对吉林省省长说，他的学生贺祖琪在吉林省工作，他要见见我。我就到长春见了华老，和随同的陈德泉、计雷、那吉生等故旧。后来华老又对省长说，要让我参加他的小分队，这时省长就不肯放走我这个"人才"了，他立即通知省电子局，将我调入长春省电子研究所。

到 1978 年考研的时候，我已经在东北荒废了十年。曾几何时，外敌入侵的战乱年代，中国还办成过永垂青史的西南联大，出了不少"大师"级人物。而我们这些再年轻不过的知识分子，却在和平时期被无辜打杀，这岂不是世界历史上空前绝后的荒谬绝伦！我只能称这个时代为"野蛮时代"了。

回首一生，科大和中科院研究生院是与全社会略有差别的小环境，却产生过较好的，或者说是损失少一点的效果。这之于整个国家或许无济于事，一个国家必须有良好宽松的大环境，1977 年后就出现过这样的氛围。然而，中国社会能否继续改善，最终变成一个自由、民主、法治的现代文明社会？中国 180 年的现代化历史已经告诉我们，这个过程必定是曲折的，进退翻覆的。让我们耐心等待吧，祝福中国有光明的未来。

2019 年 11 月 22 日于北京

情报所

我的研究生之路

谭建亮

作者简介 生年 – 1951
1964 – 1968　内蒙古包头市第九中学
1968 – 1973　内蒙古巴彦淖尔盟杭锦后旗红星公社民主大队（插队）
1973 – 1976　内蒙古师范学院外语系英语专业
1976 – 1978　内蒙古巴彦淖尔盟临河县八一公社红星大队（教书）
1978 – 1981　中科院研究生院中国科技情报研究所机器翻译专业
1981 – 1988　中国科技情报研究所计算机室机器翻译组
1988 – 1990　美国纽约州立大学奥尔巴尼分校图书和情报科学分院
1990 – 1991　H.W. Wilson Publishing Company
1991 – 2015　New York State Insurance Fund
2015 – ：　　退休在家

在同样的社会大背景下，一个人的命运与人生道路往往与其家庭背景、个人努力、所接受的教育、以及交友有关。

我是内蒙古包头市第九中学的六七届初中毕业生。文化大革命爆发那年，我们那一届的学生只读了不到两年的课程。接下来发生的事情，经历过那个年代的人都是很清楚的，学校停课、大串联、天安门广场接受伟大领袖检阅。学校学生组成各式红卫兵战斗队，先是写大字报，批斗老师、资产阶级反动学术权威、抄家，后来分裂成两大派系互相斗，从文斗发展到武斗，目的都是要保卫伟大领袖。两年后，伟大领袖发出知识青年到农村去接收贫下中农再教育号召。1968年的夏天我同班里的其他六位男同学一起，到包头西面三百多公里的巴彦淖尔盟的杭锦后旗农村插队落户。

我们去的生产队算是个穷队，一个男性壮劳力干一天可挣十个工分，女劳力要少挣一到两个工分。正常年景十个工分能分到四毛钱左右。我们七个男生基本上可以做到自食其力。我在那里一共待了五年，临走的时候结算，在扣除了粮，油，蔬菜等开销后一共挣了35元。

我们所在的生产队，乃至全旗的绝大多数生产队都没有电和自来水，电线只接到大队和公社。住房都是用土坯盖的，室内的特色是一个土炕配一只小方桌，一个灶台供着一口直径两尺多宽的大锅，烧水，做饭，煮猪食全靠它。一个盛水用的大缸。下了炕就是土地，有点水想倒直接泼在地上就行，吐痰也可以。夜间照明用的是煤油灯，熏一晚上鼻孔都是黑的。

一群十六，七岁不谙世事、毫无生活经验的城市学生就要在这里扎根了。正是因为年纪轻，思考和忧虑也就少一些。我们很快就适应了农村的生活。七个男生，个个身体都很健壮，生产队也把我们当壮劳力使用。基本上所有的重活像挖渠、平地、担土、挑粪这些没什么技术含量的活儿我们都干过，但队里从没给我们安排过有技术含量的活儿，如耕地、播种、扬场等。

每天出工劳动，回家做饭吃饭，闲时看看书，打扑克下棋，到老乡家或其他的知青点串门，晚上入睡前少不了山南海北地一顿胡吹乱侃。日子倒也过得蛮快活，一晃就过去了一年。有一天我们组里的一位知青突然告诉大家他要回城了，是他家里给他办了病退。他很快就走了，但这件事在知青群中产生的影响就像一滴水掉进了热油锅里。昔日的宁静被打破了，大家都坐不住了，开始重新思考自己的前途和未来。过了没多久，我们组里又一位知青离开了，也是家里帮着办的，好像是困退。其他的知青点也陆续传来有人回城的消息。大概是

1970年的夏天，大规模针对知青的招工开始了。

当时的招工是要政审的，但首先是要基层生产队推荐。那些在生产队表现好，群众关系好的知青被推荐上去，因为政审不合格几乎都被退了回去。在这次历时几个月的招工潮结束的时候，我们知青组的七个人走了五个，剩下的两个都是家庭有问题的，我是其中的一个。过了不久，剩下的另一位知青也在家长的帮助下回城了，只剩下我孤零零一个人。全公社130多名知青，最后只剩下七人，都是家庭有问题的，不会拉关系走后门的。在后面的日子里，剩下的这些知青虽然都在积极地想办法回城，但在生产队的表现还是需要的。除了个别知青确实因为身体有病回家吃父母外，其他的都坚持下来了。我从这次的招工中看到了回城的希望，决定学些东西。

因为只剩下了我一个知青，生产队给了我格外的照顾：请假容易了，给我安排到瓜地，场面做守夜这些比较轻松的活。这样我白天就有更多的时间到其他还有知青的点儿串门，还有大把的时间用来学习。到底学什么也是经过一番思考的。可以选择的项目很有限，物理、代数、英语。思考的结果决定学英语。英语是工具，能派上用场的机会比较多，而且我的英语基础比较好，自学有优势。

在那读书无用的年代能够找到的书很少，除了四册学过的英语课本，我能找到的、可以利用的英文书是从我父亲的书架上翻出来的一本英文版的英语语法书，和一本英文版的《古文观止》。我从四本英语课本开始，由浅入深。除了记单词，记不规则动词的各种写法，钻研英语语法，还坚持朗读。两年多下来，掌握了几千单词，基本上搞清楚了英语语法中的各种时态、被动式、虚拟语气、从句等关键要素。那本《古文观止》，虽不适合做自学材料，也被我攻克了不少的章节，自己觉得很有收获。为了获得更好的晚间照明，我利用回包头探望父母的机会把一只旧手电筒改造成一个简易嘎斯灯带回队里。嘎斯灯喷出的白炽火焰比起煤油灯的红黄火苗不知要亮多少倍，给人一种鸟枪换炮的感觉，吸引了不少老乡过来看稀罕。

日子一天天在坚持和期盼中度过。

终于，1973春天传来国家招收工农兵学员和考试的消息，招生的主要对象是工人，农民和军人。与此同时，众多在文革运动被错误地带上各种罪名的人员也得到了昭雪平反。我们公社剩下的七个知青中除有两人的父亲是在解放初期被政府镇压了的，其余五人的所谓家庭问题都得到了解决。出于同情，公社批准推荐了所有剩下的七名知青参加考试。接下来就是复习功课准备考试。我从其他知青那里借来没学过的几何，化学等学习材料开始学习。学习中遇到问题，我就跑去有高年级知青的点去请教，尽管他们也只比我高一级而已。在他们那住上几天，边学边问。大家辛辛苦苦准备了几个月，参加了考试，满怀期望地等考试结果。然而张铁生的一篇文章改变了考试的初衷：考试结果只做参考。这可能是参加考试的人没有收到考试成绩的主要原因。

在选择学校的志愿表上，我按顺序填上了内蒙古师范学院外语系英语专业、四川外语学院外语系英语专业、包头铁工校。我把内蒙古师范学院外语系作为首选，是为了提高被录取的概率，选个中专垫后也是出于同样的考虑。我的直觉告诉我像清华、北大、外国语学院这类重点院校政审肯定比地方院校要严。接下来是内蒙古师范学院外语系英语专业的招生老师对我进行了口试。不久后我收到内蒙古师范学院外语系的录取通知书，成为一名工农兵学员。顺便提一下，这次招生，那两名父亲被镇压了的知青没走成。

地处呼和浩特市的内蒙古师范学院外语系英语专业下设两个班，每个班十七，八个学员，我被分到了一班，后来一起成为中科院研究生院同学的陆文禾分到了二班。开始我们互相不认识，很快我们就成了知心朋友，我们无所不谈几乎是形影不离。

三年的校园生活很快结束了。1976年的夏末，让人揪心的毕业分配开始了。本着社来社去的原则，毕业后我被分配回到巴彦淖尔盟，盟教育局把我分到临河县，县教育局把我分到离县城不远的一个大队小学教体育，语文，算数。陆文禾被分回了乌兰察布盟的丰镇县。我们一直保持着联系。在临河县工作的那段时间里，我收到过师院外语系王主任写给我的一封信，他在信中表达了调我回外语系工作的意愿。我回信表示愿意回到师院工作。以后再没有信过来，再后来听说王主任因心脏突发去世了。系主任换了人，我调动工作的事也就不了了之了，这是后话。

1977年国家恢复招收研究生制度的消息，我是从报纸上知道的。这条消息对我来说就是一条普通消息，我没有把它当回事。对于考研究生我想都没想过，就跟我从没想过出国一样。那些日子我还一门心思地等师院外语系的消息呢。突然间，陆文禾不知从哪里搞到了中国科技情报研究所的招生资料。他把这些资料寄给我，并告诉我他准备报名并鼓励我也去报名。我满腹狐疑，考研究生？而且还是科学院的？在仔细研究了专业和考试科目后，我决定去碰碰运气。我几乎没什么选择，情报所的机器翻译是唯一适合我的专业。至于机器翻译是个什么东西，我一无所知，但英语作为其主考科目给我增添了勇气和信心。其他要考的科目记得有现代汉语，数学，当然还有政治。最终结果是我们俩都成功地踏进了中国科学院研究生院的大门，陆文禾去了师资班，我去了情报所。

1981年毕业后我分配到情报所的计算机室机器翻译组，陆文禾已于1980年自费去美国留学。1988年初我把想去美国自费留学的想法告诉了陆文禾，他欣然答应帮忙，包括资金支持。他那时已经拿到经济学博士学位，在密西根州的一所商学院做助教。他给我寄来申请入学的表格和资料，还有大量的GRE（美国研究生入学考试）复习材料。通过努力，我最终一次性成功获得自费赴美留学的签证。

回顾我的研究生之路，除了个人努力，英语方面我得益于当年教我的英语老师李道和，在迈入研究生院的门槛和出国留学方面我得益于陆文禾的真诚相助。下面我简单介绍一下这位李老师。

李老师是位男性，当时的年龄四十上下，身材魁梧健壮，古铜色的脸，高高的鼻樑，两眼炯炯有神，声音洪亮，说一口标准的美式英语。他出身豪门，是李鸿章的后代，毕业于燕京大学，抗战时期担任过美军翻译。1949年后他在《内蒙古日报》做编辑，后来因右派问题被下放到包头九中教英语。李老师为人正派，有老一代知识分子的单纯和朴实无华，对工作精益求精，对学生要求严格，关爱体贴，在师生中享有极高的威望。教学上，李老师不要求学生死记硬背单词，而着重听说，发音，口形，句子的语音语调。在课堂上他反复带领学生朗读，并鼓励学生在课外有机会也要练习。早自习的时候他也不会放过机会，带领学生高声朗读。李老师的这种教英语方法使得我在初一的首次期中考试中轻易地得了100分。所有科目中我最喜欢的是物理，然而在不知不觉中英语成了我最拿手的科目。记得那时来班上听英语课的外校老师很多，时常挤满教室。这足以证明李老师的教学方法是行之有效的。

  李老师在文革中没受到冲击，改开后他和九中的另一位英语老师在包头共同创办了一所专门培养中学英语师资的师范学校，远近闻名。出国前，我每次回包头探亲都会去看望他。出国后，每次回去都会给他带些礼物，他也必会请我到餐馆吃顿饭。每次点菜他都要点一道他最爱吃的"溜肥肠"。我2007年见到他是最后一次，2016年再次回国得知李老师已在若干年前去世。李老师一生从教40年有余，教过的学生数以千计，称得上桃李满天下。我借此机会表达我对李老师的深深敬意，感激和怀念！

后记：我到美后的第一站是陆文禾任教的那所商学院，半年后转到纽约州立大学的Albany（奥尔巴尼）分校，并在那里获得图书和信息科学硕士学位。1990年毕业后在纽约市一家出版社干了差不多一年又换工作去了隶属纽约州政府的劳保保险公司。我在那家公司的数据处理部门做系统程序员，一直干到2015年退休，退休后移居马里兰州。

2019年11月3日于马里兰

物理所

转折点

唐一华

作者简介 1963 年考入复旦大学物理系半导体专业。1978年考入中国科学院研究生院物理所低温物理专业，1981年获硕士学位。同年赴美国 University of Florida 深造，1987 年获得低温物理学博士学位，之后在 University of Southern California 继续在低温物理领域从事博士后研究。1991 年至 1996 年在美国两所私人公司工作，1997 年 1 月加入位于马里兰州盖瑟斯堡国家标准和技术研究所 National Institute of Standards and Technology（NIST）。在 NIST 工作期间负责美国的电压基准。他的研究兴趣包括开发约瑟夫森技术在直流和交流电压量子测量中的应用，以及开发智能电网的可追溯测量技术，于 2007 年获得美国商务部的金奖。2017 年 6 月从 NIST 退休。

那是 1979 年初北京的冬天，对一个在南方生活了三十三年的我这是在北方过的第一个冬天。室外固然很冷，但在中科院研究生院原北京林学院的大楼里总觉得很温馨。记得有一次我们的英语老师 Mary Van de Water 为改善大家听英语的能力，特地安排我们去看一场美国电影。这是中美正式建交后美国第一任驻华大使 Leonard Woodcock 举办的电影招待会。电影的名字是转折点（Turning Point）。现在还隐约记得故事大概，是讲述一个女芭蕾舞艺术家因为怀孕生小孩不得不放弃自己热爱的艺术生涯和心路历程。我想我们研究生院 78 级的同学们在 1978 年很多都经历了不同意义上的转折点。在我的生命历程中有过多次转折点，但对我一生影响最大的无疑是从1978年入中科院物理所当研究生开始的。

  我1963年进复旦大学物理系半导体专业。和全国所有大中小学一样我们正常的学习从1966年5月文化大革命开始就中断了。文化革命开始前我是班里的学习委员，在停课期间虽然希望请系里的周世勋，谢希德教授给我们补一些课，但当时的政治气候完全不允许办到。可以说人生命中学习能力最旺盛的几年完全给荒废了，这种情况一直延续到1968年12月"毕业分配"。我和其它四个同学一起被分配到云南省地质局接受工农兵再教育。到云南省地质局报到后几天，我和另一位同学郁文君又被安排到第九地质队。地质队的任务是堪探在新平县境内一个铁矿的分布和储量。我们从昆明坐了两天的卡车才到了九队的所在地嘎洒镇。刚到新地方一切都觉得很新鲜。地质队大本营离嘎洒镇约九公里，那是傣族聚居在红河边山青水秀的地方。河边是一片十几二十米高的攀枝花树，风景秀丽，令人心情舒畅。这地质队是相当独立的一个小社会。麻雀虽小五脏俱全，有职工约一千五百人。其中干地质专业的有几百人，大多是北京，长春和武汉三大地质学院毕业的"臭老九"。其它多半是钻井工人及辅助后勤人员。少数职工也有家属小孩在一起。我们报到后先被分配去和队里的一位学术权威一起喂猪。不但学会了一些养猪的知识，也知道了一些搞地质的皮毛。当时文化革命还轰轰烈烈，地质队的一切活动都由解放军部队派来的军代表主持。我们喂了三个月的猪又被分去接受工人阶级再教育。我去的小队是负责从大队部运送钻井架的器材到钻井地。整个矿区是在山上，钻井的位置是由地质科的"臭老九"们决定的。一旦位置确定，由先头部队用炸药开路。把器材运到钻井的地点常常要由几个人用肩扛最后几百米的路。那时候我们的粮食定量是每月五十斤，是普通定量的一倍半有余，可见劳动强度之大。我们小队二十多人大部分是部队转业三十多岁的年轻人，有些连小学都没有念完。我们第九地质队的党委李书记被定为走资派，也下放到我们小队接受改造。这两年多的时间是我第一次真正接触到中国社会里各种阶层的人。我和工人们关系都还不错，他们了解到我是从大城市来的"大"学生，常常在工作中照顾我。时间长了工人们觉得我干活也并不是不如他们。也就是那一阵子我学会了和他们在一起抽烟。和工人们还有走资派混在一起也有大家共同关心的话题，就连李书记讲的话也听不出什么官腔了。最常常听到的话题是什么时候可以回家探亲。那时候国家规定给家属不在一起的职工每年十二天的探亲假，这无疑对年轻力壮的工人是很不人道的。

和我们一起分配到地质队的还有成都地院的几个学生。经过两年多的劳动锻炼和接受工人阶级再教育地院来的学生们都去了地质科，也算是回到了他们的本行。大队革命委员会大概也不知道把我们安排到什么合适的去处，于是调我去职工子弟学校教书。这学校有一百多学生，从一年级到六年级以及初中。我主要是教初中的数学和英语课，有时候还要代上其它诸如体育课之类的。读书无用论在当时社会里占完全的上风。我母亲当了几十年中学教师，记得小时候她的学生们送给她的匾"桃李满天下"，很多年都挂在家里的墙上。我本人对教书并无反感。但在当时的社会风气下教书也是索然无味，纯粹是浪费光阴。倒是有少数几个"臭老九"的子女对学习还非常喜欢认真，我也乐意辅导他们。在学校教书会有很多空闲时间，脑子里总在盘算两件事。第一是想通了我不合适也不愿意在地质队混下去，一定要想方设法跳出地质队这个圈子。第二是如何不浪费掉眼前的光阴。这第一件事我们完全处于被动地位，这第二件事倒是可以自己做主的。1970年我第一次回上海探望父母，到位于福州路的上海旧书店去寻觅旧书（上海方言称为"盗"旧书）。想不到发现崭新的两册谢希德和方俊鑫编著的"固体物理学"，如获至宝。这两册"固体物理学"本来就是半导体专业的必修课，可惜文化革命就把这课程给搅豁了。我花了当时的两毛钱赶紧买了下来。用现代的名词来说是我这辈子买的"性价比"最高的两本书。我在地质队子弟学校教了三年书，业余时间就用来自学在复旦没有上完的课。其实当时并没有明确的目标，也不知道今后会有什么用。但是每次得到一些新的知识，尽管有时是一知半解心里也会很高兴。除了自学一些物理书之外，也用不少时间学习英语。我从高中一直到大学都是学的俄语。文革停课期间和一批"臭味相投"者不参与红卫兵的活动，每天清早在寝室锻炼身体象举重，俯卧撑之类的运动。学习英语也是我的一项课目。所以在毕业分配的时候被批判为"逍遥派"，走"白专道路"。在地质队教书的几年里，我从上海外文书店订了一份 Physics Today"（今日物理）。那时候外文书店二楼有专门供应所谓内部专用的影印书籍和杂志。"Physics Today"是美国物理学会 (American Institute of Physics) 出版的月刊。我阅读这份月刊主要是想学习英语，附带着也可以知道一些国外对物理研究的新闻。那时候在地质队的山沟里读书虽然没有人来批判你走白专道路，但也大有闭门造车的味道。没有人可以和你讨论问题，也没有人可以请教。有一次路过昆明经过我母亲老同学的介绍认识了一对解放前留美回国的老夫妻，就把我翻译的一篇"Physics Today"上的文章呈给他们请教。他们见我求知欲甚强，也非常乐意帮助我。后来他们就成了我的岳父母。此是后话。

  再说说要调出地质队的事，那是谈何容易。对于地质队的领导而言我们就像是他们的私有财产，虽然派不上用场，丢了也可惜。再加上想跳出这个地方还必须找到一个接收单位。我们一起分配到云南省地质局的五个同学虽然分布在云南省各个角落，但经过两年每个人都捉摸出同样的结论。于是我和另外一位同学打着复旦大学物理系半导体专业的"虎皮"旗号和昆明市的一家半导体工厂联系了一通。厂方回复因为是跨系统的调动加之我们没有昆明户口就给拒绝了。这才明白户口和人事关系是调动工作首先要解决的问题，至于学历等等都是其次的考虑。经过几次探索，都以失败告终。每次失败心情就会非常沮丧。事情总是吃一堑长一智。几经失败就捉摸出比较实在可行的办法是先在云南省地质局的系统内部调动。于是就"钻头觅缝"找一个愿意接受我们的单位。当时云南省地质局在昆明有一个中心实验室，它的任务是分析各个地质队送来的采矿样品，包括成分和含量等等。这个实验室所用的主要方法是化学分析，大部分职工也都有化学专业和矿物鉴定的背景。我和郁文君都表示愿意去那儿工作。于是我们想方设法，也少不了送礼打点和实验室挂上了钩。实验室负责业务的领导是1949年前曾参加学生运动的大学生，后来又投身革命。大家称呼他谓"叶老当"。我们虽然没有学化学的背景，但叶老当认为我们可以在实验室发挥些其它的作用。通过第九地质队和中心实验室双方协议最后在1975年初把我和郁文君调到了中心实验室工作。叶老当分配我们到电工组，日常工作也就是维护保养实验室的供电系统。但是叶老当对发展实验室的矿物分析能力有很多计划和设想。其中一项是采用光谱仪来分析矿物成份。当时想用外汇购买进口的光谱分析仪是实验室力所不能及的。于是把我们调去和一位文革前中山大学毕业的老大学生一起自力更生造自己的光谱分析仪。这项目听起来还挺吸引人的。但关键的几项部件如光栅，反射镜，镀膜工艺和其它光学另件都必须依赖几个在沿海的光学仪器厂供应。于是我就成了长期驻外的采购员。我们实验室只是设法购买到关键的部件再把它们组装调试在一起。这差事和我希望的相距甚远。前前后后搞了一年多这个自力更生的光谱分析仪倒是造出来了。实验室也得到局里的表扬。但是我还是觉得如有所失。希望有其它的机会出现可以真正从事自己想做的事。

　　1978年初从新闻报道中听到国家要恢复招收研究生，心想倒是个好机会继续被中断的物理专业。当时面临的首要问题是对家庭责任的考虑。那时小孩刚满一周岁，如果花三年时间读研究生担心妻子会负担过重。妻子向兰是个知书达理性格倔强的人。她知道我1968年离开复旦后的十年里从没有在工作上顺心过。倒是她鼓动我不要放弃这样的机会。几经考虑我决定投考中国科学院物理研究所曾泽培老师的硕士研究生。曾老先生在美国 Ohio State University 得的博士学位，反右运动前不久才回国在中科院物理所低温物理室工作。当时在国内只有少数几个大学和中科院物理所从事低温物理的研究，物理所又是最主要的研究中心。"Physics Today"经常报道美国和其它国家在低温物理方面的进展，如超导物理及其应用，七十年代初期发现的氦3超流等等。我似乎生来就喜欢探索新东西，所以就选了低温物理和曾老先生作为我的导师。经过五月份在昆明的初试和七月份在河北廊坊的复试我居然如愿以偿被曾老先生收为他的研究生。我想之所以考试能过关是有赖于在地质队度过的六年没有白白浪费时间。我也挺感谢地质局中心实验室的叶老当支持我去考研究生。他思想开明，不象许多单位的领导把职工当作私有财产或者拿他们作为和其它单位做交易的筹码。当然我觉得最亏欠的是对自己的家庭。在以后的三年时间里，我和妻儿聚少离多。能一起走到今天可不是说几句谢谢可以表达的。

我进研究生院那一年已经三十二岁。这是我人生中影响我后半生的第一个转折点。我也很庆幸文化革命后国家的转折点也是我和千千万万同胞个人的转折点。文革给国家和普通百姓造成的损失和苦难不应该被人们忘记，也不应该在历史中被抹去。希望这种历史也一定不要在中国重演。

2019年12月 写于 Tucson, Arizona

化学所

走下白鹿原的研究生

卞锦儒

作者简介 1954 年生于陕西蓝田，成长于白鹿原上直到上大学离开。1976 年毕业于西北大学化工系后，回蓝田筹建氮肥厂。1978 年师从化学所胡日恒先生从事物理化学基础研究，获硕士。1991 从波士顿学院获生物物理博士，先后在 Portal & Gamble，Dow Chemical，Homax 等公司从事个人用品，半导体研磨剂，和家庭用品研发工作。现接近于退休。

  1976 年，中国发生了三元老去世，唐山大地震，粉碎四人帮等天翻地覆的变化。那一年我从大学毕业，恰好地处白鹿原的蓝田县要建一个化工厂，筹建处就在白鹿原脚下。于是我被分配到县城参加化工厂的筹备。建厂，县里却没有足够的资金，要靠筹资办厂。

  资金完全到位前，我被派去做了很多和专业无关的事。在不到一年的时间，我去过砖瓦厂，去过水泥厂，还去过机械加工厂。我现在已经记不得去这些工厂干什么来着，只记得去机械加工厂是搞调查。名义上是和工业局长一起去"三同"，其实是调查一些有人举报的贪污腐化的破事。那个被调查的厂长是多年工业线上的标兵，调查期间，他还去北京参加了《工业学大庆代表大会》，据说既有贪污腐化，又有作风问题。对此我毫无心理准备，又无工作经验，只能局长说让干啥就干啥。不过这段经历，倒也让我见识了很多企业内勾心斗角的游戏，和诬陷打击无不所用其极的人性。就这样，我从大学的化工专业转入了"万金油"专业。

对此，让我多少有些苦闷，有了要设法离开这种"党让干啥就干啥"的行当。记得1976年春节回家拜年，一家远房亲戚的表叔，当时是大学教师，和我聊了不少。闲谈中他提到文革前国家招收研究生的事，当时没在意。后来，在被那种"万金油"抹得我晕头转向，我开始考虑如何才能改变让别人支配自己命运的状况时，回忆那次和表叔的闲谈，让我遐想有朝一日国家会招收研究生。鉴于生活和工作经验，我也进一步考虑，将来如果上研究生，不想再搞工业，因为工厂杂事太多：要筹备资金，到基层催运砖瓦，转运木材，还要和各色人等打交道。

说实话，我这个人爱独立，喜欢转牛角尖，从性格和心理都不太适合和人打交道，也许更适合搞研究。从化工转行到化学应该比较省力，于是，理论性较强的物理化学，成了我将来安身立命的主要考量。当然，那时也想到，将来也许不会招研究生。不会就不会吧，学了些知识，不算是赔本买卖，不会损失什么，最多不过"浪费"了些八卦聊天的时间而已。既然有了这样的想法，就考虑开始着手准备了。

没有教科书，只好回母校，找几个要好的老师帮忙。卫志贤老师既是我在校的老师，又是我的老乡，请求卫老师，帮忙借了几本化学方面的教材，特别是物理化学。当时不好意思说真实想法，只是告诉卫老师，在学校化学基础甚差，想补补课。卫老师二话没说，很热心地从校图书馆借了几本教材给我。

还好，那时候虽是"万金油"，闲工夫倒是不少，除了开会，就是聊天。开会按时到会，别人八卦时，我去看书。同事和领导有时候会问："为什么要经常看书?"答曰："在学校学的少，怕将来一旦开始建厂开工，能力不够，只好先以勤补拙。"理由似乎冠冕堂皇，虽然我自己都看着有些不正常。有个同事说，你这个人什么都好，就是爱看书，很可惜不好玩。

关于看书，还有个小插曲。那时，我们到水泥厂的三个人，同住一间大房子，为了御寒，房子里烧着木炭。有天晚上，我开小灯看书到深夜，后来觉得越来越头疼，实在忍不住，就出外转悠了一会儿，头疼很快消失，再回来，一会儿又开始不舒服。我意识到不对头，就叫醒了其他两位，他们也感觉到有些不舒服。大家很快意识到，可能是煤气中毒尚浅的象征，只是我睡得晚，有了感觉。因此，庆幸因为读书，才免得三人一同上西天。从这件事我知道了，煤气中毒对我来说开始会头疼。想想倒很高兴，因为我以后再也不会深度煤气中毒了。

大约1977年秋，国家宣布大学招生要统一考试，几乎同时也宣布了科学院和各大学要招收研究生。听到消息后，我马上写信给卫老师，让他在大学帮我查找了科学院化学所的招生专业。卫老师很支持我报考，很快就回了信，并且抄了厚厚一沓的专业和导师名单。

随后，我回到大学见到卫老师，希望能再帮我借了几本报考专业的参考书，包括工程热力学，计算尺等。可惜大学图书馆没有傅鹰所著的《化学热力学导论》，那是属专业指定的参考书，一本很专业又很特别的教课书。后来几经周折，才托同学从西安的另一所学校借到这本专业参考书。

当时也很担心，化工厂筹建处会不会同意我报考研究生，因为毕竟我是搞专业对口技术的，走了后，工厂将来的基建会受到影响。还好，主管技术的副厂长算开明，私人关系又好，他没反对。在县城的招生委员会报名后，我马上开始了有计划的复习应考。记得当时是准备在1977年考试和入学的，后来不知道什么原因，通知说延迟到1978年考试和入学。也好，就再准备一年吧。

傅鹰的《化学热力学导论》，起点较高，好在傅老先生在书中及时穿插了很多化学系学生缺乏的数学知识，例如微分方程、雅可比矩阵等，读起来并不很费劲。有趣的是他总是从不同的、别人没有用过的角度阐述热力学的基本观念。

至今书中的很多内容都已忘记，只是还记得傅鹰在序言中的一段话。他写道："编写课本既非创作，自不得不借助于前人，编者只在安排取舍之间略抒己见而已。编写此书时曾参考……诸家著作。移植仿效在在皆是。但编书如造园，一池一阁在拙政园恰到好处，移至狮子林可能即只堪刺目；一节一例在甲书可引人入胜，移至乙书可能即味同嚼蜡。若此书中偶有可取，主要应归功于上列诸家；若有错误，点金成铁之咎责在编者。"

第二年（1978）夏季，化工厂还没筹到足够的资金，我还是继续"万金油"的干活，这次听从党的安排，被派下乡。不是接受再教育，而是去生产队督促生产（记得是春播夏收）。做那些其实没有必要的事。（哪个生产队不知道该怎么搞生产，要我去督促指导？）只要开会，咱准时到场，基本不多发言，大都同意他们的安排。记不起做过什么"有意义"的事，当然肯定没干过坏事。唯一的一次是党支部书记开完会后，带领大家参观观摩各个生产队的桃园，和大家一起吃了几个农民的桃子，没付钱。书记临走时，拿了一大袋子桃子，还装样子要塞给桃园管理者几毛钱，那个老农笑着推辞没要，当时看着很好玩，书记那种贪婪的眼神，居然不用躲避我——一个从县上派下来监督他们搞生产的人，真不把我当干部！

到了要考试时，回县城考试。考场大约有十几位考生，大都是三线建设中的老大学生。大家都规规矩矩地答题，没有交头接耳的，因为每个人的考试卷都不同。几场考下来，感觉还不错，特别是专业课，远比想象的简单。唯独在英语考试中，受到了羁绊。记得中译英时，一个"四人帮"把我当场绊倒。因为当时很少看英文报纸，不知道该怎么翻译。哈哈，不过英语总算是及格了，后来进入研究生院后，被编入了英语丙班。

考试一结束接着下乡。这时，接到去北京化学所面见导师复试的通知。但因为心里不知道成不成，去北京前，我还没敢告诉我父母实情,仅说是要到北京去出差。到了北京化学所参加复试,过程和其他同学差不多。笔试时,除了基础知识外,印象较深的是,试卷给出一些试验数据,要当场写出一份专业性的,相当于proposal开题报告。我从来没干过这个。只能鸭子上架,自己赶自己,现场归纳那些数据,找出规律,整理自己的研究思路和要达到的预期结果。至于导师满意不满意就不知道了。

面试时,导师及其他执考者,大都围绕着本专业的实验细节。很多还是我从来没有见过,没做过的试验,咱老实坦白,从来没干过,只能凭常识判断,说该怎么做。

后来据导师说,我才知道,面试所答基本满意,我的专业课几近满分,但英语也才刚及格。当时报考我导师的有98人,其中有7人参加复试,有两人被录取。

当我再次从乡下回到筹建处时,我们的老采购故作神秘地用两手比划着告诉我:"中央来函了,这么大的国徽,谅他们也不敢拦着你!"中央?这就是老采购的认识。到了办公室,才知道是科学院化学所的录取通知书,确实有国徽台头的那种。高兴吗?高兴。激动吗?有点,但不严重。因为早就想过,如果这次不成,还有下一次,不必着急。

后来的事和大家差不多。

附:《沁园春 忆研究生院》

万里离乡,把酒长思,心绪浪涛。
忆七八春晓,青衿满院,堂无虚座,夜不辞劳。
淡饭情豪,陋屋欢笑,补憾追超心界高。
功成日,各远征天下,旗领风骚。

匆匆卅载征超,闻各路英豪捷报飘。
看李桃遍地,丰勋硕累,国家梁栋,科技新滔。
老骥雄心,暮鹰云志,醺酒追昔抚战袍。
情长在,望诸君长寿,共享苍霄。

走下白鹿原到研究生

科仪厂

报考科仪厂研究生的机遇

程上聪

作者简介 1944 年生于广西桂林，1962 年毕业于江西南昌二中，上海复旦大学物理系毕业后到江西南昌硬质合金厂任技术员。1978 年入研究生院，师从黄兰友先生，后到加拿大阿尔伯特大学物理系，在 R. Egerton 教授的指导下学习，1987 获博士学位。2010 年从美国康宁公司退休。自 2013 年至今为美国劳伦茨伯克利国家实验室客座研究员。发表有关电子显微成像技术，结构分析方法及其在材料科学中的应用方面的文章 70 余篇。

1978 年是改变许多人命运的一年。在那"科学的春天"我和很多同学一样非常幸运地考上中科院研究生院，从而获得了重新进一步学习的机会。我的导师是科学院科仪厂的黄兰友先生，黄先生在美国富兰斯大学物理本科毕业后又到德国杜宾根大学学习电子光学，1957 年获得博士学位后才回到国内。黄先生回国时正趕上大跃进的时代，1958 年仅三个月的时间就制造了中国第一台中型电子显微镜。以后又研制出多种性能更好，自主成份更多的电子光学分析仪器。我在黄先生指导下的硕士论文是设计一款体积更小，结构更简单的新型电子透镜。经过一番周折，黄先生对计祘的结果还祘满意，并写成文章在国际会议上发表。我也从此走进了电子显微镜以及密切相关的材料科学的研究领域，一直持续到现在退休后的年代。

报考科仪厂研究生的机遇

然而我在考研之前，根本想不到会进入电子显微镜这个领域。实在是很多偶然的因素综合促成了这个机会。我是1962年进入复旦大学物理系的，这届学生分五个小班。进校时除了四班，五班为电子物理，无线电专业已定专业外，其他三个班要到三年级结束后再分专业。到1965年我所在的三班要分专业时，形势却发生了变化。我们全体同学去参加四清运动整整一年，刚回到校园，第二天早晨又听到中央广播电台广播北大聂元梓等人的大字报，文革开始了。以后发生的事就太多了，直到1968年分配，我被分配到江西南昌硬质合金厂之前，既没有分专业，更没上过正规的专业课。

我注意到电子光学这个专业，还是在1978年考研查看中科院招考名单时，看到科学院科学仪器厂两位老师黄兰友，姚骏恩先生对考生的要求除高等数学，普通物理两门基础课外还有专业课电子光学，参考书是成都电子工程学院编写的《电子光学》。中科院招考名单中物理方面也还有一两个专业只需要考基础课，没有专业课的要求。想到报考这样专业的人数一定很多，最好还是报考有专业要求的部门。

好在《电子光学》这本书我正好在几年前因偶然的因素购买在家。那是1975年间我作为硬质合金车间的物理检验技术员去贵阳第六砂轮厂作硬质合金的顶锤试验，完成后决定走水路回家。先到了重庆，然后坐船经过长江三峡到九江再回南昌。正是这次旅行让我有了终生难忘的过三峡的经历，并发出过三峡枉为中国人的感叹。重庆是这次旅行的中转站，这著名的山城，抗战期间的陪都，有不少景点都想趁机参观一下。在经过市区时看见一家小小的新华书店，习惯性地进去看看，在科技图书部看到一本大学教科书，正是后来考黄先生研究生需要的成都电讯工程学院编写的《电子光学》。当然那时不知这本书这么重要，只是随手翻翻，可能放在那儿很长时间了，这也是该书店剩下的最后一本，封面的颜色都变旧了。不过价格很便宜，不到一元钱，还是决定买了下来。后来正是有这本书在手帮助我作出决定报考黄兰友先生的研究生，在准备考试中也帮助我较为顺利地通过了初试和复试。想起来我的运气真是比大学的诸多同班同学要好。我那届物理系同学有一百六七十名之多。虽然有不少后来也在不同的领域中做出了傲人的成绩，但总体上毕业后得到研究生训练的人数估计不到 10%，远低于当下毕业生读研的比例。

如果那年我没有争取到贵州出差，或没有那么想看长江三峡，或没有在重庆停留，或没有去书店逛逛的习惯，总之没有那次买书的经历，那是不可能成为黄先生的研究生的。感谢这种种偶然的机会促成了我以后几十年与电子显微镜的不解之缘。

天文台

比一千个太阳还亮

郑玮

作者简历 复旦大学物理系本科生，北京天文台 78 届研究生，美国加利福尼亚大学博士。约翰-霍普金斯大学物理天文系高级研究员。主要研究课题是宇宙早期天体。重要成果：类星体的紫外复合光谱，类星体的分类，大爆炸后原始氦的吸收线光谱，引力透镜和宇宙中最遥远的星系。

"你怎么会学天文？"很多朋友问我。

我从小就喜欢读书，但不识天文。上中学时，每天晚上都去上海徐汇区图书馆，还自学了英语。进了复旦大学物理系后，更是常常泡在图书馆里。读过的许多书里，最有感染力的一本名为《比一千个太阳还亮》，讲的是量子力学，核物理和原子弹的故事。书中许多著名科学家：玻尔、奥本海默、费曼等等的形象栩栩如生，令人向往。可惜好景不长，文化革命一开始，所有高校停课，图书馆也关闭了。我成了消遥派的成员。

不久有个机会来了。当时上海市革委会的朱永嘉指示复旦大学批判爱因斯坦，要有革命师生参加。我与另一个同学储昭坦就自告奋勇。"被参加"者是理论物理组的蔡怀新、陶瑞宝和孙鑫老师。说起来惭愧：所谓的批判相对论现在看来只是一场闹剧。不过写作的主力是文科，我们物理系的人是跑龙套。据储昭坦回忆，文章草稿里把相对论描述成"炮弹会从外面打进炮膛，死人会从棺材里爬出来"。几位物理老师惊奇得话都说不出来。我们小组的顶头上司是《文汇报》的"老王"，他对复旦组的进展不尽满意。听说他后来也倒了霉，罪名之一是指责别人把无穷大符号"8字横过来写"。虽然我们不直接写文章，但是有进各级图书馆的特权。我在那里读了许多内部书籍。有一次阅读《第三帝国的兴亡》，竟然被锁在图书馆里。那是本很厚的书，分上下集。我看得着迷，不知不觉天都黑了，才发现图书馆已上了锁。我只好从一楼窗子里跳出去。相对论和宇宙学密切相关。我就是那时候与大爆炸学说结下不解之缘：远处天体离我们而去，引起谱綫波长向红端移动，称为"红移"。我的天文底子薄，凡是不懂的地方，就到我家附近的上海天文台去请教。

大批判小组的经历如鱼得水，不但有书看，还让我躲过了文攻武卫的风险。上海的图书馆和书店我都跑遍了。当时大学生们都知道大书店的楼上多有内部书刊。尤其是在延安中路陕西路口，有一家影印书刊门市部。它正面没有牌子，边门有人站岗，出示学生证就可以进去了。我的第一批英文参考书就在那里买的。毕业分配的日子到了。离开故乡前夕，我到福州路科技书店买书。说来不可思议：物理类书架上只有两种书可以买到：郎道-利弗西茨的物理学丛书和戴文赛的天文学教程。

经过军垦农场水与火的锻炼，我被分配到河南北部的汲县。县广播台是有綫广播，按当地农民的说法：木盒子都会讲话唱戏！二十几个人的小单位有三个大学生，的确算专业对口了。我的工作是修理半导体收音机，这对我这样熟悉电子管五灯机的爱好者真是太容易了。当年自己年轻气盛，空余之下不禁想发展相对论，挑战大爆炸学说。每次假期，我都到郑州大学物理系图书馆查阅最近的物理摘要（英文影印）。更专业的资料要到位于黄陂路南京路口的上海图书馆查阅。

当时有关宇宙学的讨论已传至国内。北京天文台的潘宁堡写了综述文章，讲到高红移的类星体是否在宇宙的边缘，对我影响很大。我还到北京专门拜访他。类星体是六十年代早期发现的神秘天体。如果它们的确位于数十亿光年那么远，就是宇宙中最高亮度的天体，只有超级黑洞可以解释其能量来源。当时一些学者对此有怀疑，争论很激烈。基于有限的资料，我写了第一篇科学文章。1977年秋天，天文学科召开黄山会议。我有幸参加，见到方励之和李启斌等天文学家。次年，我报考北京天文台研究生，来到了海淀的肖庄。

许多年后，我才明白自己走进研究生院的大门是有贵人相助。当年我到上海天文台去串门，接待我的是研究员吴守贤。他后来支内到陕西天文台担任领导工作，手下有一个大学生是我的中学同学。吴老师无意中听到我的名字，就从侧面了解我的情况，暗中推动我去科学院。2012年，我到西安拜访吴老师。他才告诉我，是他给科学院的一位处长打了电话，院部才发了公函到我单位邀请我参加黄山会议。我一直蒙在鼓里，不想想自己怎么能参加这样的会议？老一代的天文学家都是南京大学天文系的同学。他跟好几个与会的学者都打了招呼。所以我的黄山之行，其实是一次面试。说来可惜，老吴自己的孩子都没有得到上大学的机会。

在北京天文台期间，我师从李启斌和潘宁堡，开始了天体物理的学习。后来又来到美国加州大学读博士学位，导师是有名的玛格利特-伯比奇教授。最幸运的是：哈勃望远镜不久升空，为我们这一代天文学家提供了无限的机会。

四十年过去了，现在最高的类星体红移已超过7；最高的星系红移已超过10！也就是说紫外谱线会在红外波段被观测到，相应的宇宙的退行速度可达到光速的98%。回顾往事，觉得自己还是幸运的：从一个"怀疑一切"的顽童，成为捕捉宇宙中最远天体的观测家。类星体的分类和演化仍然是我的兴趣所在：没错，它们是比万亿个太阳还亮！

摄于欧洲南方天文台在智利的甚大镜（Very Large Telescope, 8 meter）

考研背后的几位女性推手

刘江波

作者简历 1978 年中科院自动化所研究生，1985 年美国华盛顿（St. Louis）大学系统科学及数学博士。1994 年美国 Caterpillar 公司访问学者，2002 年秋中科院系统科学及数学所访问教授，2009 年秋武汉大学计算机软件工程国家重点实验室访问教授。现为美国 Bradley 大学计算机和信息科学系教授。

量子粒子方程式里有一种量子纠缠的现象：一旦两个粒子互相纠缠起来，不再耦合之后彼此之间仍旧维持的关联，与距离无关。所以当你把其中一个粒子用激光传到远处（因为激光只走直线，要用卫星发到千里之外）就可以瞬间得知远方的粒子状态（比如左旋是 0，右旋是 1，就可以瞬间把编码传过去）与时间无关。目前加密程序常用的加密钥匙如果用量子卫星传送就几乎不可能被破译。爱因斯坦认为这是悖谬的，他的物理方程里不可能不花时间来传送远距离的信息。另外量子不可测原理也决定你事先不可能知道另一边的粒子状态（加密钥匙事先就不可知道），事后才知。这样的加密是不可破的。你不可能来破译不可知的密码。

量子理论上升到哲学上就是说未来是不可知的。只能事后知道。人的命运也是如此。未来只能事后来叹息，事前不可确知。就拿我来说，1978 年能够考上中科院自动化所研究生现在回忆起来如果没有几位女性在背后推推手是不可能的事。

一、成为老伴的前女友

1977年秋，我和当年的女友现在的老伴在苏州老宅的水井旁洗衣服时，收音机传来国家恢复考研究生的消息。女友当时就鼓励我去试一试。虽然我有1964年到1966年在武汉外国语学校读二年的英文底子，也当了大半年大学数学助教，但物理几乎没学，我读的又是航空仪表，没有对口的专业可报，所以几乎没什么奢想去考研。但女友还是劝我说："1978年可以先试一试，不行1979年再考。"在准备考研的日子里，女友早上给我送早点（因为我清晨3-4点才睡），晚上给我打扇子，去北京复试时找关系给我买卧铺票，还联系北京招待所让我休息。中科院自动化所给我们准备的旅店是十几个人的大通铺，晚上聊天的，打嗝打呼噜的根本没法睡觉。所以说如果不是当年女友的鼓励，1978年我也不会去考中科院的研究生。

照片1：78年老伴陪我读书准备考研。

北京我们一起住在林学院大楼。半夜2点孙景才老师带着保卫科人员敲我们宿舍的门来查房，还好我们有结婚证。事后我想想真是可怕，多亏老伴当年督促我找关系拿结婚证。因为我们分居二地，研究生院不给我开结婚证明要我找南京航空学院，南航也不给开。我只好到武汉街道办事处托人才开的证明登记结婚。如果当时没有结婚证，不算正式结婚，我可能就会被研究生院开除。一旦被开除我这一生就会走上完全不一样的路。当然老伴还是会一直陪着我。我们那时结婚没有举办婚礼，我也没给老伴买戒指。现在想补老伴也不同意，说让过去的事就过去吧。人生谁没有几件遗憾的事。（照片1）

二、南航数学系的女教师和江苏省政府的女工作人员

1977年我在南京航空学院留校后，以前工作的武汉仪表厂不放，我有半年没正式入编没有工资，每月靠我母亲给我寄钱。后来通过三机部发函，学校又派一位系副书记专程去武汉找厂里协商才给转档案补了工资。

学校临时派我到数学系给一位女教师当助教。当时班里有几位刺头专门找一些英文数学题提问。我因为英文比较强，帮那位女教师挡了不少雷，所以我们关系一直很融洽。

1978年春我在校园大门口遇到她和几位老大学生教师骑自行车出外，她告诉我她们去省政府拿考研准考证，并邀请我和她们一起去。到了省政府才知道考研拿准考证要学校开证明。学校当年的政策是工农兵学员留校的不准考研，不要好高骛远，先把大学的知识补习完再说。所以学校不给我开到省政府要报名的介绍信。我很沮丧。这位女教师就主动带我，找到她当校办公室主任的丈夫开了一个去省委了解考研情况的介绍信。到了省里，省政府工作人员说你的介绍信不是同意你报名的，不给我报考表。这时边上另一位女工作人员走过来说："他已经来过一次了，给了算了。"这才当场填表报了考中科院自动化所研究生。

现在看来报自动化所也是瞎猫子碰到了死老鼠，自动化所专业比较接近我学的航空仪表专业，而刚好我们学校有一本日本人写的现代

控制论的书，没想到这本书竟然是自动化专业主要的考研参考书。因为书只有一套，不准外借，我花了三个月的时间在图书馆把这本《自动控制论学》了一遍，让我在考专业课时有了底气。1978年全国2000多名自动化所的考生，只取了40几名。好多人落考可能也是因为没有学过这本书，只能望洋兴叹。

如果不是南航数学系女教师和江苏省政府女工作人员的帮助，我也没机会1978年去考研究生。我考上中科院研究生后，南航还派了一位教授去北京找自动化所，要取消我的资格，说我是违规去考的。还好1978年中科院科学春天的气势很旺，南航不敢不放。1979年南航就硬了起来，工农兵学员教师只能考本校研究生，不服从的坚决不放。

三、南航体育教师的女儿和北大物理系毕业的女老师

我留校后头半年没有分配教研室，也没有办公室，每天上午只好到体育场背英文单词。体育场跑道上经常看到一个5岁左右的小女孩跑步。小女孩扎着两个揪揪辫，身著运动衣裤，粉雕玉琢，面色白里透红，看上去非常可爱。时间长了熟悉了才知道她父亲是我校体育老师，母亲是省体操队教练。我考研初试后去她家玩，在那里遇到一位北大物理系毕业的女老师。我告诉她我初试有一道计算静电场电场负荷的题，听都没听说过。她说她刚好在北大学过。我花了一个星期把她当年的习题本看了一遍。女老师的习题本是用红墨水在马粪纸上写的，看的我眼睛好几天看什么都是红晕晕的。一个月后去北京复试时刚好又看到这道类似题，只不过把一个球体换成两个球体。我试着用两个公式连解，居然让我解出来了，考完心里非常自信。这道题20分。初试取120名，我排名110几名；复试取40几名，我考到30几名。很大程度上就是靠这道题的20分。可以说如果我没有在合适的时间和合适的地点，在小女孩家遇到这位北大物理系毕业的女老师，我是不太可能考取的。这里我还要感谢华国峰主席的科学春天。原来中科院自动化所只准备招7名研究生，在科学春天的大政策影响下一下子

扩招到40多名。不然我也没戏。

四、大学女同学

我大学同班有位女同学，也是我中学同班同学。我们一起下乡，一起进工厂，一起到南京航空学院（现在改名为南京航空航天大学）读书。在南航三年半，我们一起翻译英文资料；合作翻译的一篇F15平视仪的文章登在了当年的《海外航空》杂志上；一起连夜排队买回武汉的船票，在寒冷的大街上彻夜长谈；一起去杭州游西湖；一起登紫金山观日落……临毕业时我才发现我不太敢回工厂了，因为这位女同学的男朋友也是和我一个厂的朋友。

当年绝大多数工厂来的工农兵学员都不愿意留校当老师，我也不例外。第一次学校找我谈话让我留校时我立马就拒绝了。后来我到苏州做毕业设计，在飞机平视仪的线路设计上参考美国F15平视仪的英文资料攻破了一个难关，学校两次派人去苏州找我谈话要我留校，因为上述个人原因，再加上我刚好在苏州结识了我现在的老伴，我就同意留在了南京。留校可能是我当时逃离的唯一出路。

现在看来我这位女同学也成为我人生的路上间接的推手。不是因为她，我就会回厂了，而1977年如果我不留校回到武汉仪表厂的话，就不可能考上中科院研究生，至少1978年考不上。据我知道回到工厂的工农兵学员几乎都没有时间、没有环境、没有资料去准备考研。可惜她英年早逝，不到50岁就走了。我们现在每次中学同学聚会和大学同学聚会都会提起她，为她哀悼。

五、后记

南航当年有十几名青年教师考中科院研究生，就录取我一个。初试后我们的考试成绩寄到学校。当年的人没有什么隐私的观念，把成绩单都传出去了。我英文90多分，数学80多分，专业70多分，物理50多分，政治才50多分。其它有几个青年教师考的都特别惨。有一个物理只考了5分。他们的聪明才智都不比我差。我的运气还是很好。如果没有我人生中遇到的贵人，特别是上述的这几位女性在后面推我，我就会像许多我小学、中学、大学的同学们那样，不能做自己想做的事，下岗、退休、为温饱挣扎。我相信我们每个人都有类似的如果如果，人生是残酷的。

前几年我们在洛杉矶Arcadia买了退休的房子，现在每年寒暑假去住四个月。前些年美国发生了几起小狗在飞机客舱死亡的事件，所以几家航空公司都拒绝我们带小狗登机，说我们的狗太长座位下放不下让我们托运。我家狗胆子小，我们不敢托运，只好每次开车去加州。开过去路上要三天。我们一般夏天开中线通过Colorado山脉3000公里，冬天开南线沿三十年代西迁的66号公路开荒原3300公里。还好我和我老伴可以轮流开车，沿途还有说不完的话，不觉得累。（照片2）

照片2：2019年从伊州开车到加州的路上。

现在儿子一家5口在硅谷。他在Google工作很忙，媳妇只好从Yahoo辞职在家带孩子。媳妇很羡慕那些国内来的、可以过来带孙子孙女的父母，但我们只愿意帮忙，不愿意当老妈子。每年寒暑假他们开车来让我们和孙儿孙女聚一聚，每次我们都累的腰酸腿疼。女儿在洛杉矶Amgen制药公司，开车离我们一个半小时车程，可是洛杉矶几乎无时不塞车，所以她只能每星期来看我们一次，我们也很知足。一代人有一代人的挣扎，我们就不给他们添乱了。

　　我目前打算 2022 年 70 岁退休。这一辈子考研之前我的人生都是往上走的，以后就没有什么大的发展了。人生如戏，戏在考上中科院研究生时就已经达到了高潮，以后只是随波逐流。量子学理论说这都不是冥冥天注定的。未来都是不定的。我们老百姓的理论确是都是命里注定的，我们只能在小小的范围里扑通几下。量子理论从事先来看是正确的，老百姓理论从事后来看是对的。我们就是小老百姓。

计量院

考研与读研记

张增耀

作者简介
中国科学院研究生院78级19班
退休工作单位：中国计量大学（原"中国计量学院"）
家庭地址：310013 杭州市西溪路374号4幢102室
私人电邮：
2679303712@qq.com
电话：15906718201
(86)(571)85121124

1978年我在浙江省安吉县孝丰镇的"安吉县农机厂"当工人并任机修车间副主任。

我在得知中国科技大学招考研究生后，第一步就是争取厂里放我去报考。但因我一直表现积极，厂里也很重用我，不肯放我走，甚至为了干扰我复习备考，还专门派我去外地检修农用机械。我虽然还是去出差了，但负气之下，把带去用于维修的备件，白送给了农民一小部分，当然我留下了手续完备的农机零部件清单和乡镇政府收件人的亲笔签字。回厂之后领导们看我农机确实修了不少，而且有验收单，但要走的决心这么大，就只好答应我去报考，第一关胜利了。由此可见，关键时刻没有不破釜沉舟的决心终将一事无成。

当时有一门专业考试科目《干涉仪》，我不但没有备考指定的书，连一本参考书也没有。小镇上没有，赶快去杭州几个图书馆也没找到，根本没法备考。无奈之下，我给计量院杨自本老师写信求助。没想到，过了一段时间竟然从北京计量院寄来了一本《干涉仪》书。虽然备考资料有了，但我翻阅之后发现，书中的绝大部分内容我从没学过。我必须先要学懂，才能备考，而白天上班，只靠晚上复习，有点不靠谱。于是断然向厂领导请假，要求脱产复习，没想到这回书记竟然同意了。因为怕领导再变卦，我跑回苏州老家。但家里地方很小，没法安静下来备考，我便去找我以前的徒弟帮忙。他那时在苏州相门外一所技校做工农兵学员，帮我找到一个单人住处。我吃饭在食堂，日夜兼程看了约一个月的书，终于做到胜算在胸，不再心慌了。

初试在安吉县一个学校的教室，整个考场就我一个人在考试。考了一半我烟没了，就问监考人，有没有烟借我几支，他真得借给我几支。考完后我自己感觉问题不大，这才有了去北京计量院的复试。

复试要考英语，而我从中学到大学学的是俄语。我在大学时中苏关系已恶化，当时我就知道，这下子俄语差不多算是没用了。但那时已开始文革，不上课了。我找到林语堂写的很薄的一本书《中国人学英语》，里面是用旧式汉语拼音来标注读音的，虽很不规范，但毕竟已经开始走上学英语的新路。1968 年我离开北工后，从朋友那里借到一套《英语900句》，我全文抄下，连许多插图都原样画下，成为我的英语课本。所以我学英语先学口语，路子还算是走对了。在计量院考英语那天，我并不慌张，因为我知道除了不多几位考生是中学和大学一直学英语的外，大家差不多，不用担心，后来果然录取了。

在今天看来，当年的很多事，真有点匪夷所思：我把厂里农机维修备件白白送给农民，厂里不但没处分我，还同意我报考，还给我假期备考。除了我在此前一贯表现优异，应当说那些乡下小厂的老领导多数还是不错的，是很通情达理的。而计量院杨自本老师能寄给我一本书，让我备考，这在今天看来也几乎是不可能事件。但在当时，摆脱禁锢，"获得解放"后老一辈科技工作者对于振兴科技，振兴国家有着高度热情，这事就不难理解了。

在研究生院留给我最深印象的，是老一辈科学家在打倒四人帮后热情高涨的报国之心。记得我们班的《量子力学》是力学所所长彭恒武先生教的，虽然彭先生满黑板的算符令人眼花缭乱，根本不知道是从哪里来的，但那时非大师级的人物还真得轮不到上讲台。《泛函分析》是数学所所长关肇直先生教的，应该说关先生是很会教书的，讲得很好。在上、下课之间，你很容易在教室外面见到许多位大师级人物，他们多是走来上课的，声学所马大猷先生好像是骑自行车来上课的。还有教英语的李佩老师，这样的名师不胜枚举。再看今天的导师，被叫成"老板"，早就没了当日的那种纯粹、那种高贵、那种让人仰视的高度。这样的景观，已成绝唱。

计量院应该说在理论和工程上都是要求很高的，我们在研究生院学的基础课，很多属于理科的基础课，这为日后高端计量科研打下了坚实的基础，这是研究生院给我们的最大的好处。

到了最后做论文的时候，老师给我一篇英文原文，让我围绕它来做，而这个部分正好是现代干涉仪的核心部分。这篇文章以理论为主。那当然应该首先要彻底弄懂理论部分，然后再发展出自己的理论部分和实验部分，还要通过实验来得到验证。记得关键时刻在寒假，我回到了南方小县城。那个冬天特别冷，就是那种南方的阴冷阴冷的天气。想在小县城找资料是不可能的事，我就带回很多资料，弄了一盆炭火，边上摆一个方凳当桌子，靠在炉边坐在小板凳上日夜兼程，推导证明这些从来没见到过的公式和理论。也许是年轻时脑子好使，更或许是洁净安祥的冬天头脑更清醒，真是天助我也，到了寒假快结束时，我完成了所有理论推导。回北京后陈耀煌老师一看我的推导，只说了两个字："成了！"我的论文答辩由清华教研室主任来主持，他说这是近年来这方面最好的一篇论文。我到这时方才懂得，如何做研究生？那就是都得靠你自己，靠你自己的坚持、再坚持，指望不上人家，完全没有他路。研究生院的经历给我最大的好处，就是从今以后，你得处处靠自己。

研究生院另一个特点是人员精干，办事效率很高。就拿教务处来说，工作人员没几个，记得也就是 2、3 位小姑娘吧，但教学秩序照样很好。学生管理人员也没几个，如果发现班上有同学生活上有困难，反映上去，基本上 1、2 天钱就送到同学手上了，这样简单的手续和高效率，在今天其他大学里也很难看到。至于后勤，就只有老孙自己一个人，但还是管得井井有条，这不能不说是一个奇迹。今天哪怕是二、三流大学，一个教务处有多少人？即使有这么多人，还不时会出漏子。

在研究生院的时候，我去过两次中南海，后来我问过许多北京人是否去过，多数没去过。记得还去过人民大会堂看折子戏和在五道口剧场看过东方歌舞团的演出。可见，在政治待遇上我们也属于较高层次的了。那时，好像每年有 120 元的书费。当时的书很便宜，才几元一本，120 元能买一箱子书。但自那以后，虽然工资多了，物价涨了，书报费就再没能买到那么多的书。

1978 年正处于新旧交替历史时期，打倒四人帮后长久压抑的地火终于爆发了出来，不论是年轻人，还是老一辈科学家热情高涨，奋发有为，在新旧历史的焦点上迸发出耀眼的火花。它虽然经历的时间有限，但作为历史上的亮点，会永久留存在我们的记忆中。

2019 年 10 月 31 日

19班同学朱如谷、张增耀和李天初（从左至右）

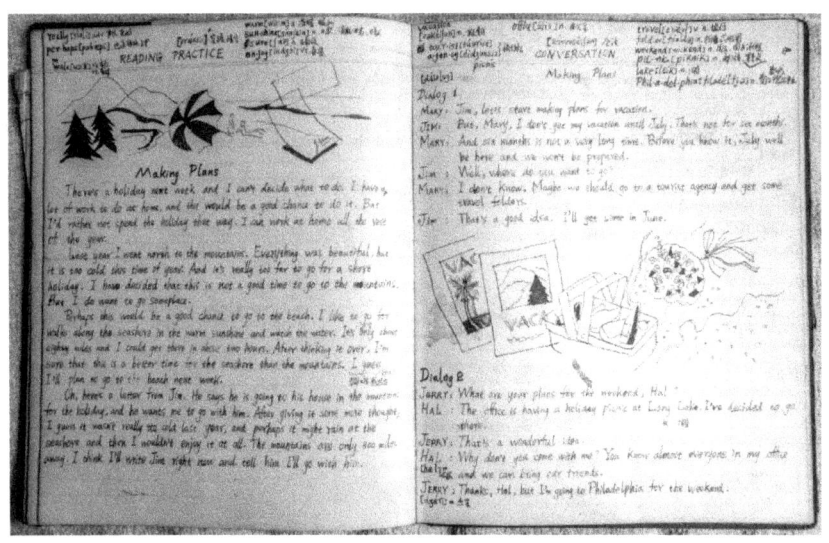

当时我手抄的《英语900句》部分内容

师资班

考研读研的前前后后

田维熙

作者简介 七八级中科院研究生院研究生，退休前为中科院研究生院教授、博士生导师，校教学委员会委员、生命科学学院教学委员会主任。1980年代赴美做访问学者，归国后在中科院研究生院任教及做科研、指导研究生。已发表88篇科研论文，其中SCI收录论文57篇；获得国家级和省部级科技奖5项，中国发明专利11项，全国性教师奖1项。

一、不甘平庸要考研

我是最早一批报考研究生的。1977年，时年32岁，已工作九年。为什么我如此积极的报考研究生呢？

我是一个地道的北京本地人，祖上明初从山西移民到北京，本人小学、中学、大学都在北京度过。1968年底我从清华大学工程化学系毕业分配到青海省，一去就在一个小纺织厂接受工农兵再教育，做了四年织布机修理工。期间，除了在车间三班倒跟班修机，我还曾参加挖防空洞，做爆破冻土的爆破员；数九天在高原上响应"最高指示"参加拉练（就是行军加翻山越岭）；因大学毕业属干部身份，为完成本单位的名额指标，去五七干校"学习"半年；还曾业余兼职了几年西宁市少年宫乒乓球教练，带队获得过青海省业余体校少年组和儿童组乒乓球女团冠军；后来还做了几年本地所需的应用研究，属于落实知识分子政策。我们这些新来的年轻"老九"（文革时期对知识分子蔑称）是多用途的"百搭"。客观的说，作为二十几岁的年轻人，这些经历也是一种学习和锻炼，只要心态积极，也不失为人生的一份积累。当然，从科技业务和学术上说，只能是荒废了，而且是在黄金年龄段的荒废，对今后能在学术上达到的的高度将会有很难挽回的影响。

但在我内心，始终还有一个小小的火焰在跳动：那就是做科学家的愿望，这是我从小的理想。我小学六年级始对天文产生兴趣，初二开始又强烈喜欢上化学，后来参加了北京市少年宫化学组活动，做了一些大学化学实验，罗蒙诺索夫成为我的偶像。中学六年我的理科课程成绩是全优，高中还参加了两次北京市高中学生数学竞赛，都获得一等奖，高三那次是第一名。用现在的词汇，算得上是"学霸"吧！可是我高考报的是化学专业而放弃了数学，原因只有二个字：兴趣。让我放弃专业，不做科学工作，还真是心有不甘。这是我积极考研的第一个原因。

毋庸讳言，另一个原因很实际，就是思乡，想回北京。北京是中国科技最先进的地方，现在如此，当时也如此。想在科学上有所成就，北京是最好的平台。但是对于我这样没有背景又不会拉关系的普通"老九"，这可是难于上青天的事啊！在我对回北京已不抱希望的29岁那年，我在青海成了家，31岁有了女儿，准备扎根青海了。

1977年恢复高考使我希望复活，之后宣布重启研究生招生，给我送来了天大的机遇！于是我在第一时间就报了名。报的是中国科学院而不是母校清华，是因为中科院是最早在全国公开招收研究生的，当时各大高校都还没公布要收研究生呢！同时我也应该感谢我的原单位没有卡我报名，他们不大相信这样就能够考去北京。我还要感谢老伴张玲对我考研读研的大力支持，独自承担了带女儿成长的责任。

二、一波三折终录取

报考研究生选什么专业？原专业高分子化学当然是一个选项，但并不是唯一的啊！数学也可以是一个选项，终究我曾获得过北京市数学竞赛的第一名。偏基础理论的有机化学、无机化学、物理化学也是可以考虑的。这些专业考试科目的大学教科书我都找来了，进行比较。

而此时另一个新兴专业引起了我最大的兴趣,那就是生物化学和分子生物学。上世纪五十年代中期开始,我们忙于阶级斗争,直至文化大革命。这二十年,正是世界上分子生物学获得大发展的时期。有关基因的理论和技术是分子生物学的核心,而在我国却把基因理论当做资产阶级理论批了二十年。76年以后,国内翻译出版了一些带有科普和启蒙性质的有关分子生物学的书籍,引起了我的很大兴趣,最后就选了这个新兴专业。虽然我没学过生物化学,好在报名早,离考试还有几个月时间,我找来大学生物化学教科书,自学!加之我有不错的有机化学基础,自学得还算顺利,后来的考试成绩还算不错!

2003年和导师邹承鲁院士在校园合影

我报的导师是生物物理所的邹承鲁研究员,是人工合成胰岛素的三个技术带头人之一,那可是诺贝尔奖水平的工作。邹先生在剑桥读博时就以单独作者在 Nature 上发表过论文。改革开放后又被第一批增选为学部委员,后来改称院士。但我在偏远的青海并不了解邹承鲁先生的事迹,当初急着报名,只看着专业合适就报了。来北京复试才知道原来是这么大的权威,且有六十多人报考邹先生,五人复试,只有两个录取名额。我心里说，早知如此大权威就不敢报他了。硬着头皮考，复试我是第三名。所以先是收到通知没有录取，考虑我的成绩，可以到中科大上教师培训班，但不算研究生，结业后可能留科大。这也算没白考，总比原来的情况强多了啊！我已准备去科大了。但过几天又接到个录取通知，原来研究生院争取到成立一个师资班，给了研究生名额，其中生物学科两人，我被选中，仍由邹承鲁先生指导。就这样我被录取进了研究生院，有惊无险。邹先生录取的前两名，师兄姓朱，报到时直接选进了出国英语培训班，从未见过面。师姐徐功巧当时已在科学院遗传所工作，后来成为我国自己培养的第一个女博士。第三名大概是我在当时条件下能够取得的最好名次了。

此后的事实证明，这次考研成功成为我人生的转折点，也是我最终实现科学家理想的关键一步。而邹承鲁先生不仅教了我很多专业知识、科学方法、研究思路，更教了我科学道德，科学作风，成为影响了我一生的恩师。

三、强化学习攀高峰

就这样，我的大学学习被文革打断后，经过了 12 年的闹革命，接受工农兵再教育，再到做一些基层的应用研究之后，重新又开始了学生生活。坐在课堂里，我有恍如隔世的感觉，没想到此生还会再来当学生，甚至怀疑这是否是真实的。从此，我开始有机会接触到世界上先进的科学技术。

我的研究生课程学习大体可分为三类。

第一类是正常的研究生专业课程，像生物化学、分子生物学、细胞生物学、分子遗传学、生物统计学等。这些课程很多都是由当时国内的学术权威人物或特邀的知名外籍学术大家（其中不少是外籍华人）来授课，如梁栋才、邹承鲁、杨福愉、王大成（已是或将增选为学部委员），还有当时大名鼎鼎的童第周教授都给我们授过课。我们这批研究生虽然是百里挑一考进来的，但是终究是 12 年没有进行过正规的学习，即使 12 年前大学学过的知识，很多已跟不上国际发展的步伐。这种情况在生命科学学科中尤为明显。文革之前生物学科教学还是以传统生物学为主，如动、植物学、微生物学、细胞学、遗传学等，现在则已转变为以分子生物学为核心。以前的生物系学生不学高等数学、物理化学，就是有机化学也学的较浅，而细胞学、遗传学等也很少分子水平的内容，但现在分子相关部分却已成为核心内容。可以说是翻天覆地的变化了。加之我们七八级研究生是第一届，生源五花八门，不少人是在大多数人还没有完全从躲避白专道路（不敢钻研业务）、里通外国（不敢碰外语）的阶级斗争观念中醒悟过来之时，凭借自己对科学的热爱、自我努力，加上一点个人天赋，先人一步登堂入室的。但到了真刀真枪接受最先进科学技术的教学时，基础不足、知识结构落后等弱点就暴露出来。于是出现部分学生听不懂课的现象，还发生了一次典型事件：一些学生给邹承鲁先生贴大字报，说课程太深，听不懂。这可不能怪老师，把最先进的科学知识传授给我们当然是无可非议的。贴大字报的方式也显然欠妥，实际是还没有跟上世界科学发展步伐的表现。我由于是化学专业出身，加之在重视基础课的清华大学上了三年课，高数、物化、有机等基础都有，生物化学又在备考时认真自学过，分子生物学类的课程倒没有太大问题。但是我从长远发展考虑，去试听了量子化学课。试听了两次课以后，发现由于基础不够，很难听懂，而时间又有限，最终遗憾放弃了选课。

针对这个客观现实，学校从现实出发，给学生安排了一些必要的补课性的课程，虽然并非研究生水平的课程。这就是我们在研究生学习中的第二类课程，补上缺失的大学本科课程。对于生物学科的很多学生来说，最典型的就是高等数学概论。还有一门是计算机概论，这是由于国外科技发展由尖端变为基础的本科水平基础课。这两门概论虽是补本科教育的缺，选课研究生却很多，表现了当时基础缺失的状况，并给了不少同学补上基础的机会。我的一个科技英语专业的同学，除了本专业的课，还和理工科学生一起选了这两门课。后来他出国改学了经济学专业，最终拿到博士学位，和在本校研究生院学了这两门课不无关系吧。

第三类课程是公共必修课和公共选修课，是针对全体研究生的课程。其中包括两门公共必修课，即学位英语和自然辩证法。研究生院的学位英语是值得大书一笔的。按科学院的要求，研究生必需通过学位英语才能毕业拿到学位，其它语种不可替代。在李佩教授的领导下，研究生院外语教研室（后来改为外语系）按国际标准安排教学和考试，要求甚为严格。也因此我校的英语水平名声在外，以致只要通过了学校的学位英语，加上一封李佩教授的推荐信，就可以代替留美读研要求的托福考试（当时中国大陆还没有开展托福考试）。对于我这样考其它语种入学，完全没有英语基础的学生，英语成为我学习安排的第一重点。我们的学位英语学习不是按照行政班（按所属研究所组成的班级）上课的，而是把全校研究生按英语水平分成了四个大的档次。最高的是提高班，包括科技英语专业学生和其他英语入学考试最优秀的个别人，由特聘的外教实施全英语教学。

文革后中国大陆最早一批靠国外奖、助学金加打工实现自费留学的学生就是出自这个提高班，其中来自英国的 Mary 老师的点拨和指导起了重要作用。又通过这批人的扩散，一批人带动另一批更多的人逐渐形成了研究生院的出国留学潮，使研究生院成为中国大陆最早的批量自费留学的学校。从此出国留学形成了公费（需要宝贵的名额）和靠国外奖、助学金自费（需要个人的真实水平）双轨并行的格局，而靠家庭财富和权力自费留学的第三条路还是若干年后才风起云涌的。之所以我要在此写了一大段出国留学的事，是因为我在毕业后也在留学潮的推动下加入了出国大军，这在我入学时是想都没想到的。我是由导师邹先生推荐到纽约州立大学一个实验室做研究助理，称为访问学者。但我没有公派名额，由外方给我发工资，实际上等于自费，但当时必需按公费程序走，叫做自费公派。管理上也按公派执行，期满后要回国，延长时间要给原单位（研究生院）和使领馆申请批准。我的访问学者经历实际上等于我研究生学习的延续，那时美国大学的学术水平和科研设备比国内要高得多，我在美国累计四年的科研工作使我在学术理论、实验技术、科研经验、科学思考等方面都有了很大提高，基本达到了能独立开展本领域基础理论科学研究工作的能力，也在生物化学领域国际最高档次的期刊上发表了三篇研究论文，奠定了我做科研工作的基础。

提高班以外的研究生按入学考试语种和成绩分别进入甲、乙、丙三个档次的英语班。我所在的是丙班，共六个教学班，每班三十人，是入学考试非英语的学生。四个档次英语班的教学是完全不同的，我是考俄语入学的，在丙2班，属于第四挡中的最低档，从字母和音标开始学，英语课时最多，第一学年也不参加学位英语考试。第三学期末开始被允许参加学位英语考试，这次考试我们最低档次的丙1和丙2班60人通过了22人，我就是第22名，擦边通过。我是充分利用考前准备技术（包括心理和状态调节技术）和考试技术（比如战略性放弃了中翻英的一道大题，追求了考试时间效率最大化），实现了超水平发挥而通过的。当时看是幸运，但长远看却并不一定是好事啊！语言本来就是我的弱项，较早通过考试使我的英语学习总量不够，造成英语实际水平不够，英语成为我此后多年工作中的明显短板。

需要说明，在我们的生物学科教学中缺少了实验课，这对于实验学科是一个重大的缺陷，我们只有在此后的论文研究工作中和毕业后的工作中去补足这个缺陷了。此后相当长的一段时间，实验技术不足都成为国内毕业学生的一大短板。

论文研究是我研究生学习的第二部分，也是最关键的部分。邹先生尽管已是学术大家，我只是个科研素人，但先生仍是很有民主作风的。我的论文研究，先生提出了两个方向让我选择，一个是在他课题组现在正进行的酶的活性部位柔性理论研究课题中做一项内容，好处是可以借鉴课题组其他人员的经验、技术和已有成果。另一个是对先生1965年通过理论推导提出的酶的不可逆抑制动力学新理论进行实验验证，这个课题是在先生指导下，但具体工作基本要自己摸索着做。我想先生是为了人尽其才，不同课题适合不同特点的学生。我考虑自己的化学基础好、数学能力强，又喜欢瞎琢磨，就选了做动力学。至于对方向把握缺乏经验的问题，我倒不担心，有先生把握着呢！在查阅文献做出综述性报告后，先生给出方向性指导意见，我制定初步研究计划，先生修改后我实施。此后每月和先生约谈一小时，先汇报工作结果和问题，有时还要汇报具体实验情况，先生给出指导，回去接着做。先生的指导通常都是言简意赅，点中要点，又不时对我工作上的疏失做纠正。我深深感觉先生对整个研究进程有着清楚的掌控，虽然我们一个月只有一小时的交流。就这样经过一年半的科研工作，我基本完成了论文研究，在生物物理所做了汇报性的学术报告，对论文进行修改之后顺利通过了硕士论文答辩。邹先生的理论和我的实验验证以英文发表在 1982 年的 Biochemistry 上，获得国际学术界相当大的关注，得到了很高的引用率，并为后来获得国家自然科学二等奖奠定了基础。事实证明我选择这个研究课题是正确的，并特别感谢恩师邹承鲁先生的民主作风和高水平的指导。

理论物理所

那年我是孩子他妈

张天蓉

作者简介 四川成都人，1945年生，物理学者，科普作家，研究课题包括相对论、黑洞辐射、费曼路径积分、毫微微秒激光、激光探测晶体性质、高频及微波通讯EDA集成电路软件等。著有专业论文30余篇，科普读物12本。美国Cadence公司退休高级研究工程师。

一、"考考玩而已"

我们的三个孩子分别出生于72、74、77年，知道可以报考研究生时，小女儿刚刚出生。

中科院最早发的招生文件上有年龄限制，必须是35岁以下。老公章球已经36岁，便打消了报考的念头，但竭力鼓动我去考考试试。几个月之后，报考年龄放宽到45岁。但章球也没有再想去报名了。

我反正不怕考试，去考一下玩玩也未尝不可。不过，报名考什么专业呢？大学是学物理的，但是文化大革命发生后，已经十年没有摸过物理方面的书。这几年，除了教中学生之外，搞了些电子技术方面的东西，与理论物理完全是两码事。因为这是文化大革命之后的第一次研究生招生，所以，积累了十几年来的人材，都趋之若鹜，跃跃欲试。据说，中科院在全国各地的研究所，计划总共招收1400名研究生，报名日期远远未到，报名人数就已经超过了14000人。

这些报考研究生的人们，除了要在专业上更上一层楼的共同愿望之外，就个人目的而言，可归纳为下面几种类型：一是转换工作地点，达到夫妻、家庭团聚的目的；二是转换一个工作单位，作更适合自己的专业，和更喜欢的工作；三是解决户口问题，从农村、县城，进入大城市；四是本来就在大学任教或在研究所工作的，希望自己有更高的学历，以利于将来的升迁和职称评定。

我的目的是什么呢？我自己都说不清楚。没有什么目的，只想考考看，试试自己的能力。如考取，就欣然前往，如考不取，也丝毫不损失什么，不过是"考考玩而已"！

既然如此，我就选了一个最喜欢的专业：中国科学院理论物理所的相对论专业。

"不错，要步爱因斯坦的后尘。"朋友们都这么说。

我确实对爱因斯坦的相对论很感兴趣，欣赏其数学理论的美妙。

离规定的初试时间也没几个月了，得抓紧时间复习功课，把大学时学的东西检起来。基础课和专业课都不是太大的问题，主要是英语。

我在中学和大学都是学俄语。可以说几乎没有学过英语，必须赶快突击。

我和章球在南昌同一个工厂（六 O 三厂）工作。我在车间里管数控机床，可以抽出一些时间看书。回家以后，就没有太多的时间了。章玄刚生下来不久，要喂奶，洗、换尿布什么的。加上章玄不像两个大孩子那样好带，他俩胖呼呼的，平时饿了就吃，吃了就玩，累了就睡，不太吵人。章玄却长得瘦，个子很小。可能是第三胎的原因，母奶不够，所以营养差一些。不过实际上，除了有时拉肚子外，她也不太生病。只是睡觉时间不长，比较喜欢哭闹而已。另外，章玄脾气急燥，个性很强。凡事都要照她的意愿办，从小就有自己的主张。章刚和章毅都能在房间里自己玩，章玄则一直要赖章球抱着，在厂区里走来走去。抱着走还不算。一定要按照她指的方向走。如没有按照她指的方向走，她就要拼死拼活地哭。光哭不解恨，还要用手抓住衣服，拼命用嘴去扯。那股拼命的样子，真可以用"悲愤欲绝"来形容。那天，章球拗不过她，只好抱着她在外面游荡了好几个小时。时值六月底，南昌已是骄阳似火，闷热难当。章球累得头昏脑涨，好不容易等到章玄愿意回家了。赶紧把她抱上楼。一到家，章球把章玄刚放到床上，自己却瘫倒在地上，人事不知，居然晕了过去。吓得我浑身发软，不知如何是好。后来吴医师来了，测体温、量血压，折腾了半天。章球却又逐渐回复过来，好像没事一样。医生判定是因为中暑所致，虚惊一场！不过，由此可见这小女儿不是那么好对付的！

二、考研初试

那一次中科院的研究生初试，是由各省、市、县的地方政府代为办理。六〇三厂属于新建县。考试就在新建县委办公楼里进行。头天晚上就到县里集中，住了一晚之后，第二天考了一整天。六〇三厂一同去参加初试的，还有程上聪两夫妻。程上聪后来被录取到科仪厂，成为我的同届校友，此是后话。

考完后一身轻松。回到厂里，照常上班、下班、带孩子、做家务。也懒得去想到底考得取考不取。本来嘛，考取了要面临考取了的问题和困难，考不取则照样过日子。

朋友卢泰宏和黎鸣也参加了科学院研究生的考试。但报的研究所和专业与我不同。不过，英语试题则是全科学院统一的。

考完后卢泰宏问我："英语考试中那道用虚拟语气造句的题，你是怎么做的呀？"

"什么虚拟语气造句？"卢泰宏念出那道题目后，我才回忆起来。我的英语是临时抱佛脚突击出来的。不太明白什么是虚拟语气。不过，看样子我做对了。

"不是可以带字典吗？我只是在字典上到处找例句。后来找到一个合适的，就安了上去。"

"啊！你真厉害。"其实，卢泰宏的英语水平比我高多了。他中学和大学都是学英语的。单词量也不少。但他不如我会考试。最后，我的英语考分比他的还高。

章球也说："那天，厂里有五、六个人到新建县去考试。考前的那个晚上，大家都在看书、做题。可是她呢？八点钟就上床睡觉了。"

其实这也不说明什么，我本来就喜欢早睡早起。特别是在考试之前，一定要睡好。否则，脑袋不清楚，看再多的书也没有用。

后来，便收到了中科院理论物理所的通知，说是初试通过了，要去北京参加复试。

三、廊坊复试

复试是在七月中旬。在北京旁边一个叫廊坊的地方进行。据说，我报考的专业，报名的人有 300 多人，参加复试有 30 多人。录取的名额只有六、七个。算起来，录取率不到 3%。

复试除了考理论物理和数理方法两门专业课之外，考试小组和指导教师还要面谈和口试。

考试那天，艳阳当空。考场里的考生一个个正在绞尽脑汁、冥思苦想。我发现有一个 50 来岁的人，总在面前晃来晃去。后来才知道，这是相对论专业的指导教师董明德。

理论物理所是邓小平 78 年亲自批准成立的。当初只有十几个人。由"两弹一星"的元勋彭桓武任所长。其余的人员有周光召、何作庥、戴元本、郝伯林等，大部分是留苏的。都算是物理界大名鼎鼎的人物。相对论专业的指导小组，除了董明德老师之外，还有一个研究天体物理的周老师和郭沫若的儿子郭汉英。

考完之后，觉得还可以。两门课的题目都做完了。口试时也只是聊聊天，问问毕业后的经历什么的。似乎董明德和郭汉英都对我感兴趣。

果然，一个多月之后，就接到了录取通知书。这下需要认真考虑去北京读书的事了。

之后，听见江大的王贵瑾老师说到，理论物理所的人曾经向他了解我的情况。

"不过，他们也考虑过是否要录取她。因为对学理论物理来说，年龄偏大。此外，她还是有三个孩子的妈妈。但最后，既然她的分数考得好，还是录取了。"

三个孩子的确是要考虑的问题。

章刚一直在南昌，仍然可以放在那儿；章毅可以呆在洪都外婆那儿。章玄呢，就只好放在厂里的托儿所，由章球一个人带了。

章球的答案是肯定的："机不可失，时不再来。你只管去北京好了，我带章玄没有问题。"

当时章玄正在生病拉肚子，折腾了好几天，后来我就准备行装，去北京了。不过，半年后，我们将小玄送到了四川我父母那儿。

四、林学院

那时的研究生院借用北京林学院的房子，女生宿舍在五楼，分了三、四个大间，每一个住十几个人。比如说，我们那个大间又分成了三个小间，里屋有梁丽糯、谭江、张依未、刘博颖、赵珠；外间有宋珍珍、邓令毅、曹南燕，我住的中间屋就热闹了，有我、高稚宜、张正南、陈冰、王华、庄文颖、阎月华、朱锡安、徐依协。

说起来不好意思，我并不是很用功的人。不像好友徐依协，每天晚上学习到十二点多才回来睡觉。早上一早又不见了人影。

其实我一贯如此。那年正好妹妹也在北大读大学，星期六和星期天和她在一起逛荡，有时到章球的六哥家里去玩玩，有时和陈冰一起上街去给小孩买东西，她的女儿比章玄还小，来研究生院之前才生的，也是一位"伟大的母亲"！

五、李政道讲课

1979年4月，李政道到中科院讲了两个多月的课。给我们带来了科技前沿的最新理论，也展现了世界级科学家的大师风采。

李政道五十开外，温文尔雅，风度翩翩。每天连续上三个多小时的课。即便是星期六、星期天和五一假期都没有休息。课后，周围围满了不断提问的学生。每天中午，还要轮流请物理所、高能所的研究生们共进午餐。听课的人除了几个与物理有关的研究生之外，还有所里的各级研究人员。连何祚庥、朱洪元等指导教师们，也在台下静静地听，认真地作笔记。还有来自全国各地、各大学物理系教师中选出的代表，总共1000多人，将北京科学院大礼堂，挤得满满的。

记忆中李政道的形象：总是半侧着身子，站在讲台的一边，椭圆形的脸微微上扬。略显一点傲慢和自负的味道。谈到近十几年来物理学的发展，两眼炯炯发光："我认为物理学在今后十年内，将会有重大突破。学习理论物理，重要的是物理概念，而不是数学。科学中最重要的东西都是简单的，复杂的东西都是枝节问题。"在他看来，最重要的物理定律都是"结构简单"而"应用广泛"的。他又谈到他当时正在研究的"孤粒子"问题。我和大多数的学生一样，听得一愣一愣的，似懂非懂。但两个月下来，总的来说，仍然觉得受益匪浅，学到不少东西。

李政道有一个同父异母的弟弟，叫李根道。长得与李政道挺像的，是科学院某研究所搞数学的。经常来理论物理所辅导我们，讲的是有关微分几何、流形、拓扑等问题。李根道在国内一直默默无闻。我觉得他总是一副郁郁不得志的模样。

李政道的这次讲课，也向国内科学院及各大专院校，吹来了出国留学的第一股春风。研究生中年轻一些的，都跃跃欲试，蠢蠢欲动。特别是学物理的，更是如此。很多人都回过头去啃"四大力学"这些基础课。李政道讲完课回美国之前，就从学生中，挑选了5个人去哥伦比亚大学读研究生。

不久便有好消息传回来。说这五个学生，秋季进校时参加了哥伦比亚物理系的研究生考试，全部在前十名之内。有一个人在那儿考英语得了 100 分。有一个人则是电动力学考试 100 分。这几个身经百战"考"出来的中国学生，在哥伦比亚大学物理系打响了第一炮，既振奋了国内下决心出去的学子们，也坚定了李政道作一个大规模的，输送中国留学生到美国学习计划的决心。从这年开始，李政道正式启动了 CUSPEA 考试招生计划。

六、出国的机会

对出国一事，我的心情很矛盾。见大家都对此趋之若鹜，也有些心动。但是，一想到丈夫和三个孩子，想到一出去便四、五年的分离，相思之苦太难熬了，便竭力打消这个念头。加之，年岁不小了，大学毕业后 10 来年，都没有搞过物理，在这理论物理的崎岖山路上还能走多远呢？另外，英语也不是那么好，到国外能应付吗？种种的问题，矛盾和焦虑，使得我对出国表现得很低调。此外，也总觉得对不起丈夫，总是让他承受分离的痛苦。大学毕业之后，他基本上一直在南昌市。可我呢，去农场两年，庐山共大一年，现在又到北京来读书，到硕士毕业，又可能要分居三年。如果再申请出国的话，又得好几年。所以，还是不出去吧。

一天，理论物理所的副所长何祚庥找我个别谈话。下午，我和另一个同学吴礼金，一同来到何祚庥的家里。

我是理论物理所十几个研究生中唯一的女生。这十几个人，分属两个专业。除了我所在的相对论专业之外，另一个专业是搞粒子物理和量子场论的。那个组里的好几个人都已经靠李政道的关系，或是别的门路，出国去了。吴礼金和我，都是相对论专业的，吴礼金来自武汉，和我年龄相仿，在毕业之后的去向问题上有类似的考虑和困难。

何祚庥和妻子庆承瑞，都是留苏学物理的。两夫妻住在一个 11 平方米的房子里。何祚庥思想开放，说话比较客观和现实。没有什么高调，比较能理解人和关心人。他一开始就开门见山："今天主要是了解一下你们对毕业后的想法。留在理论物理所是可以的。但是，可能很难解决配偶和小孩在北京的户口问题。这点，所里没有什么办法。科学院的条件太差了。你们看我这间房子，就这么小一间。原来，已经读中学的儿子还住在这儿。最近，才分到了另外的半间，在200米以外的地方，儿子晚上过去睡觉。"

何祚庥又问："如果有出国的机会，你们是否愿意出去呢？"

吴礼金表示，如果要花四、五年读学位的话，不去。

我心想，回江西实在太没有意思了，在专业上是肯定搞不出名堂的。既然留在北京和出国都需要夫妻分居，那还不如出国去呢。为什么要自动放弃这种难得的机会呢？便说："如果有机会出国就去，长的短的都可以。"

何祚庥也竭力赞成我走出国这一条"冒险"的路："出去四年，拿个学位回来，爱人的调动和孩子们的户口问题就好办多了。"

我的指导教师董明德教授，也说："如能出去就出去，30多岁的年纪，不算大。趁着还年轻，出去看看，见见世面。你们毕业后，工资也加不到多少。在这儿搞引力理论，搞不出什么名堂。"

后来，出国的机会果然来了，1980年9月，我踏上了赴美之路…

七、美国奥斯丁

我的出国机会与中美两国科学家一段难得的情缘联系在一起。那得回溯到1946年，都柏林有一个原来由薛定锷任所长的理论物理研究所。当时彭桓武（后任理论物理所所长）和胡宁都在那儿做量子场论的研究。有一个年轻漂亮的法国巴黎居里研究所派来的女学生西西尔，在彭桓武的指导下作量子场论计算，他们最后共同发表了一篇论文。这两年中发生了什么故事？在两位物理前辈都已经作古之后的2017年，《今日物理》（Physics Today）上的一篇文章中曾经谈及："On a couple of occasions she did say no, to marriage proposals. She said no to her first love, Peng Huan-wu, in Dublin, because he wasn't French……" 后一段翻成中文就是："她（西西尔）拒绝了她的初恋彭桓武的求婚，因为他不是法国人。"事实上，那应该是彭先生回中国前夕发生的事。

 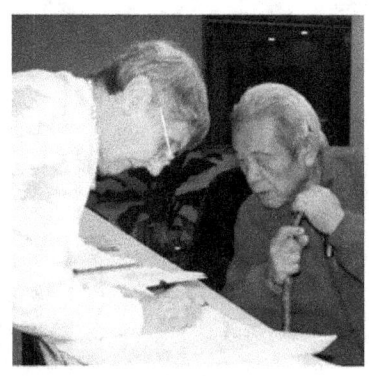

（a）西西尔和彭先生并肩搭手骑自行车　　（b）60年之后（2006，北京）

后来西西尔成为美国德州奥斯丁大学的教授，中国改革开放后，两人经由何祚庥先生联系上。西西尔感概万千，为了报答当年与彭先生的这段情，她将我从理论物理所要去作她的研究生。我到美国之后，她说我是她的"大女儿"，因为她已经有了4位漂亮的千金，老大比我小几岁。

在美国读博的经历，成就了我的一段"引力波之缘"。我的博士论文题目，是引力波在黑洞附近的散射，对此，我的另一位老师，著名的物理学家约翰·惠勒给了我很大的帮助，使我受益匪浅。惠勒是物理界的一代宗师，学生中不乏诺贝尔物理奖得主。最为著名的是费曼，还有因探测引力波2017年获奖的基普·索恩。我能以他为师，实为万幸。我与惠勒的交往源自两个方面。一是因为他是我的论文指导小组成员之一，西西尔主要专业方向是数学物理，于我的指导，更偏于数学，物理方面我便多请教于惠勒。二是因为他对中国，特别是对改革开放后的中国的浓厚兴趣。我和其他中国学生，曾经对他作过一次专访，并写了一篇专访报道，登载在当年留学生创办的第一份刊物《留美通讯》和国内杂志上。之后我在奥斯丁大学毫微微秒超短脉冲激光实验室里做了3年博士后,又有一件引力波相关趣事。

惠勒到家里做客(1984年摄于奥斯汀)

当时和我一起工作的两个博士学生中,其中一个便是2016年在引力波电视发布会上宣布探测到引力波消息的 LIGO 发言人(主任)大卫·瑞兹(David Reitze)。我们在一起工作了3年,还合作发表过好几篇文章。

David Reitze,张天蓉,Glenn　　　　David Reitze代表LIGO宣布探测到引力波
(1986年)　　　　　　　　　　　　　　(2016年)

photo was courtesy of Mike Downer.:
http://www.instahastag.com/texasscience

郝柏林先生和"朗道势垒"

张天蓉

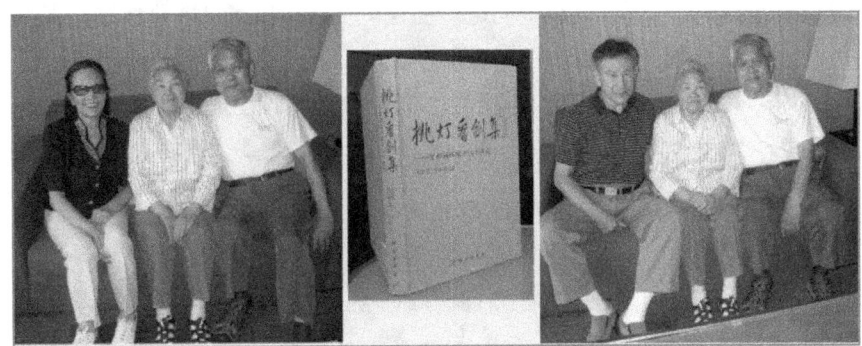

两年（2018年）前的3月7号，惊闻郝柏林先生不幸去世的噩耗，深感震惊和悲痛。

初识郝先生是在1978年中科院研究生院读研时，我那时是理论物理所招的20来个研究生中唯一的女生。理论所的研究生中，主要有两个大组，一是学基本粒子的十几个人，导师戴元本朱重远；我和其他学广义相对论的，是董明德先生和郭汉英先生的学生。郝先生做统计物理，那次招的研究生不多，但他是所里的名人，不时有些交往。

记得在1980年我们到美留学之前，郝柏林先生给我们作了个报告，以他的切身体会讲述一家三代留学生的故事。肺腑之言，感人至深，多年过去了，先生的谆谆教导和音容笑貌，仍然历历在目、记忆犹新。

几年（2013）前，郝先生到芝加哥作学术交流，我和先生去拜见他和淑誉夫人，拍了两张照片留念，不想却成了与郝先生的最后一面。后来他寄给我一本"挑灯看剑录"，是理论所为他80岁庆生而出版的文集，正好是由我在奥斯汀的学友，理论物理所的两位研究员，刘寄星和郑伟谋编辑的，没想到还来不及深读，先生已经驾鹤西去了！之后几年没有与他们联络，2017年听说理论所为何祚麻先生过了90大寿，总以为郝先生是他们这几位中最年轻的，可万万没想到……

人们都说郝先生是前苏联著名物理学家朗道的关门弟子，那年在美国见到郝柏林先生时，我正在写一篇有关朗道的文章，便向他求证此事。于是又听他亲口讲述了一遍当初他参加"朗道势垒"考试的经过。

朗道势垒这四个字用来形容朗道招收研究生的苛刻要求。也就是说，必须通过一系列严格的考试，包括2门数学和8门物理。这些考试极难通过，犹如一座陡峭山坡一般的"势垒"。

有一段关于"朗道势垒"的趣闻，据说来自《管惟炎回忆录》：

> 朗道训练学生严格，就是说你如果要做他的研究生，一定首先要经过九本书的考试，都是口试，通常是朗道不出面，研究生单独去约定考试，多半是列夫谢士，他很凶，所以很难通得过。中国人先后有四个人想要当朗道的学生，其中有两个人是考了一半就不考了，其中一个是我同学杨启，现在淡江大学当专任教授。另外有一个是跟我同期的，叫卓益忠，他相当不错，考完了，本来很高兴以为没问题了，然而第二天到朗道那里，叫告诉他，你可以回国了，仍不接受他。因为他跟我同期，大使馆觉得这个人不错，就要我去问问卡皮查是怎么回事，能不能让朗道继续让他做论文。我去找了卡皮查，卡皮查就把朗道叫到他办公室，朗道一般相当高傲，但是对卡皮查很尊敬。我后来问过卡皮查，他说你跟你们大使馆讲，千万不要责备这个学生，认为这个学生不用功啦，或者不行，他相当不错，也很用功很勤奋，但他只能做一个'教师'，不能做研究。朗道的意思可能是认为他没有创造性，还讲了一句很重要的话，'理论物理就是理论物理'，意思就是理论物理不是那么简单，任何人都可以做的……

据说朗道讲课时，在讲台的黑板旁边挂了一幅油画，画的是牧羊人对着吃草的羊群吹笛。据朗道自己解释：他是牧人，学生是羊。言外之意则是说，他讲课就是"对羊吹笛"。用中文成语来诠释，就是：

"对牛弹琴"。

不仅仅是对学生，朗道对同行们，甚至有名望的物理学家，有时也会口出不逊。一个小例子足以说明朗道年轻时的狂妄自大：1931年，玻尔致信朗道问其对狄拉克的"电子正电子-狄拉克海"著名假说的看法，不久收到 23 岁的朗道发来的一封电报，回答只有一个德文字："Quatsch!"，意思是"垃圾"。

如上管惟炎先生所述，即使通过了朗道的所有考试，也未必见得就能当上朗道的弟子。比如上面那个通过了"势垒"考试的中国学生，就被朗道判定为"无创造力，只适合教书"而关在了门外。

那么，郝柏林先生当年是怎么回事呢？他对我说：当时他考试考得不错，但势垒尚未完全攻破，朗道就出了严重的车祸。后来，郝先生虽然通过了所有的考试，但朗道却无法指导学生了。因而，郝先生他没有被列入朗道那个小本子上 43 位学生的名单中。郝先生对我叙述此事时仍然深感遗憾。不过他又说，虽然没有真正成为朗道的关门弟子，但那段时间攻克势垒的过程中，学到的理论物理知识，掌握的数学技巧，使自己终生受益。

事实也的确如此，经过朗道精挑细选出来的学生，大多都成为物理界的优秀学者。这种严格筛选学生的方法，更是影响了苏联理论物理界一代学风。其中诺贝尔物理奖得主不乏其人。郝柏林先生也无疑成为了中国物理学界的佼佼者。

郝先生千古！

地理所

把握偶然尽当然

——纪念恩师黄秉维先生

王宏

作者简介 王宏，1978 年考取中国科学院研究生院，师承地理研究所黄秉维院士，先后获得硕士和博士学位，并在地理所工作 10 年。1990 年赴加拿大农业与农业食品部从事科学研究。2017 年退休，同时建立了 HW Eco Research Group，继续科研、咨询和培训等工作。

黄秉维先生（1913 年 2 月 1 日—2000 年 12 月 8 日）是中国当代地理学研究的主要组织者和带头人，是世界闻名的地学大师。由于一个偶然的机会，使我投到了先生的门下，从而彻底改变了我的生活。现将先生对我影响最深刻的几件事，写在这里，以励余生，以飨后人。

偶然机会 改变人生

1977 年，中国发生了文革浩劫之后的两件大事：恢复高考和招收研究生。1977 年 11 月，教育部与中国科学院发布了招收研究生的通知。当时我正在大学当学生辅导员，虽然我对自己的工作并不满意，希望从事科学研究，但我已经抽时间参与了李淮滨等几个老师的实验，并在自学英语和日语，因此对考研究生兴趣不大。后来由于全国的准备工作没有完成，1977年并未实施招收研究生，教育部决定将1977和1978年的招生工作合并进行。1978年早春，我去省教育厅办事。在等待工作人员办理手续时，我无事可做，顺手拿起办公桌上的一个文件翻看，发现这是中国科学院研究生招生简章。当我看到地理研究所黄秉维招收农业自然地理专业，考试科目有土壤学、气象学、生态学和自然地理时，心里一动：黄秉维是谁？这个专业和农业有关，考试科目除了自然地理，其他三门课我都学过，为什么不试试？

回到学校，我就找农业生态学家沈亨理先生谈及此事。他开口就说："黄秉维？那可不是一般的人物啊。"说着，他立刻起身，领着我来到图书馆，指着一个大书架给我看，上面有黄秉维先生撰写和编辑的《中国综合自然区划》等许多书籍。这下可把我吓了一大跳，原来这位黄先生是个大专家呀！同时，他的研究内容也引起了我极大的好奇，心想：现在学校一天到晚净是政治学习，我何不以报考研究生为由，让学校给些时间，学习点科学知识呢？于是我便动员我的一个好朋友，一齐报考黄先生的研究生。此人是我的大学同学，高材生，毕业后和我一起留校（读者看到这里，一定会问："Are you serious? 你在开玩笑吧？两个同事一起，报考远在北京的同一个导师，胜算为零吧？"的确，我们当时并没有看重是否能够被考取，就是想借此机会，集中时间学习一下）。学校很支持我们报考研究生，不但让我们脱产准备考试，还组织安排李泽民老师（后曾任浙江省委书记）给所有报考研究生的人讲课。我们俩还专门请了生态学家陆欣来先生和土壤学家颂向成先生给我们"开小灶"。几个小时，娓娓道来，提纲挈领，简明精炼，使我受益匪浅。对此我充满感激，终生不忘。

人生的轨迹固然与每人的选择和努力有关，但偶然的因素有时也影响一路的走向。也许是因为考官走眼兼歪打正着吧，我经过了当地笔试和赴京面试，最终居然被录取了，这自然是偶然中之偶然事件。事已至此，我不能放过机会，于是便辞别了慈母、爱妻和娇儿，来到北京，从师先生。（顺便提一下，我的好朋友后来真的被读者不幸言中，没有被录取。后来，他考上了陆欣来先生的研究生。他绝顶聪明，吃苦耐劳，多年来不但取得不少研究成果，而且用来造福农民。他当过4年科技副乡长，8年科技副县长，被农民称为"王大棚"、"王财神"，对东北地区的农业发展做出了贡献。相比之下，我自愧弗如！）

开学以后，我发现不少同学都是文革前地理专业的大学生，现在重返学校，继续深造，水平比我不知高出多少倍！逐渐同大家熟悉起来之后，有的学长就跟我说："黄先生是地理学界的大权威，我们都不敢报考他的研究生。当初还纳闷，到底是谁那么大胆子，敢报黄先生？"我笑了笑，答道："是啊，只有像我这样的初生牛犊才敢啊。"

在接触了黄先生之后，我才发现，原来他并不是一个盛气凌人的"大权威"，而是一个和蔼可亲的长者。逐渐地，我也猜想到黄先生招收我——一个地理学的门外汉——为他的弟子的原因。从中国科学院地理研究所1953年成立之始，黄先生就担任了副所长和代所长。他并不满足于传统地理学仅仅像徐霞客那样到处考察记录，早在1956年他就提出了发展自然地理学的三个新方向：地表热量与水分平衡、化学元素迁移和转换、和生物地理群落。也就是说，地理学不但要研究区域分异，还要研究地球表层系统的物理过程、化学过程和生物过程。只有这样，才能使得区域分异建立在坚实的科学基础上，同时又有助于解决资源、环境和生态等问题，这个提法比国际上同类研究早近30年。为此，他领导建立了流水地貌、径流模拟、孢子花粉、同位素、坡地、化学分析等一系列实验室，和野外定位观测站、试验站等。由于农业是中国地理学的首要服务对象，黄先生长期以来一直在思考、论证，进而锲而不舍、奔走呼号，要求建立一个农业生态系统试验站。由于地理所学农出身的人不多，这恐怕就是黄先生收我做学生的原因之一吧（另一个与我同时被录取的张翼师兄也是农业大学毕业的）。但其实我当时的农业科学知识面比较窄，更是缺乏地理工作者通常具有的综合能力，因此我下决心刻苦学习，不能辜负黄先生对我的期望。

民国打造 勤奋使然

关于黄秉维先生的生平,一般大家都知道他 1949 年以后的工作,对他以前的情况所知不多。后来我才了解到,大师的形成,始于民国。黄先生 12 岁之前进了私塾,汲取了不少中国古代文化的精华。他舅父早年追随康有为,鼓吹变法维新,戊戌变法失败后便隐居故里。他痛恨社会黑暗,常常教读他的外甥许多正气之作,借以抒发"不仕王侯,高尚其事","忘怀得失,以此自终"的情怀,对黄先生的世界观产生了重大的影响。

黄秉维先生 1938 年

在中学,他以两年时间,连跳五级,考入中山大学理科预科,后选择学习地理专业。中山大学地理系是当时中国系统传授西方地理思想的先锋基地之一。黄先生学习期间的系主任是来自"近代地理学的故乡"——德国的威尔弗冈·卞莎教授,同时系里还有其他几位当时在国际地学界有声望的教授,整个地将西方地理学体系移植了过来。黄先生专心听课,刻苦读书,苦思探求,坚实地掌握了地理学的理论。先生从来没有留过洋,他却精通英文和德文(注意,我这里用的是精通)。这固然出于黄先生的先天秉赋与后天勤奋,但也同当时学校的教学质量不无关系。他的毕业论文得了 97 分,四年总成绩居全院第一。获得校方授予金质优学奖章和洛克菲勒基金会奖学金。

黄先生于 1934 年(21 岁)毕业,立即被推荐为北平地质调查所研究生,参加研究山东海岸地貌,编撰《中国地理》,考察第四纪冰川等工作(21 岁我在做什么?我还在农村插队)。1939 年(26 岁),先生在浙江大学任副教授,1940 年发表《中国之植物区域》,1941 年完成《高中中国地理》，1942 年应邀进入资源委员会，完成《中国动力资源之区域分布》，1945 年受聘为中央设计局专门委员，作云南水力区域的经济地理调查，1946年获国民政府"胜利勋章"，1947当选为《地理学报》编委，代理经济研究所所长，1948 年任"资源委员会保管委员会"副主任委员。短短十几年，黄先生已经成绩斐然，名声卓著，大师在崛起。

怀疑一切 挑战权威

在跟随黄先生的学习过程中，我逐渐认识到，不但要学习知识，更要学会独立思考，挑战权威，坚持真理，敢于创新，黄先生在这方面就给我们做出了表率。

德国著名学者李希霍芬在多次考察中国后，提出中国南方海岸为下沉型，北方海岸为上升型，使中外科学家信而不疑。1934 年，刚刚毕业的黄先生就根据自己的考察与多方面的对比，对这位世界级的权威提出了挑战，认为这个结论是错误的。著名地学家翁文灏先生支持他的想法，并同他一起到山东进行详细的海岸地貌考察和分析，最后断定山东海岸不是上升而是沉溺型的，证实了黄先生的观点。

五十年代，中国聘请了多名苏联顾问，指导自然区划的整体研究。总顾问萨莫依洛夫教授对于中国的自然地理特点理解得不够深刻，以致所提具体建议不尽合理。黄秉维先生根据多年的实践，以充分的论据推翻了萨莫依洛夫教授坚持很久的意见。

1979 和 1980 年人民日报上先后刊登了农垦部和林业部两位领导的文章，盲目夸大了森林的作用。说"树是生态平衡的主体。它不仅能变成雨，而且能大幅度提高空气湿度，这就是不下雨的雨。"要"全民动员,在尽可能短的时间内把全国大地绿化起来,使全国的森林覆盖率最低达到百分之三十,并力争达到百分之五十。"这些提法在当时很流行,已经影响到了国家和地方上的一些领导决策。对此,黄先生在当时发行量最大的通俗地理刊物《地理知识》上,发表了题为"确切地估计森林的作用"的文章(1981年),阐述了在不同自然条件下森林可能产生的不同作用,强调要实事求是地研究和认识森林对自然环境的作用。这篇文章让普通老百姓了解到科学家的正确意见,同时在学术界也产生很大的反响,并引起有关领导部门的重视。鉴于一部分人仍持反对意见,黄先生在1982年又发表了"再谈森林的作用"一文,进一步说明自己的观点和依据。近20年之后,某部门又写了一个报告说,黄先生在私下里曾承认他的观点有偏颇。他得知后说,我无论在任何场合都没有这样说过。接着,他专门组织召开了关于森林作用的学术研讨会,总结了这一领域的研究,大量研究成果也证实了黄先生的观点的正确性。他指出,不问是否符合事实,是否真有道理,夸大森林作用,在行动上就可能盲目大干,劳民伤财,给国家经济带来不应有的损失。

淡泊名利 献身科学

黄先生曾任第五届人大(1978-1983)常委。他从未利用过这个职务谋取私利,也没有只当举手机器,而是利用自己的渊博知识,积极提出建议。例如在1982年五届人大第五次会议讨论第四部宪法和政府工作报告时,均使用了当时比较流行的"保护生态平衡"的提法。先生指出,平衡是动态的,自然界总是不断打破旧的平衡,建立新的平衡;平衡可以是好的,也可以是坏的,不平衡也是这样。所以用保护生态平衡不妥,应当提"保护生态环境"。后来会议接受了这一提法,宪法和赵紫阳作的政府工作报告都采用了这个表述。

后来,黄先生辞去了人大常委一职。他说:"有很多事是我不了解也不懂的,我怎么去支持和反对?"(他一直没有学会不假思索地,按上面的意见去举手。后闻某省因参与人大代表贿选而被终止代表资格的人太多,导致常委会组成人员已不足半数,无法召会议,我不禁喟然长叹:先生是高山大川,他们是什么?)

进而赵赶 有错必纠

黄先生博览群书,一生探索求是,坚持真理,有错必纠,包括自己的错误。前面提到的黄先生在人大会议上纠正了"保护生态平衡"的错误提法,可是后来他又意识到"保护生态环境"的提法也是不准确的,就勇于承认,要求改正。1993 年他在一个学术鉴定会上指出:"顾名思义,生态环境就是环境,污染和其他的环境问题都应包括在内,不应该分开。"由于自己当年的建议被国务院接受,扩展开来,以至于谬种流传,泛滥成灾,政府各级大小官员,言必称环境生态。说到激动处,他痛心疾首,旁若无人。可见黄先生对科学事业何其负责!

1989 年,地理所拟将先生的学术论著结集出版,他却不积极配合,一再说过去的文章有不足和缺陷,多次推辞。几经同事劝说,终得默许,但在即将付梓之际,先生写了 3 万余字的"自述"和"自序",并希望在书名中加入"教训与体会"几个字。编辑组认为这几个字不宜用作书名,提出可在书中加以说明,先生勉强同意。先生在"自述"中写道:"虚度六十寒暑,成就甚少,写作更少……本应有尺寸之成,事实上竟如衔石填海,徒劳无功……60 多年勤勤匪懈,而碌碌鲜成,又由于偶然机会,忝负虚名。偶念及此,常深感不安。"他又写道:"20 多年以后,才如梦初醒,逐渐知道原来的观点有不少是错误的……教训多而成功少。"他接着又写道:"现在有决策权的领导和工作人员,包括我在内,在客观情势的支配下,往往不能在千军万马之中,细细想之后再急急行。"他最后写道:"所有这些缺点都可以追溯到我自己……何以逃失职之责。"大师风范,感人至深。

不惑偶然 行所当然

黄秉维先生曾手书:"行所当然而不惑于偶然"。这其实就是他的座右铭。先生一生不为偶然所动,将"偶然机会",看成是"忝负虚名",尽其当然,一心一意地从事科学事业,坚持独立思考,实事求是,锲而不舍,治学严谨,使得成果卓著,桃李芬芳。学生始终怀着"高山仰止,景行行止。虽不能至,然心向往之"的崇敬心情仰望先生。

然而,我辈生不逢时,先天不足,多经磨难,荆棘坎坷,若只是听其自然,无视"偶然",恐怕更难有所作为,荒废一生。41年前,我抓住了那瞬间即逝的"偶然"机会,才能够有幸拜师于先生,从而改变我的命运,终能模仿先生,"尽其当然"。

我硕士研究生毕业以后,被分配到地理所自然地理研究室,跟随黄先生从事生产潜力等方面的研究,并积极参与北京农业生态系统试验站的准备工作。1983年试验站成立,研究室成员面临着是部分时间参加试验站的工作,还是把人事关系转到试验站,全身心投入试验站工作的选择。当有关领导征求我的意见的时候,我答道:对我而言没有别的选择,因为黄先生把我一个学农出身的招来,就是为了让我参加试验站的工作。

黄先生高屋建瓴,指示试验站不能重复他人的工作,要研究农业生态系统的结构和功能,通过对农田作物群体生长发育过程与光、热、水、二氧化碳及养分等的传输过程的动态观测,探索作物产量形成与环境的关系,为合理利用自然资源和提高生产潜力提供理论基础。黄先生还亲自挑选、建立了务实勤奋的领导班子,组织了一支优秀精干的研究队伍,并进口了一大批先进的测定仪器。试验开始后,大家协同作战,夜以继日,在短期内就采集了大量的数据,进行了深入的分析，迅速发表文章，研究硕果累累，并达到了世界先进水平。

后来先生在指导我的博士论文期间，指示我毕业后出国读博士后，并给我写了推荐信。他亲自打字，然后用钢笔认真修改。我在国外期间，先生倾其心血所创建的北京农业生态系统实验站，由于亚运村北扩，被迫停止工作，最终导致关闭。先生后来托人给我带话，告诉我不必回来了。先生为什么这样嘱咐我，我一直没有问过他。我选择在国外定居，也是出于其他的原因。不过我心里清楚，先生考虑问题的出发点是如何能使我做好科学研究。先生的心胸是宽阔的，先生的心

里装的是全世界，先生的探索是全球性的，先生的科学思考不受国界的限制。我在国外近 30 年的工作，也大多是按照先生以前对我的要求，继续从事作物生理生态，抗旱抗热诊断与对策，农业生态系统模拟，气候变化影响和适应等方面的研究。如果我真的有什么研究成果的话，其意义也应该是世界性的，更不用说多年与同胞的合作、交流和传授了。

时光匆匆，岁月流逝，先生已经离开我们将近 20 载了，我本人也进入了从心所欲之年。回想一生，事业上一无所成，实在是对不起导

师。唯独可以自慰的是，在如何做人方面，自己还是努力以先生为榜样，做到了问心无愧。

谢谢先生。

先生放心。

地理科学与资源研究所

忆导师黄秉维先生对我们研究的引领和指导

蔡强国

作者简介 蔡强国1946年出生于湖北省武汉市；1965年–1970年，北京大学地质地理系；1970年–1978年，8321部队农场学生连，河南省平顶山电厂；1978年至今，中国科学院地理科学与资源研究所获硕士学位（导师，沈玉昌研究员）与博士学位（导师：黄秉维院士），助理研究员，副研究员，研究员，博士生导师，二级研究员，获国务院颁发政府科技特殊津贴。现任中国科学院大学资源环境学院教授，中国水土保持学会常务理事，"海峡两岸三地环境资源与生态保育协会"名誉理事长，北京水土保持学会副理事长。

黄秉维院士（1913年2月1日—2000年12月8日）是世界著名地理学家，我国现代自然地理学的奠基人。他最早系统而详尽地揭示了中国的地理地带性规律。

自1984年开始，我们与多伦多大学地理系暨环境研究所的合作研究历经了十八年，我们之间的合作时间之长，持续开展合作研究项目之多，取得合作研究成果之丰富，在中国科学院地理科学与资源研究所国际合作研究项目之中是少有的。回顾我们走过的十八年合作研究历程，深深感谢和怀念恩师黄秉维先生开创和具体指导我们合作研究所做的一切。

1983年11月黄秉维先生接受邀请到加拿大安大略省哈密尔顿市麦克马斯特大学（McMaster University, Hamilton, Ontario, Canada）参加中国-加拿大地理学家讨论两国资源与发展的双边会议。在会上，两国科学家提出了包括 30 个有潜在合作研究前景的项目清单。在会议期间，黄秉维先生邀请加拿大学者、多伦多大学地理系 Shiu-hung Luk 博士访华，从而开启了我们与多伦多大学地理系暨环境研究所在水土保持和生态环境建设方面的长达 18 年的合作研究，取得了丰硕的成果，在中加地理合作研究项目中无可置疑地排在了首位。

黄秉维先生

1984 年夏，应黄秉维院士的邀请和建议，Shiu-hung Luk 博士利用暑假到黄土高原考察了一个多月，对黄土高原的土壤侵蚀规律和水土保持方面的研究表示了极大的兴趣。在山西省科学技术委员会和山西省水利厅的大力支持下，最终选定了黄土高原黄土丘陵沟壑区、山西省吕梁地区离石县王家沟流域作为我们的合作研究试验基地。1985 年中国科学院地理研究所、山西省水利厅与加拿大多伦多大学地理系暨环境研究所签署了题为"晋西黄土高原土壤侵蚀规律研究（1985 年-1990 年）"的合作研究协议。每年夏天 Shiu-hung Luk 博士都利用大学暑假时间来华开展土壤侵蚀规律模拟降雨试验研究，每次出发往黄土高原前我们都向黄先生汇报我们的试验计划和打算，黄先生经常与我们谈他在黄土高原的考察经历、黄土的分区、黄土的入渗特性、表土结皮的作用以及黄土的侵蚀特性等,为我们的试验研究作了很多方向性的指导；每次从黄土高原回到北京，我们都向黄先生汇报我们的试验、考察收获以及来年的研究计划等,经常得到黄先生的激励和鼓励,肯定我们所取得的成绩,也会引经据典，婉转地指出我们的不足,让我们思考更深层的土壤侵蚀研究规律,时刻提醒我们要精益求精,更上一层楼。

在黄先生的指导与关心下，我们在黄土高原的试验研究，取得了多项合作研究成果,除在国内外学术刊物上发表了多篇研究论文外,准备出版一本论文集。黄先生对论文集的出版给予了很大的关注,为我们取得的初步成绩感到高兴,并亲自动笔为论文集写了"序",概括、总结了自 1952 年以来我国所采取的水土保持措施的作用,美国 50 年来水土保持中的教训,明确指出了我们今后的研究策略,并指出:"1985 年至 1987 年工作结果写成报告 18 篇,汇集成册,所涉及的多属以往研究不多或未经研究的项目,如水分入渗,便是过去研究不多的问题之一……,三年工作成果及其出版,标志着黄土高原土壤侵蚀与水土保持探究在一些方面值得注意的一步。我希望今后继续努力,对已开始的课题,碶而不舍,精益求精,对迄今未涉猎的课题,分别缓急,逐步开展。土壤侵蚀的研究不能脱离控制侵蚀措施的探索,而且一定要将控制侵蚀与提高持续生产力结合起来。我虽年近八旬,满怀信心,能在我灰化以前,见到明效大验。"(黄秉维,1990 年)

在此期间,我们在国际著名学术刊物发表了研究论文,并得到了国际同行们的认可。例如,由于我们在 Catena 上发表的论文,1993 年作为亚洲的唯一代表,被特邀参加由国际土壤科学学会(ISSS)组织在委内瑞拉梅里达市召开的"陡坡地侵蚀过程、评价与模拟国际学术讨论会",作大会报告介绍了我们在黄土高原的陡坡侵蚀研究成果(Cai,1993),并在会上被选为 6 名会议评议员之一。1994 年我接受会议组织委员会特邀,前往印度新德里参加了第八次国际土壤保持大会,并作大会发言,介绍了我们研究建立的黄土高原土壤侵蚀模型(Cai,1998),受到入会代表们的关注,会后参加了模型分会的会议总结,并担任"新技术与模拟"分会的联合主席之一。

黄秉维先生对我们申请中加合作研究项目一直给予很大的关注,指导我们讨论申请内容,关心申请的程序,时常询问申请的进展。为了更好地促进中国科学院地理研究所与加拿大多多伦多大学的合作,帮助我们申情项目的落实,黄先生不顾年事已高,接受邀请到加拿大多伦多大学讲学,进行学术交流,并与学校和地理系的领导们交流,得到

忆导师黄秉维先生对我们研究的引领和指导

了多伦多大学师生们的好评。在讲学期间,黄先生与相关的各方面接触,为我们的项目申请奠定了很好的基础。当项目申请成功时,黄先生很高兴地与我们讨论具体的实施计划,尤其关心中方年轻人到加方的培训计划,并注重如何更好地引进加拿大先进的实验研究设备和相关技术。

1988-1992 年,我们与加拿大多伦多大学地理系暨环境研究所、山西省水土保持科学研究所共同得到加拿大国际开发署(CIDA)资助的合作研究项目"黄土高原土壤侵蚀管理地理信息系统(SEMGIS: Soil Erosion Management Geographical Information System)",资助经费 51.2 万加元。在黄先生的直接关怀下,该项目获得了一批国内领先、国际先进(有部分在国际也是领先)的研究成果。为了对该 CIDA 项目进行中期评估和对项目总结,我们分别在 1990 年 11 月(加拿大多伦多)和 1992 年(山西太原)召开了两次小型的国际学术讨论会,邀请了十几位国际著名专家教授到会交流和指导。对每次会议的组织、国际专家的邀请,我们所取得成果的汇报等,黄先生都给予了很大关注。黄先生原计划参加我们在山西太原的项目总结会议,十分遗憾的是由于身体不适,而未能成行。在这两次会议上,我们宣讲了 30 余篇学术论文与研究成果,演示了在 SUN386 计算机上建立的小流域土壤侵蚀管理地理信息系统(SEMGIS)以及在此系统支持下的有关模型,播放了在国内外均处于领先地位的大型模拟降雨试验研究实况录像。加拿大 CIDA 项目管理官员、加拿大驻华大使馆参赞和被邀请的国内外专家参加了对我们研究成果的评估,并到项目执行地区进行了实地考察。中外知名遥感与地理信息系统专家、中国科学院院士陈述彭教授,国际著名土壤侵蚀模型研究专家、澳大利亚堪培拉大学 I.D.Moore 教授,黄河水利委员会牟金泽高级工程师等就我们的合作项目进行了评价,认为这项研究成果标志着黄土高原土壤侵蚀及管理研究踏上了一个新台阶,达到了利用地理信息系统管理的新水平,其科学和实践意义都是十分深远的。山西日报在头版位置,中央电视台和山西电视台均报导了这次国际学术讨论会召开的新闻和对项目研究成果进行高度评价。

为准备在山西太原召开的国际学术讨论会和对项目所取得成果进行总结，我们出版了中、英文两种版本的会议论文集和第二部中加合作研究成果论文集"中国-加拿大晋西黄土高原土壤侵蚀管理与地理信息系统应用研究"，由科学出版社出版(1992年5月)，共收入研究论文27篇，黄秉维先生再次为论文集写"序"，对中国-加拿大双方科学技术人员共同取得的和研究成果给予了高度评价,他指出"黄土高原是我国土壤侵蚀、水土流失最为严重的地区，其中暴雨最强的地区大多集中在山西省境内。本论文集总结反映了我国和加拿大的一些地理工作者近年来在山西考察试验的研究成果，其研究内容许多是属于前人注意不够或研究不多的课题。这些可贵的成果，一方面可以弥补过去研究的薄弱环节，或填补一些空白；另一方面又将是进一步深入开展这一工作的跳板。特别高兴的是，其中有些论述，即使在国际科学界也是发前人所未发的。这些对我过去关于土壤侵蚀、水土保持的'粗枝大叶'认识，更是'对症良药'，受益匪浅。"(黄秉维,1992)

中国-加拿大双方政府管理机构曾对十年(1985年-1995年)来开展的40多项合作研究项目进行总结，中方国家经贸部和国家教委的主管官员将我们的"黄土高原土壤侵蚀管理地理信息系统（SEMGIS）"作为中加合作科学研究成果的第一名列出，并给予高度评价,得到中加双方管理官员的高度赞扬。我们的研究成果"黄土高原土壤侵蚀试验与模拟"获得了中国科学院自然科学二等奖(1994年度)。

在黄秉维先生的启发与鼓励之下，我们双方组织了有关教授学者到三峡库区考察，并共同向加拿大国际发展研究中心(IDRC，International Development Research Center)提出了立项申请报告，并邀请IDRC项目官员到三峡库区考察，得到了他们的大力支持，帮助我们向加拿大国际发展研究中心总部提出了申请报告,并获得了批准。我们双方共同承担了 IDRC 支持的中加合作研究项目"长江流域管理预研究"(1994-1995年)，中加双方研究人员1995年在多伦多大学共同讨论编写提交了预研究报告,获得IDRC官员和多伦多大学教授好评。后来由于Shiu-hung Luk教授生病,这个中国-加拿大合作项目未能再继续下去。但是,在此期间,由黄先生作为顾问,郑度院士牵头的国家科学基金重点资助课题——"中国东部典型区坡地过程及其改良利用研究(1993-1996年)"(49231020)在长江三峡库区得到了实施,我们在湖北省秭归县王家桥小流域建立了秭归县王家桥试验基地,新建了一批植物篱试验观测小区,并得到了香港基金委员会的支持(RGC)。感到欣慰的是,我们与香港中文大学伍世良博士的合作研究项目后来再次得到了香港基金委员会的支持(1997-1998年),使黄先生在长江三峡库区进行坡地改良利用研究的设想基本得到了实现。

黄秉维先生在河北张家口实验站考察

1989年河北省张家口地区建立了水土保持实验站,由于技术力量缺乏,希望我们能帮助建站。黄先生对此十分有兴趣,鼓励我们积极投入力量,帮助张家口建站,并对试验小区观测,尤其是对植物篱布设和观测,以及荒地自然植被的恢复、演替规律观测提出了具体的意见。还殷切希望加拿大多伦多大学 Shiu-hung Luk 教授能在张家口开展合作研究。1990 年夏天黄秉维先生和多伦多大学 Luk 教授一起到张家口进行了实地考察，顶着烈日对水保实验站和张家口地区的土壤侵蚀和水土保持工作进行了详细的调查，考察后在与有关人员座谈时，做了长达 3 个小时的讲话，对张家口的水土流失规律研究和张家口水土保持实验站的工作谈了很多很好的设想。但是，由于当时张家口地区还没有对外开放，国际合作研究很难实施，以致中国-加拿大合作研究项目未能落实。后来在国家科学基金重点资助课题—"中国东部典型区坡地过程及其改良利用研究(1993-1996 年)"（49231020）中，张家口水土保持实验站是重要的试验基地之一，经过研究人员的四年的试验工作，取得了一系列的科研成果，并编辑出版了《永定河上游张家口市水土流失规律与坡地改良利用》一书，黄先生及郑度院士亲自为该书写了序。这项研究成果于 1997 年获得了河北省优秀农经成果二等奖。张家口水土保持试验站的研究工作得到了张家口市和河北省科委的认可。在黄先生的支持下，我们作为牵头单位与张家口水土保持试验站，河北省坝下农业科学研究科所共同承担了河北省科学技术委员会"九五"研究项目："冀西北黄土丘陵区复合农林业、拦蓄梯田保持农业持续发展技术实验研究(1996 年-2000 年)"(96230950)。这个项目完成后，顺利通过了专家的鉴定与评审，得到了专家和河北省科委的一致好评，并且获得了张家口市科学技术报员会、张家口市山区创业奖一等奖(2001 年)和河北省科学技术厅山区创业二等奖(2002 年)。

后来我们计划以我的博士论文为基础，总结、凝练我们和加拿大多伦多大学地理系在黄土高原十几年的合作科学研究成果出版一本题为"黄土高原小流域侵蚀产沙过程与模拟"的专著，黄秉维先生和陈述彭先生为我们向科学出版社基金、国际自然科学基金委员出版基金写了推荐信，对这本专著的出版给予了高度评价。当专著完成，即将由科学出版社出版前（1998年）黄秉维先生又为专著写了"序"。黄先生概括、评述了国际上关于"如何保护与合理利用土地资源以适应人类社会对农林牧产品不断增长需要的问题"的三种态度，并且谈到，在比较干旱地区，"科学研究还没有达到能在实践上发挥足够作用的程度，今后需求增多了，这些地区的生产和科学技术都必须有显著的进展……《黄土高原小流域侵蚀产沙过程与模拟》一书是有关坡地利用科学研究的著作，由上所述，这在今后，亟应发展和提高。土壤侵蚀与土壤保持的研究都是经验性的研究，发展与提高密切关联；二十年、三十年的测定比二、三年的测定可以看到多得多的特点；有更密的测点可以推断出更多自然特点与措施的作用。我以为以后的工作重点应放在工作质量适度的提高上。如何适度提高？这就是一个有待研究的问题。如何开始？我认为应从既有工作中的较细方法开始。现在这本著作的出版，希望这将有助于土壤保持工作，有助于下一步的土壤侵蚀与土壤保持研究。"（黄秉维，1998年）。

1993 年 CIDA 项目结束后,我们又积极开始向加拿大国际发展署申请新的合作研究项目。当我们访问渥太华加拿大国际发展署总部时,项目官员告诉我们：虽然我们新的申请项目获得了评审专家们很好的评语和高度评价，但是由于加拿大合作伙伴，我们合作研究项目的加方主任 Shiu-hung Luk 教授生病，我们的项目申请暂时搁浅，黄秉维先生知道这一消息后，希望我们能寻找新的合作伙伴，将与加拿大的合作研究持续进行下去。在黄秉维先生的支持和鼓励下，我们积极在加拿大几个大学寻求新的合作研究伙伴，结果加拿大多伦多大学新任环境研究所所长 White Rodney 教授表示愿意担任我们申请项目的加拿大方面主任。1994 年 11 月加拿大总理克里靖（Jean Chrétien）访问中国，与中国总理李鹏共同签署的意向书中，巩固中加合作特别项目(SULCP)是 6 个动议之一，此项目的目的是在原有中加合作项目基础上，通过建立最有可能持续发展的合作研究课题，希望巩固过去已取得的成果。SULCP 计划资助 10 个合作项目，每一个项目可以得到最高$75 万加元的资助。只有 1988 年开始的 40 个中加合作项目才有资格申请,而我们的合作研究项目是其中之一。

于是我们又开始了新的 CIDA 项目申请,在项目申请过程中,黄先生又应我们的要求,给 Joe Whitney 教授写信,希望能得到他的支持,由于 Joe Whitney 教授的帮助,我们很快完成了新的项目申请书,并最终获得了加拿大国际发展署的再一次支持。这也是中加双方政府及有关管理机构的对我们以往合作研究成果的高度评价和鼓励。当黄先生得知我们新的项目申请获得批准时非常高兴,希望我们一定要珍惜这次新的合作研究机会。

黄秉维先生

我们双方与山西省水利厅、内蒙古伊克昭盟水保办共同承担了由加拿大国际开发署(CIDA)和加拿大大学联合机构(AUCC)资助的巩固中加合作特别项目(SULCP):土壤侵蚀管理地理信息系统的扩展应用(GIS-BASED EROSION MANAGEMENT OUTREACH PROGRAM(SEMGIS Ⅱ) FOR CHINA: CONSOLIDATION AND TRAINING) (1996-2001年),项目经费75万加元。本项目是我们前一个合作项目 SEMGIS 的继续，其主要目标是在典型小流域依据实际观测资料，修正和简化SEMGIS决策系统：地理信息系统以及有关的4个应用子模型（土壤侵蚀模型、生产潜力模型、经济模型和评估模型），使其汉化，并能在微机上应用，提高其推广应用能力，建立实用的小流域土壤侵蚀管理地理信息系统(SEMGIS Ⅱ)，并使之能推广应用到黄土高原山西省汾河上游和内蒙古自治区伊克昭盟，实现小流域规划、治理、管理的现代化，减少水土流失，保证当地农业和经济的持续发展。

虽然由于身体等原因,黄先生已经不能像以前那样详细过问我们合作研究项目计划和具体试验研究成果了,但是,每次见面都会询问项目研究进展。当加拿大多伦多大学的老教授,老朋友来到北京时,黄先生还是尽可能与他们见面,叙旧情,谈合作,经常将中国-加拿大合作项目放在心上。

该合作研究项目经过中国加拿大双方研究人员的共同努力已经基本实现了预定目标。为了与国内外专家学者交流，听取他们的意见和建议，以便更好的改进我们建立的小流域土壤侵蚀管理地理信息系统，2001年4月在山西太原召开了一次小型的国际学术讨论会,在这次国际会议上介绍和演示了我们的研究成果。国际雨水利用协会主席Andrew Lo教授,国际著名土壤侵蚀研究专家，加拿大R.Brayn教授，香港大学副校长C.F. Lee教授，国际土壤学会水土保持分会主席、西班牙Ildefonso Pla Sentis教授在会议上作了评估发言，他们认为我们所取得的研究成果有较高的水平,入会者均得到了较大收获。Andrew Lo教授认为这项中加合作研究成果将在土壤侵蚀控制、改善生态环境、提高土壤质量、防治沙尘暴以及对应对全球气候变化等方面产生有利影响。R.Brayn教授说,中加合作项目的工作是非常出色的。虽然我在非洲从事了13年的土壤侵蚀管理工作，但这几天的会议使我体会到还有许多工作需要做，在这些方面，中国做得非常好。C.F. Lee教授在发言中指出，中加的SEMGIS Ⅱ项目经验以及本次大会学术报告的一些成果将对中国政府的工作热点"西部大开发"作出重大贡献，将对黄土高原地区的水土流失治理工作将起到有力的推动作用。Ildefonso Pla Sentis 教授认为这次会议将对于防治土地退化和土壤侵蚀管理产生积极的影响。

回顾中国-加拿大18年来取得的合作研究成果,每一步都凝聚着黄先生的关怀和鼓励。值得我们欣慰的是,黄先生虽然离我们而去了,我们再也不能像以前那样得到黄先生的教诲和关心了,但是黄先生所开创的中加合作研究项目已经开花、并结出丰硕的果实。2002年3月,由山西省科学技术厅组织,在陈述彭院士的主持下,我们的合作研究项目"小流域土壤侵蚀规律与水土保持综合管理地理信息系统"通过了专家的成果鉴定,得到了很高的学术评价。该项目还获得了山西省科学技术厅科技进步二等奖（2004年）。这也是对黄秉维先生在天之灵的很好安慰！

黄秉维先生已经离开我们将近20年了,我们也进入了古稀之年,回想毕生的科学研究经历,最大的幸运就是成为了黄秉维先生的学生,所取得的研究成果,都是黄先生精心指导的结果！

参考文献

1. 黄秉维：序,陈永宗、曾伯庆、蔡强国、陆兆熊主编《中国-加拿大：晋西黄土高原土壤侵蚀规律实验研究文集》,水利电力出版社,1990年。
2. 黄秉维：序,蔡强国、王福堂、陆兆熊主编《中国-加拿大：土壤侵蚀管理与地理信息系统应用研究》,科学出版社,1992年。
3. 黄秉维：序,蔡强国、赵宏夫、王忠科等主编《永定河上游张家口市水土流失规律和坡地改良利用》中国环境科学出版社,1995年。
4. 黄秉维：序,蔡强国、王贵平、陈永宗：《黄土高原小流域侵蚀产沙过程与模拟》,科学出版社,1998年(中国科学院科学出版基金和国家自然科学基金委员会优秀成果专著出版基金资助)。
5. Cai Q.G. and S.H.Luk, Vertical zonation of soil erosion and sediment production in the Hilly Loess Region, North China. Proceedings International Workshop on Soil Erosion Processes on Steep Lands. Merida, Venezuela, May 1993.
6. Cai Qiangguo, Shiu-hung Luk and Wang Guiping: Process-Based Soil Erosion Model in a Small Basin in the Hilly Loess Region, North China,8th International Soil conservation Conference, New Delhi,India,1994, Mohan Primlani for Oxford and IBH Publishing Co. Pvt. Ltd, P575-589, 1998.

地理科学与资源研究所

1978 年前后的回顾

周心铁

作者简介 周心铁 江苏无锡人，1946 年 12 月 25 日出生。1963 年 9 月～1968 年 12 月南京大学地理系，1968 年 12 月～1978 年 10 月福建 121 地质队，1978 年～1981 年中科院研究生院，1981 年 10 月～1985 年 4 月中科院遥感应用研究所，1985 年 4 月～1988 年 12 月中科院地理所，1988 年 12 月～1993 年 12 月国家科委。此后一直在 GIS 企业工作。

我的导师是陈述彭教授，中科院院士。他是我国著名的地理学家、地图学家、还是我国遥感和地理信息科学的奠基人。陈先生 1920 年 2 月出生于江西萍乡，于 2008 年 11 月 25 日在北京去世，享年 88 岁。到 2020 年 2 月是陈先生百年诞辰。时间过得真快，转眼我也已是年过 70 的老年人了。但每当回想起 1978 年的往事，仍能感受到人生的巨大变化。

1978 年，我在福建省 121 地质队已经工作了将近十年。1968 年 12 月，我从南京大学地理系毕业被分配到位于福建龙岩的 121 煤田地质勘探队，说是响应伟大领袖的号召，扭转北煤南运。我心里想，分配到较偏远的地方，可能是受了父亲"历史问题"的影响。班上不少同学留在了江苏和浙江，也有同学被分配到新疆、东北等地，但他们去的单位属于石油、电力部门，要求家庭出身好，一般同学还去不了。

去福建报到之前，我回了一趟无锡，看望父母和弟妹。父母都是小学教师。父亲待人十分宽厚，深受师生们喜爱。他曾是小学校长，还兼任小学和中学的美术老师。我印象中，刚"解放"那段时间父母的心情都特别好。在父亲组织下，学校里还经常排演文艺节目，搞得很活跃。父亲曾在上海美专学习绘画。我记得那时学校及附近挂的毛主席油画像都是父亲画的，画得很像。后来因抗战期间国共之间的一点历史问题，他被降职降薪，调到十几里外的学校当老师。当时年幼不懂，多年以后我才体会到他那些年所受到的委屈和痛苦。母亲是宜兴人，她性格率真，我只记得她对班上学生很好，常常照顾补贴穷困家庭的学生。后来母亲也被调到好几里外的小学任教，家里只剩下我和妹妹独立生活，弟弟一直在老家奶奶身边。妹妹很善良也很聪明，初中毕业后，因为受父亲的影响，连高中都没让读，后来就下乡插队。这次回家看到他们非常高兴，想想终于大学毕业，以后可以减轻家里的经济压力了，所以倒也没有因为分配到偏远的地区而情绪低落。

告别了家人，我乘火车离开无锡，前往遥远的福建闽西地区。在 12 月底的一个冷飕飕的傍晚，终于到达龙岩。在漳平到龙岩的火车上遇到了一位也去 121 队报到的校友，他是南京大学地质系古生物专业的 68 届毕业生孙立广。巧了，我们的座位还恰好是挨着的。应该说是缘分了，我们不仅分到同一个地质队，后来还在同一个地质组工作。他于 1978 年工作调动去了合肥中国科技大学，后来还开创了生态地质学和科大的南极研究，此是后话。

121 队是煤炭部直属的地质队，为了落实扭转北煤南运的战略部署，刚从山东淄博迁到龙岩。队里的干部和工人大部分是山东人，淄博人居多。我们这一届大学毕业生一下就分去 50 多人，其中我们南京大学就有 25 人（地理系 14 人、地质系 11 人），还有北京地质学院、北京矿业学院和焦作矿业学院学煤田地质专业的，他们还真是专业对口。另外还有复旦大学、浙江大学、北京广播学院等学校的毕业生，是无线电专业的，地质队里的物探、测井工作需要，也算用得上吧。还有青岛海洋学院学海洋地质的，当然也有些专业完全不搭的大学生。

刚到地质队，大部分毕业生"接受工农兵再教育"，被分到钻机当工人，三班倒。当时队里从华北大平原一下子调到闽西山区，急需一批测量人员。说是我们地理系的懂测量，于是男生多被分到测量组，个别的被分去当机修工、装卸工。女生则被分到地质组，还有被分到食堂当炊事员的。在闽西山区，野外测量工作可不轻松。我们肩上扛着测量仪器、三角架、标尺，腰上插着砍刀，山上没有路得砍出条"视线"来。从山脊到谷底上下来回跑，一天下来真是很累，好在当时年轻，过一晚上就能恢复体力。

后来我被调到地质组，参加队里刚成立的普查队。普查队的任务是在闽西地区进行综合找矿。十多个人几乎跑遍了闽西山区。我们俩三人一组，常常住在老乡的家里过夜。当地民风淳朴，对我们很热情。记得在山里一些村子的墙上还保留着当年红军的宣传口号。普查工作结束后，我们整个普查队转到龙岩马坑，进行铁矿区的地质勘探工作，直到完成地质报告。

在这里，我收获了爱情。爱人赵英时，是南大同学，1968年一起被分到地质队，后又同在普查队。我们的小家就安在勘探区的山上，居住在用毛竹和竹条搭建和用泥糊墙的房子里，唯一的装饰就是用旧报纸糊了一下泥墙，地面还是铁矿区棕黑色风化土。在闽西美丽的青山绿水之间，生活倒也自得其乐。1977年1月儿子在南京出生，以后他就一直生活在南京外公外婆那里，户口也落在那里，因地质队条件艰苦，国家政策允许地质队员的子女落户在城市亲人家里。直到1985年小学二年级，他才转到北京上学。

招收78届研究生的消息是1977年11月发布的。我们开始并没有报考的意愿，不知为啥报名截止时间一再推迟。英时父亲，是南京大学教授，一直鼓励我们报考。我俩想想，决心改变一下现状，于是一起下山去龙岩城里报了名。我报考了中国科学院地理研究所的遥感应用专业，英时报考了南京大学地理系第四纪环境专业。记得报名后，从纸箱里翻出被老鼠咬破的外语书，有点哭笑不得，有整整十年没有碰了。那时马坑铁矿勘探工作已经结束，我接着又参加了永定地区的普查工作，我爱人则还在中队地质组，留在中队部驻地王庄，还都在山沟沟里。我们是边工作，边备考，一大早上山地质勘查，下午回来整理内业，到晚上才腾出时间准备考试，常常是打着手电在蚊帐里复习。考试科目是外语、政治和基础地学课程。我中学和大学均学的俄语，考试时还能带词典，所以压力并不大。对于几门要考的地学基础课程，通过这些年的实践，感觉还是得到了较好的理解，复习时间还是比较充分的。

地址队的日子

1978年4月考试在龙岩一中进行，感觉考得还行。1978年5月到北京地理所参加复试，见到了导师陈述彭先生，当时我对遥感的理解几乎为零。陈先生说这一学科也是刚刚起步，我们的重点还是在应用，应用目标就是各地学学科，对应用目标能有了充分的理解才会有可能去发展遥感应用的方法和模型。陈先生的这番话确是增强了我的信心。

1978年10月，我来到了北京肖庄，原北京林学院校区。中科院研究生院就是在这里开始了它文革以后新的生命，我也是在这里开始了自己新的人生里程。

1978 年前后的回顾

我入学时还是地理所的研究生,遥感所是 1979 年成立的。陈先生是遥感所的常务副所长,他名下的研究生有6个,除了我以外,还有郭华东、刘纪远、朱来东、唐新桥、靳剑生。其中郭华东、靳剑生和唐新桥是出国班的,唐新桥是日语班,其他两位是英语班。靳剑生从未与同学见过面。遥感所另一位导师是副所长杨世仁研究员,图像处理专业。他招收的研究生要多一些,有 8 位。还有一位导师是童庆禧研究员,只招了茅亚澜一个研究生。

地理所和遥感所的研究生们
后排左起:李大卫、周心铁、蔡强国、许炯心、郭华东、李柱臣、王宏;前排左起:刘纪远、甘国辉、李要武

在研究生院的一年半里是学习基础课程。由于我中学和大学均学的俄语,这段时间化在英语上的时间还是最多的。在这里,我学英语是从最低班、从 26 个字母开始的。在研究生院的英语教学环境中的确进步很大。当时,我们这批研究生,大多已是孩子的爸爸妈妈了。我

们怀着对未来美好的期望，从工作岗位回到校园学习，特别珍惜这个来之不易的机会，个个刻苦学习、勤奋工作。同学们在节假日里，也常常一起骑车去香山、去看电影，相处得十分愉快。

回所后就投入论文准备工作，陈先生给我安排的研究方向是地理信息系统。另外几位同学是遥感应用方向，其中郭华东是雷达技术应用，刘纪远是生态环境方面的应用。后来论文的完成和答辩还是比较顺利的。

陈述彭先生及师母与78、79届研究生们（1981年冬）
前排左起：周心铁、师母、陈述彭先生、张仁杰、黄签
后排左起：林晖、郭华东、刘纪远、朱来东、陈忠忠

1981年10月研究生毕业，陈先生希望我留在所里。当时我爱人在南京大学研究生毕业，来北京有两个选择，一是中科院地质所刘东生先生那里的黄土研究室，二是中科院遥感所遥感应用研究室。因为英时在地质队野外工作时曾跌入6米多深的探井中，脚部受伤，常复发，我们考虑黄土研究野外工作量大，担心她脚伤承受不了，所以选择了遥感所。她1982年初来到遥感所，参加了不少遥感应用项目。1985年经陈述彭先生推荐，调入中科院研究生院地学教学部，后调到刚成立

的资源环境学院,从事遥感教学与科研,一直到退休,其间还参加遥感所的多个遥感项目及李小文负责的遥感基础研究项目,培养了不少硕士、博士生。

研究生毕业后不久,院里给了遥感所一个公派出国留学名额。所领导难以抉择,就决定根据这些研究生在研究生院的英语成绩来定。恰巧我的英语考试成绩比其他同学要稍好一点,这个出国留学指标就这样突然落到了我的头上。陈先生曾访问过瑞典斯德哥尔摩大学地理系的遥感实验室,他的印象不错,便确定了我去瑞典学习。当时自己也没有想太多,其实也不大懂,不知道如何争取更好些的选择。出国前,我去林科院找了从瑞典回国不久的徐冠华,他在斯德哥尔摩大学遥感实验室留学了两年,与我是同一个导师,他给我详细地介绍了那里的情况。

1983 年 2 月我乘 SAS 航班离京去斯德哥尔摩,中间在苏黎世停了一晚。到斯德哥尔摩后住进了使馆教育处为我们租好的大学公寓。第二天去斯德哥尔摩大学地理系与导师见面,导师 Leif Wastson 教授是系主任,有一个遥感应用团队。Wolter Aunberg 博士,是地理信息系统专家,他将具体指导我的工作。没多久我就和遥感团队的同事们成为很好的朋友。他们热情、友好、真诚,常邀请我去家里吃饭,一同出去游览。有一个年轻同事有飞机驾照,在一个周末租了一架 4 座小型飞机,带我一起去 Gotland 岛,玩得很愉快。

1983 年的夏天,导师安排我到瑞典北部 Kebnekaise 山区参加冰川融化监测工作。一路上看到很多瑞典人背着背包,徒步旅行,我们是乘直升飞机上去的。这里已是在北极圈内,白天很长,夜很短,就是夜里天也是亮的。天不算冷,冰川附近的山坡草地上开了不少黄色的花,映衬着远处的冰川,真是好看。在山上生活了近一个月。结束山上的工作后,下山来到 Kiruna 市,参观了遥感卫星地面接收站,这里是接收美国 NASA 地球资源卫星最大的地面数据接收站。1984 年我还去苏黎世参加了有关图像分析的国际会议。

瑞典的经历中还有一个小插曲。在一段时间内我感到胃部周期性的疼痛，很难受，人也消瘦了很多。当时在斯德哥尔摩的中国留学生中有不少是来自国内大医院的医生，他们有的说不要喝牛奶，有的说不要吃黄油，都不解决问题。有的还怀疑是胃里长了东西。后来系里的一位英国朋友陪我去一家私人医院看病。一位老医生给我做了胃部造影，说没有问题。于是，他给我配了安定药，说服药 2-3 天就可以了。他说胃部不适是因神经紧张造成的。我说我不觉得紧张呀，他说你现在生活在不同的环境就可能造成紧张。按医生的嘱咐，我吃了药，好好地睡了一觉，感觉胃部就不疼了。吃了 2 天药后，就再也没有胃疼过。这一段经历想起来也挺有意思的，往后我就知道了，很多疾病与精神因素是密切相关的。

留学从 1983 到 1985，整整二年。回想起来，在瑞典的留学生活还是很丰富的。1985 年 2 月启程回国，我们几个留学生决定一起乘火车回来，从斯德哥尔摩出发，经哥本哈根、柏林、明斯克到莫斯科。在莫斯科停留二天，住在中国驻苏联大使馆。从莫斯科到北京的火车还是挺舒适的，可惜的是，整个旅程一眼望去只是冰天雪地。当时曾经想，下次应该在春秋天再走一回，可惜至今未能如愿。火车经蒙古，从二连浩特入境，终于回来了。

回国之前，陈述彭先生已经在遥感所地理信息系统研究室（五室）的基础上创建了资源与环境信息系统国家重点实验室。实验室是国家计委支持的，挂靠在中科院地理所。原遥感所五室的人员基本上全转到了地理所。当时陈先生的关系还留在遥感所，等我回国后才把他和我的人事关系一起从遥感所转到了地理所。在实验室，陈先生安排我当他的学术秘书，并负责他和实验室的对外联络。

地理信息系统（GIS）的研究目前只是体现在地理空间数据处理的技术层面，严格说它并没有形成自身的理论。它的核心问题是将地学对象的空间关系模型与地学分析模型有效地结合起来，并把分析的结果，无论是静态还是动态的分析过程与结果，进行二、三维模拟和可视化展示。其早期的核心技术有关于地理要素的图形处理，如何由无序数字化输入的数据生成代表地理实体的点、线、多边形等基本信息单元。GIS 的价值在于它建立了各地学学科的空间信息化基础，从而推动了各相关应用领域的信息化进程和相关空间数据和软件产业的发展。美国 ESRI 公司开发的 ArcInfo 软件产品已在许多国家（包括中国），在环境、水利、农业、地质、交通、减灾防灾等广泛的领域得到了应用，无疑是世界上最成功的 GIS 企业。国内也出现了较大规模的 GIS 企业。

陪同陈述彭先生与美国 ESRI 总裁一起考察长沙（1987 年）
左起：林晖、张晋、Jack Dangermond、陈述彭、何建邦、周心铁

我在资源与环境信息系统实验室待了三年多。在这期间，我曾经到我国刚成立的国家自然科学基金委员会地学部工作了一段时间，负责了第一期遥感与地理信息系统领域申请课题的综合评议。后来回实验室参加了国家"七五"科技计划中三北防护林遥感调查的项目，承担了其中有关地理信息系统的两个课题。整个项目是徐冠华负责的，他当时还在林科院。我于 1988 年正式调入国家科委基础研究高技术司遥感

与空间处。我想我离开实验室的原因主要还是不太喜欢那里的氛围，可能是我太理想化了。当时地理所所长左大康曾挽留我。这次离开虽得到了陈先生的默许，但肯定是伤了他的心了。

在国家科委的工作持续了五年。平时的工作主要还是有关遥感与地理信息系统的发展规划、项目组织与协调、国际合作等。当时，卫星通信及空间科学有关工作也在这个处进行协调。在遥感空间处的事务中，国际合作占有较大的份量，涉及到联合国外空委员会相关会议、亚太经社理事会有关遥感的会议与项目交流、中国与各国双边合作交流活动等。为此，去过不少国家，有的国家去了多次。我们还直接组织一些重要的国际会议，如 1990 年 5 月在广州召开的第十一届亚洲遥感会议，会议办得非常成功。当时刚刚经历过 89 政治事件，国际上的制裁还未结束。我想政治上的问题不应阻碍科技人员之间的交流。其实刚进科委机关不久就面对了严重的政治动荡，我也加入了游行的洪流，并与我爱人一起去广场看望静坐的学生们。当时我的办公室就在三里河，与科学院在同一个楼里，就在木樨地附近。

1992 年，我申请了欧盟的一个博士后研究基金，获得批准，到位于意大利北部 ISPRA 的欧盟联合研究中心空间应用研究所进行半年研究交流。在这里的工作和生活是很愉快的。我的合作者 Sten Folving 博士在工作和生活上给予我很大的帮助。Sten 是丹麦人，我们年龄相仿，可以说他是我最好的外国朋友。后来我们在北京还见过二次面。很可惜他 2008 年因病去世，现在想起来还会感到很心痛。

1993 年底，我还是决定离开科委，和几个朋友一起创办了 GIS 软件公司。我相信 GIS 发展的希望决不会在研究所实验室里，而一定是在企业，在有科技开发能力的企业。当时基础研究高技术司的司长是林泉，他力挽我留下。但我觉得自己对于机关工作的确是很不喜欢，而且自己的性格也不适应我国的官场体制。离开科委，是从体制内转到了体制外，在国内来说这个变化非常之大。说实在当时对自己旳未来，及可能出现的困难和失败并没有想太多。我常常会这样想，如果总是在一个自己不喜欢的环境中工作可能会生病，也许会造成更大的问题，起码现在可以按照自己的想法去工作，去生活，对自己的选择我并不后悔。

回顾一下，自己到企业以后，有一个目标就是尽自己的努力去创建一个良好的人际关系，一个没有尔虞我诈的工作环境，在这里官话和套话是不需要的。的确，自己对于体制外创业之艰难是估计不足的。我经历过合作失败、市场不公与歧视、人才流失，也面临过经营困难、发不出工资的困境，不管怎样都走过来了。这些年来，我们研发了二维、三维 GIS 软件，目前着重服务于道路交通的 3D 数据生产。

在 90 年代后期，我还曾经受科技部高技术司的聘请，担任过两届 863 信息技术领域信息获取与处理主题专家组成员，当时专家组的组长是上海技术物理所的匡定波院士。有机会与我国在此领域高水平的专家一起共事，服务于相关技术领域的规划与项目组织，是一段很有意义的经历。

回想起来，从 1978 年恢复研究生考试，至今已经过去 40 多年了。这是文革以后国家改革开放初期发生的事情。我们这一群人是改革的受益者，我们获得了机会，改变了命运，但国家也因此而受益。它受益于这一代人才的培养。可以看到，我们这一批研究生后来在国家各领域的科研、教学、生产、管理岗位上及国际交流合作方面发挥了骨干的作用。改革开放的核心问题是思想的解放，当时领导人打破思想上的禁锢，形成了一个相对宽松的学术环境与人文环境，让我们看到了实现民族复兴与国家稳定发展的希望。

我记得母亲生前使用的一方铜镇纸上面写的"岂能尽如人意，但求无愧我心"。在回顾自己人生经历的时候，我就自然会记起这两句话，扪心自问，前几十年的人生有不少不足和遗憾，但可以说我做到了无愧于心。人到暮年，回顾一下自己的人生，颇有感触。我想用我的老乡杨绛的一句话来结束本文，"我们曾如此期待外界的认可，到最后才知道世界是自己的，与他人无关"。

固体物理所

林磊的故事

舒昌清

作者简介 1945年生于南京。1957年-1962年就读于南京市一中。1962年-1966年在南京师范学院物理系学习。1967年被分配到江苏省金湖县任教师。1978年考入中国科学院固体物理所读硕士研究生，1981年毕业并获理学硕士。同年考入中国科学院物理所博士研究生，1984年毕业并获理学博士。1985年来美国，先后在纽约市立大学和匹兹堡大学做博士后，并修读计算机科学硕士。1988年在新泽西理工学院电子工程系做博士后兼图像信息处理实验室主任。1989年起，先后在纽约市的Image System公司，波士顿的BBN公司，匹兹堡的CarnegieSpeech公司，弗吉里亚的Convergys公司和佛罗里达的Adacel公司任工程师和资深语音识别科学家。作为唯一发明人或者第一发明人获颁13件美国或加拿大语音识别发明专利。现服务于Verbyx公司为Chief Scientist和Co-Founder，研究开发语音识别引擎。

1978年10月，我通过了文革后第一次招收研究生的全国性考试，成为中国科学院合肥固体物理所的研究生。因为固体物理所当时尚未成立，我被通知到北京中科院物理所报到。据说，当时的计划是派我们去法国中子堆学中子散射，为在合肥建中子散射堆做人才准备。因为一切都在筹备中，我们同所12名同学都归在章综老师名下，由物理所"代培"，入读位于北京萧庄的中国科学院研究生院。一年后，在合肥建中子散射堆的"国家计划"取消。章综老师将我们 12 名同学分别划归物理所的导师。我的导师是林磊。我见到他的第一天，他就明确地说，只能称呼他林磊，不要称林老师、林先生、林博士等，以示师生平等。直到今天，我一直沿袭这个做法。本文也不例外。硕士研究生毕业，我被分配在物理所。随后参加物理所第一届博士研究生考试，被录取后继续在林磊指导下读博士，1984 年论文答辩通过获博士学位。30 多年过去了，回过头来看，比起收获两个学位，更重要得多的是在与林磊的交往中，感受到的传统认知的天外。

图 1 林磊在科学院物理所主楼的办公室内，1979 年

一、选题

有一位清华大学教师的论文被《物理学报》退了稿。该文主要是叙述一组实验和对实验所做的线性波动解释。一个偶然的机会，他请林磊去看这个实验。林磊看了之后又想了三天，提出重做实验，及由他做理论部分的合作建议。约六个月后，实验和理论的结果分别写成的文章就被美国《物理评论快报》接受刊用了。这是三年内，他作为

唯一或者第一作者被该期刊接受刊用的第二篇论文。

这六个月我全程参与了。这个选题不是他长期精心策划而几乎是嗅到味道就果断出手捕捉的。在这全过程中，许多事情都在不断地调整改变，如：建什么样的方程？做解析解还是数值解？如何根据实验定微分方程的初始和边界条件？怎样配合方程特解去设计并重做实验？以及课题组内部的合作等等。例如，他认为这个实验很重要，就要我在做理论处理的同时也花部分时间去做实验。又如，需要做方程的数值解，虽然我还刚刚开始学计算机课，他就要我立刻开始学习上机计算。总之，根据课题进展的需要，我的功课不断在变。但是他从一开始就抓住的"非线性"一直不变地坚持到最后，而这也正是他下决心选择这个题目的初衷。在这个过程中，我感受到他的效率和执行力，更震惊于他选题的慧眼。回顾这段早期研究的时光，认知选题的极端重要对我此后的科研人生影响很大。

值得一提的是，我关于液晶中切变孤子（Soliton）的博士论文包括三个部分：实验、理论和计算机数值计算。这在博士培训中是罕见的。它表明了林磊的信念，即研究的目标是深入到事物的内核去理解自然的本源，至于其间所使用的工具方法和途径都是为实现这目标服务的。如果一些工具和方法是必须的，即使当时还没有学过，就应该自学或在他人的帮助下尽快学会和应用，包括必要时寻求其他专家的合作。

二、让数据说话

又是一个不眠之夜，林磊和我在赶着把一篇孤子的论文写完。像往常一样，他坚持从头开始，一段接一段写下去，遇到问题就停下来，没有解决之前一定不继续写下面的部分。有一次，他认为我写的结论太强，而实验数据并没有支持在这个条件下如此强的结论。他要我解决这件事。仔细想了 20 多分钟后，我同意他的看法。如何解决呢？只有两个办法：再做实验或者把结论弱化以符合现有的实验结果。我倾向后一方案。但是短时间又没有找到合适的说法，已经接近凌晨了，我想尽快结束，就不由得脱口而出，加"在一定的条件下"。他立刻回说，怎么可以写"在一定条件下"？什么叫一定条件下的一定？我一下子没有吃出味来，还解释说，这已经是自我设限，承认不是无条件普遍适用，而具体什么条件又一下子说不清楚，写"在一定条件下"不是又简单又明确吗？他激烈反对，说，这怎么可以？我们不是写 XXX 报的社论。我一下子脸红了。可是我当时却没有明白他为什么反对得如此激烈。那是 1981 年，虽然改革开放已有三年了，但这种模糊的空洞的不负责的抓不住辫子的官样文句充斥着报章杂志，我已经看得很习惯，见怪不怪。在随后几年的学习中，我才逐渐地有了感觉，认识到做学问写文章办事情都必须用清晰的有数据的定量的具体的负责的语言陈述事实和结论，也理解了他那么激烈地反对是严肃地对待原则性的是与非。

许多年之后，我曾和他聊到报上的两篇文章，一篇是某国的教育部长的谈话：在某些地区部分学校少数班级一些课程如何如何。另一篇是美国的一位教育官员的谈话：在某某州 23.5% 的学校，20% 以上的小学五年级的学生英文阅读水平没有达到设定的标准。我对他说：我现在终于明白了，这两种不同谈话背后的思维态势才真正是决定着国家发达、民族兴旺与否的大事。他点头同意。提到那个夜晚他那次的激烈反应，他说已记不得了。我告诉他：我至今清楚地记得那个夜晚，也会一辈子记住这件事。

三、论文写作中的两个坚持

在写论文稿时，有两个原则林磊是很坚持的。第一，在所有的公式假设数据图像没有全部准备好之前，坚决不动笔。第二，在写文稿的过程中，遇到还没有完全理解清楚的一定停下来。不完全解决前面的，绝不跳过先做后面的。对第一个坚持，我是既理解又执行的。对第二个坚持，我不理解，只好执行。在我自己单独写作的情况下，我有时会先跳过去，然后再回来处理。多少年过去了，在执行不执行的过程中，我加深的理解只有两点：论文是一个逻辑的整体，前面的部分对后面，至少在许多情况下，有重大影响。如果前面的障碍未除，跳过去先做后面，返回来再处理前面时，后面的段落很可能需要大幅度的修改甚至完全重写，造成很大浪费。这一点与他个性无关，是共性。第二点与他个性有关。他是一位追求完美的人，桌面上有点水，他一定要先擦干净。突然看到书架上有一本书摆放有点不正，他一定要放下手边正在读的文稿，从沙发上站起来把书架上的书摆正。对他非常钟爱的学问，已经到下笔写作的时候了，只要有一点没完全弄明白，他怎么会"放得下"？

四、对论文评审意见的答辩

论文稿发出后总有打回票的情况。编辑部转来了评审意见，下一步怎么办？在这方面林磊是高手。记忆中他的答辩总是一次过关没有再打回票的。

首先他会非常仔细地阅读评审意见。顺便说说，他是十分仔细的人。仔细有两种：敏锐，即能抓住文中的关键要害，即使只有一两个字，甚至夹在不起眼的句段里。另一种是周密，巨细无漏。这两点上他均有过人之处。说他"十分仔细"是毫不过誉的。第二，他会将评审要点与论文原稿相应处的字句段仔细对照，非常仔细地比较这两个文本。第三，针对评审意见的每一条，而不是自己另外再归纳，来逐条回答。可以改的一定改，可以加的一定加，可以删的一定删，评审理解有误的一定据理力争。这里的关键有三，一是改、加、删一定做到位，即完全符合评审的意见。部分符合不行，大部分符合不行，绝大部分符合也不行。二是争的理要充分和有完全的说服力。充分不难做到，完全有说服力许多人会犯错误。大部分原因是争的理与评审的理不针锋相对或者两者出发点不完全一致，就变成公说公的理，婆说婆的理。林磊不同，他的这类答辩，总是完全从对方的基点出发，然后说出不同的理，再指出双方的歧义，有时实在妙不可言。这样，对方就无法反对。三是对方没有提的问题就一定不提，自己回复的部分也一定不引出新的问题。

五、物理学派

记不得是 1983 年还是 1984 年，我在南京家中宴请林磊。

作为师生，他宴请过我们学生多次。论文答辩完成，他请我们去黄庄的宴宾楼。他在家中或餐馆宴客，有时也会让我们去"见世面"、"交朋友"。反过来请他则是难上加难。唯一这次是趁他来南京，在我家中宴请他。同席的还有南京大学物理系龚昌德教授夫妇。做物理的人在一起，即使是酒席桌上话题还是离不开物理，甚至是更深层的物理思维。龚先生谈到南大物理系深受黄开甲先生影响。黄先生是费米学派的。林磊说，费米注重对物理现象背后的实在规律的探究，也注重这些规律间的内在关系，他研究学科规律实实在在不搞花架子物理概念很强。龚先生说，苏联的数理学派与此相反，过高期待数学对物理的影响，认为越有数学味，数学用得越高深才是高明的物理。林磊说，朗道在苏联物理学界是一个例外，他也用数学但更追求数学公式背后的物理真实，是西方承认的唯一的苏联物理学家。龚先生说：朗道在世时，他的影响力可以平衡数理学派的影响，他过世之后数理学派在苏联就一统天下了；中国当年的留苏学生深受数理学派的影响，所以许多人尽管有才华，但对物理学的贡献不大，十分可惜。两人都同意，在国内物理学界弘扬费米学派的作风，克服苏联数理学派的影响，是推动物理学在中国研究发展非常重要的方面。这次家宴，他们对我家的酒菜十分称赞，我却意外地收获了物理思想的山珍海味。

六、漓江游艇上

1980 年秋，中国液晶学会在桂林开学术会。学界和厂家的朋友老师同学在一起聚会交流。会议期间有泛舟漓江欣赏桂林山水的活动。

在遊艇上，林磊背着他的书包，在蓝天绿水青山之间仍然做着他的液晶研究。有时是自己一个人默默地想，有时走到我们几位研究生前问几个问题讨论一阵。北京一厂家的负责人见到他如此沉迷于研究课题，赞道：我们的液晶学会副主席（林磊是中国液晶学会的共同发起人和当时的副主席）就是这样全身心投入到事业中的啊！许多年之后，我曾与林磊提起过这件事。他说，这是很普遍的。做物理的人许多都沉迷在里面，甚至连续 24 小时不间断思考。天外飞来的电火，困惑多时的蓦然回首，很多重大突破都是在连续思考中得到的。激光的发明人 Charles Townes，有一次与他人一起吃饭，吃到一半突然站起来说，对不起有事要打个电话，到实验室问数据。他的身体是在与人一起吃饭，可脑子里还在想学术上的事停不下来。林磊说他自己只是这些人中的一个。我觉得他是这些人中最执迷者之一。

七、送礼

1982 年的一天，我和往常一样去林磊家讨论论文。进门看到桌上有一瓶包装不错的酒。他告诉我，酒是一位合作者送来并一定要留下的。他很反感，说一定要送回去。问我该怎么送回去。记得我当时说，人家送你是好意，你执意送回去就得罪了他。如果送点其它礼物去还还人情，可能好些。他说，最讨厌这一套，浪费时间精力还带坏了风气。后来，偶然又谈到这个问题。他像做物理研究一样地分析起来说，送礼有三种情况：1.地位比你低的人，如自己的学生，坚决不收。曾有一名学生刚来北京就送礼物上门，被坚决挡回去了。这样做，是防止影响将来对他们的评审决定。2.平辈或者地位平等的人，理论上可以收，但非常不喜欢也从不送礼。3.地位比我高的人给我送礼，会收。送礼是他们对我关心。另一方面，在物资不很丰富的年代，他们比较容易弄到送得出手的物品。不难看出，林磊的送礼三律无论在当时还是在现在的国内政商学界，只有在虚拟时空中才成立。

八、火柴盒

有一天，林磊和我分别坐在他家客厅沙发上讨论研究课题。一堆文稿在他腿上。他想抽烟，但是沙发旁茶几上的火柴盒已经空了。他一定要挪开腿上的那堆文稿站起来，自己去拿书架上的火柴盒，而不要我帮忙。在我与他交往的年代里，所有这类小事他从不假手与人，总是坚持自己的事自己做。对这一坚持，他的理论是：一定要把学生当同事当平辈，才能平等讨论学问。用小事麻烦别人就暗示两人关系有不平等之嫌。事情虽小影响了平等讨论学问则损失太大。我开玩笑说他，这是把师生关系纳入到做学问的轨道上来了。

图 2 本文作者 1980 年 北京

许多年过去了，我们仍然每年至少聚会一次。他依然是那么健谈，语带棱角而立论平和，观察敏锐又思考深邃。依然是对我浓浓的关爱，从询问我的研究课题和进展；到告诫我要对自己人生的期待，按轻重缓急分别定 5 年 10 年 20 年计划；临分别前还一定要带我去他的健身房，一项一项地一步一步地介绍他的健身操。

化冶所

师恩如山——纪念导师陈家镛先生

邓彤

作者简历 1943 年出生于广西桂林，旋回祖籍湖南。67 年大学毕业，68 年分配到山西中条山有色金属公司工作。78 年考入中国科学院研究生院，85 年通过博士论文答辩，留化冶所工作至退休，从一而终。曾任湿法冶金室主任。86 年及 91 年先后赴澳大利亚 CSIRO 与 Murdoch 大学作访问学者。

知道陈先生是在 1976 年，当时我在晋南山区一家冶金部直属大型铜矿上班。在参加部里组织编写《铜选矿》一书期间，参观考察了云南东川矿务局汤丹铜矿，陈先生 1956 年回国后在此进行了第一个大型湿法冶金项目。由此第一次听说了"湿法冶金"，也从而知道了德高望重的化工冶金专家陈家镛教授其人，不由心生仰慕。当时何曾想到，两年以后，自己居然有幸成为陈先生的嫡传弟子。

一九七七年恢复高考，中国科学院率先成立研究生院，面向全国招生。研究生停招了十二年，闸门一开，竞争之激烈可想而知。自知文革蹉跎，十年不读书，难上考场。又没学过英语，考俄语难以竞争。心中却又不想浑浑噩噩虚此一生，辜负了国家的培养，亲人的期盼，和自己十几年寒窗。考或不考，颇费踌躇，一时心动而未行动。当矿宣传科长把报名表送到我家时，终于决定报考。权当去比划比划，能否考取，不去多想。于是慕名报考中国科学院化工冶金研究所陈家镛先生"湿法冶金物理化学"研究生。不料报名表寄过去，却没了下文。直至年底，也没见到准考证。以我当时对湿法冶金的近乎一无所知，怕是连资格审查都通不过。思虑再三，终于冒昧给陈先生写了封信，问先生以我的专业背景，是否适合报考化冶所，却没有回音。原来教育部此时尚未考虑研究生招生，中国科学院1977年招收研究生的计划因此被延宕了。

陈家镛院士在工作中

次年春天，事情有了转机。教育部决定全面恢复研究生招生，即时开始第二次报名。母校的教授这时也来信，希望我报考他。于是我给化冶所招生办去信，请求把我的报名材料转去母校。不久，化冶所却寄来了准考证，编号111。好幸运的数字，心中莫名地生出一缕希望。

五月，两次报名的考生合并就地考试。由于当时对所报专业毫无了解，不知何从准备。当时工作的地方又在山沟沟里，找不到任何可用的资料，也无从准备。一场不备之考，"烤"得我焦头烂额，从未有过的狼狈。既已如此，也就不存奢望了。

不意造化弄人，事有意外。眼见那些原本踌躇满志、成竹在胸的考生，一个个都走了麦城，唯有我们三个自认无望的67届大学毕业生，复试通知反倒不期而至。七月中，我们——矿宣传科长，北师大历史系毕业，报考母校；矿子弟学校教师，华东师大数学系毕业，报考河南郑州大学；还有我——各自去报考单位复试。不想最终侥幸到底的却唯我一人，应了阮步兵那一声叹息：时无英雄，使竖子成名。

口试时初见陈先生，一位忠厚长者，脸上写满慈祥。我心中莫名的紧张与忐忑一扫而光。先生微笑着招呼我说：你就叫邓彤？原来先生还记得我写信的事。

口试进行得很顺利。临了，一位口试老师忽然问我知不知道国外铜钴矿的情况。我那时对国外知之甚少，又天生胆小，不敢撒谎，实话就脱口而出："不知道"。心中却未免有点沮丧。陈先生安慰说，不知道没关系，不知道就说不知道，挺好。

当年十月初入学，先集中在研究生院学习一年基础课和英语。学校草创，筚路蓝缕。校舍是临时借用的原北京林学院位于肖庄的一幢五层小楼。八百多人，学习、生活全挤在这幢楼里，有的还住露天搭建的活动板房。条件虽然艰苦，胜在离中关村近，便于同所里联系。陈先生嘱咐我们要着重学好英语和计算机。我学英语从音标起步，要在一年内过关，才能回所作论文，压力何止山大。

一九七九年暑假回所，进入论文阶段。那时检索文献全凭手工查CA(美国化学文摘)，做卡片，这是做研究入门的一项基本功。陈先生从查文献、写述评开始，一点一滴地训练我们做研究、写论文，还在百忙中亲自编写教材，专门为我们几个研究生开了门课，取名"传递物理"，指定以R. Byron Bird的《Transport Phenomena》为参考书。这门课不仅传授了我们多相体系中质量、能量和动量传递的知识，也提高了我们阅读英文文献的能力，并奠定了后来研究生院化学反应工程课的基础。研究中要求我们自己设计、绘图、跑工厂加工实验装置。汇报论文进展，不仅看整理好的数据，还要看实验原始记录，要求除非确认实验过程中发生了操作失误或其他意外，任何实验结果，尤其是那些不符合预期的结果，不能随意弃置不用，因为忽视异常的结果，就可能导致与意外的新发现失之交臂。

一九八〇年初，《中华人民共和国学位条例》公布，从八一年元旦起施行学位制。这年夏天，通过硕士论文答辩后，陈先生找我谈话，希望我留下来读博士。那时全国的博士生导师不过数百人，多数是中国科学院学部委员。能够直接在陈先生指导下攻读博士学位，是一种幸运。先生当时交给我两本《Phase Transfer Catalysis》的专著，嘱我暑期好好想想，如何以此催化浸出过程。仔细读过后，总觉得在湿法冶金中，相传递催化比较适合在双液相(如水-油相)体系的萃取上做工作，想不出如何能用于浸出这种固液两相体系。陈先生坚持要我作浸出的相传递催化。我反复检索、研读文献，冥思苦想，毫无头绪。出路何在？好不愁煞人！心想不如干脆暂时放下，去向李佩老师要了个名额，去玉泉路语言中心先封闭学习四个月英语。回来后再苦苦求索，仍是不得要领。一时间，整日里满脑子全是"相传递催化"，寝不安席，食不甘味，"为伊消得人憔悴"。一冒出点想法，就赶紧去试，却总是山重水复，不见柳暗花明。屡试无果，好生痛苦。后来终于设计出一个水包油包水(W/O/W)的多相体系，将常规相传递催化的水/油两相体系制备成低相比的油包水微珠，再在微珠油相外界面包覆一薄层水膜，使之具有亲水性，引入矿浆后易于与其融合。一试，果然有戏。陈先生也高度认可，鼓励我抓紧实验，争取早日完成论文。

几个月的忙碌之后，陈先生仔细地审查了我的实验结果，非常高兴，让我立即动手写博士论文。此时我却犹豫了：我不想第一个答辩，却又无法张口。所里硕士论文答辩时，第一天是三室的两位同学答辩，结果一个通过，一个发回补充实验，重写论文。此事尚记忆犹新。陈先生看出我的犹豫，让我放下顾虑，随后讨论了论文的大致写法，对需要注意的事项，耳提面命。先生特别强调要充分尊重前人的工作；要从实验结果合乎逻辑地推出结论，字字言之有据，不随意引申；表述要谦虚、准确，讲究分寸；参考文献只列自己亲自读过的，不搬用别人文章中的参考文献。这次谈话，成了我日后做研究、写论文习惯遵循的原则，也成为我自己后来对学生的要求。初稿完成后，陈先生逐字逐句审查，我再根据先生的意见仔细认真修改。多次反覆审查、修改，完成了论文。然后做成详细摘要，复印八十多份，寄给国内该领域中凡陈先生知道的几乎所有专家评议。评议通过后，根据评议意见修改定稿。

八五年九月，一切就绪，准备答辩。陈先生当时在雅宝路空军招待所参加会议。我连夜骑自行车去取答辩委员会名单。答辩委员会九人，按现在时兴的说法，都是大咖，其中学部委员就有五位：清华大学汪家鼎先生(任答辩委员会主任)，本所陈先生、郭先生，石科院闵恩泽先生，另一位忘记名字了。其余四人中，石科院的陆婉珍先生后来也当选为中国工程院院士。看到名单，心里不免打鼓：这次答辩，怕是不会轻松。答辩前一天，先生找我谈话，说了两点：第一，要自信。要相信在你研究的这个具体问题上，你比参加答辩的所有人，包括我(指先生自己)，都知道得多。第二，要实事求是。答辩中被问到回答不了，或没有想过的问题，就实话实说。没有人要求你什么都知道、想到，关键是论文本身要立得住。不要辩解，在座的都是专家，不要弄巧成拙。一席话言简意赅，不啻吃下颗定心丸。第二天，答辩非常顺利，我如释重负。对先生多年的教诲、指导、点拨，内心充满感激。但除在论文中例行的致谢外，竟羞于当面说一声感谢。

陈先生对答辩结果很满意，高兴地邀请我们全体博士生当晚去他家里聚谈。

如果说，先生在学术上是严格的导师，在生活上则是慈祥的长者。我读研究生期间，家还在山西中条山。那里的教学条件和环境都令人担忧。为了不耽误孩子的成长和将来的发展，读博士时我把九岁的女儿带在身边，在北京找了所小学读书。我一边自己读学位，一边照顾女儿的学习与生活。本来我还担心先生会批评我分心，没想到他很理解，还多次询问我女儿的情况。

陈先生是我的导师，是教导、引领我做人做事的前辈，是改变我命运和人生的恩师。在陈先生门下四十余年，言传身教，耳濡目染，于润物无声中潜移默化，受益匪浅。

二〇一九年八月廿六日，陈先生溘然仙逝，在98岁的高龄。不巧其时我不在北京，一时也赶不回去。作为弟子，未能送先生最后一程，甚是抱憾。

先生走了，"不带走一片云彩"。却留下了沉甸甸的精神财富，让我们终生受用不尽。留下满园桃李，使他开创的事业，薪火相传。先生的音容笑貌，将永远铭刻在我心里。

先生此生无憾，当可安息。

先生千古。

吴文俊院士对我科学生涯的决定性影响

周咸青

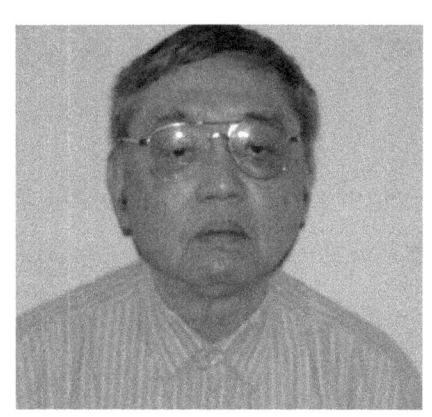

作者简历 1960 年周咸青毕业于上海市上海中学；1978 年成为中国科大数学系研究生。1981 年周进入 University of Texas at Austin (UT) 的数学系。84 年获 UT 计算机科学系硕士学位；85 年获 UT 数学系博士学位。现在是 Wichita State University 计算机科学系的退休教授。从 1986 年周连续 18 年获得 NSF 的资助。

吴文俊先生的数学机械化工作开始于他的（自动）几何定理证明。由于他在几何定理证明领域中开创性的工作和杰出的贡献，1997 年他获得定理证明界中的最高奖 — Herbrand 奖。他的工作由中国走向世界的过程，是我亲身经历的。在这段历史过程中他的指导对我的科研生涯有决定性的影响。

我高中的一位同班的同学在 1960 年进了科大数学系，吴文俊老师亲自带领他那一届。通过他，

我知道了吴文俊老师的一些事迹。吴老师是 1956 年国家自然科学一等奖的三位获奖者之一（另两位是华罗庚和钱学森），他是一位数学大家，并且为人谦虚。在 1978 年报考研究生时我曾想过报考他的机器证明。因为必考的微分几何是我的弱项，而且他太有名，我怕考不取，才放弃的。

1978年10月进了科学院研究生院后，我去听了他的几何证明的课程。他讲了很多代数。11月课程结束后,我忙于研究程序语言的语义，就没有进一步学习几何证明。

1981年我进入 University of Texas at Austin (UT) 的数学系。 UT 在定理证明领域中领先于世界，该校的两个研究小组(Bledsoe 和 Boyer & Moore) 也分别获得 Herbrand 奖。而且他们还获得 AMS、ACM 及人工智能的一系列其它重要奖。

数学系博士候选人资格考试的笔试中三门课程（分析，代数，拓扑）我以前自学时学过，所以在1981年就通过了笔试。1982年春我上了计算机科学系 R. Boyer & J Moore 开的程序验证及定理证明两门课程。一次课后我向 Boyer 提及吴文俊的几何证明工作，他觉得很新奇。

因此，在1982年6月的一次讨论班开始前，Boyer 要我介绍吴文俊的工作，我只知道他是把几何归结为代数。另一位一直在做定理证明的研究生王铁城也讲不出所以然，Bledsoe(当时美国人工智能学会主席)要王和我去收集资料。王铁城以 Bledsoe 学生的名义寄信给吴文俊老师索要文章。吴老师很快寄来了两篇文章，其中一篇是他在1978年《中国科学》发表的开创性的文章。 Bledsoe 等要王和我尽快读懂文章，向他们报告。我俩花了一个多星期的时间稀里糊涂地读懂了些，在7月的最后一个星期五的上午向 Bledsoe、Boyer 和 Moore 作了非正式报告。报告至少延续了三个小时。他们三人也反复地读了这两篇文章，但不满意讨论的结果。会议结束前 Bledsoe 说，他更希望看到计算机上的结果。他特别看了我一眼，暗示我应做这件事，因王另有任务。我当时还只在看文献阶段，不敢马上去接受任务。当时我对该算法还不很清楚，也只是刚开始学习编程序。经过一个周末的思考，我感觉在计算机上实现并不难，于是我在周一给 Bledsoe 发 email 说明吴算法的四个步骤。同时说明，其中第二步"三角化"在吴的两篇文章中都没有介绍（或者说，已假定是三角化后的多项式），我自己不得不想出一个三角化算法。

在计算机上实现的进展是出乎意料地快。不到两星期，我的程序已能证明第一个定理。在多项式的同类项合并改进为线性后，更多的定理相继被证明，其中包括 Simson 定理，九点圆定理和 Fuerbach 定理[注 2]；这些定理的传统证明需要高度技巧及辅助线。我马上把这结果告诉 Boyer。他也很兴奋，并且马上要我证明"角平分线相等的三角形是等腰三角形"这一定理。我用我的程序试了，但无结果。在 8 月 20 日左右，我的程序已证明了四十来个定理，并且体会到吴算法的特色，例如一个证明就能对付多种情况[注 2]。同时也有不少疑问。例如他的文章中的 Simson 定理要产生大达 300-400 项的多项式。我把这一切写信给吴老师。他收到信的日期是 9 月 2 日。他匆忙把信放在行李中，第二天就动身赴德。

1982 年秋，我参加了 Boyer & Moore 的讨论班课程。Boyer 叮嘱我要把夏季的工作进行整理以免日久忘记。10 月中下旬我收到了吴老师的长达 6 大页的回信。他说他在德国喘气刚停就马上回信，信中充满了热情的鼓励。他告诉我，产生项数大的多项式是他的方法的一个现象。在 1976-1977 年的春节前后，他曾用笔在纸上算了上述 Simson 定理，确实有 300-400 项的多项式产生！他说"角平分线相等的三角形是等腰三角形"这命题不成立；因为三角形的每个角都有内角平分线和外角平分线。这命题甚至在两条外角平分线相等时都不成立；只有在两条内角平分线相等时才成立。他进一步指出，确定内角平分线已超出他的方法的范围，因为这要用到几何中的顺序概念。他的方法适用于无序几何（称吴类几何）。在这类几何中，梯形的两腰和两条对角线是不能区分的，所以"梯形的两腰中点的连线等于上底及下底之和的一半"与"梯形的两条角线中点的连线等于上底及下底之差的一半"是同一个定理。

吴老师的长信大大地鼓励了我研究吴算法的信心。在 Boyer 的帮助下，我着手整理夏季实验吴方法时的心得。Boyer 精心安排我于 12 月 3 日在 UT 计算机科学系作大会报告。报告开始前，Boyer 和 Bledsoe 通知我，这次报告也是我博士候选人资格考试的口试。我的报告十分成功。会后 Boyer 和 Bledsoe 马上决定，要我在下月美国数学年会的定理证明专题会做 40 分钟的报告。之所以能这样是因为 Bledsoe 是专题会的组织者之一，他知道还有一个 40 分钟的空档。

1983 年的美国数学年会 1 月初在 Denver 举行。我的报告是在 1 月 7 日下午，它同样是成功的。报告后有很多人向我索取资料。当时我们关于吴算法有文字记载的只有上述的两篇文章。于是吴文俊的文章从 UT 向北美广泛传播。

Denver 会议后，组织者要求专题会的报告者每人写一篇文章，收在文集"Automated Theorem Proving: After 25 Years"中。我觉得我没有资格写文章。在 Bledsoe 和吴老师通信之后决定，吴在文集中重新刊登他的 1978 年的开创性文章，加上他介绍近年来最新进展的另一篇文章；由我写一篇易懂的文章。因为这也是吴老师的意思，我同意了。而且我已修改他的方法用于发现定理（例如发现了 Simson 定理的一个有趣的推广），这是我的贡献。同时二次扩域的因式分解已实现，并用于几何证明。

Denver 会议的文集在 1984 年 5 月出版后，不少人根据我描述的吴算法也实现了吴的证明器。吴算法在几何证明中的巨大成功也激起了更多人考虑用其它代数方法去证明吴类几何定理。当时在计算机代数中已有极其有用的 Greobner 基法，它正好也适合于吴类定理。我早在 1984 年 5 月已有计算机上的结果，但没有写成文章，因为当时我急于完成博士论文及相应的计算机程序。直到 1985 年 12 月我写成文章的时侯，有两个研究小组几乎同时也完成了类似的工作：一组是奥地利的 Kutzler 和 Stifter，另一组是美国 GE 的 Kapur。一个世界性研究吴类几何定理证明的高潮正在掀起。

在 82 年到 90 年代初，我和吴先生有大量的通信。他的信一直在指导着我的研究。在 1985 年吴文俊和吕学礼合著的"分角线相等的三角形"小册子的序言中写道："…当时德国的几何权威 Steiner 曾写了专文，就内外分角线各种情形进行了讨论,但并没有把问题彻底澄清。1983年以来,我与现在美国攻研计算机科学的周咸青同志,应用我们关于机器证明中使用的方法,并通过在计算机上反复验算,终于在一年多的通信讨论之后,获得了完全的解答。"

1983年当我的博士论文需要有更多的理论基础时,吴老师及时寄来了当时正在出版的"几何定理机器证明的基本原理"的清样。这一帮助,不仅使我及时完成论文,而且为我后来的专著(已被引用638次[注1])提供了坚实的基础。

[注1] 文章的引用次数,可在网页 https://scholar.google.com 上找到。可以输入作者姓名或文章标题。我英文用名是 Shang-Ching Chou。在这些引用中,也许 Roger Penrose(罗杰 彭罗斯)的引用是最为瞩目。在[书1]的第200页写道:There is one area of work that should be mentioned here, referred to as 'automatic theorem proving'… some quite impressive results have been obtained. In one of these schemes (Chou 1988),… As an example of these, a geometrical proposition known as V. Thébault' conjecture which had been proposed in 1938 (and only rather recently proved, by K.B. Taylor in 1983), was presented to the system and solved in 44 hours' computation time.

[注2] Feuerbach(费尔巴赫)定理。三角形的九点圆与其内切圆及旁切圆(共四个圆)相切。吴算法证明了同时对于四个圆成立。在几何书中传统的证明只对于内切圆成立,对于外切圆要用类似但不同的证明。 在[注1]中我们实际上已证明了有四条共线直线,而不只是 Thébault 原先提出的一条。详见[书2]。

[书1] Roger Penrose(罗杰 彭罗斯), Shadows of the Mind, Oxford University Press,1994。

[书2] (Chou 1988) Shang-Ching Chou, Mechanical Geometry Theorem Proving, D.Reidel Publish Company,1988。

"听不懂，都是讲的人的问题"

黄昆先生谈授课与学术报告

葛惟昆

作者简介 葛惟昆，北京人，1959 至 1965 年就读北京大学物理系，从玉泉路英训班到英国曼彻斯特读博，后来在半导体所、美国达特茅斯、香港科技大学、清华等处任职，目前，回到北大物理学院做客座教授。出版过专业著作数本。

转眼十四年过去了，黄昆先生离世时我还在香港科技大学工作，每年春节回北京去探望他，2005 年春节是最后一次。那时黄先生已经靠鼻饲维生。黄昆夫人李爱扶先生怕我一时找不到他们在海淀黄庄的那个简陋的二居室住宅，特意在严寒冬季的清晨到公交车站来等我，令我非常感动。路上她说："现在我们生活质量很低，黄昆靠鼻饲，我也很疲倦。"听了心里真是难受。她又说："知道你要来，黄昆昨晚就说一定要睡个好觉，好跟你说话。"这更让我心生悲凉。我必须在这里写两句：李爱扶先生，她是我见过的最崇高的女性。出生于大英帝国威尔士的她，无私地深爱黄昆，也深爱黄昆的祖国，中国，深爱中国的学子。她品德高尚、为人谦逊质朴，把一生献给了黄昆和中国。我对她前几年的突然去世也深感悲痛。在她的追思会之前，李树深院士特意打电话，要我一定来参加，说："李先生经常提起你。"在那个会上，我见到了黄先生的两个儿子，他们也是中年人了。记得1980年我在英国曼彻斯特接待刚到英国的、当年我们称之为黄小弟的老二，他从小就像一个普通的北京男孩儿，一点没有外国血统的特殊，所以初到英国时他还讲一口流利的北京腔普通话，几乎不会说英语，虽然长得和英国人没什么区别。

黄昆先生

难以忘怀的2005年春节这一天，我们没有谈很久，而且主要是我在说话。同行的北大物理系虞丽生教授为我们拍照。大概待了四十多分钟以后，虞丽生老师说："My battery is exhausted."黄先生插了一句："I am exhausted too."我知道该告别了。依依不舍地离开他们，心中总在想着他们的种种困难和无奈，而又无能为力，更没想到那一别竟是永别。当年7月5日，黄昆先生仙逝，那时我正在西藏访问，也未能参加追悼仪式，落下终生遗憾。

因为各种机缘，有幸当面聆听过黄昆先生许多教诲，主要是科研方面的教诲和指导，但也有关于教学和讲课的。我经常对学生们说，一个人一辈子受教于一位好老师是最大的幸运。黄昆先生先后师从吴大猷、莫特、佛罗里希和玻恩，传承了这些大师们的深厚学养和优良学风，这是他所以成就为我们的一代宗师的基础。而我遇到黄先生，能在他的直接指引下工作，则是我的科研和教学生涯的最大幸运。由于自己也是教师，也搞科研，经常要讲课和作学术报告，黄先生有一句话我印象特别深刻,那就是他反复说过:"讲课或者作报告,如果下面的人听不懂,那从来不是听的人的问题,而是讲的人的问题。"这句简单而近乎偏执的话,细细品味起来,却是意味深长。我后来在教学和作学术报告时,也包括给学生或同行解释问题时,经常以此来鞭策和警示自己。

熟悉黄先生的人都知道,对于学术报告、包括提职报告,黄先生如果在报告之后说听不懂,那有很大的可能性是报告人讲错了,或者没有意思。反之,如果他抓住问题不放,穷追不舍,那反而表明他可能基本认可了这件工作。我第一次听黄先生讲"听不懂"是在1972年在上海召开第一次全国化合物半导体会议上,那是我1965年从北大毕业后、经过艰难的文革七年,第一次重见黄先生,心情十分激动。他关于"束缚激子与局部声子"的学术报告,推介了当时国际半导体界的这两个前沿课题。在文化大革命那种万马齐喑的局面下,黄先生一直密切注视着国际上半导体科学的发展,并以独到的眼光,抓出其中的精华。在多年没有认真的学术会议的那个特殊的年代,黄昆先生高屋建瓴的报告无异于一声惊雷,鼓舞了许多同行师生,也深深地刻印在我的脑海中。我在以后几十年中,正是遵循黄先生的指引,在这两个方向上做出了一些有益的工作:一个是和半导体所同事一起,发现了重要的化合物半导体砷化镓中关键的掺杂元素氧的局域振动谱,在国际上引起重视;另一件是关于氮在磷化镓中形成的等电子中心,澄清了其束缚激子之声子伴线的黄昆因子的温度依赖关系,进一步证实了黄昆理论的正确性。而在这里我特别想说的是,在那次会议上,有人作了报告以后,黄先生没有提出任何问题,只是说:"你讲得太高深了,我听不懂。"当时我和黄先生还不熟悉,听到此话以后感觉有些惊讶,不十分明白黄先生的真意。以后才知道了他的那句名言,回想起来才明白,显然他那时是认为报告人讲得有问题。

作为听过黄先生授课的北大物理系本科生,我们都知道黄先生的课讲得好。有人说听黄先生讲课是一种享受。后来看他的书,不管是那本薄薄的《固体物理学》，还是我参与翻译的玻恩与黄昆合著的经典之作《晶格动力学理论》，都为他对物理问题理解之深刻和阐述之精炼和清晰而叹服。我自己的体会是，有一些问题，只有在读了黄先生的书以后才真正理解。我个人认为，黄先生课讲得好，首先是因为他对物理学真懂，懂得非常深刻和透彻，才能表达（无论书面或口头）得精彩完美。美国耶鲁大学的通识教育有两个基本的目标，就是思辨能力和表达能力，而这两者是紧密关联、相辅相成的。这是一个方面，但黄先生课讲得好，同时也是由于他兢兢业业、认真细致。毛泽东说过："世界上怕就怕'认真'二字"。我曾听黄先生亲口说过，为了讲一节课，他要花十节课的时间去准备。听这话时我还一直在研究所工作，没有实际的课堂教学经验，对此话有点半信半疑。后来我的物理教学生涯从美国达特茅斯学院的五年开始，到香港科技大学的十四年，以及以后在清华和北大十余年各种形式的教学。经过这些年的亲身体验，我才发现要讲好一节课，真需要十倍于它的时间来准备。当然第二遍以后会好一些。有些老师一辈子就吃一碗饭、讲一门课，这当然相对容易。而我们在香港科大，曾经规定过每一门课最多教三次。所以我们都教过许多不同的课程，都经历过多次第一次教一门课的痛苦。但是反过来，这却使我们基础更扎实，知识面更广阔，大大有利于科研和教学。

各个学校有不同的风格。达特茅斯是美国的长春藤学校之一，素以精英、甚至贵族学校著称，学生水平非常之高。在那里讲课最大的顾忌是学生们问题太多、太深，唯恐没有准备好而答不出来。在香港正好相反，绝大多数学物理的学生都是比较差的，最大的忧虑是没有人答复问题，很难与学生交流。在这两种完全相反的情况下，如何把课程讲好，真是一门学问。我的体会就是从实际出发，照顾学生的水平，由浅入深，区别对待。首先要让学生基本入门，至于提高，就必须因材施教。即使香港，也有个别真爱物理的好学生，后来又有内地的高材生，对他们就要开辟更广阔的天地，并且在考试时留有超高分数的余地。

　　黄昆先生的认真和严谨我深有体会。我从教以来，采用了数十本教科书，只发现 Ashcroft/Mermin 那本《固体物理学》找不出差错；另一本认真读过的书中，找不出差错的就是玻恩、黄昆的《晶格动力学理论》一书。作为译者，我反复校对过几次，只发现我们的中译本有些笔误和印刷错误，而英文原版却是完美无缺的。所以我在该书中文版第二次印刷后，无限感慨地写下了"重印后记"："《晶格动力学理论》是黄昆先生建树的一座丰碑，确立了他在固体物理学史上不朽的地位，也是他留给后人最宝贵的财富。面对这样一部辉煌的巨著，译者时时有一种高山仰止、诚惶诚恐的感觉。反复阅读其英文原版，不仅被它的博大精深所折服，也为它的严谨细腻而惊叹。"

　　有人可能以为，听不懂也取决于听者的水平。不错，针对不同层次和不同理解力的听众，讲解的方式需要改变和适应。从这一点上看，讲话艺术其实也体现了讲者的诚心和热情。美国著名作曲家巴伯说过："当我面对一群人，或是大众传播媒体谈话时，我总是假想自己是和'一个人'进行推心置腹的谈话。"美国企业家葛洛夫说："有效的沟通取决于沟通者对议题的充分掌握，而非措辞的甜美"。黄昆先生讲课和讲演之所以杰出，就因为他对物理学理解之透彻。另一方面，如卡内基所说："将自己的热忱与经验融入谈话中，是打动人的速简方法，也是必然要件。如果你对自己的话不感兴趣，怎能期望他人感动。"这对于文学作品最为明显，例如托尔斯泰的名言：伟大的文学作品"把自己体验到的感情传达给别人，而使别人为这感情所感染，也体验到这些感情"。

　　黄昆先生作为伟大的科学家，既有深厚的学养，又有充沛的情感，所以才能把自己深深感悟的物理学知识传达给别人，使别人也为这些知识所折服，也能体会其中的物理学之美。他既是具有重大建树的科学大师，也是诲人不倦的教学名师。让我们记住黄先生这句简单而深刻的至理名言："听不懂，从来不是听的人的问题，而是讲的人的问题"，以此来激励自己、要求自己，为科学事业和教育事业真正做出贡献！

数学所

师从关肇直先生读研

程代展

矩阵半张量积理论与应用研究中心

作者简介 1946 年 3 月出生于福建省福州市。清华大学毕业(1970,焊零),中科院研究生院硕士(1981,数学所),美国华盛顿大学博士（1985, Dept. of SSM）。中科院数学与系统科学研究院研究员，IEEE Fellow，IFAC（国际自控联）Fellow,曾任 IFAC 理事（2011-2014）及 IEEE CSS 执委（2010 和 2015）。出版学术论著(含合作) 16 本, 论文近 500 篇, 是矩阵半张量积理论的创始人。

1977 年 9 月，人民日报头版头条登出"中国科学院试办研究生院"的消息。这是继恢复高考后的又一重磅炸弹，在我们这批因文革未能完成学业的老五届中可谓"一石激起千重浪"。特别是清华留校的，号称八百子弟兵的新工人，文革开始时都是一、二年级的低班生，留校后又受到更多清华文化氛围的熏陶，更是个个摩拳擦掌，蠢蠢欲动。当时自己在数学教研组，原本就喜欢数学，自然最心仪的就是数学所了。首届招生简章就登在人民日报上，招生专业，导师按所排列。第一个就是数学所，而第一个导师及专业就是关肇直及控制论专业。

我出身焊接专业，数学所于我似非分之想，更遑论关先生和与我毫无渊源的控制论了。只是当年清华数学教研组招了十数名各系调来的新工人，入组后曾经培训八、九个月，当时称培训班。我在培训班表现突出，曾免试提前结业，去教当时清华唯一的由五个系（工物、工化、数力、电子、自动化）抽调尖子组成的数学提高班，因此，得到教研室几位老先生的青睐。主任栾汝书对我说："你就报关肇直，他人品好、学问也好。控制论又是新方向，有前途。"曾经是大右派的孙念增教授更是自告奋勇，对我说："我跟老关熟，可以带你去见见他。"我在数学教研组时自学一些数学专业课程，不懂就寻师讨教，这两位老先生都私下指导过我，是我恩师。

我既心有所动，又在心中打鼓，就给关先生写了一封信，毛遂自荐。我那时刚刚自学完艾利斯哥尔兹的《变分法》，将书上的习题一道不拉都做了，自以为得意，就将习题本随信给关先生寄去了。关先生很快就回信，信不长，表扬我并鼓励我报考。但后面有这么一句话："控制论用到的数学很广也很深，希望你继续努力。"看来，关先生一眼就看穿了我那点三脚猫的功力了。不过，回信还是让我深受鼓舞，我就壮壮胆报了"控制论"。

孙先生是实在人，从不食言。一日，他来告诉我，已约好关先生。次日，我跟着他空手到了关先生家。关先生当时住的是中关村一处平房，印象中很简陋，只见书柜上的书层层摞摞，已然爆满。关先生个头不高，留着小胡子，戴一付塑料架眼镜，两眼炯炯有神，说话有条不紊，一副儒雅斯文之态。他显得很和蔼，问了我一些个人及学业的情况，嘱我好好准备。我问他："我从未接触过控制论，应先念点什么书？"他答道："不着急，先准备考试。"后来他们俩聊起来，我就只有洗耳恭听的份了。孙先生极力向关先生推荐我，说是可塑之材，听得我面红耳赤，又不便插话。关先生频频颔首，不时转头看我，似有赞许之意。

当时基础课老师都分到各系开门办学。我分到工物系230教研组。准备考研的时候，认识了工物系的几位新工人。他们有时也和我一起讨论数学问题，其中包括后来考上高能院的王克斌学长。他们虽与我专业不同，但数学基础也很好，让我十分吃惊。

后来高校也开始招生。230 教研组的李恒德老师（留美回国，院士）开门办学时与我接触较多，在 200 号时曾同住一个宿舍。蒙他错爱，力邀我跟他念研究生。还有当时教研组的支部书记也给我做工作。我有点受宠若惊，高考时"工物系"我连想都不敢想。后来看了克斌学长的文章才明白：我跟他情况类似，当时可能工物系想从留校的新工人中挑一些业务比较好的念研究生，这些人毕竟文革中接触专业多一点。

毕竟我对数学爱得多一点，而材料专业知之甚少，犹豫了一阵子后，我还是婉拒了李老师的邀请。

报关先生的考生有二百余人，初试考四门：数学分析、高等代数、外语、政治。前两门是数学所统一出题，后两门是科学院统一出题。我初试尚好，前两门专业课分别为 88 分和 86 分，后两门都是 80 分。当时要求专业课平均 60 分就可以复试。我的成绩算不错的了，心里很得意。回家吹牛："科学院研究生我不考谁考？"后来才知自己是井底之蛙，我们数学班有个姓洪的同学，是文革前的厦大数学系研究生，他考完后出门仰天长叹一声："完了！"自以为题这么简单如何考得出水平？他的两门基础课分别为 100 分和 98 分。我们专业的两师兄谢惠民和刘嘉荃也都接近满分。

复试在廊房，数学所各专业题都不一样。控制论专业参加复试的有 16 人。这回是动真格的，上午考分析，我有两大题只字未写，不知所云。中午回宿舍，因各专业复试科目不同，大家都去找同专业的同学交流。我以为自己肯定出局了，一个人坐在床沿，怔怔地发呆。清华考数学所参加复试的，除我之外，还有数力系的孙杰。他得过北京中学生数学竞赛第三名，又是学校篮球队高大中锋，在清华是个大名人。孙杰过来跟我打招呼，我对他说："我上午彻底砸了，不准备再考了。"要回北京。他一再劝我："既来了，试一试怕啥，长点经验也值得。"又说："大家都觉得复试难，又不是你一人。"这似乎给了我一点勇气。终于在他劝说下，我才又进了下午的考场。考高等代数感觉似乎好一点。高等代数的复试和初试也不同，考题中有两道抽象代数的题目。感谢栾先生给我们上过这门课，虽然这次没复习，但大致概念还记得，不致无从下手。

第二天口试，除关先生还有两个年轻老师。奇怪的是，他们没有问我关于数学分析的问题，大概知道我泛函分析是空白，还问什么?问了几个代数中的问题，事后想起来，都是我错的地方。经他们提示，我似乎都答对了。记得关先生并未提问，只在一边默默地听着。最后，一位年轻教师问我："你愿不愿意去其他高校?"（科学院复试的时候，国内的重点高校也开始筹备招研究生了。）我心里一沉，这可不就没戏了？想了一下，说："北京的高校我愿意去。"对刚熬过的八年别鹤孤鸾的两地生活，我心有余悸、谈虎色变，唯恐再陷深渊。

复试后回清华，甚感失落。当时钟家庆在清华数学教研组，开门办学时我和他同在工物系一个教学小组，彼此较熟。他原是数学所华罗庚的弟子，文革中调到清华。他自告奋勇帮我到数学所打听消息，据说还有希望，让我又燃起一丝期盼。发榜时，居然榜上有名，大喜过望。复试的16人，关先生招了4人，其他12人都调剂到包括北京大学在内的几所重点高校去了。我就这样幸运地成了关先生的研究生。

研究生院那时就设在林学院院内，和我们家（清华大学部分教工宿舍占了林学院房子）只有几十米远。数学所的研究生共24人，分为一个班（101班）。包括堵丁柱、孙杰、我的师弟曾晓明等许多同学后来都留在国外了，在国内的有马志明院士、丁伟岳院士，还有我们专业的两师兄谢惠民和刘嘉荃，李福安班长等。当时数学班研究生的导师有华罗庚、吴文俊、关肇直、陈景润、王元、陆启铿、王寿仁等几位，都是大师级人物。

关先生出生名门，父亲是留德回国的铁道工程师。母亲毕业于北京女子师范大学，后留校任教。关先生从燕京大学数学系毕业后留校任教。他于1947年加入了共产党，同年，经党组织批准，他考试了赴法留学生。1949年新中国诞生，一种革命者的使命感使他毅然放弃了取得博士学位的机会，漫卷诗书，束装回国。回国后他参与了中国科学院数学研究所的筹组工作。此后，在数学研究所从事党政领导和数学研究的双重工作。1962年后，他将自己的全副精力投入现代控制理论的研究和中国控制事业的发展，成为中国现代控制理论的奠基人。

关先生既是行政领导又是自动控制学科的领军人物，自然是夙兴夜寐，难得闲暇。跟随他三年，真正与先生独处聆教的机会并不多。头一次是刚到研究生院不久，关先生给我出了个题目，要我考虑线性系统参数为区间值时的能控性问题。当时区间代数是个热门话题，他提示我利用这一工具。我先考虑平面情况，很快做了一个小结果，用的是复变函数的方法。我将结果写了两、三页纸给他。过几天他找我，我看他在我的稿纸上用铅笔做了一些批注。他先肯定了我的工作，接着指出这种方法恐怕对一般情况不能用。看到我有点紧张，关先生又同我聊起一些轻松话题。他问我是否认识清华大学的祁立群，我说认识。他是清华文革前的两个万字号学生之一，文革后调回清华数学教研组，我当年还帮他搬过家。关先生告诉我祁立群也在做区间代数，跟他有联系。说我要有什么想法也可与他交流。

他还要求我先看一些区间代数的论文，对我说："做研究一定要善于发现和应用新工具。做研究的过程是最好的学习过程。"

结合应用学习，这是关先生一贯的主张，他其实心里主要是想让我念点区间数学的东西。我后来一直在想这个问题，这种学习方法可能对成熟的科研工作者或优秀的博士生合适，硕士生也许单独修课效果更好一点。我后来在区间系统能控性问题上并无进展，这也许让关先生很失望。

第二次是在修完他的"泛函分析"课之后。我考了78分。当时许多其他专业的同学都比我考得好，我觉得很惭愧，找关先生想认个错。先生很宽容，说："第一次学能修成这样还算可以吧?"他告诉我，泛函分析很重要。我说我原来是工科学生，数学基础不够，意思是能不能学点浅的。关先生很严肃地对我说："工欲善其事，必先利其器，不掌握先进的工具就做不出前沿的研究工作。"然后，拿出他早年的专著《泛函分析讲义》，仔细给我勾了几个章节，让我细读。

当时的研究生院规章制度很不健全，既没有选课制度也没有学分要求。只要导师同意，什么课都可以选。关先生主张不要多修课，要我们做研究，在研究中学。不过彭桓武来讲相对论，他却要我们都去听。他说，要听大师的课，学思想方法，看分析技巧。关先生的学术思想高屋建瓴，不落俗臼。

听了几次彭桓武先生的"相对论"，着实难懂。老先生是大家风度，讲课内容丰富，跳跃的跨度又大，板书也是龙飞凤舞。彭先生上完课就走，也没有指定教科书，这门课上下来的确不容易。我们旁听倒无所谓，物理所的学生急了，他们可是要考试拿分的。于是，三堂课过后，一张大字报贴到了教学楼一楼。印象中这是研究生院唯一的一次学生给老师贴大字报。虽有文革遗风，但它毕竟跟文革中的大批判大不一样，学生们企盼的，是学懂修好大师的课程。

第三次是修完课程后回所做研究，我被分到一个军工项目组，做信号处理。我开始有点情绪，觉得其他三个同学均做理论研究，只有我做工程项目，是否因为我学得不好？为此，关先生特地找我谈了一次。他首先晓以大义，说明军工项目对国防的重要性。然后讲到工程问题中往往有许多深刻的数学问题，举例说偏微分方程工程问题，拉氏变换是工程师提出的。最后提到，选我是因为我是唯一学工出身的，有优势。关先生侃侃而谈，他条分缕析、旁征博引，听得我茅塞顿开，就像在炎热的夏天吃了一份冰激凌，觉得透心的爽。我终于高高兴兴地去了项目组。

项目组的任务来自海军航空兵，航空兵从飞机上用超声波测潜艇，我们的任务是：如何从返回的超声波信号判断海底有没有潜艇。项目组有四个人，负责人是一个年轻老师，叫贾沛璋。一位是朱正桃，比我稍大，也是文革中北航毕业的大学生；另一个魏敬勤，是工农兵学员，比我稍小。我们拟采用有限脉冲响应数字滤波器对信号进行滤波。

　　首先是设计滤波器。我们从海航研究所拿到几组数据，其中有的有潜艇信号，有的没有。然后用我们的滤波器过滤数据，看能否找到潜艇信号。照着书本的方法及一些文献上的介绍，我很快就设计了一个滤波器。然后打卡上机。那时数学所的计算机有半个房间大，程序要打在卡片上。一个程序就是一箱卡片。然后排队，由专业人员上机。算一回通常要等几天。

　　大约有几个月，我拼命改换各种设计，没日没夜地编程，一次又一次地排队打孔上机。但我们的滤波器都没滤出信号来。大家都和我一起着急，却似乎无计可施。一日，与贾老师苦苦相对，手捧一堆满是无聊数据的打印纸，欲哭无泪。贾老师突然问：这数据属时域还是频域？一句话如同醍醐灌顶，令我幡然梦醒：原来是将时域的数据直接用于频域上了。找到错误，此后一路坦途，如烹小鲜，很快就将信号滤出来了。后来想起，始信天下事，欲速则不达。当事者迷。能临危不乱、跳出迷局，方能成游戏高手。

　　接着课题组就到青岛海军基地，与海航所的人一起做实验。基地有两架水陆两用飞机，都是苏联造的。实验时要有潜艇配合，看是否能探测出来。这样的实验我们去过两次，我坐过一次那种小飞机，不但声音震耳欲聋，而且机身经常抖动，十分难受。好在测试由他们做，我们只是上去体验一下。

　　下榻的招待所就在海边，清晨，旭日东升，烟霞万倾。我赤着脚跑到海滩上，看蓝天大海，潮涌潮退，白云如絮，蓝水似缎，真觉得脑清气爽，心旷神怡。这里是军事基地，人迹罕见。清晨的沙滩是一片黄澄澄的沙的起伏旷原，到处是螃蟹横行。昨夜潮起时留下一个个水洼，里边多是小鱼小虾。我用茶杯，捞起不少小鱼虾，养在脸盆里，娱目清心。往事如烟，只是那一派人间仙境至今难忘。

　　关先生虽然没有直接参加我们的项目，但对项目进展一直很关心。贾老师会定期向他汇报。一次偶遇，关先生问我项目进展情况。

当时正是我们突破瓶颈之时，我略显兴奋，向他讲述了大致思路与进展。他也显得满意，对我说："现在开始上路了吧？军工项目直接关系到国防现代化，是我们用学识报效国家的好机会，一定要努力做好。"

项目进展顺利军方似乎也挺满意。此时突然得到出国的消息，就赶紧准备毕业论文。

论文答辩时，主席是清华大学常炯院士，他高度评价了我们的工作。关先生这时已病重住院，没有参加我的答辩。答辩完我就出国了，没赶上毕业典礼。

临走前去向关先生告别，关先生那时已告病重，可他总忘不了工作，室里人去看他，他一聊起工作就是几个钟头。后来，在院方的反对下所党委做了一个决定：没有所党委批准不得见他。临出国，所党委安排我和曾晓明一起去见了一次关先生。

我们进病房后，关先生欲坐起，但照看他的护士不让，只是把床头摇高了一点。关先生脸色苍白，显得很虚弱。他先问了我们关于毕业论文和答辩的情况，接着就聊起出国留学的事。他提到当年他们这些人，是为救国、强国的信念而出国的。解放初，一大批留学生为报效祖国回来了，他们后来都成了新中国科学技术的领头人。他说希望我们这批留学生将来也能起这样的作用。他说得很动感情，显然想起了自己的当年，听得我们频频点头，几欲泪下。祖国，这是人的一生不能选择的母亲，一份无法割舍的眷恋。

谈到学业，他特别强调要学先进的东西。提到了他心里挂念着的控制论的一些前沿课题。当时有印象的包括大系统理论；无穷维系统的控制理论；还有非线性控制的微分几何方法。

关于几何方法我这是第一次听到。我后来选择非线性几何控制理论作为主攻方向，一定程度上也是受关先生这次谈话的影响。

说到学习方法，关先生强调结合实际问题学理论。不知是否他觉得我们年纪大了，不能再像学生那样静下心来一门课一门课地修？其实，以我个人体会，只要有机会，学生修课的方式可能读书效率最高。但条件不充许时也只能边干边学了。

那天，关先生谈了许多。他有时会停下来，喘口气，喝口水，然后接着说。看得出，他想尽量让我们了解他所思所虑。直到护士第二次干涉，我们才依依不舍地同关先生握手告别，不想这次告别竟成永别。后来一直遗憾在心的是：那次去看关先生，连一束花、一袋水果都没带。那时的人情，特别是师生之情，纯得宛若一池清水，诚得可以置腹剖心。

我敬重关先生，他是一位带着深深的时代烙印的学者。他英年早逝，在病榻上，他曾对两件事感到遗憾。他曾提到："也许当时应念完学位再回来。"他还说过："如果不是为了其他工作的需要，我会对单调算子做更多的工作。"是的，他天资超群，本来可以为科学做得更多。但他毫无私心，将自己的主要精力都献给了自己的政治信仰。他一生执着，坚守对自己信仰的忠诚，也坚守对自己学术的追求。谁能告诉我，他在病榻上的时候可有未尽的遗言？

原文发表于《系统科学与数学》，卷 39(2)，2019. 记念关肇直先生 100 周年诞辰专刊

计算中心

深切怀念关肇直先生

余德浩

作者简历 1945 年生，浙江宁波人。中国科学院研究员，国际欧亚科学院院士，中华诗词学会会员。1967年毕业于中国科大数学系，1978 年考入中科院研究生院，1984 年获博士学位，1985 年访问美国马里兰大学，1986年获"洪堡"基金到德国工作，1988 年回国。发表论文 120 余篇，出版专著 3 本。曾获中科院自然科学一等奖、国家自然科学二等奖，以及北京诗词大赛一等奖等多项奖励。

关肇直先生是我的大学老师。今年 2 月 13 日是他的一百周年诞辰纪念日。虽然他离开我们已经有 37 年了，但我还清楚记得他给我们讲课的生动情景，更记得他在我人生的关键时刻曾经给予我的帮助。1962 年我高中毕业。在我填写大学报考志愿前，中国科学院的数学家华罗庚先生来到我就读的上海市格致中学视察工作。他当时是全国人大常委，也是刚成立三年多的中国科学技术大学副校长兼数学系主任。华先生做了一场非常精彩的报告，讲解了火箭轨道计算等数学的重要应用。我崇敬华先生，也热爱数学，因此在他的鼓励下，报考了中国科大数学系，并以高分被录取。进入科大数学系后我才知道，除了华罗庚主任外，还有两位副主任：关肇直和吴文俊，他们也是很著名的数学家，与华先生一起被并称为"数学三龙"。我本来是慕名华先生才报考中科大的，但我们 62 级属于"关龙"，由关先生负责教我们。我很快就被关先生的学识人品所折服，也对他无比崇敬。关先生强调数学要应用，非常重视学习物理，让我们和物理系的学生一起听严济慈先生的"甲型"物理课。于是我非常幸运，有机会直接受教于关肇直、严济慈等著名科学家。当年跟随关先生教我们的还有两位20多岁的年轻"助手"：林群老师和常庚哲老师。那一年关先生其实也并不老，才43岁。听说数学所的年轻人都尊称他为"关公"，但我们还是习惯称他关老师。

五年后我以全优成绩从中国科大毕业。当时我多想进入中国科学院工作，多想到数学研究所继续向关老师学习啊，但形势的变化使当年的分配方案与以前大不相同。1968年我被分配到位于山西省的北京军区部队农场种地，1970年再被分配到北京远郊的县办农机厂做工，随后又于1972年被抽调筹建县化肥厂，接着留厂工作。就这样我脱离数学专业整整11年。这期间我努力想把学得的知识应用于工作实践，也曾多次想调动到专业对口的工作单位，但苦于消息闭塞，也无门路，实在无能为力。大约在1972年前后，我突然收到了一些纸质粗糙的油印数学文章，这是从中科院数学研究所寄来的讨论班学习资料。此后每隔一段时间我就会收到一些这样的资料。原来这是关老师让人寄给我的。我至今也不知道他是怎么得知我的地址的。因为脱离数学专业多年，当时我并没有读懂这些文章，但还是深切感受到了关老师对我的关心和期望，增强了我不要忘记数学、总有一天会用到所学知识的信心。后来关老师又要直接调我到数学所工作，派有关人员到县里来调人，可惜没有成功。当我到县里询问调动之事时，县里分管人事的军代表极其严肃地告诉我："你有舅舅在香港！"我明白了，在香港做工的舅舅使我有了"海外关系"。这在当时是非常"严重的"问题。有了这样的问题，县里就有充分理由不放我走，更不能让我进入中国科学院。此后我又多次企图调动，包括北京市计算中心的人拿着北京市委书记的"商调函"来调我，也都没有成功。

1978年改革开放了，科学的春天到来了！国家恢复了研究生制度，中国科学院又要招收研究生。这对于一个从小立志要当科学家，誓为祖国的科学事业奋斗的青年，是何等惊天动地的好消息！这是我向往和期盼了十多年的特大喜讯啊！这一消息最早还是林群老师告诉我的。他说关老师让他转告我，鼓励我报考研究生。但是因为前几年调动工作失败有了教训，我心有余悸，生怕关先生的"绝密专业"又把我这个有"海外关系"的学生拒之门外。我专程到北京找到关先生，说出了我的顾虑。关先生考虑了一下，坦言他也没有把握，于是建议我报考冯康先生的研究生。他对我说："冯康先生水平也很高，我教你的那些知识在他那里都用得上！"我感谢关先生给我指出了方向，也忘不了那天当我离开他家，他送我到门口时，他慈祥而深情的目光。关先生给了我极大的鼓励，使我有勇气向厂里和县里提出报考研究生的要求，并孤注一掷立下了"军令状"："我只要一次机会，若这次考不上中科院的研究生，终身不再要求调动！"领导终于同意了我的请求，我拿到了准许报考的介绍信。我相信我的实力，到北京中关村报考了中国科学院计算中心冯康先生的研究生。

我欣赏大诗人李白的诗句："天生我才必有用！"我相信"机会只给有准备之人。"我白天在工厂上班，汗流浃背辛勤劳动，晚上挑灯夜读，刻苦复习大学课程。因为有在中科大打下的扎实基础，因为有理想信念的强烈支撑，特别有关老师的深情鼓励和殷切期望，我在大学毕业十余年后还是没有忘掉数学，临阵磨枪的努力也没有白费。通过初试和复试，我的考试成绩名列前茅，被中科院计算中心、被冯康先生录取了。后来才知道，那一届冯康老师只带一名研究生，而报考他的人竟有数十名之多。我终于进入了中国科学院，我多年来梦寐以求的愿望实现了，我年轻时就有的理想实现了！1978年9月1日，我接到了中国科学院发出的正式录取通知书，兴奋激动之情难以言表。我欣喜若狂，情不自禁写了四首七律，题为《接研究生录取通知有感》。其中的两首写道：

　　　　　　文革十年感悟深，脱离专业赤心存。

几番商调难归口，一意钻研未入门。
长望献身科学院，多年注目中关村。
今朝阔步红专路，苦战攻关报国恩。

毕业十年又进城，今朝已是研究生。
元凶粉碎心花放，妖雾清除喜泪横。
道远关山勤迈步，峰高科技勇登程。
他年四化宏图展，献我青春更远征。

进入研究生院学习后，我又选了关老师主讲的硕士学位课程《线性泛函分析 入门》，这次他的"助手"是科大 59 级的冯德兴学长，教材则是关先生和张恭庆、冯德兴合著的那本书。这样间隔了十几年，我第二次成为关老师的学生。1981 年我顺利获得硕士学位后，又留所继续跟随冯康先生攻读博士学位，随后去美国和德国访问工作直至 1988 年回国。此后的几十年我一直在中科院从事计算数学研究工作，2010 年退休后还返聘工作了许多年。回首往事，进入中科院研究生院学习是我人生的重大转折，我忘不了关老师曾经给予我的帮助。关老师教给我的数学知识在我攻读研究生和后来长期的研究工作中也确实都用到了，那些知识正是我进行研究工作必不可少的重要基础。

1982 年 11 月的一天，我正在准备博士学位论文，突然听到敬爱的关老师因病逝世的不幸消息。那年他才 63 岁，就匆匆离开了我们。他把毕生精力都奉献给了祖国的科学事业。11 月 23 日在科学会堂举行了纪念会，我怀着极其悲痛的心情参加了那次纪念会。至今还清楚记得严济慈、苏步青、钱学森等前辈科学家都在会上做了充满深情的讲话。他们对关先生的学术贡献和人格风范给以极高的评价。我决心以关老师为榜样，更加努力地工作，献身于祖国的科学事业。那一年我 37 岁。现在刚好又过去了 37 年，我已年过古稀，退休多年，但关老师的音容笑貌依然历历在目，他仍然活在我的心中。

今天有幸参加关老师百岁诞辰纪念会，谨赋诗一首，以表达我深切怀念之情：

鞠躬尽瘁写春秋，百岁先师笑貌留。
分析泛函多著述，运筹控制勇追求。
一生奋斗丹心照，万里奔波壮志酬。
事业文章垂史册，高风亮节耀神州。

原载《系统科学与数学》2019年第二期

追忆冯康先生

余德浩

今年 9 月 9 日是冯康先生 99 周年诞辰纪念日。他于 1993 年 8 月 17 日因病逝世，至今已有 26 年了。但时间的推移并未磨灭我对他的思念，岁月的流逝更为他的学术思想增添着光辉。二十余年来，我曾应邀在国内六十余所大学作讲座报告，在介绍我本人的工作之前，一定要先介绍冯康先生的学术生涯、学术成就和学术思想。去年正逢中科大成立 60 周年和国科大成立 40 周年，这两所大学分别是我读本科和读研究生的母校，冯康先生则是我的恩师。在母校校庆之际，回忆恩师确实很有意义，故谨以此文表达我对恩师的深切怀念。

一、饮水思源，师恩难忘

我在中国科学院数学与系统科学研究院从事计算数学研究工作。该研究院于 1999 年成立，由四个研究所合并组成。这四个研究所是：华罗庚先生创办的数学研究所和应用数学研究所，关肇直先生创办的系统科学研究所，和冯康先生创办的计算数学与科学工程计算研究所。后者原名中国科学院计算中心。数学与系统科学研究院的办公大楼于 2002 年被命名为"思源楼"。我当时任计算数学与科学工程计算研究所副所长，参加了那次命名仪式。"思源楼"这个名字起得很好。顾名思义，饮水思源，我自然想到了我的老师，想到了不仅创建了这几个研究所，而且为开创我国现代数学事业，包括计算数学和科学计算事业做出了巨大贡献的这几位前辈数学大师。在思源楼的门厅里可以见到已故华罗庚院士的塑像，在对面计算数学所的门厅里则安放着已故冯康院士的塑像。他们都是我的老师。

在参加"思源楼"命名仪式后,我曾写诗一首,题为"思源楼杂感"。诗是这样写的:

> 罗庚有数论方圆,肇直无形析泛函。
> 文俊匠心推拓扑,冯康妙计算单元。
> 追思母校龙腾日,喜见繁花锦绣园。
> 盛世中华迎盛会,思源楼里更思源。

诗中嵌入了四位老师的名字和专长,"盛会"则是指当年将在北京召开的世界数学家大会。该诗表达了饮水思源、师恩难忘之意,自觉写得尚可,曾在一些场合自引。次年正是恩师冯康先生逝世十周年。年底又值石钟慈院士七十寿辰。在贺石院士寿辰的报告会上,我又提及上述自鸣得意之作,并向石院士献贺诗曰:

> 石师精计算,钟情有限元。
> 慈心教学子,寿诞共思源。

每句首字连读即为"石钟慈寿"。不想我的这一"思源"情结很快感染了包括寿星本人的其他人。石院士在当天晚宴的答谢演讲中也大讲饮水思源,深情回忆了华罗庚、冯康和德国 Stummel 教授三位老师对他的深远影响。林群院士在接着的发言中同样谈到了冯康先生对他的指导和帮助,并说在冯门弟子中石院士就是他的大师兄。

早在读中学的时候,我就仰慕华罗庚先生。1961 年我有幸见到了华先生本人。他作为全国人大科教文卫委员会副主任,在我的中学数学老师已故黄松年先生的陪同下,到我的母校上海市格致中学视察并给全校师生作报告,报告后又作为中国科学技术大学副校长,接见了我们几个爱好数学并曾在上海市中学生数学竞赛中获得优胜奖励的同学。华先生希望我们高中毕业后报考中国科学技术大学,特别是他亲自担任系主任的中国科大数学系。中国科学技术大学 1958 年才成立,当时的名气还不大。特别在上海,复旦大学的影响要更大些。但在华先生的影响下,我在 1962 年参加高考报名时,把中国科大数学系作为第一志愿,并在全国统考中以高分被录取。开学的第一天,华先生在接见了数学系全体新生后,又把从上海市格致中学考来的四名同学留下单独接见,他还致函黄松年老师说:"高兴地看到了格致送来的好学生"。在 1966 年文革初期华先生被作为'反动学术权威'批判时,居然有人贴出大字报,"揭发"华先生到上海"走后门招生"的"罪状",真令人哭笑不得。

那时候中国科学技术大学位于北京复兴门外二十华里的玉泉路。虽然校园很小,学生不多,但全院办校,所系结合,中国科学院各研究所最著名的专家都来校讲课,师资条件得天独厚,非一般高校可比。在数学系,华罗庚、关肇直、吴文俊三位教授亲自讲授基础课程,一人带一个年级,被称为'华龙'、'关龙'和'吴龙'。这就是我诗中"龙腾"一词的来由。我们那一年级属于'关龙'。关肇直先生带领当年才二十六、七岁的青年教师林群、常庚哲、史济怀等教我们数学课程。严济慈先生当年也是中国科大副校长,他亲自在阶梯教室开大课,教了我两年物理学。我虽然在上大学时就知道冯康先生的名字,但那时没有见过面,只知道他曾在关肇直先生的泛函研究室工作过,后来转向计算数学研究。当时冯康先生和石钟慈老师都在科大数学系教计算数学专业课,而我虽然被分在计算数学专业,却还没来得及听他们讲课就发生了文化大革命,因此对计算数学还是一窍不通。

我爱好数学,从小就崇拜数学家,当然希望毕业后能到中国科学院从事数学研究工作。但文化大革命使这一理想变成了梦想。当时身不由己,只能服从学校的统一分配。我们这一届毕业生在学校等待分配长达一年,到 1968 年 7 月我才被分配到山西省的军垦农场种地。两年后又被分配到北京远郊密云县的农业机械厂和化肥厂,接着当了 8 年技术员。就此我脱离数学专业十余年。多亏关肇直先生在我毕业数年后还记得我这个学生,他通过多种途径打听到我的下落,经常给我寄他们讨论班的学习资料,鼓励我复习数学,并几次想把我调到中国科学院数学研究所工作,可惜在当时的形势下都没有成功。要不是他的关心和鼓励,我可能早就把学过的数学知识忘光了,后来也就很难考上研究生。在文革十年动乱结束后，邓小平先生再次出山，1977 年首先恢复了高考制度，接着又恢复了研究生招生，这使我有了重返数学专业的机会。又是关先生写信告诉我这个重要信息，并建议我报考冯康先生的研究生。由于前几年县里曾多次阻挠我调动工作，我报考研究生是孤注一掷，只能成功，不能失败。我也担心"录取名单已内定"，因为社会上已有这样的传言。我给冯康先生写了信，表达了我考研究生的愿望和顾虑。他很快回了封短信鼓励我报考，并强调将完全按考试成绩录取。这些事情已经过去四十多年了，但回忆起来仿佛就在昨天。关肇直老师早已于 1982 年去世了，冯康老师也已于 1993 年离开我们，但我会永远记得他们和其他老师对我的关心和帮助。

二、指点方向，开拓创新

真正认识冯康先生是在我成为他的研究生之后。冯康先生早在上世纪五十年代就开始培养计算数学青年人才，其中有些早已成为著名的专家教授甚至院士。到六十年代他又指导了一些四年制研究生，其中有的完成学业毕业了，也有因文革或其它原因而中止了学业。到 1978 年我国恢复研究生招生，又建立了硕士、博士学位制度，冯康先生便是首批博士生导师之一。他还是首届国务院学位委员会委员和学科评议组成员，多次连任直至去世。由于冯康先生在文革前就培养过许多学生，也正式带过研究生，我当然不是他的第一个学生，也不是他的第一个研究生。但我可以说是他的第一个硕士生和博士生。在 1978 年招收研究生时，由于积压了十多年的人才都要挤读研究生这座独木桥，报考的人相当多，录取比例很小，难度空前。报考研究生的有五、六十年代的大学生，也有七十年代的大学生，甚至还有没有上过一天大学靠自学成才的"知识青年"，年龄大的接近 50 岁，年龄小的才 19 岁。当时冯康先生任中国科学院计算中心主任，亲自命题、判卷，主持面试及录取工作。由于他的名气很大，报考计算中心的多数考生慕名而来希望以他为导师，但最后他只留下我一人由他亲自指导。于是我确实万分幸运，成了无可争议的"冯康先生的第一个硕士生和博士生"。我在他的亲自指导下学习、工作了整整六年，1981年取得硕士学位，1984年取得博士学位。到1985年冯康先生才招收第二个博士生汪道柳。汪是1982年考入计算中心的，硕士生导师是张关泉研究员。他毕业后曾留所工作，几年后移民加拿大。在汪之后，冯康先生又先后招收了葛忠、尚在久、唐贻发等博士生，其中尚在久毕业后到中国科学院数学研究所做博士后，后来担任过该所副所长、所长。

我22岁大学毕业，33岁有机会考上研究生，39岁才取得博士学位。在我读研究生时，有些也就比我高两三届的科大学友，由于赶在文革前毕业，当时就分配到中国科学院工作，到1978年已经是研究生导师了。产生这一巨大的差距当然不是因为我个人的过错，是文化大革命使我荒废了学业十多年。这给了我很大的压力。我决心珍惜这来之不易的机会，勤奋学习，努力工作，要把失去的时间夺回来。但当时我没有任何研究工作经验，若无名师指点，很难进入科学研究之门。是冯康老师在很短的时间内把我引进了计算数学研究之门。他言传身教，毫无保留地向我传授治学之道，为我指出了重要的有广阔发展前景的研究方向，使我不但在这一方向完成了硕士及博士学位论文，而且在取得博士学位后，又继续在这一方向工作了三十多年。我庆幸自己遇到了一个好老师。

那是在上世纪七十年代后期，改革开放刚刚拉开序幕，百废待兴，百业待举。科学的春天来到了，科研人员可以不受干扰地开展科学研究，但多数研究人员才走出政治运动的迷宫，还不清楚哪些是重要的研究方向，哪里是学科前沿，不知道应该选什么研究课题，工作应从哪里入手。冯康先生以其渊博的学识和敏锐的眼光，以其对国家需求和学科发展的深刻洞察力，高瞻远瞩，高屋建瓴，旁征博引，深入浅出，在北京，在外地，做了一系列报告，展望计算数学和科学计算的发展前景，指出若干重要的研究方向，鼓励中青年科研人员去做这些大有可为的研究工作。在此期间他还曾到欧洲访问讲学，也大讲这些新的研究方向。从他的报告中受益的不仅有我们中国的科研人员，也有一些外国学者沿着他指出的方向完成了很多很好的工作，有的还因此在世界数学家大会做 45 分钟邀请报告。记得他当时提出的研究方向有：组合流形上的微分方程与组合弹性结构，间断有限元方法及理论，现代数理科学中的非线性问题(孤立子)，数学物理方程反问题及其在地震勘探中的应用，无界区域上偏微分方程的数值求解，等等。到了八十年代初，他又提出了哈密尔顿系统的辛几何算法这一新的研究方向。从《冯康文集》的目录，以及他在当时发表的一些论文的脚注中，我们可以看到他不断开辟新的研究方向的线索。

冯康先生的一系列报告带动了一大批人去从事这些方向的研究工作，取得了许许多多有意义的研究成果。其中有些方向的研究工作至今长盛不衰。林群院士曾在庆贺冯康先生七十寿辰的报告会上非常生动形象地说："冯康先生煮了一锅饭，我只捡了其中一粒米，吃了一辈子。"可以说，冯康先生当年的这些报告影响了中国计算数学界几代人。正是在冯康先生的亲自指导和鼓励下，我开始研究无界区域偏微分方程边值问题的数值求解。在冯康先生影响下同时开展这一方向研究工作的还有清华大学的韩厚德教授，他至今仍清楚记得当年倾听冯康先生报告时的生动情景。

冯康先生经常说，他从来不是从洋人的论文缝里找题目。六十年代中，在中国几乎与世界其它国家隔绝的情况下，他独立于西方提出了"基于变分原理的差分方法"，即后来的有限元方法，最早建立了有限元数学理论。他不满足于已有的成果，对于不断提出的新问题，总想找到适于求解新问题的新方法。他常说：一个科学家最大的本事是把复杂的问题化简单了；一个好的计算方法应能保持原问题的基本特性；对同一个物理问题可以有许多不同的数学形式，它们在理论上等价，但在实践中未必等效。正是这些思想指导他不断发现新问题，提出新方法。有限元方法固然对解决许多问题很有效，但并非万能。有限元法，有限差分法，有限体积法，都离不开"有限"二字，有限个有限大的单元可以覆盖有限大的有界区域，因此对有界区域问题，这些方法可以很有效。但对无界区域问题呢？上述方法遇到了本质性的困难。简单地把问题局限于有界区域求解，忽略人为边界外部的影响，必然导致显著的误差。于是必须探索新的计算方法。冯康先生想到了边界归化的思想。他说，同一个物理问题，既可以用微分方程来描述，也可以表达为边界上的积分方程，区域上的微分方程可以归化为边界上的积分方程。而边界归化的思想，早在 19 世纪就已出现，我们可以提到 Neumann，Volterra，Fredholm，Hilbert，Hadamard 等许多前辈数学家的大名，在他们的论著中可以找到一些相关的理论成果，但那时候还没有电子计算机，当然更不可能将这些结果应用于科学和工程计算。

基于边界归化发展的计算方法称为边界元方法。在冯康先生思想的指导下，我和韩厚德教授发展了与西方流行的两类边界元方法完全不同的边界元方法，冯康先生最初把这一方法称为正则边界元方法，后来又建议改称为自然边界元方法。我们首次提出了超奇异积分方程的数值解法，系统发展了求解各类问题的自然边界元方法，特别对椭圆型偏微分方程得到了相当完整的结果。我们发展了各类人工边界方法，给出了一系列高精度的人工边界条件，并应用于科学和工程计算的许多领域。我们提出了边界元与有限元的对称直接耦合法，克服了自然边界归化对区域的限制。这一方法后来被西方学者称为 DtN 方法。该方法及随后在此基础上发展的 PML 等方法在国际上已被认为是当前求解无界区域问题的最主要的计算方法，在科学和工程许多领域获得了成功应用。

我们的工作经受了长时间考验，引发了大量后继工作，相关论著被他引上千次。同行名家在公开发表的论著中高度评价我们的工作，称韩和余是"DtN 方法的创立者"，"首先提出和发展了 DtN 方法"，"截断误差分析是一个重要课题，余和韩首先导出了误差估计"，"余首先指出了偶次元与奇次元误差的不同特性"，"超奇异积分计算遵循余方法","韩独立引进的对称方法",是"基本的有限元-边界元耦合公式",余的论文是"最值得注意的论文,提供了重要的结论",等等。自适应有限元方法创始人美国 Babuska 院士在专著中 19 次引用余的论文;日本前数学会长藤田宏教授在专著中列"外问题"专节介绍余的工作;Wolf 奖获得者美国 Keller 院士在论文中承认"证明中的某些思想类似于韩的误差分析",其合作者对余的专著发表书评承认他们随后"在西方独立发展的 DtN 方法类似"于余的方法;德国"边界积分法之父"Wendland 教授特别指出:"韩和余两位科学家对边界积分方程数值解的分析和发展贡献了重要的新成果。他们的工作发展了数学和数值边界元分析的中国学派。"

"弹指一挥间",四十年时间过去了。韩厚德教授和我都早已过了冯康先生当年为我们指出研究方向时的年龄。我们以 30 年的心血凝聚而成的研究成果"人工边界方法与偏微分方程数值解"获得了 2008 年国家自然科学二等奖。我们终于没有辜负冯康先生生前对我们的大力支持、热情鼓励和殷切期望。

三、提携晚辈,激励后人

冯康先生不仅指出了上述一系列新的研究方向,而且鼓励学生和同事们独立去做这些方面的研究工作。他自己则在生命的最后十余年集中精力研究哈密尔顿系统的辛几何计算方法。尽管如此,他仍然非常关注上述研究工作的进展。例如,在他的指导、鼓励和影响下,张关泉研究员在数学物理反问题研究及其在石油地震勘探中的应用方面,屠规彰研究员在孤立子和非线性方程理论研究方面,韩厚德教授和我在无界区域偏微分方程边值问题数值求解的研究方面,都取得了很好的研究成果。冯康先生为我们取得的每一个成果而高兴,他在多次国际会议上大力宣传我们的工作,并鼓励和支持我们总结研究成果出版专著和申报科技成果奖励。1983 年在华沙举办的世界数学家大会邀请他做 45 分钟报告,在他之前受到过这一邀请的中国大陆数学家只有华罗庚先生等寥寥数人。冯康先生递交了题为"有限元方法和自然边界归化"的报告并被收入文集。他在报告中介绍了我的工作，在一共只有 11 篇的参考文献中，就列入了我的两篇论文及另一篇他与我合作的论文。他还曾在许多其它国际会议上介绍我的工作。他也鼓励我独立申报中国科学院自然科学奖，独立撰写专著。尽管我在报奖前多次表示要把他的名字也写上，但他坚决不同意。他说这些工作是你做的，你应该独立去申报，不要挂他的名字，他也不希望我靠挂上他的名字去获奖。他还和石钟慈院士分别为我申请科学出版基金写了推荐信。他在推荐信中写道："该书完全不同于国内外现有的同类书籍，是一本具有国际领先水平的、极有特色并反映了我国学者在这一领域的研究成果的学术专著，因此很有出版价值，特此推荐。"他还亲自为我的书确定了书名。这使我的专著得以在科学出版基金支持下，列入《纯粹数学与应用数学专著》，在科学出版社顺利出版。1993 年 3 月，当我把拿到的第一本精装本的《自然边界元方法的数学理论》送到他家里，恭恭敬敬递到他手中时，他也难以抑制心中的兴奋和激动。

在冯康先生的鼓励和支持下，我于 1989 年独立申报中国科学院自然科学奖，并顺利通过了评议和答辩，获得了一等奖。他非常高兴。我由衷感谢他多年来的指导和帮助，提出要与他分享奖金，被他坚决拒绝。为此我向当时的所长石钟慈老师建议，设立冯康青年计算数学奖，以奖励研究所内 45 岁以下的优秀青年研究人员。在所领导的主持下，这个奖励基金很快设立了，我捐出了中科院自然科学一等奖个人所得的奖金中的大部分，这是这个奖励基金得到的第一笔捐款。随后屠规彰研究员也从美国汇来捐款，所里又投入了一笔经费。评奖委员会成立后，确定该奖两年评一次，一次评选两人，奖金为每人 800 元。当时我也在评奖委员会内。在冯康先生去世前，有两位刚毕业留所工作的年轻博士汪道柳和胡星标获得了这一奖励。

1993 年 8 月 10 日是冯康先生繁忙而不幸的一天。为纪念有限元方法发展五十年，国际上的一些著名专家请他提供 1965 年那篇以中文发表的著名论文的英文译文，他要校对已由留美青年学者翻译的文稿并最后定稿；他也要关注即将在北京香山召开的华人青年计算数学会议，亲自参与会议的组织安排；他又获悉世界工业与应用数学会已邀请他在下一次会议上作大会报告。因此他非常兴奋。在结束了一天的紧张工作后，晚上九点钟，他准备沐浴休息。但非常不幸的是，当家属发现他倒在浴缸旁边昏迷不醒，再请所里来人帮助把他送到医院时，已经是后半夜了。在病危住院的一周中，他几乎一直处于昏迷状态。但据当时任所长的崔俊芝院士回忆，确实有一天冯康先生曾清醒过来，还与他们说了话。那一天崔院士正守候在病房里，上海大学的郭本瑜教授前来探望冯康先生，冯先生醒过来了。崔院士还清楚记得，冯康先生曾向他问起将要在香山召开的华人青年计算数学会议的准备情况。在冯康先生突然病倒前几天，他们曾讨论过会议的报告安排。住院一周后的 8 月 17 日，冯康先生因后脑蛛网膜大面积出血医治无效，不幸病逝。就在那一天，香山会议开幕了。参加会议的海内外青年计算数学家在惊悉这一噩耗后，不胜悲哀。他们提议，为了怀念冯康先生，永远铭记他对科学计算的杰出贡献，为了激励后人，推动科学计算事业的发展，为了扩大国际影响，促进全球华人青年科学计算工作者间的交流，应该把本来局限于中科院计算中心内部的"冯康青年计算数学奖"升格为面向全世界华人青年学者的"冯康科学计算奖"。与会青年学者舒其望、杜强等当场就解囊捐资。这一提议也得到了全所职工和国内许多同行的支持，捐款很快突破了 20 万元。在石钟慈院士的主持下，自 1995 年起，冯康科学计算奖每两年评选一次，国内外的华人青年学者都把获得这一奖项视为非常崇高的荣誉。至今已有数十人获得这一奖项，其中舒其望、鄂维南、杜强、蔡伟均为中国科学技术大学1980 年代的毕业生。

四、只争第一，不要第二

1990 年研究所曾为庆贺冯康先生 70 寿辰组织了一次学术会议。随后，《计算数学》、《数值计算与计算机应用》和"Journal of Computational Mathematics"三刊执行编委会委托邬华谟研究员和我起草"祝贺冯康教授 70 寿辰"一文，拟以中、英文分别刊登在这三个杂志上。当我们拿着初稿到冯康先生家里请他审阅修改时，确实有些诚惶诚恐，因为知道他非常严谨，可能会提出很多修改意见。但出乎我们意料的是，冯康先生对文章并未做多少改动，却对文中两处写法提出了非常强烈的反对意见。一处是在文章开头介绍先生简历时，提到了"1977 年晋升为研究员"。他对此非常恼火，提高嗓门说："快六十岁了才当上研究员，外国人会认为我是个白痴！"其实国内五六十年代参加工作的人都知道，职称、工资长期冻结，直到 1977 年才解除冻结，逐步恢复职称晋升制度。但外国人怎么会知道这些呢？就是国内的年轻人也难以理解那时的情况。他们只知道，为了克服"人才断层"，有一些幸运的年轻人稍有成绩就能被越级晋升为教授，这叫"破格"。他们怎能理解成就卓著的冯康先生在职称被压了几十年后才得到正名的复杂心情！冯康先生的这一怨气已经积压了许多年，只是这一次在我们面前爆发了！我们立即表示理解他的心情。我说我也有同感，因为我 22 岁就已大学毕业，但在 17 年后到 39 岁才取得博士学位，外国人同样会认为我是个白痴！于是，我们将那篇文章的开头改为："1990 年 9 月 9 日是冯康先生七十寿辰，编委会同事向他——中国科学院学部委员、世界著名数学家、敬爱的冯康教授——致以最热烈、最诚挚的祝贺"。其中根本就不提哪一年当教授，哪一年当学部委员（院士）。冯康先生这才满意了。让冯康先生生气的第二个地方是写他"荣获国家自然科学二等奖"。国家自然科学二等奖对常人而言当然是非常崇高的荣誉。但冯康先生对当年创始有限元方法只获得二等奖一直是非常不满的，他从不隐瞒这一观点。"只要一等，不要二等"是他的性格。他也确实有资格获得国家自然科学一等奖。他宁愿只写上"获得中国科学院一等奖"，也不愿写获得国家二等奖。最后我们在定稿时索性就不提获奖的事。

后来他的另一个研究成果"哈密尔顿系统的辛几何算法"于 1990 年

获得中国科学院自然科学一等奖,但在申报 1991 年国家自然科学奖时,尽管在评审过程中一路领先,最后还是二等奖,一等奖空缺!冯康先生听到这一消息后,毫不犹豫立即撤回了申报。这样,直到去世他也没有获得国家自然科学一等奖。这是他终生最大的遗憾。一直到 1997 年,冯康先生去世已经四年了。我当时是主管科研和教育的副所长。我和研究所学术委员会主任石钟慈院士一起,又提议为冯康先生申报国家自然科学一等奖。我们组织相关研究人员精心准备了申报材料。经过层层严格的评审,"哈密尔顿系统的辛几何算法"终于获得了国家自然科学一等奖。这是整个 1990 年代 10 年内仅有的两项一等奖之一。我们研究所的创始人,中国科学计算事业的奠基人和开拓者之一冯康先生的遗愿终于实现了!

颁奖大会于 1997 年 12 月 26 日(星期五)在人民大会堂召开。冯康先生已经不在了,只能由他的主要合作者、多年的同事秦孟兆研究员代表他上台领奖。所里很多职工从当晚电视的新闻联播里看到了国家主席江泽民亲自给秦教授颁奖,无不欢欣鼓舞。他们互通电话,互相贺喜。星期一上班后,全所喜气洋洋,人人兴高采烈,争读报纸,争看照片,纷纷要求立即召开全所庆贺大会。由于所长不在国内,我与阎长洲等其他所领导商议后,于 12 月 30 日(星期二)召开了研究所"庆获奖,迎新年"茶话会。我主持会议并致开会词,然后请秦孟兆教授介绍了颁奖大会盛况,回忆与江主席等国家领导人亲切会见的情景,接着许多科研人员和管理人员争先恐后作了热情洋溢的发言,最后又由我做了总结。记得那天我说得最动情的有两段话,一段话是我在茶话会开始时说的:"获得国家自然科学一等奖是冯康院士生前最大的愿望,他一生献身科学,成就卓著。今天,在他去世四年后,终于获得国家给予他的公正评价,他是当之无愧的!我们作为他的学生和同事,也终于可以告慰他的在天之灵!这一成果凝聚了冯康先生生前最后十年的心血,这十年心血没有白费,他的课题组的全体研究人员及有关管理人员的辛劳获得了最有价值的报偿。"另一段则是结束语:"一代大师冯康院士已长眠于九泉之下。获奖只能表明过去的成绩。今后我们这个所，这支队伍，计算数学和科学工程计算这门学科，能否继续发展，如何发展，取决于我们自己。全所科研人员和管理人员要学习冯康先生为科学献身的精神，发扬光大，为国家，为科学事业做出更多的贡献。特别是年轻的同志更是任重而道远！"我至今还保留着写有我那一天这两次讲话内容的笔记本，上面的两段话正是逐字逐句从那个笔记本上抄下来的。

五、论著传世，影响深远

由于冯康先生突然去世，他的研究工作也就突然终止。他留下很多尚未完成的手稿，计划开展的研究课题和撰写专著《哈密尔顿系统的辛几何算法》的提纲。这些都是他留给后人的宝贵财富。在冯康先生去世后，中国科学院计算中心立即组织了《冯康文集》整理编辑组，由石钟慈院士任组长，崔俊芝所长为副组长，成员有：余德浩，秦孟兆，王烈衡，汪道柳，李旺尧。由崔所长出面向冯康先生的家属借来先生的手稿，分工整理编辑。经过近一年的工作，《冯康文集》第一卷于1994年由国防工业出版社出版了。第二年又出版了第二卷。

冯康先生留下的手稿包括数十本纸质很差的学生用的练习本，上面写着密密麻麻的蝇头小字。其中有些内容已经包含在已发表或将发表的论文中，也有一些是很零星的内容或刚刚开头的工作。这些练习本被分给整理编辑组成员分头整理。关于边界归化部分的内容由我负责。我在一个练习本的一页上发现有一个公式，后面有几行证明和一个大问号。显然证明远未完成，问号表示这是一个存疑的猜想。这一猜想正与我不谋而合，因为我也早就想证明这一结果，只是一直没有证出来。这是关于调和问题的自然边界积分算子即 DtN 算子的一个定理，很有意思，超奇异积分算子的平方居然是一个通常的二阶微分算子。早在八十年代初我就知道对直线边界或圆周边界这是对的，那末对一般的单连通区域的边界呢？我仔细研究了冯康先生写的几行字，用了几个月时间完成了这一证明，整理成文后以与冯康先生合作的名义联名在《计算数学》杂志发表了。该文同时也收进了《冯康文集》。我还在冯先生的遗物中发现了一张 A4 纸，上面打印了不到半页的英文摘要，这是他在去世前一年去香港访问讲学时用的。他在这个摘要中指出："自然边界元与有限元耦合法是当前与并行计算相关而兴起的区域分解算法的先驱工作。区域分解算法可推广到无界区域"。我认为这个结论很重要，应该收入《冯康文集》，但我一直没有找到报告全文，也可能冯康先生根本就没有撰写过全文，而在香港听过他报告的朋友也未记录他的报告内容。于是我只能根据这几行摘要来写文章，该文也收入了《冯康文集》。这一简短的摘要给了我深刻的启示，指导我发展了无界区域的区域分解算法。此后我在这一方向发表了一系列论文，也带出了好几个博士研究生，他们中有几位现在已经是大学教授和系主任了。

冯康先生才华横溢，思想活跃，勤于探索，勇于创新。可惜他去世过早，这对中国计算数学的发展确是难以挽回的巨大损失。他发表的论文数量不多，但影响广泛而深远。他的两卷文集一共才收录了 45 篇论文，其中刊物论文 22 篇，会议论文 12 篇，文集论文（包括在他去世后由他人整理编入文集的文章）11 篇。在 22 篇刊物论文中又有 20 篇是在他本人创办并任主编的《计算数学》及《J. Comput. Math.》等国内刊物发表的，在国外发表的论文只有 2 篇。若按现在流行的评价标准，则其中仅有一篇是发表在计算数学方向的所谓国际"顶尖刊物"上的，而该文还是在他去世两年以后才发表的。冯康先生显然从来没有在乎过文章的数量和发表在什么杂志。他把科学研究看作生命，在科学创新的过程中享受着乐趣。他总是在探索，在攀登，在攻关，在创新。他将迸发出来的原创性思想和有发展前景的新的研究方向及时介绍给国内外同行，往往就是在一些会议上。他要去开拓新的研究方向，无暇顾及多写文章，也来不及把整理成果撰写专著排到工作日程中。有多个出版社曾约他写书，他也有过一些写书的计划。但在生前，他仅于 1978 年与多人合作编写了一本题为《数值计算方法》的教材，随后又与石钟慈教授合著了《弹性结构的数学理论》，于 1981 年由科学出版社出版。他已为撰写《哈密尔顿系统的辛几何算法》一书列出了提纲并写了若干章节，但他过早离世了，未能完成这一计划。那本书最后由他的长期合作者和追随者秦孟兆教授完成了。在冯康先生逝世十年之际，该书终于由他家乡的浙江科学技术出版社出版了。他的胞弟冯端院士在该书的后记中写道："值得庆幸的是他的学生与早期合作者秦孟兆教授，在冯先生遗稿的基础上，费五年心血，终于实现了冯康的遗愿，出色地完成了这一部著作。它不仅是对学科问题权威性的论述，更重要的是还可以从中窥见一位科学大师学术思想的脉络，从而认识到原创性科学发现如何在中国大地上萌生、开花和结果。"

六、音容宛在，风范长存

1999 年 8 月 17 日恰值冯康先生逝世六周年，他的胞弟、著名物理学家、南京大学教授冯端院士在《科学时报》发表了《冯康的科学生涯》一文的第四部分，小标题是："一个大写的人"。此文其实是冯端院士在前一年为纪念冯康先生逝世五周年而写的，原计划在另一报纸发表，但因该报编辑担心冯端院士直率的文笔会引起一些争议，被搁置了下来。次年恰好有《科学时报》向我约稿，我就推荐了冯端先生的那篇文章。在《科学时报》保证一字不改全文照登的条件下，冯端院士同意由《科学时报》发表该文。由于文章很长，《科学时报》分四次才刊登完。最后一部分刚好在 8 月 17 日见报，可以说非常及时。冯端院士在那一小节里是这样评价他的胞兄的："冯康是一位杰出的科学家，也是一个大写的人。他的科学事业和他的人品密切相关。一个人的品格可以从不同侧面来呈现：在他的学生眼里，他是循循善诱，不畏艰辛带领他们攀登科学高峰的好老师；在他同事眼中，他是具有战略眼光同时能够实战的优秀学科带头人。熟悉他的人都知道，他工作起来废寝忘食,他卧室的灯光经常通宵不熄,是一心扑在科学研究上的人。在 Lax 教授眼中,他是'悍然独立,毫无畏惧,刚正不阿'的人。这个评语深获吾心,谈到了冯康人品中最本质的问题。我想引申为'独立之精神,自由之思想'。在和他七十多年的相处中,正是这一点给我印象最深。他不是唯唯诺诺,人云亦云,随波逐流之辈。对许多事情他都有自己的看法和见解,有许多是不同于流俗的。在关键的问题上,凛然有'三军可以夺帅,匹夫不可夺志'的气概。从科学工作到做人,都贯彻了这种精神。"

在我们这些晚辈面前,冯康先生确实更多表现出"他是循循善诱,不畏艰辛带领他们攀登科学高峰的好老师",也是"一心扑在科学研究上,具有战略眼光同时能够实战的优秀学科带头人"。而对比他小四五十岁的更加年轻的一辈人,他则更像是慈眉善目的老爷爷。许多年轻人都说冯康先生平易近人,和蔼可亲,但他们也觉得奇怪,为什么所里比他们年长很多的中年科研人员反到很怕冯康先生。冯康先生是性情中人,喜怒哀乐皆形于色。他一生历经坎坷,饱受磨难,但几十年的世事沧桑并未磨去他的棱角。他性格刚强,说话直率,从不隐瞒自己观点,也不怕得罪别人。

冯康先生有兄、弟各一人,还有一个姐姐。他哥哥在美国,弟弟是著名物理学家冯端院士,姐姐在中科院动物所,姐夫是著名的大气物理学家、国家最高科技奖获得者叶笃正院士。他们之间感情深厚。兄弟、姐弟间很随便,均直接以姓名相称。我曾多次在冯康先生家中见到冯端院士。后来在冯康先生去世后的多次纪念会上,听过他的发言。冯端先生对他胞兄的深厚感情溢于言表。他在谈及冯康先生一生历经磨难而矢志不渝时声泪俱下,感人肺腑,令我终生难忘。首次见到冯康先生的姐姐则是在一个非常意外的场合。这里有一个动人的故事。那是在 1987 年秋,冯康先生应德国斯图加特大学的 Wendland 教授及柏林某大学教授的邀请,获得德国马普学会的优厚待遇,访问德国半年。前三个月在斯图加特大学。当时我作为洪堡访问学者,正在斯图加特大学做研究工作，合作者正是 Wendland 教授。我妻子也和我在一起。我们住在大学的一套客座公寓里。冯先生刚到斯图加特时，由于没有找到合适的住处，就暂时在我家吃住。冯康先生很健谈，我们在一起相谈甚欢。他向我描述了将成立科学与工程计算国家重点实验室的美好前景，还以我熟悉的资历相当的同行已在国内晋升为正教授激励我，鼓励我结束在德国的访问后回国服务。他本来烟瘾极大，但因为我们不抽烟，他在我家住的一周内没有抽过一口烟。在他访问斯图加特期间，我和我妻子还曾陪同他参加中国学生学者联谊会组织的活动，去近邻国家瑞士游览。我们从日内瓦、洛桑到伯尔尼，准备经苏黎世回德国。在伯尔尼我们只能停留几个小时。正当我们在一个小公园的小山包上观景照相时，冯康先生突然眼前一亮，他见到他姐姐正风尘仆仆从对面走来。两人都惊喜万分，谁也想不到会有这样的巧遇。他们快步走到一起，兴奋异常，热烈地问候交谈。我赶紧用相机摄下了这宝贵的镜头。他们也就短暂相聚了一二十分钟，因为双方都已安排好紧凑的行程。他只知道他姐姐在美国看望儿子一家，即将回国但不可能从瑞士经过。他姐姐也只知道他在德国访问讲学，想不到他会忙里偷闲到瑞士游览。使他姐姐改变回国路径的原因是：叶笃正先生恰好在日内瓦参加世界气象学家大会！我后来把洗印的照片给了冯康先生，背面写了那天的日期：1987 年 11 月 15 日。冯康先生非常喜欢那张照片。后来我多次见到他在一些国际学术会议招待会等场合，拿着那张照片眉飞色舞地向身旁的中外朋友讲述那天发生的"小概率事件"，欣喜之情溢于言表。

  2003 年冯端院士在《哈密尔顿系统的辛几何算法》一书的《后记》中是这样写的："现在大家都在谈论科学创新的问题。科学创新需要人才来实现，是唯唯诺诺，人云亦云之人呢？还是具有'独立之精神，自由之思想'之人呢？结论是不言而喻的。科学创新要有浓厚的学术气氛，能否容许'独立之精神，自由之思想'的发扬光大，是科学能否得到创新的关键问题。冯康虽然离开人间已经 10 年了，他的科学遗产仍为青年一代科学家所继承和发展，他的科学精神和思想仍然引起人们关注、思考和共鸣。他还活在人们的心中！"

我也愿意以美国科学院院士 P. Lax 于 1993 年冯康先生逝世后在 SIAM News 上发表的悼念文章的结尾作为本文的结尾："冯康的声望是国际性的，我们记得他瘦小的身材，散发着活力的智慧的眼睛，以及充满灵感的脸孔。整个数学界及他众多的朋友都将深深怀念他。"

原文刊于见《中国数学会通讯》2009 年第二期
2019 年 11 月修改

1987 年 11 月 15 日作者与冯康先生于瑞士

计算中心

有缘科学在春天

余德浩

1978年3月31日是个不平凡的日子，全国科学大会闭幕了，中科院郭沫若院长发表了重要讲话，题目是《科学的春天》。他激情洋溢，发出了铿锵有力的声音："'日出江花红胜火，春来江水绿如蓝'。这是革命的春天，这是人民的春天，这是科学的春天！让我们张开双臂，热烈地拥抱这个春天吧！"这声音仿佛至今还回响在耳边。

整整40年过去了，往事历历在目。四十年前的那一天，我还在北京远郊的密云县化肥厂工作，我多么渴望能进入中国科学院，回归我的数学专业，从事数学研究工作啊！数学是我从小就喜欢的学科，华罗庚是我最崇敬的大数学家，我曾立志要成为数学家。记得在五十六年前的一天，华先生作为全国人大常委会委员，在上海视察期间到访我就读的中学。我有幸见到他，在操场聆听他关于火箭轨道计算的报告。更加幸运的是，我还被老师引见与他交谈。正是听从了他的建议，1962年我报考了中国科大数学系，并以高分被录取。我受教于关肇直、严济慈等著名科学家，五年后以优异成绩毕业。当时我多么想到中国科学院工作啊，但形势的变化使分配方案与以前大不相同。1968年我被分配到山西的部队农场种地，1970年再被分配到县农机厂做工，随后于1972年被调到县化肥厂工作。就这样我脱离数学专业整整11年。这期间我多次想调动工作，关肇直老师也曾要调我到数学所，但几次调动都以失败告终。

1978年改革开放了，科学的春天到来了！国家恢复了研究生制度，中国科学院又要招收研究生。这对于一个从小立志要当科学家，誓为祖国的科学事业奋斗的青年，是何等惊天动地的好消息！这是我向往和期盼了十多年的特大喜讯啊！我欣赏大诗人李白的诗句："天生我才必有用！"我坚信"机会只给有准备之人。"我白天在工厂上班，汗流浃背辛勤劳动，晚上挑灯夜读，刻苦复习大学课程。我相信我的实力，报考了中国科学院冯康先生的研究生。因为在中科大学习时打下了扎实基础，因为有理想信念的支撑和关肇直老师的鼓励，我在大学毕业十余年后还是没有忘掉数学。临阵磨枪的努力也没有白费。我的考试成绩名列前茅，被中科院计算中心、被冯康先生录取了。后来才知道，那一届冯康老师只带一名研究生，而报考他的人有数十名。我终于进入了中国科学院，这是我多年来梦寐以求的愿望，这是我年轻时就有的理想啊！

1978年9月1日，我接到了正式录取通知书，兴奋激动之情难以言表。我欣喜若狂，情不自禁写了四首七律，题为《接研究生录取通知有感》。其中的两首写道：

> 文革十年感悟深，脱离专业赤心存。
> 几番商调难归口，一意钻研未入门。
> 长望献身科学院，多年注目中关村。
> 今朝阔步红专路，苦战攻关报国恩。

> 毕业十年又进城，今朝已是研究生。
> 元凶粉碎心花放，妖雾清除喜泪横。
> 道远关山勤迈步，峰高科技勇登程。
> 他年四化宏图展，献我青春更远征。

正是在1978年那个不平凡的年份，正是在"科学的春天"进军号吹响后的第一个金秋，我迎接着科学春天的强劲东风，迈进了中国科学院研究生院的大门，开始了三年硕士加三年博士的刻苦攻读。十年的蹉跎岁月已使我的学业荒废了不少。在农场和工厂工作使我长期脱离数学专业。与那些毕业后就直接分配到科学院或高校工作的幸运儿相比，与那些只比我高几届但在"文革"前就已进入中科院的学长相比，我在科研上晚起步了十多年。我只能通过加倍努力来弥补。我要努力追赶，"把失去的时间夺回来！"

我的导师冯康院士是国际著名数学家，中国计算数学的奠基人和开拓者。在我成为他的学生时，他已以独立于西方创始有限元方法而享誉国际。冯康先生是名师，也是严师，我有幸跟随他学习了六年。能成为研究生，有机会跟着大数学家学习，在同龄人中终究是少数。我经历过失落和坎坷，深切体会机会来之不易，当然非常珍惜。冯康先生指导我进入了计算数学研究的学术之门。经过六年的刻苦努力，我完成了学位课程，发表了十余篇学术论文，先后取得了硕士和博士学位，有幸成为冯康先生培养的第一个硕士和第一个博士。此后我继续在中科院工作。由于冯康先生已为我指明了研究方向，在这一方向有很多工作可做。1985年我到美国马里兰大学做访问学者，随后又得到德国"洪堡基金"的支持到斯图加特大学做研究工作，1988年回国。我很快被晋升为研究员、博士生导师，以后又担任了中科院计算数学研究所副所长、中国计算数学会副理事长，被评为国家级专家，享受政府特殊津贴，得到了很多学术荣誉。1989年我的研究成果"正则边界元方法与自适应边界元方法"获得中国科学院自然科学一等奖，2008年我的研究成果"人工边界方法和偏微分方程数值解"获得国家自然科学二等奖。直到退休，我发表了120余篇学术论文，出版了多本中英文专著和研究生教材。作为博导我培养了二十几位学生，他们现在多数已经是教授或研究员。此外，我也曾任多个大学的兼职教授，特别在中国科学院研究生院（现名中国科学院大学），自1988年起连续二十余年，讲授学位课程《微分方程数值解法》，退休后又曾作为"双聘教授"到厦门大学讲了三年课。

2010年1月，计算数学所职工为了在研究院春节茶话会上演出节目，委托我写一首朗诵诗。当晚情之所至，一气呵成，写下了长诗《我爱数学》，其中有三段是这样写的：

> 我爱数学，数学是数字的和谐交响。
> 我爱数学，数学是空间的精密度量。
> 我爱数学，数学是我们的学科方向。
> 我爱数学，数学院是我工作的地方。
>
> 数学家曾是我最崇拜的偶像，
> 到数学院工作是我早年的向往。
> 数学中间有我享受不尽的乐趣，
> 数学研究实现了我童年的理想。
>
> 我爱数学，数学是我终身的职业。
> 我爱数学，数学是我奋斗的战场。
> 誓为祖国数学事业的兴旺发达，
> 贡献我们青春年华和智慧力量。

获得国家奖那一年我已经 63 岁了，按照规定我不能再招收研究生。在我 65 周岁生日那一天，研究所举办了欢送我退休的午餐会。我在会上朗诵了题为《退休杂感》的七律三首，其中两首是：

> 数系时空巧剪裁，华年不负此生才。
> 求真报国多机遇，立德留言有舞台。
> 顺逆炎凉成往事，功名利禄化尘埃。
> 无私无畏终无悔，热血丹心向未来。
>
> 投身数学赋诗篇，一往情深五十年。
> 开拓创新唯恐后，继承发展竞争先。
> 追思岁岁攀登路，回味声声肺腑言。
> 喜看夕阳无限好，发挥余热在今天。

从考上中国科大开始至今已有 56 年。从进入中科院研究生院计算至今也已 40 年了。我虽经历坎坷，但有幸遇上"科学的春天"，在科学研究的岗位上，为国家工作了 40 年。一路走来，尽管没有轰轰烈烈的业绩，但献身数学的志向已经如愿以偿，退休前获得的国家奖励也给我的学术生涯画上了圆满的句号。我很欣慰，此生无愧，此生无憾。今年迎来改革开放40周年，也是《科学的春天》发表40周年，国科大成立40周年，我写了七律《重读"科学的春天"》：

> 男儿立志上书山，拼搏攀登五十年。
> 无愧人生逢盛世，有缘科学在春天。
> 潜心攻读痴情久，刻苦钻研梦境圆。
> 霜鬓秋风明夕照，承前启后谢先贤。

谨以此诗作为本文结尾。

原载2018年中科院文创协会编的内部交流文集《桑榆非晚霞满天》

贵阳地化所

恩师郭承基先生十年祭

郑宝山

恩师郭承基先生故去已经十年。

郭先生最后一次由植物园去医院是我和我的学生朱建明送去的，我们用担架把他从山上的房子里抬出来送上汽车。郭先生病情已经很重，说话喘不上气来。我没有想到就是在这样的情况下，先生见到我说的头一句话却是："昨天晚上我听到中央台新闻联播节目报告了你和朱建明关于地方病的研究成果，很好，你们干的很好，你们选择的研究方向是对的，坚持干下去吧！"我非常感动地回答说："您放心，我们会拼命干好的！"先生喘着气说："要努力干，但不要拼命，要注意身体！"

先生住进医院就再也没有能够出来，在他病逝的前几天我到医院去探望他，病房内非常安静，照顾他的家人由于疲倦睡着了，先生见我进去，怕吵醒休息的家人，凝神看了看我，没有讲话，慢慢地挥手示意我离开。我看着他安详的面容，走出病房，再见先生已是在遗体告别的时候了。

十年来郭先生的音容笑貌常常在我脑海中浮现，他的教诲，他的殷殷期盼一直督促着我更努力的工作。我应当写点什么，作为对他的纪念，作为对我个人的鞭策，也为后来的青年学者留下一点更贴近生活的材料，让他们在重温郭先生留下的学术成果的时候，能够知道郭先生是怎样的一个人，为什么他能够为国家，为中国的地球化学事业作出如此重要的贡献。

从接触地球化学这门学科起，群星荟萃、大师迭出的中国科学院地球化学研究所就是我心目中的学术圣地。文革结束后国家恢复了研究生制度，在我心中隐藏了十余年的做地化所研究生的愿望有了实现的可能。当时地化所只有涂光炽、刘东生、郭承基三位先生招收研究生，根据我个人的兴趣和对国家需要、学科发展前景的判断，我报考了刘东生先生的第四纪地质与环境地质专业的研究生并被录取。就在此时，刘先生调到北京地质所工作，经过协商将我转到郭先生名下，他们两位都承诺指导我研究生的学习与工作。就这样，我荣幸地成为了刘东生、郭承基两位导师文化大革命后的第一个研究生。

郭先生习惯于每天晚饭后散步一段时间，边散步边思考一些科学问题。地化所从图书馆到三号楼间的小路几乎是他每晚都要长时间往返的所在。晚年的郭先生为呼吸系统疾病所困，对空气污染非常敏感，在贵州省领导的关心下，长期居住在贵阳市郊区的植物园，但仍然保持着晚饭后散步的习惯，这是向他请教问题聆听教诲最好的时机。在陪同他无数次的散步中，我所得到的在科学研究和人生道路上的指导，是我终生的财富。在他内容广泛的谈话中，令我印象最为深刻，始终铭刻在心的是他讲的做人的三个基本原则，他是用非常平易的语言讲述的这三个原则。

一、无论事情大小，绝对不可做害人、损人之事

郭先生对我说，晚年回忆往事时内心的自责是人最痛苦的事。他说，我现在这样年纪了，想起小时候做的一件事仍然非常后悔。在他上小学的时候，他和同学们都不喜欢一位老师，小同学们想出一个恶作剧戏弄这位老师，他们偷偷把碎烟叶混到老师的发面里，结果做出的馒头没有办法吃。郭先生说，现在连不喜欢这位老师的原因都记不起来了，但是他非常后悔自己做的这件事。他愿意做任何事情求得老师的原谅，但老师早已故去；他也愿意做任何事来改变他曾做过这件事这个事实，但这已经不可能；他只能永远在内心深处为此后悔和自

责，他说这才是最痛苦的事。

文化大革命期间，郭先生不可避免地受到冲击，铺天盖地的大字报向他的身上泼了不少脏水。"清者自清"，文革过后，郭先生完全谅解了那些曾经批判过他的人，惟独对诬陷他为日本特务的人深恶痛绝，绝对不肯原谅。他还再三提醒我，对这个人你一定要小心，他是害人的人，而且害起人来就要置你于死地。从郭先生的话语中我分析，郭先生对此事如此痛恨的原因有两点。首先他认为这是对他人格的侮辱。抗日战争期间郭先生正在日本学习，为了国家和民族，他宁可忍受物质上、精神上的巨大痛苦，也不肯为日本军国主义者做任何事情。他认为，只有最卑劣、最无耻的小人才会为了个人的一时之利，出卖国家和民族的利益为异国侵略者效劳。在他回国全心全意为国家工作十余年之后，有人居然按照他们自己的思想逻辑，诬陷郭先生曾经做过这样的丑事，这是对他人格的奇耻大辱！其次在文化大革命那样的非常时期，这是一件可以置人于死地而百口莫辩的诬陷。像这样的事是只能由提出指责的人提供依据的，只要能够举出一件事实就可以定罪，但如果没有证据又是绝对不能任意胡说的。对于被诬陷者，你就是举出一千件证据、一万件证据证明你没有做这样的事也无济于事，因为没有人能够证明你做的第一千零一件事，一万零一件事不是坏事，换句话说，没有一个人能为你说话，没有人能证明你的清白，也没有人能为你"平反"！这就是这一诬陷的恶毒之处，也是诬陷者卑鄙之处。

对于自己年幼无知时做的一件错事终生自责的人，居然被诬陷为国家民族的叛徒，这才是使郭先生无比痛苦、痛恨的事！

二、人生在世，总要千方百计为国家、为民族做些有益的事

郭先生说，人要有报国之心，报国之志，还要有报国之技，更要抓住报效国家的机会。每朝每代，每个国家都倡导"国家兴亡、匹夫有责"，但现实是复杂的，不是每个人都能有机会做些真正对国家和民族

有益的事的,"出师未捷身先死"是常有的事。对于一个科学工作者来说,如果你真的怀抱报效国家的愿望,你就应当经常思考国家需要我们做什么,我有没有做这件事的能力,要努力使自己具备这样的能力,更重要的是,你还要千方百计抓住做这样工作的机会。

上世纪60年代,先生主持了白云鄂铁稀土矿床物质成分的研究工作,这项工作是白云鄂博矿的选矿设计和综合利用的基础,决定着包头钢铁公司的命运。这项研究证实白云鄂博矿不仅是一个大铁矿,同时还是一个特大的稀土矿山,从此中国成为世界上稀土元素资源最为丰富的国家。上世纪50-60年代,在郭先生领导下,我国发展起稀有元素地球化学和矿物学的研究方向,培养了我国第一代稀有元素地球化学和矿物学研究人才,组织起了一支研究队伍,将这一学术方向和研究手段应用于地球科学的各个领域。在他生命的最后十年,他又倾尽全力完成了五卷"稀土地球化学演化"的写作,这部巨著是同时代稀土元素地球化学的集大成之作。

郭先生回国后的四十余年中,一直在思考着国家的问题、学术的问题,研究着国家的需要和科学的发展方向,尽全力寻找着为国家和民族贡献力量的机会。今天看来,面对白云鄂博矿的难题,郭先生是完成这项任务的最佳人选,同时先生也抓住了这个机会。"际会风云"中的"际会"两字极好,一个人能够参与并影响人类历史的重大事件的机会是要去"际会"的。

在与郭先生长时间的漫谈中,无论谈起地球科学的哪一个问题,郭先生都像是有"成竹在胸",对问题的核心所在有深刻的认识,对如何解决问题有清晰的思路。现在回想起来,如果郭先生的许多思想能够实现,那将是对地化所,对中国的地球化学事业何等幸运的事!这或许也是郭先生生前最为遗憾的事吧?对于郭先生个人来说,生活如同国学大师季羡林晚年一篇随笔的标题:"不完满才是人生"。历史的前行却是任何人都无法改变的,事过境迁之后,人们在反思个人在历史上的作用的时候,有的人为人称誉,有的人让人痛恨,有的人让人惋惜，做什么样的人完全是个人的选择。对于我们这些普通人来说，也许可以随波逐流一下，但对那些有可能、有能力对历史产生影响，身居一定地位的人，如何让后人评价自己的作用是不能不认真考虑的一件事。

三、在你所作所为无愧于人，对国家尽心尽力的情况下，你有责任让你的家人过上尽可能好的生活

郭先生承认人对于家庭是负有责任的，人应当努力让自己的家人生活的幸福安宁，但在郭先生的三个原则中，个人和家庭是放在最后一位的。在现在的一些年轻人看来，这样的原则是在唱高调。他们在表面上信奉的是亚当斯密的理论，人人为自己，一只看不见的手将把人人为自己的活动转化为整个社会的发展和福祉，但在他们内心深处坚信的却是"人不为己，天诛地灭"。郭先生说这些话是在文化大革命结束不久的时候，那是在经过了长期"毫不利己，专门利人"的教育和文化大革命中虚伪的空头革命口号渲染之后，郭先生这样说是需要一些勇气的，在今天看来，这样的观念应当是一个有社会责任心，有道德的人的原则，是理想的也是现实的。

谈到郭先生不能不谈到他的跨国婚姻，他的早已加入中国籍的日本夫人。现在郭夫人已经是85岁的老人，满头银发，无论何时何地见到，永远是满脸慈祥的笑容。郭夫人爱家庭、爱丈夫、爱孩子，无论经历了多少艰难困苦，依旧无怨无悔地关爱照顾着郭先生，关爱照顾着他们的七个子女，关爱照顾着孙儿、孙女。多年来所内有句戏言，如果在地化所评选模范妻子的话，郭夫人是毫无争议的第一名。

郭先生有七个子女，夫人一直没有工作，上世纪60-70年代郭先生的生活颇为艰苦。他对我说，尽管按当时标准，他的工资已经很高了，但还是不得不申请生活困难补助。而申请这样的补助是要在单位里面公开讨论的，以他的身份要在这样的会议上开口介绍自己的困难，请大家同意给以困难补助，实在是非常令人难堪的一件事。文化

大革命期间的一个深夜，郭夫人突患急病，需要立刻去医院诊治，她因没有工作也就没有公费医疗，看病必须支付现金。郭先生竟不得不在深夜敲开同事的门，借钱送夫人去医院看病。郭先生对我说，为了生活，他甚至不得不以自己尚未完成的著作为理由，向科学出版社预支稿费以解燃眉之急。

文化大革命结束后，郭先生的子女先后参加了工作，在各级领导的关怀下，郭先生的生活状况有了很大的改善。有一次我劝郭先生把生活搞的好一点，不必过于节俭。郭先生对我说，你们的师母没有工作也就没有单位可以照顾她，没有收入也没有公费医疗，万一我先她而去，留下她一个人如何生活？有了病怎么治？老了由谁来照顾？所以我一定要想办法为她存一笔钱，这样我才能安心。郭先生为国家作出了这样巨大的贡献，他又有着这样特殊的家庭状况，但是他还是尽心尽力地承担着对妻子、对家人的责任，从来没有想过在他故去之后，要国家来照顾他来自异国的老妻。郭先生半个世纪风风雨雨、备尝艰辛、无怨无悔、相濡以沫的婚姻实在令人无限感慨！

我曾与一些人讨论过郭先生的这三条原则，有人对我说，不做坏事、尽力做好事、让家人过好日子，这样的原则看来简单，但不是人人都能做到的。"君子喻于义，小人喻于利"，不会为一时一事的利益放弃做人的原则的人是"君子"，是好人，是对自己有道德约束的人。对他们来说，心地坦荡，无愧无悔是比得到多少名利上的实际利益都要宝贵的。对君子来说，人生最大的痛苦是自责，为做了愧疚的事自责，为做好事没能尽心尽力自责，为没有能让家人过上更安适的生活而自责。

写到这里想起上世纪 80 年代的一件往事，当时我作为他的学生参加了郭先生担任主任的地化所十一室的一次会议，在讨论工作的时候，郭先生偌大年纪，面对全室人员竟痛哭失声，其原因竟是自责于自己工作不力，未能更好地领导大家发展矿物化学这一重要的学术方向，发挥其作用于国家的经济建设和发展！其时郭先生已年过六十，身为做出了卓越贡献，在国内外享有盛名的中国科学院学部委员，面对自己的晚辈、助手、学生，竟能因自责而痛哭失声，这是何等的境界，何等的担当！

斯人已逝，风范长存！在我们这个快速发展，一切都在急剧变化的时代，浮躁的心态，物质利益的过度追求，个人欲望的膨胀，以至基本道德的沦丧时有所闻。纪念郭先生可以让我们清醒，想到曾经有过这样的一个人，以这样的方式生活和工作，离开我们越久越让我们怀念！"往事如烟"，"往事并不如烟"，如烟而逝的是瞬间的功名利禄，不会消逝的是郭先生的贡献，他的人品与道德风范！

作者自述

本人祖籍河北省平乡县，成长于北京。1962年自北京五中毕业，入中国科学技术大学地球化学系（后改名为近代化学系地球化学专业）学习。

刚刚认真读书半年，在伟大领袖动员下，阶级斗争之风骤起，因家庭出身和父亲的历史问题，又因看报时一句无心之论，"丰收时多说点党的领导，减产了多讲点自然灾害"，被有心人汇报上去，遂被班级指导员打入另类，安排革命同学专册记录言行，开始为将来毕业前夕打反动学生准备材料。

文革初起，"红八月"中，革命同学就抄了我父母的家，批斗之后将他们驱逐回已离开三十余年的河北老家，在贫下中农监督下批斗改造了十年之久。1968年毕业分配前夕，革命同学将我揪出，大会批斗后送入专政队关押。在争夺分配地点、单位的大战之后，革命同学为我留下一堆"罪证材料"，扬长而去。我们班25人，被打成反革命未能按期分配工作的就有三人。十年磨难后，三人中两人考取中国科学院研究生，一人入党，在处长位置上退休。

1969年7月，在大学呆了7年之后，我被分派到河北省秦皇岛的一个不到百人的小工厂工作。革命仍然不肯放过我，一打三反运动中，刚刚工作一年的我又被揪了出来，批斗后送入监狱。同监房20名犯人，先后判死刑和10年以上长刑的就有18人之多。同监犯人告诉我，我躺的位置原来是个高中毕业生，因组织反革命集团，刚刚被枪毙。他们说这个家伙非常聪明，对他们讲解说，监狱两字的意思就是看管会说话的狗的地方，因为"狱"字中间是"言"，两侧分别是狗和动物的意思，换句话说，进了监狱就不是人了。这一言论也是他被判死刑的一大罪状，理由是党执行革命人道主义，希望他幡然悔过，他却继续放毒，实在是罪大恶极，不杀不足以平民愤。1978年他被平反昭雪后老母变疯。

所幸我入狱之时一打三反的高潮已过，我逃过一劫。林彪事件之后，我以待罪之身从监狱回到工厂，开始了相对平静的8年生活。我是中国顶尖大学的优等生，我在的厂子里连技校毕业生都没有，我可以说是大有用武之地。我一个学地球化学的，一开始建化验室，搞产品质量管理，后来为开发新产品，连厂房设计和施工组织这样的工作也干过。工厂很小，除了一些老矿工就是些文革期间毕业的初中生。老工人纯朴善良，青年人幼稚单纯，但他们都尊重有知识的人，认为我是好人受难，看不上厂里几个吃政治饭还总想找我麻烦的人。在我结婚时，全厂80%以上的人参加集资为我置办家具，此事被定性为阶级斗争新动向。

就在班级指导员已经准备将我打成反动学生的时候，我却傻乎乎的立志毕业读研究生，终身从事科学研究。这也许是班上有些人一定要把我整倒的原因吧。获知恢复研究生制度的消息后，当晚我就找出参考书，准备复习迎考。苦读数月后考取了我心仪多年的中国科学院地球化学研究所（贵阳）刘东生先生的研究生。不巧的是，恰当此时，刘先生调回北京地质所工作。北京一所大学已经同意我转学，但地化所决定将我转到郭承基先生名下读研究生，最后两位先生同意共同指导我的研究生学业，我放弃了到北京读研的机会，幸运的成为双院士指导下地化所的硕士研究生，以此开始了我被荒废十四年的学习和科研生涯。

1981研究生毕业获得硕士学位后，我在地化所先后任助理研究员，副研究员，研究员，博士生导师。我虽从未担任任何行政职务，却先后担任了贵州省政协委员和贵州省政府参事，并得以在2014年我70岁时，才在环境地球化学国家重点实验室二级研究员的位置上退休。文化大革命剥夺了我十年科研生命，改革开放将时间归还给了我。

我选择了与健康和疾病相关的基础地球化学问题作为我的研究方向，先后申请获得七项国家自然科学基金面上项目和一项国家自然科学基金重点基金项目的资助。作为博士生导师，培养毕业了博士十三人。

尽管有人预言，我在国内受过那么多的不公平待遇，国门打开，我一定一去不归。但我赌了一口气，我就是要立足国内，实实在在的研究、解决中国的实际问题，报效吾土吾民，以此洗涤曾泼在我身上的污水。

我相信科学是没有国界的，实实在在的研究成果是会为国际同行所承认的。我先后申请获得英国女皇奖学金，王宽诚奖学金和国家留学基金资助在英国帝国理工学院，美国地质调查所从事合作研究。先后在十余个国家出席、主持国际学术会议，访问、讲学、进行合作研究，曾在多个国际学术组织中任职。我更引以为荣的是与美国和瑞典的三位学者共同努力，创建了国际医学地质学会，成为该学会的共同创始人。

我先后单独、或与学生、或与国外合作学者共同署名发表学术论文超过200篇。在我退休时我的SCI论文已被引用超过1500次，文章数和引用数都超过了大学同班其他所有同学SCI文章数和引用次数的总合。

  回顾一生，深悟一个真理，个人的命运与国家的命运紧密相连。国家兴盛发展，个人才有发挥才智贡献国家，成就事业的可能。1978年国家走上改革开放之路，给了本人和本书所有作者发挥才智的舞台，实际上是解放了最富创造力的生产力。

  我们都已垂垂老矣，我们历史使命的最后一件事，就是以我们的经历告诉后人，世界潮流，浩浩荡荡，顺之者昌，逆之者亡。开历史倒车的人，可以得逞一时，终将遗臭千古！只有改革开放，走百年来世界各国成功发展之路，中华民族才有光明的未来。

贵阳地化所

追随刘东生先生的三十年

郑宝山

1978年在我34岁那年考取了刘先生的研究生,到2008年刘先生辞世,30年中我能够工作在刘先生开拓的环境地质与环境地球化学领域,能够在刘先生的指导和支持下取得一些被国际学术界认可的成果,是我人生的最大幸事。我能从一个研究生成长为二级研究员、博士生导师,最应感谢的也是刘先生对我的培养和栽培。

始入师门

听到恢复研究生招考制度的消息时,我已经在秦皇岛市的一个小工厂里工作了将近十年。

这是一个很小的工厂,收购当地和内蒙伟晶岩脉中的石英,使用花岗岩做成的碾子将其碾碎，筛分成不同粒度的石英沙产品，出售给精密铸造、陶瓷、玻璃行业使用。我在工厂的任务就是控制、管理各种产品的粒度大小。我是1962年考入中国科学技术大学地球化学系学习的，分配到这样一个工厂也算是专业对口吧！

我每周在工厂里的工作半天就可完成，其余的时间几乎完全可以自由支配。尽管文化革命中知识分子遭了殃，但在工厂里无论老师傅还是侥幸没有下乡分配到工厂的年轻工人，对我都非常友好和尊重。秦皇岛风景优美，物产丰富，气候宜人。如果没有几位吃政治饭的人，每当有什么风吹草动，就会找我的麻烦，那些年也算得上是轻松愉快的。

恢复研究生制度的消息象春雷，唤醒了我深埋心底多年的做一位地球化学工作者的理想。中国地学界的元老，前中国科学院地学部主任尹赞勋先生是我家的远亲、同乡，从我开始记事起就不断听到家人讲到这位远亲的趣闻逸事，谈到他从事的神秘的地质科学。中学时我读了俄国学者费尔斯曼的"趣味地球化学"，更对地球化学这门学科产生了极大的兴趣。为此，在我高考报志愿时，毫不犹豫地报了中国科学技术大学的地球化学系。1962年入学后，我就准备毕业后报考研究生，争取进入中国科学院的研究所，终生从事地球化学事业。可惜，生不逢时，从1962年"千万不要忘记阶级斗争"开始，一次次的麻烦找上了糊里糊涂的我，能够"苟全性命于乱世"，活着离开学校已属万幸，工作后更不愿与大学的老师、同学联系，避免触动心中难以愈合的伤疤。

几乎是在听到恢复研究生制度的当晚，我就决定报考中国地球化学的"祖庭"，贵阳地化所的研究生。在那个缺医少药的年代，我自学了一些医学知识；从有限的报刊杂志中看到了环境事业方兴未艾的形势；看到在刘先生领导下，贵阳地化所在地方病、环境污染方面的研究成果，我选择报考刘先生的研究生，下定了追随刘先生终身从事环境地球化学研究的决心。

我以第一名的成绩通过了研究生考试的笔试，不巧的是，在自秦皇岛赴贵阳复试期间，刘先生调到北京地质所工作。在北京我见到了心仪已久的刘先生，由于是文化大革命后第一届研究生，刘先生在地质所的招生事宜尚未就绪，难以将我转到北京跟随刘先生读研究生，但刘先生表示，只要地化所同意，他仍可以作为我的导师。应当感谢时任所长的涂光炽先生，在刘先生已经调离的情况下，仍录取我作为郭承基先生和刘先生两位的研究生。尽管郭先生非常希望我从事稀土元素矿物化学方面的研究，但他宽容的允许我自己作出选择，同意并支持我在刘先生的指导下从事环境地球化学与健康领域的研究工作。

这样，我就幸运的成为了文化大革命后，由两位院士指导的第一届硕士研究生。

刘先生指导完成的研究生论文——包头地区氟的环境地球化学研究

与世界上其他钢铁生产企业不同，由于使用白云鄂博富含稀土元素和氟的铁矿石，包头钢铁公司成为一个巨大的大气氟污染源。绿色植物可以强烈地吸收、富集大气中的氟。包钢大气污染波及范围内的牲畜，吃了被氟污染的牧草发生了氟中毒。北京林学院的一项研究报道称，包钢的大气氟污染范围延伸到其西北120公里之外。蒙族牧民代表拿着发生氟中毒的羊头到北京上访告状，声称牧民的孩子也发生了氟中毒，经常发生骨折而且不易愈合。在全国环境保护展览会上展出了一张包钢尾矿坝附近骨骼异常村民的照片，声称是包钢氟污染的受害者。这些或真或假的材料上了中央文件，著名蒙古族作家玛拉沁夫以此为题材写作的小说也在"人民文学"杂志上发表。

包头地区氟的问题在国内外有重大的影响，刘先生建议我选择其作为我的研究生论文选题。早在刘先生从事环境问题研究之初，刘先生就明确提出在研究环境问题时的基本思想，即将环境问题区分为自然因素导致的第一环境问题与人为因素导致的第二环境问题，以及在某种情况下会发生的两类环境问题的叠加。在刘先生这一思想的知道下，我与包头市环保局的科研人员合作，在包钢周围 1 万多平方公里的范围内采集了大量岩石、土壤、植物、大气样品，最终证明包头地区牲畜的氟中毒是包钢烧结厂造成的大气氟污染所致，受害地区为包钢周边及向西北延伸的数十平方公里之内。包钢的大气氟污染不致对居民健康造成危害。包头地区存在着自然形成的高氟地下水，人的氟中毒是饮用这种高氟水所致。

中国科学院将这项研究的成果以简报的形式上报中央，研究的结论最终为包钢公司、当地政府和居民所接受，明确了大气氟污染和地方性氟中毒的治理责任与治理方向。

继续刘先生开拓的中国西南地区地方性氟中毒的研究

上世纪六十年代末，刘先生带领地化所李长生、洪业汤等一批年轻学者开创了中国地方病的环境地质与环境地球化学的研究方向，在十分艰苦的条件下，对中国克山病、大骨节病、碘缺乏性疾病和氟中毒病区进行了系统的考察，基本形成了人类健康敏感元素的地球化学分区控制各类相关地方病的区域性流行的理论模式。

刘先生与陈庆沐、余志成、袁芷云共同撰写的"我国地方性氟病的地球化学问题"一文发表在 1980 年第一期的地球化学杂志上，这是我国第一篇关于氟中毒的地球科学研究的论文，指导了中国一代从事氟中毒地学研究的学者。

与世界上其他国家的地方性氟中毒都是因为饮水高氟所致不同，在中国西南近三千万人生活的区域内，有将近 1000 万人患氟中毒，但奇怪的是饮水的氟很低，导致氟中毒的氟只能来自于食物。刘先生根据实地考察总结出这类氟中毒的流行区都是半湿润富铁地球化学环境，中酸性土壤氟聚集区，有限的土壤氟和粮食氟含量分析数据都比较高，因此认为生长在高氟土壤上的植物吸收了过量的氟，高氟粮食导致氟中毒。

在完成了包头地区氟的研究后，我开始继续刘先生在西南氟中毒地区的研究。这时学术界已经注意到了燃煤污染的问题，一般认为西南地区由于土壤高氟导致粮食本底氟就比较高，再被室内燃用高氟煤进一步污染粮食导致氟中毒，但是不同的观点都缺乏可靠的分析数据和试验的证实。

我在工作中首先花费了很大精力解决了新鲜粮食中水溶性氟和全氟测定的难题，建立了煤中氟的测定方法。此后我对云、贵、川、湘、鄂五省的这类氟中毒病区进行了实地考察。我注意到凡是不烧煤的地区就没有氟中毒，不吃玉米的地区也没有氟中毒，只有既烧煤又以玉米为主食的农村居民中才有氟中毒流行。对野外考察中采集的大量样品进行分析后发现，生长在不同地区的，生长在氟含量不同的岩石地区的新鲜粮食中的水溶性氟和全氟的含量都小于 1 毫克/千克，而且与岩石、土壤的氟含量无关。

最后与贵州织金县卫生防疫站合作进行了煤烟烘烤玉米的试验，证实潮湿的玉米快速吸收煤炭燃烧过程中释放出来的氟形成高氟粮食，木柴烘烤的玉米氟含量没有变化，进一步的研究中还定量测定了玉米含水量对气氟的吸收系数。

上述研究的结论不断为新的研究结果所证实，为在中央资金支持下，通过改炉改灶防治氟中毒的工作奠定了理论基础。

但是我在新鲜粮食和岩石、土壤氟含量测定的基础上，否定土壤氟含量与疾病流行间关系是过于轻率了。新鲜粮食氟含量与土壤、岩石氟含量无关不等于氟中毒与土壤、岩石氟含量无关。

我们进入九十年代后的研究发现，土壤高氟通过另外的途径影响着氟中毒的流行。在西南氟病区居民必须将煤粉与黏土混合拌成煤泥使用，西南地区的黄壤，黄壤的粘化层是居民首选的黏土来源。按照土壤的地带性分类，黄壤是含氟最高的土壤，黄壤中的粘化层是黄壤剖面中含氟最高的部分，在煤泥燃烧过程中，伴烧的黏土释放出的氟比煤还要高！

这是很有趣的一件事。导致氟中毒的氟主要来自于黏土，但我们仍然称其为燃煤污染型氟中毒，因为正是煤炭燃烧过程才将黏土中的氟释放出来造成危害。

新的研究证实，刘先生在实地考察基础上综合得出的观点是正确的，我们在绕了一个圈子后又回到了刘先生的结论上来。当然现在的认识是更科学、更深入、更全面了，但是这一过程给我的教训是，对于象刘先生这样大师级人物的结论应当更深入的学习、思考，首先努力去理解验证，绝不能轻易否定。任何人在实际观察基础上得出的观点、结论都是非常宝贵的，必须认真对待。

刘先生为我打开海峡两岸学术合作之门

上世纪 80 年代我先后对中国各类不同地方病病区进行了实地考察和研究，唯一不能实地访问的是台湾的乌脚病病区。乌脚病的病因有两种学说，有的认为是饮水高砷所致，有的认为是饮水中高腐殖酸所致，争论数十年没有结论。1987 年洪业汤邀请国际环境地球化学与健康学会主席，英国帝国理工大学教授桑顿先生访问地球化学研究所并与我们进行合作研究，在他的学术报告中向我们展示了台湾乌脚病病人的照片。此事对我刺激很大，中国人的问题外国人可以研究，我们为什么反而不可以？

与台湾学者合作进行乌脚病研究的机遇又是刘先生为我们创造的。1991 年刘先生在北京主持召开了国际第四纪大会，这次大会为打破"六四"之后国际社会对我国的抵制发挥了很大作用。刘先生分配我负责为会议代表购买机票和火车票的工作，当年这是一件非常困难繁琐的事，我完全没有时间参加学术会议和讨论，但是我注意到会议邀请了台湾代表参加。大会结束那天，我找到参加会议的台湾大学地质系主任刘丛桂教授，交流之中我发现找对了人。刘教授是水文地质学家，也一直关注乌脚病的问题。我们产生了合作对大陆砷中毒病区与台湾乌脚病区进行对比研究，揭开乌脚病之谜的想法。刘先生对此设想非常支持，帮助我们争取到国家自然科学基金委员会的资助，基金委副主任孙枢先生还专门宴请了台湾的研究团队。由此开始，我们同刘丛桂教授带领的一个团队进行了将近十年的合作研究。我们最后否定了乌脚病的腐植酸病因学说，提出乌脚病是一种始动病因不明，砷为促进病因的疾病。

更有意义的是这项合作是大陆与台湾学术界最早的科研合作项目之一，十年间实现了大量的人员互访。以此项目为缘起，两岸举办了七届海峡两岸资源与环境地球化学研讨会，会议分别在海峡两岸举行。自1992年台湾学者到内蒙砷中毒病区考察起，多次访问中，他们真正接触了大陆基层的民众，亲眼目睹了大陆经济的快速发展，人民生活的逐步改善。两岸学者心中的敌意和戒心越来越小，同文同种、血浓于水的亲情越来越浓，两岸学术界的交流与合作越来越频繁。这些互动为改善海峡两岸关系发挥了一定的作用。

刘先生为我打开国际学术合作之门

在对中国燃煤污染所致氟中毒进行研究之后，我又对湖北恩施地区富硒碳质硅质岩所致硒中毒、黔西南高砷煤所致砷中毒、室内燃煤与肺癌、碘缺乏病关系等等问题进行了实地考察和研究，这些问题大多只在中国发生或发现，我国在这一研究领域的成果很少为外国学者所知晓或认可。

在1994年的一次国际学术会议上，刘先生听到美国地质调查局Robert Finkelman博士的关于煤的地球化学与环境和健康问题的报告，报告列举了世界大量煤炭中有害元素含量的数据，但是举不出这些有害元素造成实际健康危害的实例。刘先生发言评价了他的报告，介绍了中国的研究成果，建议Robert Finkelman博士与我们联系，寻求与中国学者的合作。有意思的是Robert Finkelman博士刚刚回国又接到美国伊利诺伊州地质调查局周诚林博士的电话，同样建议他与我联系，建立合作关系。

1995 年由刘先生担任学术委员会主任的环境地球化学国家重点实验室批准我赴美国参加国际砷研讨会，同时访问美国地质调查所，费用从世界银行贷款中从事国际合作交流的经费中开支。这次访问奠定了我们与美国地质调查所持续至今的合作。

根据我和周诚林博士、Robert Finkelman 博士的建议，在北京召开的第 30 届国际地质大会设立了煤的地球化学及其对环境与健康的影响专题分会，由我们三人担任召集人；分会上的重要论文作为国际煤地质杂志(International Journal of Coal Geology)的专辑出版，这一专辑由我们三人担任编辑。

Robert Finkelman 博士作为主要合作人，我申请到了国家自然科学基金重点项目的资助。项目运行中，美国地质调查局为我们完成了 400 余份煤炭样品的全分析，支付分析经费 40 余万美元，先后接受我们 4 位学者为期半年到一年的学术访问。该项目共发表论文 110 篇，其中国外 SCI 论文 25 篇。我们与 Robert Finkelman 博士的合作论文已经被引用将近 1 千次。

在我们的合作期间，我曾 10 次赴美国访问，Robert Finkelman 博士也多次访问中国，访问期间多次与刘先生见面长谈。刘先生系统阐述了他对地质体和地质过程与人群健康关系的观念，我则提供了大量中国地方病研究的实例。我们在美国科学院的报告推动了国际上相关领域的研究工作，最终导致国际医学地质学会的建立，这个学会是国际地科联批准我和 Robert Finkelman 博士等六位学者的建议建立的。

2015 年我们将在贵阳举办第七届国际医学地质大会，贵阳正是刘先生开创中国健康与疾病的地质地球化学研究的地方，这次国际会议也将是对刘先生最好的纪念。

斯人已逝功业长存

我今年 68 岁，即将完全退休。回顾一生，我的全部科学生涯都是在刘先生的指导、支持下走过来的。1978 年在北京地质所，第一次见到刘先生时的情景；2006年刘先生携夫人最后一次访问贵阳地化所，在我的办公室里笑谈时的情景；往事历历在目，他睿智的目光，慈祥的面容仍时时浮现在我的眼前。

给我留下深刻印象的是刘先生坚实的基础和广博的学识，这使他能够机敏地抓住科学发展的方向和开拓新科研领域的机遇。而我们现在培养的大学生、研究生，中学时只啃高考时考的几门课程里需要死记硬背的内容，大学里只认真学研究生考试的两三门功课，读研究生时只看与自己研究课题有关的文献，虽然得了博士学位，只要离开一个极窄的研究领域，其他方面的知识只有小学生的水平，这样的体制下，怎么可能培养出象刘先生这样的大师级人物？

"不完满的才是人生"，我知道，即使象刘先生这样获得了国家科学技术特等奖的屈指可数的人物，在他的心内也留存着许多遗憾。

刘先生对在中国开展环境与健康领域研究有系统的思想和计划。他曾在云南系统采集了不同基岩、不同气候条件、不同地貌位置的风化壳样品，希望通过这些样品的分析阐述风化壳中生命敏感元素存在、形态、生物可利用性、迁移、再沉积的规律，与各类疾病流行的区域性相联系，说明已知病因疾病分布的规律性，探寻未知病因疾病病因的线索。三十年过去，这些样品的分析和资料的处理仍未完成。

刘先生认为，中国有世界上最丰富的自然环境与人为环境对人群健康造成危害的现场，拥有大量的基础资料，开展了大量的实际调查与研究工作。中国应当将这些研究系统化、深化，中国有条件发展为国际环境与健康研究的中心，刘先生生前没有能够实现这一愿望，他希望年轻学者能够继承、推进上述工作的进展，我做了努力，但受种种条件限制，进展甚微。看到有些国家在这一领域开展工作仅仅几年就取得了引人瞩目的成果，我也非常焦急。

接力棒已经交到更年轻一代的手中，希望他们学习刘先生的精神、继承、完成刘先生未竟的事业，这才是对刘先生最好的纪念。

回忆研究生院的几位英语老师

罗保林

作者简介 1947年出生于江西南昌。1964年进清华大学工程化学系学习，1978年考入中科院研究生院，师从化工冶金所（现改名为过程工程研究所）郭慕孙院士，从事多相反应与流态化技术的研究，获工学博士学位。过程工程研究所研究员、博士生导师，中国颗粒学会理事、荣誉理事；曾获中科院科技进步特等奖。退休后因缘际会开始学习科普写作，参与策划、组编、写作多部科普作品，曾获第二届华人科普图书奖银奖，为中国科普作家协会会员。

一、李佩教授的功德

一九七七年，国家恢复高考，与此同时中科院率先恢复招收研究生，当时还在清华任教的我积极响应，报名参加了科学院研究生院的招考，并有幸通过了初试、复试和面试，最终了却了做研究生的夙愿。当时中科院的研究生院借住在北京林学院的旧址，只有一栋教学楼，第四第五层是宿舍，第一到第三层是教室。我们这些来自全国各地、老大不小的首批研究生，就在这里度过了一年半的学习生活。

当时的生活虽然还不富裕和正规，但是经历过文革的这些学人，一个个还是比较潇洒，敢说敢为的，无论是政治空气还是学术风气都比较自由，研究生院开国内之先河，聘请了"外教"教我们英语，外语教学方法也为之一新。大家与"外教"互动性很强，在外教的鼓动下，研究生院首先开始了"自费出国"热潮,那时中国还没有"托福"考试,研究生办理出国手续时,都是找研究生院外语教研组主任李佩教授签署一张外语学习证明,即可"放行"。我想,那些时李佩教授在中关村的家的门槛大概快要被踏破了!

中国科学院研究生院外语教研组首任主任 李佩教授

可想而知,那些研究生们、那些李佩教授的学生们,该是如何感谢和怀念李佩教授!

随着改革开放的逐步展开,越来越多的外籍人士来到中国的民间,体验中国的国情,兼而来到经济发展初起的中国淘金。一开始,他们中的很多人,都是利用他们的语言优势教授外文。上世纪七十年代末到八十年代初,在我研究生学习期间内,先后接受过四位外籍教师授教,他们分别来自澳大利亚、美国和英国,两位是纯粹的洋人,两位是在国外"土生土长"的外籍华人。

大概在1982年十月份左右,中科院研究生院把各所的首批博士研究生召集在一起,进行英语的集中培训,研究生院外语教研室的首任主任李佩教授请来了英籍华人彭静芙女士执教。

二、年轻活泼的英语老师彭静芙

随着改革开放的逐步展开，越来越多的外籍人士来到中国的民间，体验中国的国情，兼而来到经济发展初起的中国淘金，一开始，他们中的很多人，都是利用他们的语言优势教授外文。上世纪七十年代末到八十年代初，在我研究生学习期间内，先后接受过四位外籍教师授教，他们分别来自澳大利亚、美国和英国，两位是纯粹的洋人，两位是在国外"土生土长"的外籍华人。

大概在1982年十月份左右，中科院研究生院把各所的首批博士研究生召集在一起，进行英语的集中培训，研究生院外语教研室的首任主任李佩教授请来了英籍华人彭静芙女士执教。

彭静芙女士是英籍华人，她个子中等，娇小玲珑，短发，容貌姣好，时年不超过三十岁，与我们这些学生年龄相仿，甚至比很多老同学还要小很多。

开课之前，彭老师对我们这些学生逐个面试，主要就是海阔天空式的英文对话交谈，然后凭她的直觉给我们分成A、B两个班，A班是口语能力稍强的学生。此前我刚在一个培训班学了两三个月，给老师的感觉还好就被分在了A班。其实，两个班都是由彭女士一人分别执教，但内容和方法可能稍有区别，每个班每周有两个半天的课，基本上都是口语训练。

彭女士大学文科出身，兼之年轻活泼，因此她的课都很生动，活泼有趣。

上写作课时，她多半是出示一张外媒上的照片或漫画，没有任何的文字解说或提示，让大家"按图索骥"，根据自己的理解去叙述画面所表达的事项，各人的颖悟和判断不同，会出来五花八门的描绘，有的切中，有的离题太远，甚至还有非常搞笑的。但无论文字描述的内容如何，总还都是英文的写作。最后，老师给大家讲评，既修改文字、语法的错误，也讲述国外对新闻、事物等的视点以及观察方法，使大家在实践中得到提高。

在上听力课时,彭女士有时什么也不说,一上来就放一大段交响乐,放完一遍再放一遍,然后让大家依次讲述自己的感觉,自己听到了什么,听出了什么,听懂了什么?对于从来没有听过的乐曲,你只有发挥自己的想象力,于是叙述出来的同样是五花八门,最后揭示乐曲的真正名称和作者,介绍乐曲的内涵,大家方才释然,然后再听一遍,体会一下知情后的感觉、感悟。

年轻的彭女士还喜欢在课堂上搞些小活动,将英语会话课变成情景对话,在娱乐或嬉戏中轻松度过,让人印象深刻,兴趣盎然。比如,她让大家根据英语提示,各尽所长进行力所能及的表演。那时课堂里会杂沓声四起,叮叮咚咚,欢声笑语,甚至笑翻天。彭女士有时也是笑得直不起腰,连连呼叫:My dear!(不是一般人爱说的 My God!)

学了差不多十个月的时间,最后的结业考试也特别。由于大家都是搞科学的,将后遇到的更多是参加学术会议,进行学术演讲和交流,所以结业考试是做学术报告,每个人按照自己的专业准备一篇学术报告,届时登台演讲二十分钟,并接受听众的提问、质疑。考试时，每个研究生的导师均被邀请到现场，和所有同学一起听讲、提问、质疑，最后由各人的导师和彭女士共同评分。我们头一批博士生在读时，有带博士生"资格"的导师不多，而且大多都是非常知名的大科学家，一时间为了听我们这些学生的"演讲"，给自己的学生评分，也为了了解自己学生的外语水平，大师们个个都认认真真地到场，真的是大师云集盛况空前。

彭女士还是个性情中人，喜乐哀怒皆形于色，从不遮掩。一次她理完发来到教室，人显得朝气蓬勃，更加精气神，更加年轻。我见了有点讶异或许也是有点"谄媚"似地夸了她一句：You look very young today。平时我们还比较友善，在一块聊天也比较随便，没想到这次出人意外，她竟然愠形于色，很不高兴地回了一句：I'm indeed young。原来西方女子最忌讳的就是别人谈论她的年纪，我怎么连这么起码的知识都忘了？！咳，自讨没趣。

三、一对英籍华人姊妹花

80年代在央视主持节目的彭文兰

彭静芙老师还有个妹妹，叫彭文兰，在央视主持英语专栏。两姊妹携手共同为中国当年的英语教育做贡献。在这个意义上，她们俩人都是我研究生阶段的英语老师！

彭文兰在当时的中国可是一位很知名的人物，80年代初跟过电视学英语的人没有不知道她的，她那时一直主持央视的"星期日英语"（English on Sunday）栏目，后来还主持过央视的英语节目"焦点"

（Focus）。

彭文兰既娴雅淑静，又透着雅致和大气；她梳着两根小辫子稚气未消，穿着朴素得就像一个中国农村姑娘，白衬衣蓝布裤子，脚蹬一双当时国内时兴的一根带攀的布鞋。说起话来总是面带笑容，她那很特殊的声音立刻会吸引你的关注。她是个地道的 BBC(British Born Chinese，英国出生的中国人)，英语纯正、优雅、层次分明，带有磁性。无论从她姣好的面貌、优雅的气质到丰富的知识面，以及清新自然、活泼的教学方式，都让人感觉到什么叫真正的电视节目主持人。

彭文兰不仅英文好，中文底子也相当厚实，说话、翻译使用的中文词语也很优美、贴切，至所以能如此，应该说是得益于她那位热爱中国、念念不忘中国文化之根的老父亲对她中文学习的不断督促、指教，使她对两种文化的理解、底蕴均很深刻。她曾讲过一个小故事：在中国时，北外一颇有名气的教授请她帮助审定一本外语教材，教材中有一个英国人到朋友家作客，主人请他吃糖时说 Would You want some candy? 彭文兰对这位教授说，英国人会这么说：Do You want a candy? 不成想，教授竟然很恼火，临走丢下一句话："我们中国人招待客人不会那么小气!"彭文兰听了哭笑不得。

83 年的"五一"假期，**彭静芙老师张罗着在圆明园搞了一次 picnic，既是一次师生联谊的活动，也是给我们这些学生一次英语交流实践的机会。**那时，同学都正值青壮年，大多都是孤身一人在北京念书，聚在一块搞点活动乐呵乐呵，也算是调剂生活。当天，**彭静芙、彭文兰两姊妹都来参加活动。**

在圆明园，大家围坐成一圈，彭静芙突然让坐在自己身边的彭文兰坐到对面我的旁边去，算是让她妹妹"深入"到我们中间。大家聚在一起，彭女士带领大家用英文表演各种节目，唱歌、诗朗诵、表演道白，甚至还有人用英语唱了几句京剧，场面活泼、欢乐。

感谢我们的彭老师，给大家带来了美好快乐值得记忆的一天。

英语培训结束后大家各自都在忙着自己的活计，相互来往的机会很少。那之后的第二年,我曾在清华园里碰到过彭静芙老师,此后人各天涯,杳无音讯。

后来曾在网上看到,有人 2000 年在伦敦大学学习时,"英语教学法与英国文化"课的主讲教师之一有英籍华裔专家彭文兰的姐姐彭静芙教授。

彭静芙女士,你还好吗?

83年五一在圆明园(背对镜头围围巾者为彭静芙女士)

追思李佩老师赋

余德浩

时维四月,节过清明。缅怀前辈,祭奠英灵。吾师李佩,中外闻名。享年百岁,驾鹤西行。杏坛好友,科苑精英。追思纪念,聚集北京。吟诗作赋,赞颂聆听。忆君美德,表我深情。老师幼承庭训,才女长成。游子负笈北美,博学多能。一唱雄鸡天下白,遥望五星旗升。梁园虽好是他乡,决心归国登程。偕夫携女,唤友呼朋。冲破阻力,奉献赤诚。科大任教,变故陡生。伴侣殉职,坎坷频增。含悲忍痛,坚定忠贞。身临逆境,心有明灯。雨过天晴,伏枥请缨。白手起家,斩棘披荆。教材编写,师德传承。科技翻译,勤奋笔耕。捐资奖学,发自心声。百家讲座,精彩纷呈。老年服务,事业飞腾。发挥余热,持之以恒。春风化雨,育万千桃李杏坛芬芳;寸草春晖,有多少豪英科苑驰骋。欣逢盛世,胸怀家国志方远,正好乘风破浪;笑对人生,腹有诗书气自华,自然映日耀星。重病住院,近百高龄。豁达乐观,信仰依凭。学生探视,侧身欢迎。玫瑰作伴,招手呼应。丙申岁末,噩耗雷鸣。腊梅花谢,玫瑰凋零。教坛星陨,科院人惊。亲友哀悼,学子泪倾。应用语言,大旗谁擎?信息频传,千人送行。夫妻母女,再聚蓬瀛。至亲伉俪,携手天庭。清荷高洁,冰雪晶莹。红梅淡泊,幽兰芳馨。蕙心兰质,高德懿行。优雅风度,美丽心灵。今觉吾师,似到此厅。软软细语,娓娓动听。慈眉善目,微笑盈盈。翩翩风度,步履轻轻。谆谆教诲,绕梁有声;绵绵追思,痛心难平。春蚕丝尽,蜡炬灯明。

一文作赋,七律抒情:

记得金秋探病时,玫瑰红艳绽花枝。
侧身微笑君招手,俯首高吟我献诗。
授课当年容貌在,追思今日语音迟。
万千桃李传薪火,佩瑾怀瑜谢老师。

注：李佩（1917.12.20—2017.1.12），"两弹一星"元勋郭永怀先生的夫人，应用语言学家，英语教授。此文系为2017年4月26日由中科院力学所和北京中关村诗社联合举办的"李佩老师仙逝百日追思会"而作。

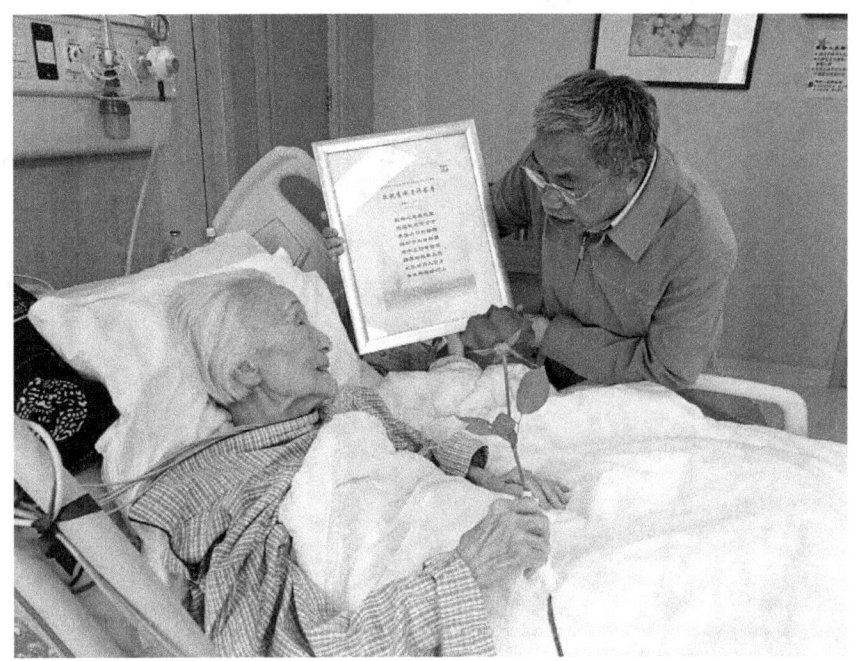

2016年10月7日作者去医院探望李佩老师并赠诗

附：照片中的藏头诗：

敬祝李佩老师长寿

敬辞心愿满花篮，祝福感恩言万千。
李导村中开妙境，佩衿宇内谱新篇。
老年互助黄昏暖，师德楷模薪火传。
长乐神州人百岁，寿星辉耀好河山。

师资班

怀念研究生院和李佩先生

蒋自新

作者简介 祖籍浙江奉化,1944年出生於上海。1966年华东师范大学外语系英语专业毕业。由国家分配至四川省西昌专区德昌县中学任英语教师。1978年通过国家研究生入学考试,被招收到中国科学院研究生院师资班英语专业就读。1980年起,在美国留学。至1990年取得芝加哥大学语言学博士学位。其间还回中科院研究生院教英语两年。1990年以后,先在凡尔浦瑞索大学教书,然后在微软研究院研究自然语言处理和机器翻译。从微软退休后,又在一家处理大数据的公司担任技术顾问,直至2017年完全退休。

一晃已经42年了。1978年我从四川德昌县报考科学院研究生院的各种细节依然历历在目。

文革开始,我刚好从上海华师大英语系毕业。文革中的分配方案都是"面向农村,面向边疆,面向工矿,面向基层"。加上我一贯对党的教导要问个为什麽,就被当时掌握分配大权的造反派,工宣队和政治辅导员惩罚性分配到四川西昌专区。现在的西昌可能绝大多数人都知道,是中国的卫星发射基地。那时,知道西昌的人实在是不多。拿到分配地点后,我只知道有南昌,没听说过西昌。 回家后,在地图上一阵找，总算在四川西部靠云南的地方（原西康境内）找到了西昌。到了西昌以后，专区分配部门又把我分配到了德昌县。最后，我在德昌县中当了一名教师。

　　从 1968 年起我在德昌中学教了十年书。我教英语，但当时英语不受重视。所以当其他课缺老师时，也被叫去顶课。我喜欢京剧，就曾上过文艺课，教唱革命样板戏。后来又被安排代上政治课。我当时十分犹豫，没有一点这方面的训练，也能上政治课？不由想起了自己高中时的一位政治老师，复员军人。那堂政治课是要学生励志，讲的是中国登山队登上世界最高峰的事。这位老师大讲登山的艰难。说：那山坡都是 90 度；要是 100 度就是笔直的了。我就想他这样的水平都能上课，我又有什么不能上的。不过我上过的那两年政治课实在特殊，给我留下了难以磨灭的记忆。那两年正好在林彪 913 事件前后。前一年我在政治课上刚刚讲了林彪如何在每一个关键时刻步步紧跟毛泽东，后一年就被要求讲林彪是如何在每一个关键时刻和毛泽东唱对台戏的。那时，一踏上政治课讲台就觉得自己在抽自己耳光。

　　德昌山清水秀，民风淳厚，但地处边缘，经济文化相当落后。再加上当时正在修建成昆铁路，铁道兵和铁路工程局在这里会战，造成物资奇缺，价格飞涨，生活十分艰苦。1971 年林彪 913 事件以后，政治开始有所松动，就陆续听到有人设法调离了德昌。我那时已经结婚，太太也在德昌工作，是个医生，并且有了一个女儿。虽然为了我们的事业，为了女儿的前途，我也非常想能离开德昌，但是苦于没有一条行得通的途径。别人调离德昌，或是以解决两地分居为理由，或是靠有权有关系的亲友帮助。我一条不沾，一切仅是梦想而已。到 1978 年得知中科院开始招收研究生，有合适我报考的专业，并且自己符合报考的条件，那简直是喜从天降，毫不犹豫就报上了名。

　　1978 年，德昌报考研究生的就我一个人。初试的几门科目考下来，都比较顺利，自我感觉不错。值得一写的是考试中的一个小插曲。研究生考试是在县教育局教研室的一间办公室里举行的。一个监考，一个考生，又是开卷考。所以，监考老师很放松。那天考英语。中途我需要上厕所，就向监考老师提了出来。她很爽快就答应了。因为她知道这方圆几十里就我的英文最好，出去也找不到人作弊。我一面思考着考卷上的问题，一面找着厕所。县教育局很简陋，矮平房的院子，厕所是没有排污系统的棚子。走着走着，忽听得有人啐了一口。我猛然一惊，抬头一看，竟看到一位大姐在使用厕所。我连声"对不起"，慌忙转身退了出来。随即想来非常后怕。如果那位大姐声张起来，我岂不百口莫辩，成为中国古今科举史上第一个闯女厕的二流子考生。

初试以后，又通过了在北京的复试，我被录取，成为李佩先生负责的研究生院师资班英语班的研究生。1978年底，我坐火车从德昌到北京报到。在北京火车站，上了研究生院来接学生的大巴。一路驶过长安街，驶入西郊，驶入当时研究生院所在的北京林学院。这所有一切对我真是像梦一样。隔年(1979)我太太也考上了广州中山医学院的研究生。我们把女儿送到了上海，请外婆爷爷奶奶照顾。这样，我们一家三口就都离开了德昌。临和德昌好友告别时，其中一位朋友说：你们好凶（四川话：厉害），中国最好的城市（北京、上海和广州）你们三个一人一个。听了之后，我真是哭笑不得。

现在回头来看，进研究生院是我人生的转折点。从此以后，我的人生道路和我前34年轨迹的延长线分道扬镳了。

研究生院的学生生活是快乐的。有书可念，给我们上课的都是专家教授。同学都是各学科的饱学之士，可谓谈笑有鸿儒。院里的领导们都很开明，政治空气相对宽松。还有像大哥般爱护学生的学生处处长孙景才老师。夫复何求？当然，研究生院的生活条件还是相对艰苦的。一间不大的寝室上下铺要睡八个人。但是，我早已忘了我最初是从上海出来的，德昌十年艰苦生活刻骨铭心。研究生院和德昌是天壤之别，我是真正的乐不思蜀。

研究生院学制三年，考核合格，授予硕士学位。但是，当时正处于改革开放的最初阶段，变化比较快，新潮流后浪推前浪，一浪接一浪。研究生院总是站在新潮流的潮头。1978 年，科学院研究生院第一个发出了招生通告。随后，各高校才跟进发招生通告。1980 年，出国留学的浪潮风起云涌，研究生院的弄潮儿们功不可没。在大潮流中随波逐流是最容易的选择，用不着毅然决然。通过研究生院外籍教师 Mary Van de Water 和友人 Mary Kay Hobbs （当时是美国美中友好协会的干部）的帮助，得到了南伊利诺大学的录取，到那里攻读语言学和英语教学专业的硕士。李佩先生非常支持，最后，让我以公费留学身份出国。

1980 年暑假过后我就要出发去美国了。暑假中，我把太太和女儿接到北京，用发给公费留学生的置装费陪她们好好玩了一通，吃了一通。送走了她们，接下来就是整装待发了。没有多少装可整。置装费所剩无几。金秋时节，口袋里装着仅有的国家发给我们用来支付小费的 5 元美金，从首都机场登上了去美国的航程。接近身无分文，但也没有一丝愁虑，一切自有国家安排。1980 年，中美没有直飞。我们飞机要从新疆越天山出境，在德黑兰落地加油，再飞到巴黎过夜。第二天再换美国泛美公司航班去美国首都华盛顿。飞越天山时，还是下午。天山海拔高，飞机离地面很近。天山上那绿油油的高山草皮被阳光照得像天鹅绒一般，仿佛就在我的脚底下，犹如仙境。梦一样的感觉又涌了上来：我真的在飞出中国国境，飞向世界吗？这在短短的一年前，我想都不敢想。

虽说我是学外语的，应该对西方世界有所了解，但是由于大家都知道的原因，西方世界还是一个谜。一路走来，还是不免出洋相。飞机向戴高乐机场下降时，机翼下的巴黎是一片灯火辉煌。这是我第一次到巴黎，多想到这灯山灯海中去转上一圈。一摸口袋中那 5 美元的壮胆钱，连从机场到巴黎的路费也不够，马上就老实了。航空公司用大巴把我们拉到机场附近的一家旅馆，让我们休息，准备明天转机去美国。旅馆的餐厅还提供免费的晚餐。挺正式的法国菜：开胃菜，沙拉，汤和主菜。每道菜之间相隔较长。我们吃了前面三道以后，等了一阵，觉得大概没有了，就上楼去睡觉了。等我们洗刷完刚睡下，餐厅来电话，问我们还有一道菜还吃不吃。我们又穿好衣服下楼去吃了那道主菜。心中想着：当了一会傻瓜。没想到没两分钟又当了一回傻瓜：我们吃完拍拍屁股就走了，不知道此时该给小费的。真对不起那些招待员。

进入南伊利诺大学语言学系学习，开始接触真正意义上的现代语言学。以前学的什么语法，主语、谓语等等，都只是传统语言学对语言的一些归纳描述而已。现代语言学已经发展成一门十分严谨科学性很强的学科。它的研究对象是人类的语言功能。它的研究目的是一套能生成人类语言的系统。决定这套系统的准确性有两层标准。人类可以产生无限的语言现象（包括无限的句子。）这套代表人类语言功能的生成系统必须是有限的，因为人类头脑不可能装下无限的系统。如果我们研究出来的生成系统能够生成所有的语言现象，并且仅仅生成可能的语言现象，我们说这套系统具有描述准确性（第一层标准），是真正代表人类语言功能的候选人。如果我们研究出来的生成系统，除了具有描述准确性外，还能解释人类语言功能的所有特性（例如：人类能在出生后短短几年内，在其他方面的智力远远没有发育完成前，掌握语言，）它就具有了解释准确性（第二层标准），它就代表了人类的语言功能。找出有限，生成无限。这简直是一种特殊的数学！我觉得找到了今后事业的方向。

南伊利诺大学语言学系的 Jeff Nathan 是位年轻有为的语言学家，研究兴趣之一是音韵学。音韵学是语言学的一个分支，主要研究音素（phoneme）和异音（allophone。）人类语音在客观世界是物理学意义上的物质。语音接收者接收到语音后，本人不一定意识到，但他要进行两次抽象。我们以英语 spot 和 pot 中的"P"来加以说明。语音接收者听到这两个词中的 P 以后，先进行第一次抽象。他要刨去那些无关的物理特性，例如，说话者的音色，频率的高低等等，只留下语音学特性，例如，这两个 P 都是双唇爆破音，声带都不震动，但第一个是不送气的，而第二个是送气的。所以，这两个 P 在语音学意义上是不同的音。然后，语音接收者再进行第二次抽象。这两个 P 在英语里是不是区别意义？也就是说，英语里有没有两个不同的词，它们之间唯一的差别是这两个在语音学意义上不同的 P？没有。那么，这两个在语音学意义上不同的 P，属于同一个音素 P，是同一个音素 P 的两个异音。一个音素实现为哪一个异音，不是随意的，而是由它所处的语音环境决定的。例如，P 音素在 S 后面实现为不送气的异音 P，在其他环境，实现为送气的异音 P。找出音素和异音之间的关系规则，是音韵学的主要研究目的之一。世界上有些语言，譬如有些非洲语言，音韵规则非常复杂。所以，音韵学里存在着一些比较复杂的难题。

Jeff Nathan 教授不知出于何种考虑，在一次音韵学的考试里混入了一道比较复杂的题目。也许是中国学生的数学从小训练有素，我根本没觉得试题里混有难题，很快就把所有的题都解答完了。一个班二十几个学生。也许，因为南伊大是个二三流的学校，学生整体水平不能和名牌大学相比，就我一人解出了这道题。其他同学还去了系里请愿，要求把那道题排除在外计分。那以后，Jeff Nathan 教授把我推荐给了芝加哥大学语言学系的 James McCawley 教授。他是美国有数的几位语言学大家之一。后来我听说推荐信中最主要的内容就是说我解出了某某道题。我向芝大语言学系发出了申请，James McCawley 教授很快就同意接收我为他的博士研究生。他还为我申请了奖学金和生活费。

当时已经是 1982 年的春天，南伊利诺大学的学习马上就要结束。我计划这里硕士毕业后，就去芝大继续学习。此时，收到李佩先生的来信：因为出国人数众多，研究生院外语教研室人手紧缺，要我回国参加教学工作。她还承诺两年后让我再回美国完成学业。实在觉得不能和老师多讨价还价，我就于 1982 年夏天回到了北京，但心里担心着：人家芝大能等我两年吗？

1982年夏天，我太太也从中山医学院研究生毕业，分配到北京工作。我们就把女儿也接到了北京。这样，我们一家三口从占据中国三个最好的城市，退居到仅占据一个。别人也不会说我们贪心了。我们在北京度过了一段快乐的时光。在外语教研室工作，心情愉快。李佩先生是教研室主任。也许是她的正气和人格魅力在那里坐镇，教研室里没有其他单位通常有的那么多的勾心斗角。还有关振芬老师，她在教研室里担任类似办公室主任的职务，热心，关心人无微不至。40年过去了，都还记忆犹新。外语教研室有不少外籍教师。大多数周末，教研室都有大巴送外籍教师去游览。我们经常跟着去玩，差不多逛遍了北京的名胜古迹。

转眼两年过去了，到了1984年。李佩先生遵照承诺，爽快地批准我再到美国完成学业。芝大居然也仍保留着我的入学资格。我再度负笈赴美，到芝加哥大学攻读语言学博士学位。第二年，我太太和女儿也到了芝加哥。随着时间的推移，我和研究生院的关系也渐行渐远。然而，研究生院的记忆是不会磨灭的。

我有幸在美国两次接待李佩先生来美访问。第一次是八十年代，我还在芝加哥念书。她在芝城访问期间就住在我家。那次，她的主要目的是拜访她的先生郭永怀先生和她的一些故旧，为中国学生来美学习开通更多的渠道。第二次是在21世纪的头几年。那时，我在微软公司的研究院工作，住在微软公司所在地华盛顿州雷德蒙（西雅图郊区）。李先生来西雅图访问，正好又住在我家。这次，她的主要目的，除了探望故旧，还要考察美国的老人社区。说是要帮政府当参谋建设一些老人社区，以吸引中国学子在国外工作退休以后，回国养老，同时还可以发挥余热。李先生当时已届耄耋之年，尚如此不辞辛劳，为国家，为社会奔波，令人深深感动。

42年过去，我已经70有6了。李先生当年把我招收进了研究生院的师资班，从此我的人生有了宽阔的前景。我永远怀念研究生院，怀念尊敬的李佩先生。

丁训班和我的硕士论文

王克斌

作者简介 1944 年生于北京，在南城长大。1952 年就读于清华寺街小学，1958 年考进第九十中学，1961 年保送到清华附中。1964 年考进清华大学工程物理系，毕业后留校工作。1978 年考到科学院研究生院读研。1981 年通过 CUSPEA 考试到斯坦福大学深造，专业实验核物理。毕业后在麻省州立大学和弗吉尼亚大学从事高能电子和光子散射研究二十余年。2010 年 7 月开始学习写作。现定居于美国加州。

参加丁训班

1979 年秋，研究生院的课程修得差不多了。这时麻省理工学院的丁肇中教授领导的小组和高能所联合在玉泉路办了个训练班，简称丁训班。学生在班上学习一些高能物理实验的基本知识和方法，学成后，部分人会被选送到德国的汉堡。那里有个得赛（Desy）高能物理实验室，其中有台马克 J 探测器属于丁先生的小组。这个小组从实验数据中发现了三喷注事例，被解释为两个夸克和一个胶子。

赵忠尧导师介绍我参加这个训练班，不管将来能否会去德国，但总会学到一些有用的知识。参加这个班的还有几位 105 班的同学，郑林生先生的研究生赵天池，叶铭汉先生的研究生漆纳丁和马宇培。纳丁在张鸿欣班长去美国后，继任105班的班长。我们几个应当算旁听的，正规学员有科技大学的冯正勇等，考进丁班的研究生吴守庠、汪尧勋等，还有还几位年长的老师来自南京大学和上海原子能所。

按照老师的决定，我骑着自行车驮着铺盖卷离开林学院，来到高能所，住进新盖不久的宿舍楼的一层。丁训班的活动安排在一座新楼里，属于唐孝威先生领导的应用室，他们与丁肇中小组有密切的合作关系。这个组的大部分科学家都在得赛实验室分期分批工作过一年，因而对现代高能物理实验已经有了直接的经验。主讲教师有高能所的郑志鹏先生（闪烁计数器），郁中强先生（漂移室），张长春先生（在线分析），还有科大的杨保忠老师讲程序设计。教学中采用了马克J探测器的工字形漂移室，我们学会用碳笔加大头针的方法对室内电场分布做了物理模拟。应用室当时有一台 PDP-11 计算机和一台打印机。于是我们有机会在计算机上真刀真枪地编写 Fortran 程序，不像在研究生院上课时只能纸上谈兵。

教英语的是英国人小克鲁克先生，他父亲大卫-克鲁克早期来到中国，献身于教育工作。小克鲁克看上去不到 30 岁，身材有点消瘦。他在中国长大，一口流利的汉语，说起话来比我这土生土长的北京人还油。当然，他的英语也十分标准。他在讲课时基本上用英语。有一次，他问大家一个单词："梯形"，我自报奋勇说了一个，但是不对。小克鲁克风趣地用中国话略带鼻音说："蒙啊！"同学都笑了。开个玩笑，我也没感到受了羞辱。教过英语课的还有丁先生的秘书马克丝小姐。有一次，她让每人以一位科学家为题，准备一篇短文。我读过格柔夫斯写的《比 1000 个太阳还亮》，里边提到不少科学家的事迹。我对物理学家费米挺佩服的，于是以他为题写了篇大约几百字的文章。

1980 年春，丁先生派 MIT 的陈敏教授来丁训班授课。作为一个实验物理工作者，陈敏先生的理论底子也很扎实，他能熟练地推导出反应截面的公式，完成相空间的计算。赵忠尧老师向我们介绍他时，说他给我们带来了"update"（最新的）实验物理知识。

训练班结束前，我们要通过一次考试，不过考试结果不作为选拔去德国的条件。丁肇中先生来到高能所，与训练班的每个学员交谈、面试，每次不过 5 分钟。他问我用过什么探测器，我随口说闪烁探测器。他问我光电倍增管是什么型号，我回答说 9575B。他问我光电倍增管的产地时，我稍作停顿。此刻坐在旁边陪同的玉中强老师连忙帮我打个圆场，说"英国的 EMI 公司"。接着又问我当地的磁场有多大，我说大约 6 高斯。他说大约不行，要知道准确的数字。后来听说他对下一个学员问到什么叫黑洞，那个同学回答"引力坍塌"。虽然简练，但正确。训练班最后决定的人选中没有我们四个高能所的研究生。我们没有垂头丧气，毕竟在这几个月的训练中学到了不少新的知识。

这是我第二次见到丁先生。第一次见他是 1979 年，他在友谊宾馆做学术报告，介绍他发现 J/ψ 粒子的过程。他戴着一幅银色框架的眼镜，镜片间有两道横梁。丁先生背着手在讲台前走来走去，对着坐在前排的几位著名科学家，一个一个地点评。他说："王淦昌，久仰大名。"原来王先生领导的小组在苏联的杜布纳实验室发现过一个新粒子，反西嘎玛（Σ）超子，是从苏联的加速器发现过的唯一的一种新粒子。很遗憾，没有得到西方学术界的认可。丁先生说，他发现 J 粒子的难度很大，相当于在北京下了场大雨，有人要从中找出一个绿色的雨点，这就是丁粒子。丁先生的实验项目和装置都是世界一流的，他说："高能物理只有第一，没有第二。"体现了一位领军式科学家的执着与自信。

在丁训班期间，听到了一些关于丁先生对下属严格要求的传闻。科大的杨老师在到达德国汉堡实验室的第二天，被安排了两件工作。杨说这两件工作他都生疏，能否先分派一件给他。丁先生对秘书说，给杨订一张机票回国。杨只好把两件工作揽下。丁先生对党员的秘密组织活动不大满意，要求小组里的一切事务都不能瞒着他。他还规定，工作人员在实验室里不许看书。他不在德国的时候，常在夜里往实验室打电话，询问工作进展。

第三次见到丁先生是 1985 年，丁先生到斯坦福的斯腊克（SLAC）实验室开会，有人安排他与斯坦福大学物理系和应用物理系的中国留学生见面交谈。他一一询问了几个中国学生的学科与导师姓名，有的知道，有的他不知道。

第四次见到丁先生是在 1990 年 6 月，我去 MIT 参加核物理大会。会上有好几位著名的物理学家做了讲演，包括诺贝尔奖获得者温伯格教授，原斯坦福大学物理系主任德克-瓦力西卡教授等。丁先生在讲话中说，他在毕业时有好几个工作（offer）在等着他，然而只有 MIT 的工作没有终身头衔，但他选择了 MIT。

1980 年，高能所大院里正在施工，沟沟坎坎，尘土飞扬。应用室被一条大沟与大院相隔。有一次，我透过玻璃窗看见年近 80 岁的赵忠尧老师，步履蹒跚地走过一个独木桥，到应用室这边来。后来我才知道，他是为了我的毕业论文。由于去德国的希望破灭，我必须有个课题做。赵先生年事已高，手头没有研究项目。而应用室的唐孝威老师年富力强，学术思想活跃，故而想从他那里找个题目。看到一位老科学家对工作、对学生如此认真负责，这么大的岁数还要过几次独木桥，我心中十分感动。感谢赵老师对我的关心和付出的努力。

几周后，赵老师把唐先生和我召集在一起，在他南沙沟的公寓里商讨我的论文题目。唐老师已经胸有成竹，建议我使用穆斯堡尔谱仪测量嘎玛射线的减弱系数。高能所的应用室有个小组，专门开展对穆斯堡尔效应的应用与研究，地点在中关村的生物物理所二楼。他说，当初赵先生的博士论文就是测量伽玛射线的吸收系数，五十年后，他的学生也做起这个课题，很有意思。只不过这次使用的是穆斯堡尔谱仪，伽玛射线的能量被选定在一个很窄的宽度里，这个工作还没人做过。由于工作量不大，适合硕士论文。

于是，我知道了赵先生早期的研究工作以及一个重要发现的故事。20 世纪 20 年代末，赵先生在加州理工学院学习，师从测量过电子电荷的著名物理学家米利根教授，测量伽玛射线的减弱系数。在实验中，他发现了能量为 0.51MeV（兆电子伏）的伽玛射线。但是，当时不晓得它的来源。后来，他又到欧洲做过类似的实验，这支伽玛射线依然存在。赵老在 1930 年获得博士学位。

两年后，加州理工学院的另一个研究生安德森利用云雾室从宇宙射线中发现了正电子，即迪拉克先生所预言的那个反粒子。正电子与电子质量相同，电荷相反。正电子的最终命运是被一个（负）电子俘获，产生湮灭（annihilation）辐射，释放出两只伽玛射线，每只的能量都是电子质量，0.51MeV。实际上，赵老师是第一个间接发现正电子的物理学家，然而他却与诺贝尔奖失之交臂。在那个小会上，我还知道赵老师在 1949 年前到美国去买一台 U2 加速器，办好手续后，中国已经变色。赵老师把加速器带回北京，体现了老一辈科学家当时对新政权的良好愿望。

论文选定后的 4 月上旬，我准备搬到中关村。我骑着自行车先回到家里，没想到半路遇上一场豪雨，我也没有雨衣，中式小棉袄全部浸透，好在也到了换下棉衣的季节。到了中关村，我住在生物物理所大楼后边的平房里，与肖建老师的三位高徒赵维仁、朱伟民和杨桂同学睡在一个屋里。他们三个和夏毅正在忙于一个叫宏语言的项目。穆斯堡尔小组的组长是计桂全，组员有邵涵如、吴蔚芳和两个年轻人李士、阎勇，他们曾是科大的工农兵学员。这几个人都容易相处，对我帮助很大。首先，我需要熟悉环境、设备，参加值班，采集数据。同时读一些有关穆斯堡尔效应的书籍、资料。

穆斯堡尔效应，即原子核辐射的无反冲共振吸收。这个效应由德国物理学家穆斯堡尔先生于 1958 年在实验中发现，因此被命名为穆斯堡尔效应，穆氏因为这项工作获得了诺贝尔奖。穆斯堡尔谱仪提供了非常精确的测量手段，其能量分辨率可高达 10^{-13}（十万亿分之一），并且抗干扰能力强，实验设备和技术相对简单，样品无需破损。应用穆斯堡尔效应可以研究原子核与周围环境的超精细相互作用。由于这些特点，穆斯堡尔效应一经问世，马上迅速地在物理学、化学、冶金学、矿物学，乃至广义相对论领域得到广泛应用。我的论文与这些应用无关，只是在辐射源和共振吸收片及探测器之间放上不同厚度的铝片，观测伽玛射线被减弱的程度。

除了穆斯堡尔装置，组里有台 4096 多道分析器。多道在核子仪器中一般用作脉冲幅度分析器，即把测量到的粒子能量沿 4096 个格子分开，每个小格相当于一定的能量区间，把记录到的 4000 多小格中的事件连接到一起，就获得了粒子的能谱分布。在穆斯堡尔装置中，放射源在不停地做往返振动，故而在这种情况下，多道采用作多路定标的模式。即 4096 道对应的是与放射源的运动同步的时间。在一定的时间间隔里，放射源的速度是一定的，因而，每个格子记录的是在狭小时间范围里发生特定多普勒位移的伽玛射线。从而完成仪器在某一范围内对伽玛射线的频率的记录。

我的准备工作包括熟悉设备与学习穆斯堡尔效应的原理，从应用室的赵珍兰老师处领到厚度一定的铝片，然后到位于温泉的一个研究所应用光谱分析确定铝片的纯度。此外还要寻找有关伽玛射线吸收系数的文献与数据。这些文献与数据来自美国的度量衡标准局（NBS），北京图书馆有收藏，我从那里得到了复印件。

经过两个多月的时间，准备工作就绪。我用几周的时间完成了数据采集工作。应用室的李士同学是当时为数不多的会用计算机解谱的人。他帮我把程序和数据用穿孔的办法记到纸带上，再通过光电管读纸带，输入到高能所硕大的计算机中。没有李士同学的帮助，我无法在短时间里完成这项任务。这项工作的成果刊登到《科学通报》1980年地 21 期，（王克斌，李士，唐孝威：超高分辨率 γ 射线穿透特性的测量）和《高能物理与核物理》，1981 年 05 期（李士，王克斌，唐孝威：穿透介质的光子能量的精密测量）。

考 CUSPEA

1980 年夏天，105 班已有将近一半的同学通过不同的途径出国或准备出国，张鸿欣、王垂林、钱裕昆、徐依协、吴真等经由小批量CUSPEA先期赴美；出去或等待出去的还有李先卉、余理华、李品宜、倪煊中、周郁、吴关洪、刘祺吉、马宇培、孙立博等。这种形势对我自然产生了不小的冲击，但是家庭状况让我却步，出国不是我的首选。首先，老母亲已经年近8旬，两个孩子尚且幼小，一个6岁，一个3岁；二来，经济条件相当差，把全家老小都送到人市拍卖恐怕也凑不够盘缠。走公费得不到校方推荐，想自费手头没钱，故而对出国深造的好事只好望洋兴叹。我只剩下一个选择：等待1981年的毕业分配。

不久，消息传来，经李政道先生发起，1980年秋可以公开报名参加中美物理考试申请，由教育部公派，面向全国，况且没有年龄限制。这突如其来的消息对我的触动很大，决定重新考虑出国问题。我年事已高，面临毕业，如果放弃这次机会，那就无异于"末班车已过"，以后再想出国可就难了，将来会有遗憾。如果报了名，考上可以走，考不上可以留，前进有门，后退有路，不存在风险。何况我的硕士论文大体完成，有充裕的时间准备。于是我征得家人同意，报名参加CUSPEA，磨刀霍霍，跃跃欲试。

这时已经到达美国的研究生院的同学，经常往国内寄来一些试题，有好几份来自哥伦比亚大学。高能所的10几个同学组成了一个学习互助组，把这些试题刻版油印，人手一份。各自分头去做或去寻找答案。然后，每星期在高能所聚会几次，共同讨论。这个小组的倡导者有陈风至、赵天池和漆纳丁。参加的还有顾友谅、何礼雄、王榴泉、夏毅等。当时我常常在一天之内从金鱼池到中关村，再从中关村到高能所，晚上再骑车回家。在北京西北部跑上一个大三角，总共有100余里的路程，然而对一个35岁的青壮年还是轻而易举。陈风至学兄是我考研究生时认识的第一个同学，他师从朱洪元老师，专攻理论粒子物理。我们这些人大多数来自实验物理或电子学。陈兄的理论底子扎实，成了这个小组的义务辅导员，助人为乐，诲人不倦。赵天池同学在讨论中也发挥了很大的作用。经过几个月的研讨，我的物理知识和解题能力都有了显著的长进。

CUSPEA 考试定在一九八零年阴历九月初，地点是北京大学图书馆。我之所以记住了阴历，是因为母亲的生日。每年在母亲生日那天，我都会买些吃的，为老母庆生，祝福她老人家生日快乐。可是，这回母亲过生日时，我却因为考试不能相陪了。古人云"忠孝不能两全"，只好等着以后再为老母庆生。可是谁知道，这次考试却让我漂洋过海，一去数载，使得一九七九年的九月初六成了我为母亲过的最后的一个生日。人生总会留下一些遗憾。

考试分四门，普通物理、经典物理、近代物理和英语，分别在星期一到星期四的上午进行，试卷全部用英文解答。我们几个人围坐在图书馆的一张大阅览桌上，全神贯注，争分夺秒。考试时我习惯于先捡容易有把握的做，拿下基本分。我多次举手向监考老师讨要白纸。由于那年的试卷是哥伦比亚大学出的，有个别题目我们做过，于是又增加了几份信心。英语考试不按托福，由小克鲁克出题，听力测试也出自他口。跟他学过几个月的英语，对他的发音已经熟悉。那几天的下午，我都到圆明园走走，稍事放松，以备再战。由于精神紧张，经过四天考试，我的嘴犄角起了一片大疱，一个星期后才消退。

不久，考试结果下来。研究生院的秘书张雪罗老师不厌其烦，一个一个地告诉我们考试成绩和名次。有点喜出望外的是我的四门平均成绩是 61.5 分，位居第 15 名。在全国好几百人参加的比赛中，能拿到这个名次显然超过了我的预期。

我马上到生物物理所的办公室，往北京磨石厂给我妻子打电话，让她把这个消息告诉家里。回到所舍，有位同学问我结果如何，我说第 15 名。他说，全高能所第 15？我说，不是。他又问，全科学院第 15？我说也不是。他说，那你是哪儿的第 15 啊？我说，全国第 15。看来，这位同学对我的考试结果也不大看好。但是，不管成绩如何，我毕竟获得了留学美国的路条。在我的一生中，又要翻开新的一页，踏上新的征途。

在这次考试中，高能所共有7人被录取，陈风至（第7名）、赵天池（第14名）、顾友谅、何礼雄、蔡嘉龄、漆纳丁和我。从1978年考研到1980年赴美考试，几度尝到奋斗的艰难和趣味。正是，路漫漫其修远兮，吾将上下而求索。谁让我当初非要考进大学改变门风，走上一条没完没了的求学之路。

这时节，许多同学都有了录音机，辅助英语学习，偶尔也用来欣赏王洁实、谢莉斯的校园歌曲以及邓丽君女士的靡靡之音。我每月工资都得用来养家糊口，56元拿到后自己只留下15元作伙食费。买录音机？这对我来说太天方夜谭了。现在情况变了，我要出国了，没有录音机怎能提高英语听力呢？于是姐姐把她那辆骑了20年的生产牌自行车卖了60元，我又从清华好友王志忠那里借了60元。

一个星期六上午，陈风至、顾友谅和我一起到西单商场去买录音机。友谅买了个档次较高的双喇叭收录机，我花120元买了个单头收录，可以听长、短波，还可以录音，一机多能。然后我们几个到宣内大街路西的苏州饭馆吃午饭，由大师兄陈风至请客。Thanks God，我们这个穷家破业总算又添置了一件了不起的家电。

我买来《Essential English》的书和录音带，大部分时间都在聆听一位先生和夫人的对话，知道了电冰箱的塑料门装着磁铁，可以随手关闭。有时还打开短波，收听中央台的英语广播。由于这次考试105班一起出国的人数较多，班上组织了一个午餐Party，地点在宣内绒线胡同的四川饭庄。出国的每人出几元钱，不出国的每人出几毛钱。那时，花上一两块钱，可以在一个中级饭馆吃个酒足饭饱。聚餐中，我有生第一次喝上锅巴汤。不过，后来在美国吃到的都没有四川饭庄做得地道。

研究生院为了解决入选学生的英语训练，请来一位外国老师，给大约20人左右的小班上课。学生来自高能所、原子能所、生物物理所、物理所等院属单位。班上有位不属于这次录取的学生，他经常向美国老师暴露一些中国的阴暗面，比如他的导师房间狭小等，老师似乎又爱做这方面的打听。我总觉得不大舒服，有时会说一些给中国人长气的话，比如小米加步枪打垮了美式装备的蒋介石。总之，我对那位旁听的同学和这位女老师有点反感。自然，那位老师对我也不大满意。您瞧，我当时的思想状态还真有点左派幼稚病哪。

到了 11 月中，我们开始填写志愿院校，托人写推荐信。当时参加 CUSPEA 的美国大学有 58 个，后来又增加到 60 几个。每人可选三个大学。我对美国大学一无所知，只听说过哈佛和 MIT。随手选了三个院校，纽约市立大学、哥伦比亚大学和斯坦福大学。前两个大学有先到的同学，而斯坦福大学有着世界著名的两英里长的电子直线加速器，是学习高能物理的绝好去处。

11 月下旬的一个晚上，我们去友谊宾馆参加两位美国教授和夫人的面试。一位年轻的教授来自哥伦比亚大学，一位中年教授来自康奈尔大学。面谈没有涉及物理，重点在于观察考生的口语能力和一般印象。当他们问我年纪这么大，如何与 20 几岁的美国学生相处时，我说我会用一颗热（hot）心去对待他们。他们没听明白，我又改用温暖（warm）的心，设法接近西方习惯的表达。我问了哥大教授纽约 132 街的安全情况，这样肤浅的问题显然转达了我对曼哈顿的忧虑。

入选的同学基本上全部通过面试。这期间，我们和美国的各个大学有过不少直接书信往来，有时候，美国邮局不小心把信投到台湾，而台湾把信转送到大陆时往往会放进一张反共的传单。见到传单，不敢声张，怕弄不好会背上里通外国的罪名，只好偷偷地烧掉。志愿书发出不久，12 月，我收到了纽约市立大学城市学院的录取电报。我尚在犹豫之中，没有立即回信。有位同学批评我，吃着碗里，看着锅里的。我也没大在意。

1981年2月初，我收到斯坦福大学的通知，我随即发信接受录取。那一年不知道为什么，MIT 未能按时发来录取通知，急得几个 MIT 粉丝在规定的最后一天，直接到电报大楼苦等。不知申报 MIT 的考生是什么时候以什么方式获得录取通知的。4 月中，录取工作基本结束。

5月初，收到斯坦福大学驻京人员道格拉斯·莫瑞的邀请，到友谊宾馆参加一个面对斯坦福大学校友的接待活动。我那天穿上仅有的一身确良蓝色建设服，可是没有一双不露脚趾的鞋子，只好提前把一双塑料凉鞋穿在脚上。好在聚会在晚上，没人注意我的脚下。参加这次活动的每人胸前都别个纸片，上面写着英文的姓名。

道格拉斯·莫瑞先生是斯坦福大学对外办事处的主任，金发碧眼，手里总拿个烟斗。他对到会的校友、在校学生以及新录取的学生表示欢迎。然后让大家个别交谈，相互介绍，新学生可以向老学生提出问题。我向一位华裔学生讨教了帕罗阿托和门罗公园的环境。没去过美国，一直以为门罗公园是一个公园，其实那是一个小城市的名字。

招待会上预备了各种饮料、食物，我第一次出席这样的场合。后来才知道，这就叫 Party。交谈中，我认识了几位从北京去斯坦福大学读书的中国学生，有地球物理所的，有北京大学的，还有新闻专业的。几周后，道格拉斯·莫瑞又为这些新学生举行了一次小型问答会，解答大家的问题。我只问了什么时候动身比较合适。通过这两次活动，我发现美国人办事的认真和敬业，没有国内机构的官僚作风。

这次选派的 120 多人里，只有一位姓何的同学没有通过政审。据说，他母亲在文革时因一件命案受牵连，而且尚未定论。因而，他必须推迟赴美时间。几年后，他才获得甄别，到纽约州的西拉丘斯大学开始学业。

那时候，出国可不是一件容易的事情。郑林生先生说过，到了飞机场都不算出国。高能所的一位访问学者已在去往机场的路上，美方突然来电，经济资助取消。所里马上派车，一道金牌把这位学者追回。

高能所有位刘同学，联系好自费留美，准备从香港登机。出国的前一天，他来到海关。海关说，他的机票是明天的，他在香港又无亲朋，劝他回去刮刮胡子，修修边幅，明天再走。第二天早晨，他再到海关时，二机部和高能所等单位联合派人阻止他离境，带他回了北京。原来出国前，老刘得罪了原单位的政工组。政工组恼羞成怒，通报二机部："此人知密，不宜出国。"后来老刘每天到二机部苦磨硬泡，好不容易才重新获得深造的机会。几年后，在芝加哥的一个取款机前，105班的孙立博同学自言自语地说："取款机坏了。"只听得后边有人搭腔："It is good。"老孙回头一看，竟然是老刘。老同学异地重逢，异常高兴。

1981年夏天，教育部为即将赴美的120多名留学生在语言学院办了个政治集训，为期三天。主持这项工作的是教育部留学生司司长解其纲同志，办事员是年轻气盛的刘力。首先作报告的是教育副部长、前清华大学副校长高沂同志。高部长提到国家花这么多外汇送大家留学很不容易，这些美元是用袜子、衣服等低价商品换来的，大家应当珍惜。他讲道，解放前有不少留日的回来后都成了抗日的，有不少留美的后来都成了反美的，激励大家要热爱祖国。

接着，科学院副院长、CUSPEA在中国的最高执行官严济慈老先生给大家讲话。他说，有一回，胡适问他是从哪儿毕业的，严老说巴黎。胡适接着说，巴黎可不是个学习的地方。严教授回答，只有会读书的才到巴黎去学习。严老又说，不要强调什么抗日还是反美，还是应当以友谊为主吗。显然与高部长的要求有些偏差。集训中大家围绕爱国主义展开小组座谈，树立起为祖国学习的正确观念。最后，120多人合影留念。

按当时的标准，教育部发给我们每人850块钱作为置装费，可以到百货大楼后边的出国人员服务部去买各种紧俏物品。我买了两个人造革的皮箱，一个黑色手提箱、睡衣、浴衣、大地牌风衣、两双三接头皮鞋和回力牌高腰球鞋等。活了这么大，我还是第一次穿上这些名牌。我花了130元量身订做了一套毛料灰色中山装。为什么不弄套西服呢？因为我预计4年后拿到学位就回国了。到了国内，还是中山装更有用场。没想到几年后，国内连自由市场卖菜的都穿上了西服。人民日报还专门撰文，称赞农民不系便宜领带。也没想到，我花了7年才拿到学位。更没想到拿到学位后又在美国滞留不归。这套中山装没穿过几回，倒是让弗吉尼亚的螨虫叮了个小孔。

1981年夏天的主要工作就是办理出国手续。我是从科学院考出去的，属于教育部和科学院双重派遣，先到位于三里河的科学院冻结户口，然后经过体检政审。体检时，本来美方要求X-光胸部透视胶片，但医院不用胶片，只好拿着透视"合格"的两字当作体检结果。

办签证那天，我们到位于大木仓的教育部集合，拿着护照和IAP66表格，集体乘大轿车去了秀水东街的美国大使馆。我们先坐在接待厅里，等候办签证的领事一个一个地点名，再到窗口接受面谈。每人只需几分钟，很容易就获得了J1签证。在大使馆里，有不少关于美国大学的介绍材料，我也带回了两本。听说后来办签证的人多了，都得在大使馆门外排长队等候。

在亲友送行的家庭聚会上，我含着泪对白发斑斑的老母亲说："父母在，不远游。这回对不住您了。"读过私塾的堂兄王岐说："还有一句游必有方呢。老王家有你这样好学上进的，我们高兴，不算不孝。"

8月11日下午，我去家门口金鱼池大街路北的理发馆剃头，我对理发员说："明天我要出国了。"理发师没搭理，她大概以为我在发烧说胡话。然后骑着自行车到语言学院去取机票和500美元的现金。大家心急火燎地左等右等，可就是不发下来。明日一早就要动身赴美，还有不少事情要准备。我们一再向办事员刘力催促，刘力同志不慌不忙地回答："好事多磨。"临近6点，我们才把机票和美元拿到手。快到家门口时，妻子正搂着小儿子坐在街口邮报亭旁焦急地等候。

晚饭后，我独自一人，沿着天坛马路，从金鱼池走到天坛北门，深吸着这里的空气，俯嗅着这里的土香，认真品味着这个育我养我多年的地方，这个曾经给了我快乐童年的地方，这个使我懂得了人生的艰辛和情趣的地方。至少要等两年我才能再见到你。别了，龙须沟；别了，天坛；别了，金鱼池；别了，天桥。

1981年8月12日一大早，我穿上崭新的毛料灰色中山装，带着两个皮箱，一个手提箱，和一个有拉链印着 BP 的皮夹子，在全家老小的陪同下，第一次去了首都机场。按照要求，提前两个多小时走进候机厅，办理登机手续。然后，陪着家人含泪话别。20 分钟后，我发现那个放着机票和护照的皮夹子不见了，赶忙到原来坐过的椅子上找寻，还好，原封没动，我倒吸了一口凉气。万一丢失，岂不耽误了登机。从那以后，我出门时总把机票、护照带在身上，不再使用那个容易脱手的皮夹子。

送君千里，终须一别。到了进入登机口的时候，我含着满眼的泪水，告别了 77 岁的老母亲、姐姐、妻子和孩子们。下次相见起码要在两年之后了。朝暮相处、亲密无间的一家人，怎么舍得就这么分离哪？我就要离开北京，一个人孤独地跑到那个相隔万里两眼一摸黑的大洋彼岸，去开创新的生活。那一刻的复杂心情是很难用笔来描述的。

第一拨派出的共有十几个人，两个去斯坦福，五六个到普渡，还有几个到以阿华（IOWA）大学。安全检查的小姐似乎不大喜欢我这身行头，把穿西服的都放过去了，唯独要对我这身中山装扫来扫去。

进了 CA981，我按照座位号到了靠近机头的仓位，我的同伴们都去了波音 747 楼上的一层。没出过门，只知道中国有阶级斗争，不知道机舱还分几等。原来我们那次出国的同学，全部被安排到头等舱。我刚坐下不一会儿，一个空姐过来说："你不能坐在这里。"于是我跟着她来到后边的经济舱，找了个空位坐下来。整个一个土老冒，农民进城。丈二金刚，摸不着头脑，只好任人摆布。

在上海办完出境手续后，我回到座位时，发现提包不见了。急忙向空姐询问。她说我的座位让别人占了，让我坐到一个带弹簧的折叠椅上。好在我在清华 200 号上班时，都是站在黄河大卡车上来来去去，有了这么一个 Fancy 的座椅，已经是喜出望外了，也就不再回想登机时的那个宽大舒畅的座椅。

我客气地问他们，为什么我从北京上来没座位，上海来的却有。

她说一会儿再帮我找。一个小时后，我被安排到一个经济舱的座位上。我心里很不是滋味，这不就是种族歧视吗？可是我没敢闹，我知道小不忍则乱大谋。我听郑林生教授说过，出国不是件容易事，到了飞机场，都不算出国。我把这个警示又向前推进了一步，没到目的地就不算出国。

因为一个座位毁掉拿学位的机会，值吗？横下一条心，她就是把我撵到货舱，我都认了，不就是 10 个小时吗。但我心里一直留个疙瘩。听说美国有种族歧视，可是还没到美国，在自家的飞机上就先领略了国人对我的歧视，上哪儿说理去？不过，想到多年付出的努力，想到机会来之不易，这些琐细的不快，又能算得了什么呢？

我们这批 CUSPEA 弟子由衷地感谢李政道先生，他曾经来北京为我们讲授粒子物理和统计物理。又为莘莘学子开辟了一条留学深造的广阔通道，让我们开眼界，见世面，在科学的山峰上勇敢地攀登。

谢谢李先生。

附李政道先生 1980 年 12 月写给 CUSPEA 学生的信。

亲爱的同学们：

这次由于中国科学院，教育部，各方面及研究院的负责人和教授们的大力支持，使 CUSPEA 的初步有很好的结果。当然，最主要地是你们自己的努力。

因为 CUSPEA 的程序是一种新的尝试。与中国、美国通常的方法都不一样。随信附上我给美国五十八物理系的通告（十二月十二日发出）。其中详述了申请和录取的手续和处理等期限。阅后请于研究生院严济慈院长办公室取得联系，使一切步骤按时进行。虽然美国的各大学是各自为政的，但是我们会尽最大的努力，使你们一百卅二位之中的绝大多数取得录取。

来美国后，请不必立刻定专业。除自己的兴趣外，对将来的用处国家的需要，还请多加考虑。大体而论，做实验的应该远比念理论的要多。还请注意，进研究院不过是学习的初步。得博士学位还仅是就业的开始。这次你们考试的成功表现了中国的高等学院有很好的水准。而将来你们学成回国后，可更快地提高各大学和研究院的质量，使超过世界水平。科学基础好，工农业也可随而发展。

祝你们前途光明。

李政道

一九八〇年十二月十三日

纽约

高能所

感恩 CUSPEA 和研究生院

徐依协

作者简介 1978 年考入中科院研究生院高能所。在肖庄研究生院结识了许多一生最好的朋友。由 CUSPEA 招生于 1980 年入美国哥伦比亚大学物理系。博士毕业后，曾在斯坦福研究所分子物理实验室，斯坦福大学固体物理实验室，通用电气公司研究中心和英特尔公司从事研究。2008 年后，加入加州硅谷知识产权行业。2011 年到上海在中国半导体制造龙头企业中芯国际负责专利管理。于 2016 年回加州硅谷继续帮助中国企业改善知识产权。

我在文革开始时是北京女十二中初二的学生。因为 1966 年停课闹革命，1969 年上山下乡去陕北延安插队五年，经历一段人生低谷。其间不愿就此自弃，便用一毛钱一本在旧书摊上收集了中学课本，带到小山村，定好计划，每天自学初高中课程。终于五年中基本补上文革前高三的学科。在 1973 年参加首届工农兵大学考试招生，险些在以交白卷为荣的风气中落选。在陕西师范大学物理系学习时，是全班唯一选学原子物理的学生。1978 年，考入中科院研究生院，师从高能所张宗烨导师。进入研究生院是我人生从低谷转折的开始。

1979 年，我通过了在北京举行的 Pre-CUSPEA 考试，在面试时见到李政道教授（Professor T.D. Lee）和夫人秦惠君。只记得谈了许多话。我问了他世界上女物理学家的事迹，他立刻提到居里夫人（Curie）和梅耶夫人（Mayer）的贡献。后来才知道，这两位是当时仅有的两位女性诺贝尔物理奖得主(2018年有第三位女物理学家斯楚克兰德Strickland获诺奖)。当然李教授并不知道，当时的我，刚刚从五年延安窑洞的插队生活和三年工农兵大学造反第一的教育中爬出来不久，仰望着深奥的美国大学学府，心中有多少不安！要不是在研究生院一年半的恶补，要不是那么多研究生院同学精英的"陪读"，我恐怕连参加Pre-CUSPEA考试的勇气也没有。有了李教授肯定的回答，我充满朝气地迈入了到哥伦比亚大学深造的人生征途。

当时我与其他CUSPEA同学一样，面对着很多要克服的"第一次"：第一次出国、第一次走入美国大学、第一次吃美国学生食堂、第一次用美元买东西、第一次在纽约街上租房子、第一次与非中国同学共同上课。而这时候，我们对教授的称呼已改为李先生，取自中国人对老师的尊敬，不是Mister的意思。李先生、李夫人和秘书Irene都对这些"第一次"付出了大量心血。但却不是第一次听美国教授用英语讲物理课，因为听李先生在中国科学技术大学研究生院用英语讲过量子统计和粒子物理。那个第一次，就被李先生讲课的专注、透彻和神采入迷的我，当然又迫不及待地第二次选了他的量子统计学。

我在哥大做的是激光原子物理论文。数年中，除直接选李先生的课外，我们中国同学受到了他更多的关心和指教。从选择专业到生活指南，我们有定期与李先生和夫人聚餐询问的机会，也有随时走入他办公室打扰的特权，更不用说在Pupin大楼走廊中邂逅李先生的微笑招手，和用中文问好的惊喜。也许因为是第一个被李先生带入CUSPEA的女生，我似乎更是被格外关注。"千万要做好为未来女生铺路的前锋"，是我脑海中时时翻滚的压力云。大概受李先生密指，物理系"师兄"如陈成均、裘照明、吴真、赵天池，还有与我同来、自学出身但在理论物理上遥遥领先的小师弟任海沧，耐心与我讨论讲解问题，对我帮助极大。假日我们同去唐人街购物，在美国头号大都市猎奇，或轮流做饭，一起唱歌。我在哥大的岁月过得很开心。

感恩 CUSPEA 和研究生院

李先生和夫人在圣诞节、中国新年也会安排家庭宴会，招待物理系中国留学生。后来每年通过 CUSPEA 来哥大的学生就有三四个，他家里一桌坐不下了，李先生就只请后来的新生。有幸的是，李先生的每次家宴，李夫人总是叫我去作陪，所以我去的次数比别人多。正是在这些聚会中，我看到了李先生对字画、艺术品的喜爱。李先生与我唯一的一张合影恰是在他家收藏的唐三彩马前拍的。

其实，李先生何止喜爱收藏艺术品，他还是个画家呢。不知从哪年圣诞节开始，我惊喜地收到李先生自己创作的圣诞新年贺卡。卡片正面是鲜艳夺目的花卉、水果，里边附一张生肖的动物加页。那些幽默生动的图片洋溢着创意和喜悦。我收到的有：

在贡桃前垂涎的老鼠　　　　　2006
翘尾巴的母猪和小猪　　　　　2007
勇猛的公牛　　　　　　　　　2009
翘首回望的兔子（长岛别墅邻居）2011
飞天般飘逸的小蛇　　　　　　2013

那些年我多次搬家，李先生的贺卡从来追随着我的新地址，成为我每年十二月翘首盼望的那份最珍贵的圣诞惊喜。

可是在 2014 年后，就再没有收到他的新年卡了。我从老同学那里得知，李先生已退休，并从纽约搬到三藩市与儿孙一同住去了。我为他高兴，因为三藩市美丽的海湾和宜人的气候比纽约更有益于李先生的健康。也为我自己高兴，因为三藩市和我住的硅谷南湾是邻居了！不过我再也没有见过他。也许他已在忙于其他的喜爱追求，或享受天伦之乐了。

2015 年深秋，我在上海交大参加 CUSPEA 聚会时，参观了李政道图书馆的 CUSPEA 展览厅。我第一次了解到，为了那些我经历的"第一次"，李先生与当时中国开明的领袖们、研究生院的老师们，做了不知多少事情，克服了不知多少障碍！在展览厅我还见到了李先生 1980 年亲手写的一封推荐我入哥伦比亚大学的介绍信，清晰熟悉的手迹在众多展品中抓住了我的视线，也带出了我感恩的泪水。

李先生非常渴望从 915 CUSPEA 中成长出一代世界级的中国物理学家。他的愿望基本上实现了。数百名 CUSPEA 学者至今在从事物理基础研究，更有不少人在中美两国之间数十年地奔跑着，像桥梁一样把中国物理向世界水平靠近。众多 CUSPEA 学者将物理学运用到生物、光学、航天、环境、高科技、工程，甚至金融、互联网，等在 80 年代 CUSPEA 时期尚未见雏形的领域，成为那里的精英，甚至有人成为科学史作家，著书累累，足见 CUSPEA 的创新精神和物理功底的威力。

我离开哥大后，在原子物理、分子物理、光学物理的探讨中产生了对物理在工业产品中应用的浓厚兴趣。之后又朝幼年就有兴趣的写作方向迈了一步。做上了将发明创新写入专利申请的工作。在中国向创新制造业迈入的年代，我又回到祖国，在半导体工业领域参与知识产权保护工作。在上海的五年实践中，和之后回到美国的四年，至今仍在为中国公司申请美国专利奔忙，天天用到的都是 CUSPEA 赠送给我的财富——从物理、工程、分析方法，到英语和法律的严谨逻辑。可以说，是 CUSPEA 开拓了我四十多年的人生征途。尽管今天和开头目标相差甚远，我没有再去责备自己为什么不坚持物理学研究。因为我觉得 CUSPEA 给予我们的是一个海阔天空任鸟飞的世界。路本来是人走出来的。征途即已打开，就没有回首和后悔的时间，只有顺道跑下去了。

感恩李先生为 CUSPEA 做出的巨大贡献。感恩 CUSPEA 对我人生的改变。

所有一切终将感恩研究生院让我转出人生低谷。

2019 年 10 月于美国加州硅谷

在李政道先生紐约家中

李政道先生与 CUSPEA 学生

化学所

乘西风飘洋过海

朱蓬蓬

1980 年一个暮春的晚上,理论物理所的郭东升同学带着同是化学所的郎福田同学和我在中关村里转来转去,找李佩老师。那晚天很黑,昏黄路灯下的小楼房全都一个模样。我们来回几趟也找不着她的住处。正着急呢,旁边一家大门一响,走出俩人。虽然叫不出名字,但认得出是在一个食堂里抢勺子的同学,我们立即认定了那就是李老师的家,因为那段时间里,位于北京的中国科学院研究生院,掀起一阵出国留学的热潮,大家不约而同都来找李老师办手续。

李佩先生,摄于 2005 年在北京举行的科学院首届研究生聚会。

从1979年底开始，中国科学院的研究生院里就刮起了出国风，宿舍里，饭堂中，常有人窃窃私语，还经常收到海外飞鸿，其中就有我们所的袁和同学。大家讲英语的风气也越来越浓，有的寝室甚至规定在室内只能讲英语，违者受罚。毕竟大家英文没到那个程度，无法进行正常交流，有时候被逼无奈，既要讲话又不想受罚，只好跳出房门，站在门口把话讲完了再进来。门口不断有人跳来跳去，惹起一阵阵哈哈大笑。由于发音不准，词不达意，把肥皂当汤喝，(soup, soap)，吃饱变傻瓜(full, fool)的笑话更是接连不断。同学们打趣地说，如今的研究生院是西风压倒东风。

我了解出国的信息归功于我的室友袁和。她和外籍老师交往比较频繁。还有一些准备出国的同学时常来和她密谋。1980年初，袁和和我们班长召集我们所的十几位同学开了个会，开场白一再言明是"非正式"的，袁和带着颇为机秘的神情传达了一条信息，想出国吗？师资班的同学从外籍老师那里学到了门路，为出国留学铺开了一条坦途。

不久，李远哲教授到京讲学。傍晚时分，黄升埨学长召集我所几位同学陪李先生游颐和园。闲聊中有人问及中美的科研现状和留美读书的事情，李先生很委婉地说，中国这么多年来的非正常活动，科技停滞不前，和海外的差距太远。如果你们真有志于科学研究，还是出去走走才能接触到科学的前沿。他还简单地介绍了一些美国大学的情况。记得我傻呼呼地问他，到美国上学要带行李吗？他笑着说，美国的大学宿舍提供寝具，只是西餐吃着难受。这后半句话，我还是来美国以后才算真正体会。

当时还有一个很有趣的插曲，黄升埨学长突然心血来潮，指着湖对岸问道，"李先生，你能不能目测出从这里到对岸的距离？"李先生一愣，犹犹豫豫地说，"看不清楚，有500米吗？"黄升埨却很得意地说，"不对！整整800米！"一时冷场，见李先生有些尴尬，我便揶揄大学长说，"这么黑朦朦的，谁都像你长了夜眼！"卞锦儒同学也笑着说，"老黄，800米是多少 Angstrom？"老黄猛然醒悟，急忙解释，"其实，我也看不出来,只是当年读大学时,参加过横渡昆明湖的 800 米游泳活动,就是从这里下水,游到对岸的。"事后他还特意向我道谢,说我和小卞替他解了围,并埋怨自己莽撞。好在,李先生并不以为忤,依然和所里约定,等明年黄升堉毕业以后,去给他当博士生。遗憾的是,后来他俩相处不睦,也许不无夙缘吧。

恰好,郭东升同学来我们所找袁和交流情报,顺便给了我一份留学申请表,并传授了一些办手续的技巧。首先要写申请书,科学院图书馆那两台破旧的英文打字机一下成了抢手货,时常有人排队等待。大家鲜有打字经验,一般都是二指禅,非但慢,而且用力不匀,打出来的字就深浅不一,十分不整洁。最担心的是出错很难修改。有的同学不知从哪里找到一种涂有改正液的纸条,可以插在打字机上改错。然而,那种纸片很难买到,又是消耗品。谁手里有一条,都像宝贝似珍藏着,不是好友舍不得外借。曾有人开玩笑说,要跟女研究生交朋友的话,这纸片是最好的礼物!我好不容易得到了一条,都用到瘢痕累累了,还舍不得丢弃。

随后就要到研究生办公室拿成绩单,有中英文双语加盖研究生院大印的正式成绩单。可是,在那个年月里,大家都还没有从"里通外国是大罪"的恐惧中完全解脱,堂而皇之地打着出国旗号,没几个人有这个胆量。我挖空心思地找理由,没想到,进了研办的门,根本就不用说话。老师神秘一笑,就把双语的成绩单给办好了,还盖着研究生院的大印以及教务主任曹世刚的签名。中文的成绩是已有的资料,下边一栏空着,要我自己翻译成英文再打印进去。他还指点着说,美国的成绩有的是 4 分制,有的只是 pass/fail,和中国的百分制或者 5 分制不同,提醒我们在翻译时注意。当时我们谁也不知道这背后的故事,还以为是撞上了好运气。

此外还要 TOFEL 成绩。那时候,中国根本就没有 TOFEL 设置。从同学们的传闻中得知,我们可以用英文过关考试的成绩代替,但是要找外语教学的负责人李佩老师写证明。我平时只会死读书,和没上过课的老师们基本上不打交道，和李老师不过是见面点头的交情。好在郭东升同学很热心，主动带着我们去找她。

战战兢兢地进了门，我把英文过关考试的成绩交给李老师，吞吞吐吐地还想解释来意。李老师只是笑了笑，就拿出几封早已打好的信，在上面填了我的姓名，下面签了她的姓名和日期。原信我已经记不清了，大意是中科院研究生院的英文过关考试是按照 TOFEL 设计的，作为外语教学的负责人，她证明该名学生已经通过了外语考试，英文程度相当于通过了 TOFEL。当时我们全都很纳闷，好像李老师早已准备好了，专等着我们似的。

这一等就是二十多年。谜底是在前几年读了朱学渊大学长的文章《踏破锁国千重浪——中科院八百研究生首批自费留学记》（载《开放杂志》2002 年元月号）才揭晓。原来，当时的首席外教 Mary Van de Water 女士向研究生院提出建议，帮助学生办理出国留学，利用外国提供的助研/助教的资金为中国培养留学生。可是，放任研究生自行出国，这是前所未有的创举，对错与否谁也不敢断定。时任我们院长的彭先生和李老师商量以后认为，使用多方面的资源，尽可能地多送莘莘学子出国，有益于中国尽快站在世界先进科学的前缘。那是个乍暖还寒的时节，人人心有余悸，可是他们致个人安危于不顾，私下达成了协议。瞒上不瞒下，支持学生自发的留学活动，并指示研办对所有办理留学手续者，一律大开绿灯。

申请表寄走了，我其实没全当回事。因为没有美金，我也没交报名费，只是按照同学们的经验要求学校免去。那时也不准备真走，打的算盘是等一年毕业以后再说。其实，有这样想法的并非只有我，当时我们所里开会参加"密谋"的十几个人，真正申请的没几个。可是，事情的进展完全出乎意料，没想到西风会如此猛烈，不到一个月我就收到了芝加哥一所大学当年秋季入学的录取通知，除了学费全免，外加每月 500 大洋的助教薪水。

怎么办？处在这个人生的叉路口，我犹豫极了。当时只觉着活得太累，在动荡里度过了那么多年，早已没了拼搏的劲头，眼看还有一年就可以拿到硕士学位，以后要么读博士，要么留所工作，大局已定。到了美国举目无亲，前途未卜，又要赤手空拳地重新开始，是否值得？实在举棋不定，只好到处征集意见。

母亲首先表示不放心，比我 15 岁那年到农村插队时还要担忧。这哪能怪她，几十年的官方宣传，美国是头号敌人，就像红鼻子绿眼睛的妖魔。有几位老师说，你一个女孩子怎么敢去美国读书，尤其是芝加哥！报纸上刚刚报道，校园里发生了强奸案，那里仿佛不是个人住的地方。要好的朋友们也劝我别再折腾，该是安定的时候了，最好找个人嫁出去，安安稳稳地过日子。

我沮丧已极，大着胆子征求导师的意见。原本担心他会生气，好不容易过关斩将当了他的研究生，还没毕业就要走？！谁知完全相反，他极力支持！他以为中国的科技已经走进了死胡同，尤其是他那个专业。他自己是 30 年代留德拿了博士学位的。几十年来，这个专业进展不大，已经成了经典的经典，急需引进新鲜血液。他还考虑到我的具体情况，主动提出，给我一个公派的名义，这样既可以不用国家的钱，又有个国家管理的名目，至少可以让我母亲安心。为此他专门给所领导写了一封信，信中说到：

"朱蓬蓬同志自从考取我的研究生以来，不论在研究生院学习期间或是在我的实验室中，工作认真，成绩优异。我认她是可造之材。我同意她出国留学，并希望能转为公费，以利她的学习，

朱同志热爱祖国和祖国的科学事业。在我接触的已出国人员当中，她应属上乘。我相信她将能为祖国分析化学做出出色的贡献。

谨陈敝见，用供裁夺

梁树权
八 0．七．十四
中国科学院数理化学部委员
化学研究所研究员

可是，因为同所还有别的同学也在办理出国留学，梁先生的提议

被所里以"研究生太多，没法平衡"遭到了拒绝。梁先生非常通情达理，他说，无论是走还是留下，我怎么决定他都支持。后来我告诉他行程，要从广州经过香港去美国。他还给我写了他在广州和香港的亲友们的地址，方便我在路过时有人照顾。虽然我没去打扰他们，但是，梁先生的这份关怀我一直记在心里。

此时，我想出国的事已经成了新闻，不管在研究所里还是研究生院，熟悉不熟悉的人，见了面都会问我几时走，我这才明白什么叫"骑虎难下"。再加上那一段时间发生了几件事，更成了我去留天平上出国那边的砝码，而公费与否已经不再重要了。经过犹豫再三权衡利弊，我对新科技的追求和对未知前景的好奇占了上风，也对这个国家级的最高研究机构寒了心，没了留恋之意，交上了留学申请。可是很快就收到了消息，美国寄来的签证申请表是 I-20，对应着 F1 签证。科学院要求的却是 IAP-66，对应着 J1 签证。当时我完全不明白 J 签证与 F 签证的区别，只听到一些传闻，F 签证是学生签证，J 签证是给学者用的；还有人神秘地说，F 签证将来可以留在美国，J 不行。我那时的想法很简单，也没有想过要留在美国不归。既然科学院要的是 IAP-66，就写信向美国大学说明了情况，请他们再寄一份新的签证表过来。这之间的不同后来我才发觉。拿 F 签证的同学在办理绿卡时没有任何障碍；而我因为不属于公派，因祸得福，我的 IAP-66 的签证上就没有毕业后"Home Stay"，必须回国两年的要求，申请绿卡时就很顺利。而那些公派的同学则必须回中国，或者拿到豁免才能办绿卡。

在这段时间里，除了办理留学手续之外，我最重要的任务是恶补功课。我的高等数学，从微积分开始，全是自学的，对付中国那些落后了几十年的课程来说绰绰有余。可是，美国寄来的课程表远远超过中国当时的水平。研究生基础课里的量子化学、统计热力学、反应动力学和光谱学，不要说我，连我们那个专业的老师也没学过，而这些课程所要求的数学远远超过我的积累。万幸的是，黄升坞学长非常热情。当时和我有同样问题的还有谭江、刘博颖以及我们所的几位"小字号"的同学。大学长把我们召集在一起，不但给我们找教材，还利用晚上时间耐心讲课。一两个月的时间，我啃下来大学一两年的数学课。有了这个基础，赴美以后我才能游刃有余，除了量子化学，其它几门课，我都考过全班最高分。

从春风和煦等到夏日炎炎，终于把手续都办完了。那本由北京市公安局签发的棕色护照拿在手里，我才真正相信出国不再是幻觉。可是，离开学的时间已经不远，美国方面不愿意延期，希望我赶在秋季入学，我只好又开始了另一轮的冲刺。

第一件事是办签证。我和郎福田、郑思清两位同学一起来到美国领事馆，出示了护照和签证申请表。领事馆的工作人员笑容可掬，让我们填了一张表格，在接待室里等候。室内的家具豪华奢侈，墙上还挂着美丽的壁毯。除了有幸去过一次人民大会堂，我从没见过这么华丽的陈设。多年来，我早已习惯了黯淡的泥墙草屋，或者是拥挤不堪的集体宿舍。那双专为出国买的新皮鞋沾满了泥土，真不好意思踏上漂亮的地毯。我看看那两位，他们也都同样无措手足。四边看看，茶几旁插着一些小册子，上标"敬请取阅"，就拿过一本来，随便翻着，试图掩盖内心的尴尬不安。那是一本中英文对照的"美国简介"，其中一段吸引了我，"美国是一个各民族的大熔炉，立国近两百年来，她本着自由民主平等的精神，各民族之间和睦相处，从世界各地吸引了大量的优秀人才……"

刚翻两页，管签证的领事就出来了，和我们亲切地握手招呼，还彬彬有礼地道歉，让我们久等了。大概女士优先，领事先请我去了签证窗口，和我交谈了几句，对我选择美国进行学术交流表示感谢，可又略微带点歉意地说，虽然他批准了我的申请，可还要去国务院办一道手续，要我两天以后再来取签证。我的英文阅读勉强凑合，口语却是最近几个月里听灵格风，读九百句突击出来的。糊糊涂涂地基本上明白了他的意思，为了确定，又请他用中文重复了一遍，知道自己确实得到了去美国的许可。

我在走廊上等了一会儿，郑思清同学愁眉苦脸地出来了。他说，他是党员，虽然知道不能承认，可天生不会撒谎，不自觉地就说了实话。领事说需要一点时间审核材料，要他过两天再来。我不由得庆幸自己一直被这个党列入另册，当领事问我是否党团员时，我据实回答，曾经是团员，已经超龄退出了，少了一件烦恼。正想着，郎福田同学也笑容满面地出来了，一看即知他也得到了许可。我们和领事馆的工作人员约定了两天后取签证的时间。

走出大门，我好像还没有完全迷糊过来。这几个月来办出国许可，申请护照，搞得头昏脑胀。这么多年来，在哪儿办事都是看人脸色，好像跟谁都欠了二百大洋，没想到签证居然办得如此顺利。不仅领事这么客气，看到的全都是笑脸，连自己也不由自主地跟着微笑。脸上的笑肌长期不用，这会儿都觉得累得发酸。我本来一直对出国犹疑不定，可是，这么一点点小事，我看见了太平洋彼岸的泱泱大国之风，一颗心立刻和这个国家拉近了距离。

签证有了保证，我们就放心地来到中国银行兑换外币。有了出国许可，每个人可以换 800 美金。按照当时的兑换率，需要 1300 多元人民币。那个时候的一千多元钱可不是个小数目！我在农村插队时，每天十几个小时的工作量，挣来的工分值还不到五分钱。后来当工农兵学员，每个月 16 元生活费，还得抽出 1 元钱做公积金支援困难的同学，除了 13 元的饭菜票，只剩下 2 元零花钱。毕业以后分配工作，不算大学生待遇，每月的工资只有 36.5 元，相当于工厂的 2 级工的水平。好在正赶上工资改革，我的月工资刚刚升到 50 元。尽管是单身一人，吃穿零用加上买书本，每年也不过存下个一百来元。因此，这 1300 元对我来说简直就是个天文数字！而美国大学给出每月 $500 的助教薪水，对我来说也是一个很大的诱惑。万幸的是，我还有个家，在父母兄长和其他亲友的鼎力相助下，我生平第一次有了这么大一笔财富。

当时中美之间没有航线，公费出国的人坐民航要从巴基斯坦绕道法国再去美国，票价好几千人民币。我哪儿折腾得起，只好从香港走。老郑有一张名片，上边是一家香港旅行社职员的名字，很美，叫叶明珠。我们都以为那一定是个化名，按照当时国内的习惯，谁会把真名印出来到处招摇呢。尽管如此，我们还是根据上边的地址，通过电报确定了日期和票价。只是打电报时为了省字省钱，我们只放了郎福田一个人的名字。

揣着一迭绿色的钞票从中国银行出来，我们折到附近的邮电局，准备把美金寄去买机票，汇款单填好，邮局却不让寄，原来对外汇钱只能从中国银行转帐。

我们一头雾水又跑回银行，柜台里的小伙子说，这些美金要再转一个手，卖出去买成港币才行。里外一折算，亏了好几十元。我们听了发愣，那边的机票报价也是美金，为什么还要再换一回？小伙子挺不耐烦地嘲笑我们，你们都要出国留学了，还连这些事情都不懂！我们面面相觑，怯怯地问，我们刚从你这儿把美元领出来，已经付了一回手续费。你能不能通融一下，就算还没换成美金，直接按人民币算成港币行不行？小伙子摇着头说，已经做过的交易，哪能通融？事先你们怎么不说清楚！事先？事先有谁出过国？事先谁见过美金是红的还是绿的？事先谁知道邮局不管寄钱的事？唉，没办法，只好乖乖地交学费。

没想到，要交的学费还多着呢。因为老郑没拿到签证，他不能换美金，我和老郎的美金加在一起不够三张到芝加哥的机票钱。考虑到哥们儿的交情，我们商量了一下，订了三张到旧金山的机票，本想等老郑的美金拿到以后再补那一段。我以为万事大吉，精疲力尽刚回来，老郑的妻子就来找我和老郎。恰好碰到黄升垾，带她到我的实验室。她把我们狠狠地数落了一通。首先她告诉我，机票不可以分段订；其次，老郑能不能拿到签证还不保险，哪能先订机票！要我马上去邮电局发电报改正。老郎回家了，老郑和他妻子都有事，天这么晚，公共汽车已经停班，骑着自行车连夜进城到 24 小时通宵营业的邮电总局打电报，这个伟大而艰巨的任务就落在了我头上。多谢黄升垾学长，他一口答应陪我进城。我人小车小骑不快，走了大约两个小时才到电报大楼。更可笑的是，我们都不知道买机票需要实名，而且入境香港时，预定的离港机票是通关的必要条件。我在电报上只是简单地说了，"原定三张至旧金山机票改为两张到芝加哥，余同"。这最后两字的意思是时间钱款等等都与原先一封电报里的情况相同，谁知却被误导成了我的名字。后来我到香港入境时成了个大麻烦，海关只查到有个叫"余同"的人有离境机票。海关联系旅行社，旅行社也说不清，再加上语言不通——粤语不会，英语不灵，花了几个小时我才得以入境！

机票定好，我又忙着体检，注销户口粮油关系，办理退学手续……琐琐碎碎很多事情，无需赘述，只知道又交了几次学费。毕竟，这种形式的出国留学是第一次，不像公费或者有亲友资助者，没人为我们保驾护航。外籍老师指了路，走下来全靠自己瞎闯。当然，那时我们谁也不会想到，在我们摸索的基础上，此后这条路变成了高校学子出国的康庄大道。

终于，要走了。黄升垾带着嫂夫人、谭江、小刘和其他几个人，在颐和园的知春亭为我送行。嫂夫人还专门请人为我捏了几个小面人儿，拿到美国当礼品。那儿绿水淙淙，微风习习，是我们一伙人密谋出国的主要场所。一块块假山石，一棵棵垂杨柳，见证了我们出国的历程。现在，我先走，谭江已经有了些眉目，预计冬季入学。小刘拿到了录取通知，还在等财政资助。黄升垾公派出国跟李远哲读博也成定论，将于下一年入学。我们相约，大洋彼岸再会。

    2006年初稿，2020年1月定稿于木棉高地

感光所

我的美国求学之路

黄乃中

作者简历
1965 北京大学化学系毕业
1965-1978 北京石油科学院技术员，工程师
1978 中科院原感光化学研究所研究生，师从蒋丽金教授
1980-1984 Ph.D in chemistry at University of Notre Dame
1984-1986 Post Doctor in chemistry at University of Notre Dame
1987 Post Doctor in chemistry at University of Alabama
1988-1989 Research Associate in chemistry at University of Notre Dame
1989-2009 Research Chemist and Senior Research Chemist at Lubrizol Co in Cleveland, Ohio
2009 retired

一、进入研究生院

1978 年是共和国历史上值得大书特书的一年，那是四人邦被打倒后毛泽东亲自发动领导的文革被定性为一场民族浩劫的一年。由此彻底否定了华国锋的"两个凡是"，颠覆了毛泽东的阶级斗争理论和实践。"实践是检验真理唯一标准"的大辩论使噤若寒蝉的知识分子自 1957 年之后第一次敢于独立思考：中国往哪里去，我们往哪里去？这是每一个有良心有抱负的中国知识分子必须思考和回答的问题。然而几千年

来习惯于靠皇帝的封建传统以及几十年来做党的驯服工具的中国人，还是盼望着救世主来拯救他们，人们急切地盼望邓小平能早日复出打破僵局拯救中国这艘千疮百孔的航船。

八届十一中全会后，改革开放的春风终于吹到了神卅大地。知识界首先敏感到中国要变了，恢复高考就是一个强烈的信号，紧接着，在胡耀邦的推动和方毅付总理主持下，决定在中国科学院恢复招收研究生。这一消息迟迟来到了余秋里康世恩控制的石油系统。我所在的石科院的同龄人奔走相告，跃跃欲试。但是冷静一想考研究生谈何容易？年青的工农兵学员业务不过关，文革前毕业的大学生又早过而立之年，拖家带口业务荒废，大锅饭铁饭碗吃了几十年，多数人工作稳定加上在单位里经营了十多年又有了一官半职，何必再去拼搏冒险？再说万一考不上，人言可畏指指点点成为众矢之的，可不是闹着玩的。因此，最后真正上考场的就那么几个铁杆，其中包括我的北大同班叶锡林。

经过层层申请终于同意我报考中科院研究生，因为当时只有年龄这一条限制上级无法刁难，研究室还给了我一个月脱产复习时间。自从1965年毕业分配到石油研究院算起到1978年的13年，我是在"工厂劳动、文革、五七干校"中度过的，今日好不容易有脱离石油系统的合法途径，去我想往多年的科学院，机会真是千载难逢，因为当年要换单位的机会几乎等于零。在这乱世之秋，考研是我前途上的一根救命稻草。石科院里抱有同样想法的人很多，起初有30多人报考，但经不住复习备考的艰辛，大家毕竟离开书本已有十几个年头，很难重拾遗忘多年的书本知识，加上考不上有被人背后议论的风险，许多人半途而废重又回到研究室工作。

备考的日子正是北京最热的时候，宿舍外面有的乘凉，有的看露天电影，我却在宿舍重拾十多年前的功课，真有些云里雾里的感觉。所幸北大扎实的培养，被荒废的书本知识很快拣起，揣着最后一搏的心态，忐忑不安地走入考场。最后石科院上考场的四人中，一个64

届，三个 65 届毕业生，全部录取在北大和中科院。我考入科学院感光化学研究所，师从蒋丽金院士，在那里遇到了早年从化学所转到感光所的马金石同学，后来陆续调到感光所的还有叶锡林，毕只初和苏邦英等。那年考入感光所的研究生将近二十人，来自五湖四海，后来大部分陆续出国进一步深造。

我为能离开石油系统，不再受三老四严的紧匝咒束缚而庆幸。这点多少是受了北大自由传统的影响，反感被人管束。14 年前，因北大陆平极左思潮的压制，剥夺了很多人考研究生的权利。如今科学院解放了我们，一晃就是十多个年头过去了。共产党政策以权势而异，忽左忽右，有多少人的青春年华甚至生命由此葬送，1957 年反右扩大化把 55 万人打成右派受尽歧视，后来摘帽平反却还感激零涕说是得到了重生，就这一点来说中国的知识分子实在是太可爱了。

文革把中国的政治、经济、文化带向崩溃的边缘。如果真如毛泽东说的七-八年来一次，那么中国真要被开除球藉了。文革十年大学停课内迁，研究所人员下放去五七干校，知识分子不是阶下囚就是臭老九，"拨乱反正"中最大的问题之一是人才断层。有远见的科学院开全国之先河，成立了科学院研究生院，校址设在原北京林学院内（北京林学院在 1971 年被疏散到云南），它集中了北京地区各研究所文革中幸存的科学家们讲课，还邀请了京外和国外著名学者讲学，杨振宁，李政道亦在其中，英语教学聘请的外教享受外国专家待遇，住友谊宾馆汽车接送。研究生们来自全国各地，绝大多数都是文革前入学的老大学生，为了家庭团聚考到北京的不在少数，工农兵学员极少，其中的佼佼者如化学所的白春礼，师从北大唐有祺教授，后到美国做访问学者，现今已是中科院院长。

当时想躲过入学考试托关系走后门的几乎没有，即使高干太子们大多也都凭成绩，因为那时党内还未腐败到今天这步境地，全党全社会想的做的都是尽快从文革浩劫中恢复过来，同心协力建设四个现代化。这里值得一提的是从未上过大学甚至高中的一位女生全凭自学竟然考取化学所研究生，她的自学经历及远大抱负在中国青年报上登了整整一版，十分感人。后来在她查出癌症之后仍然坚持留学美国，以顽强的毅力完成学业，据说在她临终前一个多月仍坚持完成论文，最后以硕士学位为她短暂而闪光的人生划上一个圆满的句号。她的事迹感动了中国知识界和大洋彼岸的美国友人。时过境迁，当我写这段回忆时不能不提起这位自强不息令人尊敬的女性——袁和。

科学院的数百名在京研究生统一住校，院内有食堂和宿舍，与大学生活无异。研究生院实行学分制，除上课考试外，学生们还必须参与导师布置的功课和实验，往往是上完课就赶往各自的研究所与导师讨论或做实验。我骑车往返于林学院和北沙滩感光所之间。研究生院直接受方毅领导，很少文革余毒，没有政治课和耍嘴皮的政治学习，学生和老师们心情十分舒畅。

虽然文革耽误十年，因有北大六年的功底，我很容易应付第一年的课程。然而量子化学第一次考试结果令人触目惊心：全班二十几个学生，除一人得 90 分外，最好的只有 60 多分，平均在 40 分左右。量子化学是国际上的前沿学科，文革使我们信息十分闭塞，不知国际动态。毛主席提倡与天斗与地斗与人斗其乐无穷，知识青年上山下乡接受贫下中农再教育，知识分子下放五七干校，大学停办，北大清华教授职工下放到江西鲤鱼洲，石科院下放到湖北潜江，不少人得了血吸虫病。毛主席的卑贱者最聪明高贵者最愚蠢是当时最时髦的口号。然而，一次量子化学考试说明我们已大大落后，告诉我们"洞中方一日世上已千年"这个现实。

久旱逢甘霖的研究生们，如饥似渴地补充新的知识，重新认识世界。我们直接聆听世界科学大师的讲座报告，与李政道夫妇坐谈，向外教老师了解外面的世界，不用担心崇洋媚外里通外国的帽子，研究生院没有辅导员没有人来做思想工作，多年来我第一次呼吸到自由的空气。

爸爸妈妈级的学生们，又坐进了阶梯教室和自习课堂，犹如当年十七八岁的大学生。他们是那么认真那么专注那么敬业！正是这样一批历经坎坷的中年人，用他们的信念、执着与勇气向命运挑战。正是有这样一个研究生院，有这样一批不甘心被命运摆布的研究生们，成了革文革命的先锋。之后，全国各大高等院校研究机关纷纷仿效科学院，办起了研究生院。经过十多年的努力，人才青黄不接的局面开始改观。

二、负笈美国

1979年李政道向中国政府提出，他联系了美国数十个著名大学的物理系愿意培养中国学生并提供助学金。这一计划称为卡斯比亚，后来又扩大到生物学科。因名额有限，只涉及到研究生院少数精英学生，然而世上从来没有不透风的墙，一石激起千层浪，消息不径而走。到美国留学令人十分羡慕。因为满清以来无论是官派还是自费各种渠道去美留学的，后来回国都成为国内各个领域的领军人物，可数的几个诺奖得主华裔科学家也都留学美国并在美国工作。

中科院研究生院内不泛太子党红二代。其代表人物是宋家两姐妹宋任穷的女儿宋彬彬宋贞贞，他们是通天人物消息灵通能量很大，再加上许多学生都有海外关系，因而小道消息满天飞，特别是袁和已申请到去美的助学金，这给大家打了一针兴奋剂，私下里纷纷向美国投递申请，我也是其中之一。经过慢长的申请层层过关直到拿到护照和签证差不多有一年的时间，与我同年出国的有北大竺迺钰和孔繁作同学。

离开北京的那天记得送行的有潘兆平同学，那天他对我说了许多俏皮话以冲淡亲人故土难离的情绪。当踏出北京海关走向飞机舷梯时，我的心不禁紧缩起来，说不上是高兴还是留恋，远离父母与妻儿，不知前面的路是坦途还是悬崖，一点把握都没有，毕竟我要去的地方是曾经的头号敌人美国。我的脸紧贴机舱窗户，望着越来越模糊的首都机场，望着渐去渐远的祖国大地，充满眼框的泪水情不自禁地流了下来。

飞机在伊朗德黑兰加油，机场内外到处都是支持霍梅尼的标语招贴画和荷枪实弹的士兵，场面异常混乱，这与中国文革到处是大字报和武斗如出一辙。看来毛所主张的人斗人的混乱局面已经远远越过了国界。经过廿多个小时的飞行，飞机途经巴黎终于降落在美国华盛顿杜勒斯机场。同行的十几个研究生和访问学者都来自科学院，其中包括钱三强的公子钱思进。使馆教育处派人到机场接我们，大巴载着我们飞驶在高速公路上，车外兰天白云绿草如茵空气清新沁人心肺，我的第一感觉就是天堂大概也不过如此，那一天是1980年8月13日。

三、走入圣母大学 University of Notre Dame

几天之后，我们一行十几个人各奔东西。我来到印第安那州南湾(South Bend)的圣母大学，我堂哥是那里机械系的教授。该校是全美最大的天主教学校，它是一个法国神甫在十九世纪下叶创办的，称 Notre Dame，与法国巴黎圣母院同名，所以翻译成圣母大学。校长是赫赫有名的 Father Hesbergh，在美国很有名望，长得十分帅气是标准的美男子。历届总统无论民主党还是共和党都会受他邀请，莅临 Notre Dame 的毕业典礼。现任总统 Obama 出席了2009年毕业典礼并发表演说。我见过里根总统来过两次，在美国近代历史上一个总统去同一大学两次是绝无仅有的，可见 Father Hesbergh 和圣母大学在美国政府中的影响，说到底是天主教宗教文化对美国的影响。

Notre Dame 大学校园与燕园极为相似，有塔有湖(St. Marry and St. John Lake)，还有藏书极为丰富的图书馆。校园也是全美数一数二的，百年老楼与新建筑，风格各异相得益彰，以灰色为主调的建筑显得庄重平和。校园的气质内涵与我们那时青砖灰瓦的北大燕园何其相似。不同的是，这里是教授治校。招收学生、发放助学金、毕业答辩，一切都是教授说了算，一切凭考试成绩和研究工作能力，没有什么政治思想又红又专一说。因此，也少了不少走后门凭关系拍马屁勾心斗角等不正之风。Notre Dame 大学部排名全美前十名，它是以学术、学生、教师、校园、安全、就业、设施、环境、筹款等综合指标来评价。研究生院特别是化学系排在前 20 名，这是因为四十年代化学系神甫纽兰德教授发明了合成橡胶，奠定了化学系在全美的地位。北大化学系冯新德教授及原科学院秘书长顾以健毕业于该校。

化学系与物理系共用陈旧的纽兰德楼。虽然陈旧但十分整洁，通风极佳，丝毫闻不到化学品的异味。来美之前我已订好临湖宿舍，它是专门为男研究生准备的，每人一间足有 20 多平米，内有浴室，壁橱书架书桌等一应俱全，好象住在宾馆。一楼有公用厨房及娱乐设施，作为学生有此待遇真有些受宠若惊了。Notre Dame 有 8000 个大学生和 2000 个研究生。因为学费昂贵，学生家境多为中上层，且都有天主教基督教背景。学生老师很有绅士淑女的作派，加之校规颇严成绩要求很高，在普通美国人眼里它是美国贵族学校之一，是宝塔尖上的一颗名珠。家长们觉得能把孩子送入 Notre Dame 感到十分安全和自豪，学生中绝大多数信教并以此来规范自己的言行举止。学校行政管理以神职人员为主，对学生管理有方。在这样的环境下学生不仅学知识也学做人，所有这些与北大的办学宗旨有异曲同工之处，然而今日北大之种种受大环境影响却已背离北大精神，长此以往堪忧也。

开学之前漫步校园，恍若 20 年前跨入燕园的情景。新生们在老生的指引下入住宿舍去书店买书，男男女女趁开学之前躺在草地上享受仲夏的日光浴。某日当我倘佯校园时，突然一个无臂学生光着上身与一群人有说有笑迎面而来，我十分惊讶第一次见到这样的残疾人，更是第一次见到这样丝毫没有自惭形秽的残疾人。环顾我旁边的学生，他们视若无睹，有的还热情地与他打招呼，我问他们后才知道他是一名快毕业的文科研究生。惊讶之余的我发自内心对他钦佩起来，我钦佩他的自信自强与命运抗争，惊讶没有人围观没有人指指点点，这么一件小事深深地震撼了刚到美国不足十天的我。30 多年过去了，至今那一幕还清清楚楚留在我的记忆里。如果在中国，这样的人不要说进大学就连生存都会很困难。

四、不惑之年的研究生

我的助学金并非白给，需要帮助教授批改作业，带学生实验课，是每周 10 小时的报酬。我带的是二年级医预科的有机实验，无外乎蒸馏萃取和简单的合成，对于北大六年的我真是小菜一碟，要命的是讲解与个别指导，英语学了十几年到头来还是聋子哑巴英语。因为是带实验，连说带比划学生倒还满意，每学期学生在对老师的评语中，除了说我语言不够流利之外，都说我平易近人有耐心和很有知识之类的话，我知道只能以已之长补已之短才能立足，系里也颇为满意，我自已也有了信心得以保住这份工作衣食无忧。

与比我小 20 多岁的洋学生相处，感到自已年轻不少。我们互称名字十分融洽，他们从我这里学到知识，我从他们那里学到英语，也了解美国年轻人的种种，照今天的话来讲叫"双赢"。女学生大都守规矩，按时上课交作业。个别男生调皮捣蛋，互抄实验报告被我打零分，但第二星期上课时遇见他们，好像什么事也没有发生，照样与我有说有笑。所谓桥归桥路归路一事归一事，因为他们早已习惯美国的法规，知错认错认罚，一是一二是二，走后门托关系会罪加一等。期末检查归还玻璃器皿，学生排队付钱赔偿损坏的器皿，价值不菲，一个分液漏斗要上百元，他们从不向我解释原因，倒是我看到有些并非学生之过而放一马。学生心存谢意，向低年级学生口口相传，我因此颇有口碑，系里往往让我带更多的学生。

研究生实行学分制，第一年主要是课程学习，由于语言障碍及脱离书本多年感到无所适从，更要命的是许多新知识闻所未闻。例如分子轨道理论，络合物配位体理论等等。教高等无机化学教授来自哈佛，口若悬河，没有板书没有讲义，一堂课下来云里雾里，老美学生早在大学四年级学过，而 15 年前我在北大没有学过，这些知识都是在这 15 年内发展起来的。例如，分子轨道守恒定律在 1972 年获得诺贝尔奖时，我们却在窝里斗，正是与人斗得不可开交的时候。

研究生们每人有一个信箱，有什么事从来都是书面通知，所以系秘书们特别忙，无暇扎堆聊天。我经常见到她们一边工作一边脖子夹着听筒接电话，原来她们的电话听筒上有一个特别的架子。这使我大开眼界。完全不是宣传中的美国人就是吃喝玩乐到处掠夺，其实每个国家都是靠那里的老百姓的辛勤工作，美国人民更是如此，否则怎么会变成超级大国，后来几十年更亲身体会到在美国工作很辛苦，比欧洲人压力大得多假期却少得多。

在国内舒服惯了，初来乍到很不适应。上课、备课、带实验、批作业、监考、复习、考试、课外作业、参加讲座，忙得两脚朝天，经常没有午饭时间，两三片饼干打发一顿，午休更是免谈。三门主课每月一次笔试，加之平时小测验几乎每周都有考试。每天不过午夜是不会休息的。化学系有两个大讲座，聘请全国和世界最知名的化学家每周或每两周一次，涉及化学各个专业和领域，有机专业还有不定期讲座，也都是国内外名师大家，研究生们再忙也会参加。一是渴望掌握最新动态和研究方向，二是也许考试中就包括讲座内容。由于交流频繁，大学里很少近亲繁殖，教授再得意的学生毕业之后也不会留在身边，有意把他们送到别的学校做博士后，正因如此几年下来学生知识面广，搏采各名家之长而青出于兰胜于兰，这也是为什么美国能造就出如此众多人才的秘诀之一。想起北大现任周校长批评美国教育一塌糊涂，不是痴人说梦就是附炎趋势。如真若他所说，为何无数人才招聘会在美召开，为何有那么多美国海归如今在中国独领风骚呢？倒是北大排名下滑落到香港几个大学之后发人深省。

研究生院学习外松内紧，上课语言障碍来不及记全笔记，课后阅读教课书及讲义，比老美花更多的时间。每天不敢早睡，学习直过午夜。睡觉在当时是最大的奢侈品，中国学生个个如此不敢经毫懈怠，因为研究生平均成绩如低于 B 的话将被勒令退学。老美上课习惯翘二郎腿，老师视若无睹，学生可以打断老师提问甚至质疑老师，老师也不一味照本宣科，往往加入最新文献材料。但也要看教授勤奋程度，个别大牌教授摆老资格没有新内容，数年一贯制。我的老板每次讲课前都把最新文献植入他的讲课中去，所以听课会更加吃力。选定教授老板之后每周都有小组讨论，一般来说汇报实验进展，互相出主意，有时要讲最新文献看你理解程度，有一次我正讲在兴头上，导师却问我难道文献上的都正确？我说这可是在 JACS 上发表的，他说不能迷信权威杂志，要动脑筋问几个为什么。后来才知道有时老板逼得太紧，学生造假不是没有，一旦东窗事发即使拿到学位走上工作岗位还会被摘去博士头衔。这类事情八十年代曾经发生在诺贝尔奖得主哥伦比亚大学教授 Ronald Breslow 的一位学生身上，消息登在 C&E News 上，在美国化学界造成极坏影响。造假在美国会受到严惩，一旦背上罪名很难在社会上立足，在美国允许犯错可以道歉得到原谅，但造假却是明知故犯不能宽宥的。

　　读研究生阶段，每学期仅四个月，每门课有月考大考，如果修三门课几乎每周都有考试加上作业负担十分沉重。几乎没有休息的时候，如果能美美睡上一觉就是最幸福的了。考试分开卷闭卷两种，初来时以为开卷容易可以翻书，其实不然。一次考高等有机，晚七点教授发卷后说，时间不限，可以看书和讲义但不许讨论，考完后把卷子塞到我办公室门缝里就可以了。哪知那天大家考了五个多小时直到午夜，大家实在吃不消了交卷了事。可见开卷比闭卷考试更难，但天才学生并不怕，记得一个印度学生竟然考了 100 分，人们都说印度人聪明，通过那次考试我算是领教了。

　　暑假长达三个多月，寒假两周左右。暑假是打工最好的时候，大学生们可以挣到一笔可观的收入。我做 Teaching Assistant (TA)拿奖学金，不允许打工，所以暑假趁机周游美国，增加了不少知识，了解美国各州的风土人情。

　　1981 年，妻子也拿到了该校化学系助学金，历经石科院重重刁难，终于赶在开学前来到美国。同行的有两位生物系和数学系女研究生，从我是该校 30 多年来第一个从大陆来的研究生算起，她们是第一批大陆女研究生。妻子来了以后，我们同生活同学习同工作，这是经过 8 年分居两地后第一次真正在一起。我从单人宿舍搬到专为研究生的廉租房里，两室一厅有五六十平米，终于告别北京的筒子楼，有了自己的窝。1983 年儿子也来到美国，这是他出生 12 年后第一次全家团圆，想不到的是团聚之地不是北京，竟然是在异国他乡，令人浮想联翩。

第一年很快就过去了，紧接着要选导师，意味着今后几年要在导师指导下做研究工作直到毕业，所以导师选得好不好事关重大。初来乍到很难选择，只有听听高年级学生意见。有机专业有教授，副教授和助理教授六、七位，有搞合成的，有研究反应机理的，有生物有机的，有金属有机的，有老中青大牌小牌的。当时除考虑兴趣发展方向外，是否容易相处是否能学到东西，是否逼得太紧，是否著名，是否有潜力等等都是考虑因素。权衡左右后选定 D. J Pasto 正教授作为导师。他 50 多岁，基础扎实，知识面广，风趣幽默，对足球滑雪钓鱼钢琴古典音乐兴趣广泛，为人正直又极好相处，学术上在他的领域里独树一帜，当时已写了两本教科书，发表近 200 篇文章，这些特质很对我胃口。我的博士研究和博士后工作屡有突破，论文不少。可惜的是在我毕业后没几年，他因肝病，60 多岁就去世了，非常可惜。

第二年开始做研究工作，不同于国内研究方法。无论在北大还是石科院总是先扎入文献堆里翻一大堆 CA 然后再上手做实验。在美国确定了题目之后就开始工作，从实践中体会遇到的困难与设法解决问题，这样不致受文献框框限制。不到三个月我的工作有突破性进展，文章刊载在《J. Inorganic Chemistry》，并在 1983 年的中日美金属有机论坛上宣读。当看到自己名字见诸文字感到十分激动，我想为什么毕业后十五年一事无成，因为没有你施展能力的平台，不是去工厂劳动就是去五七干校，青春年华和一腔热情被磨得失去棱角犹如河底的鹅卵石。我还想到许多北大同班同学天资成绩都在我之上，毕业分配不对口径，甚至连化学都不沾边十分可惜。我抓住最后的机会上了末班车，在同龄人中我是幸运的。

第二年有两次博士资格考试。第一次考基础是笔试，第二次口试。有机合成或机理研究题目自选，也就是自己当一次老板，提出问题并找到解决问题的方法，教授从口试中测试学生的智慧与独立工作能力。考试委员会由本专业教授组成，学生本人的导师回避。备考期间，导师必须回避不参加意见和讨论，同学之间也讳莫如深。大家有一种竞争意识，那段日子很难熬，因为能否口试过关决定是否可继续读博士。老师学生们都很遵守规定，后门和作弊一旦东窗事发教授学生都当不成了。我参考文献后，设计了一个新的合成路线，作成幻灯片谈了半小时，回答问题一小时，然后在门外等候。半小时过去了，当教授们面带笑容走出会议室，向我伸出双手时，我心中一块石头才总算落地了。我正式成为博士候选人。远在上海的父母为此十分高兴。下一步就是全力以赴完成研究课题准备论文。第三、四年课程很少，选修了生化以凑足要求的学分，大部分时间泡在实验室和继续 TA 工作。每周有 50 到 60 小时花在实验室和图书馆里，基本上是早出晚归，其实所有研究生不分老中老外都是如此。美国小学以鼓励为主，学生们无忧无虑享受快乐的童年，中学以兴趣为主，启发他们的创造力，大学宽入严出，进研究生院的都是有志青年，学业要求与训练十分严格，淘汰率很高，能在大师们手下毕业的都是菁英，难怪乎美国能有那么多诺贝尔奖得主，其中也包括好几个美籍华人。

那时没有电脑和网络，全靠查 CA，写报告和画反应式，一切都靠打字机，费时费力效率不高。我在学期间发表十数篇文章，登载于有机化学高端杂志，并有机会在全美化学年会上宣读。大大锻炼了英文写作能力和表达能力，这在国内是想都不敢想的事。

五、论文答辩(Defense)与毕业典礼

论文从选题开始，经过无数次的实验推理论证，终于水到渠成有

了结果，教授认为可以告一段落，可以开始整理数据撰写论文了。四年的冬去春来，没日没夜的辛苦该是回报的时候了。写完论文初稿交由导师修改，打字装订成册拍成微缩胶卷一式三分：个人、学校及联邦有关部门，用今天的话来说知识产权得到了保护。论文一般在200页左右，我在扉页上写道感谢导师的指导以及父母妻子的支持。如果在国内一定会写上感谢党和国家的话。

经过了无数次自我练习后，论文答辩那天，我正式走入了答辩现场。答辩委员会由本系及外系教授组成，本人导师回避不出席。学生有45分钟讲述的时间，由于作了充分准备，我以流利的英语详细阐述了论文要点。接着是大约30分钟左右的提问与答辩。因为没有什么差错，考试委员会一致通过我的博士论文。意味着我已正式获得博士头衔。那是1985年5月的一天，我是1949年以来在Notre Dame第一个取得博士学位的大陆学生，这个学位离北大当年未被允许考研整整迟到了15年。两周后在体育馆，校方举行博士学位授予典礼，一年后妻子也取得了博士学位，她及感光所朱德英是大学建校以来首批来自大陆的化学女博士，14年后儿子取得了医学博士学位，我们一家三人在求学道路上画了一个园满的句号。

四十四年来，从小学到研究生，我当了25年学生，经历了数不清的考试，取得学位那一刻我就想，这一辈子再也不用考试，如释重负。但是人生道路上的攀登仍然在继续，我与妻子紧接着博士后学习两年，直到离开学校大门找到工作。从跨入北大厚厚的大红门，我的命运就与学校紧密相联，没有想到在大陆无数折腾中，虚度13年后还能再次坐到教室和图书馆里汲取知识，再度走进实验室探索未知的世界，更没想到的是，我会给洋学生讲课，会在美国化学年会上报告我的工作，会在JACS, JOC上发表文章。

美国大学或学院基本上是学期制(Semesters)或季度制(Quarters)。学期制九月初开学十二月中放寒假，春季班从一月初开学到五月初放暑假，暑假有两个半月左右，研究生除有两周有薪假期外其余时间都必须在校做研究。毕业典礼安排在五月中旬，是学校的重大活动，更是学生和家长的重大节日。学生们苦读数年，今日苦尽甘来取得学士硕士或博士学位，他们将从今天起走上社会，开启新的生活征程迎接挑战。对家长来说，这一天是他们含辛菇苦培育孩子十几年的见证，他们哺育的小鸟已经长大，可以放飞了，飞向他们渴望的人生世界。教师和学校为他们培养的学生而骄傲，为他们有美好的未来祝福祈祷。

典礼在体育馆举行，家长们来宾们早已坐无虚席，应届毕业的大学生研究生们穿上显示不同学位的袍子集合在门外广场，教授们穿着博士服，有的胸前还挂着各种荣誉奖牌，可以看出他们是学术上颇有造诣的大牌。博士服以黑色为主两边衣袖上各有三条黄色丝绒绣边以别于硕士服，只有哈佛毕业的博士服是红色的特别显眼。典礼开始，先是教授们鱼贯而入礼堂，广场上的学生们投以尊敬与羡慕的眼光。不久的将来一些学生们也许会加入教授的行列，所谓长江后浪推前浪。典礼的安排及毕业花名册早已人手一册，名单以学士硕士博士分门别类。典礼上一般邀请全国知名人士做报告，Notre Dame 往往请地区大主教讲话，美国有好几个总统也来过。讲话以后是学生代表发言，紧接着博士生们逐个走上台，由教务长或各学院院长戴上博士帽授予博士学位证书，至此完成了从学士到博士的跨越。这时学士硕士们在台下高呼，把帽子抛向空中，体育馆内所有人群随着学生们的呼声也发出各种欢呼声，体育馆内人声鼎沸，学校军乐队奏起了校歌。当奏起"Notre Dame 我的母亲"时全场起立，互不相识的家长来宾们握手拥抱互相祝贺，人们满含热泪随着音乐真情地唱着"Notre Dame 我的母亲"，一遍又一遍。激动人心的盛典令人回味无穷，它是对教育的尊重，对知识的尊重，对人才的尊重。正是这年复一年从大学里走出无数人才和精英们，政治的、经济的、技术的、军事管理的无数杰出人才，奠定了只有二百多年历史美国国家的基石。

1983 年父亲作为访问教授来美，参加了毕业典礼，大受感染十分感慨，回国向有关方面提出建议。第二年中国重新恢复了中断半个世纪的学位授予仪式，博士生们也穿上了博士服，学生和家长们反映十分强烈，父亲做了一件功德无量的事情。

毕业典礼之后，我的心情久久不能平静，年届不惑的我五年磨一剑，今日取得学位是我人生道路上迟到的里程碑。如果没有文革后义无反顾地考研，如果、如果，有太多的如果！俱往矣，我没有时间去回忆那荒谬的年代，去拷问自已当年的磋砣，因为新的高峯等待我去攀登，新的目标等待我去挑战，那一年我44岁。

六、后记

取得博士学位后，我又做了几年博士后研究，涉及主族元素有机，生物有机，天然有机等多个领域。师从 M P. Cava 和 M J. Miller 教授，大大提高了研究工作能力，成果颇丰，对后来应用领域方面的工作极有帮助。1988 年离开了学习工作八年的学校走入工业界工作，然而美丽的校园，朝气蓬勃的学生，浓厚的学术环境使我不忍离去，毕竟我人生的四分之一个世纪在学校渡过。然而生活还要继续，我怀着依依不舍的心情离开了 Notre Dame，前往位于克里夫兰的 Lubrizol 公司去迎接新的挑战。春去冬来不知不觉我在那里度过了 20 个春秋，获得近 20 个专利。我自觉无愧于北大老师基础培养，无愧于洋教授们指点迷津，无愧于 Lubrizol 给我伸展拳脚的午台。今天虽然我们已经远离人生拼搏的战场，但愿我们的坎坷能告诉后辈，我们生命中历史的误会和命运的挑战，让他们记住历史，相信他们会比我们更好。

理论物理所

初来乍到时——留美故事

张天蓉

人生转瞬即逝，不知不觉就到了古稀之年。在美国度过的日子已经超过了在中国的日子。不过，回忆起当年刚来美国留学的时光，仍然历历在目，恍若昨日。且记下小事几则，与友分享。

正是：
　　　　三十余年一瞬间，他乡异国难回还。
　　　　闲聊趣事谈留学，思念飞过万重山。

一、房东小屋国际家庭

1980年8月底，我和一伙"公派留学生"数人在北京乘上了同一趟飞机来美国。那时候，中美尚未直接通航。北京到华盛顿DC需要绕道法国巴黎。到巴黎之前，飞机还在伊朗停了一下，记得当时的伊朗机场乱糟糟地，人头攒涌，颇似中国文化大革命时期的景象。到巴黎后，吃了晚饭，在旅馆住了一晚。晚饭之后，领队的叫每个人给侍者一美元作为小费。大家很不情愿地从仅有的五美元中拿出了一张，这是出发前在北京发的。

大家七嘴八舌地发牢骚："每顿饭都要给小费，这五元钱用完了怎么办？"领队的说没关系，明天就飞到华盛顿了，到大使馆会发钱给你们。

第二天飞到了华盛顿。在华盛顿住了几天，办学习班。主要是要等发钱。使馆教育处一个叫蔡秀珍的女同志，管着我们这批人。

华盛顿给我的印象完全在意料之外。原来以为这美国的首都，一定是高楼林立，人口众多的城市风貌。想不到看到的却是树木葱茏，风景宜人。除了大量的树木之外，建筑物前常见大块大块的草坪，绿树红花，蓝天白云，使人如置身于美丽的公园中一样。

除了冗长的领导报告之外，蔡秀珍分别给每个人解释了一下经济的来源、国家补助的数额之类的问题，各人的情况不同。像我这种，在物理系读学位的，大多数都已申请到了系里助教的工作。每月有几百块钱（$600 左右）。来回的路费由科学院出。两年后再提供一张回国探亲的来回机票。因为助教工资还不够一定的标准，就由国家给予一些补助。

从左到右，张天蓉（物理系）、金文静（天文系，来自南京天文台的访问学者）、张阳春（数学系，来自北师大的访问学者）。

这时，德克萨斯大学已经开学了。拿到补助的钱之后，我就赶快给两星期之前已经到了那里的研究生院 78 级的同学刘寄星和李先卉打了个电话。第二天，等不及培训完毕，就匆忙坐飞机去奥斯汀了。李先卉是高能所的、刘寄星是文革前的老研究生，和我同来自理论物理所。我们三人是 Austin 大学最早接受的中国大陆学生，之后，1981 年初，理论物理所的戴元本先生及夫人陈厚静来到奥斯丁，戴元本在物理系作了半年的访问教授。

奥斯汀市是美国德克萨斯州的首府，风景优美，四季分明。是一个集政府，教育和金融为一体的多元化城市，有一股令美国中产阶层的居民们情有独钟的小城风味，都市规划及整体风格，略显零星，不像美国其它大城市那么拥塞。

科罗拉多河流经市中心。州议会、州长官邸、及州政府各单位皆散布在市中心附近。奥斯汀市内最著名的地区为第六街。街上密布各类酒吧和其他夜生活场所，入夜后大多有各类乐团现场演唱。

州议会大楼的形状看起来颇似华盛顿DC的美国国会大厦，不过更小一些。大楼以北便是奥斯汀德州大学校园。大学学生五万余人、教职员两万左右，在奥斯汀人口比例中，占有相当的份量。

我和李先卉在一个美国家庭里合住一个房间。房东夫妻（吉姆和玛丽金）和我们年龄相仿。

住进他们家的第三天，城市报纸的地区版上就出现了两个中国人和这个美国家庭全家在一起的照片。原来，这个家庭是当地有名的"国际家庭"。他们家离学校只有十分钟的步行距离。长期以来，一直有外国学生和他们一起吃住。在这儿住过印度学生、墨西哥学生、伊朗学生……而我们这两个从共产党国家——中国大陆来的学生，无论在奥斯汀大学，还是在这个美国家庭，都是开天辟地第一次。奇货可居，于是，我们便上了当地的报纸。

吉姆和玛丽金有三个可爱的孩子：8岁的金发男孩杰米，长的很像妈妈；6岁的杰西卡是唯一的女孩，有一张圆圆胖胖的像她父亲一样生动活泼、表情丰富的脸；最小的依仁刚满两岁，嘴里经常含着一个橡皮奶嘴子，的嘟嘟地楼上楼下满屋子乱跑。除此以外，还有一条大黑狗，也是他们的家庭成员。

女主人玛丽金当时虽然是家庭妇女，但实际上她有"特殊教育"方面的硕士学位。吉姆则有神学院的学位，从小就立志献身宗教，毕业后在一所天主教堂作神父。吉姆是个长得很帅的美国男人，高大英俊，笑起来很生动，有一种特殊的吸引力和亲和力。玛丽金则是长发披肩，清秀迷人。难怪当年，正在奥斯汀大学读硕士学位的玛丽金与吉姆邂逅相逢后，很快就堕入了爱河。作为神父的吉姆，也为玛丽金的爱所感动，彷徨挣扎，不知如何是好。据说之后，他在教堂的一间屋子里封闭自省三个月，感觉仍然经不住爱神的诱惑，割舍不了铭心刻骨的恋情。最后，终于告别神父的职业，回归红尘，成了玛丽金的丈夫、三个孩子的爸爸。

这是在美国南方小城的一个极普通的家庭。这时，吉姆为《大学基督教》组织工作，每月约有两千美元的收入，收入虽然不高，但一家人过得平静、安祥、温馨。

吉姆虽然不再是神父了，但全家人仍然是积极参加教堂活动的虔诚教徒。每当星期天或与宗教有关的节日，全家人便穿上正式服装去教堂做礼拜或参加活动。这种场合，就连小依仁也不例外，穿上小西装小皮鞋，系着领结，在镜子面前照了又照，俨然一付小绅士派头。我们有时也会参加他们的活动。一是因为每个星期三晚上，可以在教堂免费学英语，一对一，一个美国人教一个中国人。老师们都是虔诚的教徒，很友好，一般只是教英语，并不宣教；二是那个教堂有很不错的交响乐团，可以去欣赏音乐会。

吉姆和玛丽金在茶余饭后除了和我们拉家常之外，有时也讨论一些上帝是否存在等与宗教有关的问题。有时也邀请我们去参加教会组织的圣经学习等。同样也住在吉姆家的学生中，还有一个墨西哥女孩，她很快便成了一个虔诚的教徒。只有我和李先卉两人，总是顽固不化、无动于衷。说实在的，那种拿着本本念一段，又自我检讨一番的可笑形式，我们在文革中已经经历得太多，而且厌烦透顶了。虽然崇拜的对象有所不同，也许是"曾经沧海难为水"吧，我再也不愿意崇拜什么东西，管他是人也好，是神也好，都提不起任何兴趣。

转眼，在奥斯汀大学已经呆了四个月。一学期过去了。迎来了美国人最重视的圣诞节。我在美国渡过的第一个圣诞节别有新意。我随着房东一家，还有一大伙年轻的大学生教徒们，乘坐一辆大大长长的汽车，来到了卡罗拉多州一处偏远的山区。这是《大学基督教》组织的一次活动：到一个没有电话，没有交通，远离嘈杂的城市和现代社会的深山沟里，住了一个星期，修身养性，学圣经。

这次，李先卉没有来卡罗拉多，因为她的丈夫顾宝昌马上也要公派来美国了，他是由北大派出、攻读人口学的研究生。所以，李先卉正在忙着此事。本来，这次活动是要交费的，吉姆很清楚中国大陆学生们的经济困难，才来美国三个多月，两百美元也不是个小数目。因此，他为我和另一个航天系的中国研究生江伯南弄了两个免费参加这次活动的名额。

学圣经处的房子，全是用木头造的平房，尽管没有电话、电视、收音机等，但仍保留了最基本的现代化的需求：电灯和自来水。

那些学生们手拿圣经，念几句，又结合自己的实际情形谈心得体会。看到他们虔诚的模样，不由得回忆起文化大革命中的"三忠于"活动，因而，我对这类行为，有一种本能的抵触情绪。不过，在这个活动中还好。虽然，主要的目的好像是学圣经，但实际上每天只是学习讨论两个小时左右的圣经，然后便是其他一些诸如打球，爬山之类的运动，或者唱歌，听音乐。晚上或下雨天，大人和小孩们坐在一起玩游戏。组织者带了不少的适合家庭和团体一起玩的游戏，挺有意思的。

大概是因为基督教特别重视家庭的团聚吧，玛丽金特别难以理解我们这样已过而立之年的中国女性，为什么要远离了丈夫和孩子，到美国来读博士。当她明白了我是公派的留学生，已经作好了咬牙与家人分居四、五年的心理准备，等取得学位后再回国团聚时，便说："为什么不试试让你的丈夫也出来读书呢？"我说："这好像办不到哦！因为中国人出国是很困难的。"当时除了公派的留学生外，也有极少数的自费留学生，但他们都是由早年移居美国的亲戚担保出来的。吉姆说：

"这里的研究生都是由自己申请，每个系都有很多种财政资助的方式，为什么不试一试呢？"另外几个大学生也说："没有不可能的事情，只要你去试，就有可能！""世界上没有办不到的事，关键是你要努力去办，去争取。"

吉姆、玛丽金、及那几个大学生简简单单的几句话，给我很大的启发，心里似乎豁然一亮：对，为什么不试试看呢？没有试怎么知道不可能？看来美国人的观念的确与中国人的不太一样，但中国人不是也说'事在人为'吗？不管怎么样，应该去试试。

因此，从卡罗拉多一回来，我就到奥斯汀大学的电机系去联系。拿申请表，找研究生顾问谈话等等。

谁也料不到，这个和睦可亲的"国际学生大家庭"，很快就因为一个突如其来的灾难而瓦解了：可怜的吉姆到非洲的肯尼亚为教会进行一项工作，不幸却在那儿因车祸而丧生，玛丽金在克服了丧夫的极度悲痛之后，作出了令人意外的惊人决定：她要把房屋卖掉，带她的三个孩子去肯尼亚居住，去完成吉姆没有做完的事情。这样一来，"大家庭"的成员们就在这种悲凉而又神圣的气氛中各奔东西。李先卉和丈夫团聚，我也搬到了一个离学校更近的公寓。之后的几年中，每逢圣诞节，都会收到玛丽金从肯尼亚寄来的珍贵的礼物：一张她和三个孩子的照片和一封叙述他们一家人在那儿生活的种种趣事。

二、物理大楼鸡腿飘香

1980 年的奥斯丁大学校园里，中国人算起来也有好几十个，但大多数是访问学者。我们几个物理系学生，是那儿的第一批大陆留学生。美国学生和教授，对这几个共产党国家出来的人的经历、以及中国大陆的情况颇感兴趣。见到我们都要好奇地问东问西。这天，我为了将丈夫来美国读博一事，去见电机系的研究生顾问——柯克德尔教授时，他便问了两个奇怪的问题："以前听说，中国大陆人饿得什么都吃，还吃狗肉。狗是人的好朋友，怎么能吃呢？""听说中国人只准生一个孩子,生了女孩就扔到厕所里淹死,是真的吗?"

当我告诉柯克德尔教授,自己就有三个孩子,而且是一男二女时,柯克德尔教授很吃惊,并且表示很愿意帮助章球(我先生)申请来电机系学习。他说:"嘿嘿,你丈夫恐怕要成为电机系的第一个来自中国大陆的研究生了!"

柯克德尔教授还同意给章球一个批改作业的工作。事情果然有了进展,我高兴极了。从电机系走回到对面的物理楼,不由自主地边走边笑。

"怎么这么高兴呀?"回头一看,原来是室友张阳春。

我从吉姆家搬出来后,和张阳春合租一房。住在美国人的家里毕竟不习惯,房东两夫妻其实算是不错的人,但中美文化差距太大了,还特别表现在"吃的文化"上。撇开口味不说,最大的问题是吃不饱。上学期,我和李先卉一起住在吉姆家里,同住一个房间,每人135美元,包吃住。早上吃面包,喝牛奶;中午带两片面包,夹花生酱、奶酪等做成的三明治。晚上和主人一家五口共进晚餐。晚餐时,七、八个人围着长饭桌,坐成一圈,祷告,口中念念有词,煞有介事地感谢了半天主啊神啊的。桌子上的食物却不多:一般总有一大碗生菜沙拉,一碗刮成丝的黄色干奶酪,然后,就只有几片面包和饼干。很少见到肉类食物放在桌上。

我和李先卉吃不惯这种奶酪,中午夹在三明治中还能勉强吞下去。可是不喜欢这样单独吃。于是,一般只是吃点生菜、饼干了事。晚上念书后,肚子饿了,去冰箱也找不到合口味想吃的东西。

如此过了几个星期后,两个女学生熬不住了,去超级市场一看,东西都不贵:一美元就买6个大大的橙子。便决定自力更生,自己花点钱买来水果之类的,放在冰箱里,晚上饿了吃。再过了几个星期,水果也止不住馋了,于是,我们又买了些鸡腿等等。

出于中国人的观念,不好意思在房东家里煮,就拿到物理系的 TA (助教) 办公室里煮。为此还闹了一场笑话。

这个办公室里有炉子、锅子、有冰箱和微波炉，样样俱全，比起我们当年在中国家里的的厨房，条件好多了。于是，我们俩高高兴兴地煮鸡腿，煮鸡蛋。大饱口福，美味飘香。让那些到办公室来备课、改作业的美国学生，馋得口水直往肚子里流。有时候，我们煮的鸡腿吃不完，就放在办公室的冰箱里，经常被"好吃"的美国学生偷偷吃掉。这样过了一段时间，两个女生不再挨饿了。有一次，我们看见超市里的猪肚子特别便宜，因为美国人一般不吃内脏。于是，我们便买来一些，作卤肚子。不过，这东西的味道就不像鸡腿的味道那么容易被美国人接受了。或许正确地说，这种味道不是那么容易"忍受"了。何况是在堂堂的办公楼里，隔壁就是系秘书的办公室，离几步之遥是教授们和高年级研究生们的办公室。你想想，理论物理学家们正遨游在宇宙太空或微观世界之中、冥思苦想于算符和公式之间，不想却飘来一股难以忍受的臭味、熏得人头晕晕的、怎么去学习啊？怎么去做研究工作呢？这样煮了好几次猪肚子之后，便有人反映到系里，系秘书还找我们谈话。此后，我们再也不敢在 TA 的办公室里煮东西了。

这就是为什么第二个学期我和李先卉先后从吉姆家里搬了出来的原因。李先卉丈夫也被公派到奥斯汀来了，俩夫妻另租了一个公寓。因此，我便和张阳春一起合租了一个套间。

和张阳春一起走回宿舍，她笑问我："你这个月接到了系里的支票吗？"我一向对钱的事比较糊涂，也不知道是否收到了支票。因为支票是直接寄到银行里去的，我不常去检查。也不知道张阳春为什么问这个问题。后来，经张阳春解释，才知道银行把我的支票上到她的账号上去了。因为我们同住一个宿舍，用的地址是一样的，同一个姓。美国人不熟悉中国人的名字。只看见 ZHANG 是一样的，地址也是一样的，后来的名字的差别就不管了。

这些美国银行的工作人员也真马虎，不过，奥斯丁民风淳朴，美国人重视诚信，或许这也是发生这种事的原因。

还有一件事令我们印象深刻。一次，我们和物理系一个同学刘俊,去银行取钱,刘俊取了1000美元现金,应该是10张100美元的钞票。银行雇员递给他一个信封,刘俊拿到手上就匆忙坐上我们的汽车走了。汽车行驶了几分钟之后,他才想起来应该点一下信封中钞票数目,这一点却发现少了一张,只有9张,于是,章球急忙掉转车头开回银行。根据我们在中国的经验,以为已经离开了柜台,说不清楚了,很难追回这100美元,但出乎意料的是,那位雇员拿回信封抽出钱算了一下,立刻就补了一张给刘俊。这个例子再一次地说明了美国人的诚信,也许只是当年的奥斯丁才这样吧。如果此事发生在当年的纽约或是在30多年后的今天,可能都不是如此结局。此一地彼一地、此一时彼一时也。

三、驱车加州有惊无险

1985年的夏天。美国加州,圣塔克拉拉市。

两天前,章球、天蓉和小女儿章玄,还有他们的朋友陈昌晔,一同开车从德州的奥斯汀出发,来到这儿。此行的目的有好几个:第一个,也是主要的目的,是利用暑假的期间,到加州一带玩一玩。在美国重返校园当了4、5年的学生,让这些年近不惑之年的人,又重新拾回了求学时代的乐趣。章球更有趣,每天从家里拎着书包上学去之前,还要唱两句:"小呀么小儿郎,背起书包上学堂,不怕太阳晒,不怕风雨狂,……"80年代的公费留学生,大多数并没有长期留在美国的打算,都是准备学成归国的。因此,他们既没有毕业后怕找不到工作的压力;也没有要存足钱在美国买房子之类的打算。每个月TA的资助费,对这些省吃俭用的中国学生来说,是足够过得上比国内时好得多的日子,还有剩余。每年都要买上几大件家用电器产品,送给国内的亲友们。除此之外,当时美国银行的存款利息大约10%左右,银行帐户上的钱增长得挺快的。所以,留学生们过得很快活。尽管学习工作也很忙,但一到放假,就也逐渐学美国人的样,开车到附近各景点游玩。在当时的奥斯汀,买个二手车也不贵。章球的第一辆汽车,是和陈昌晔一起花 200 块钱买的一个淡绿色的"大破车"。外表实在难看,又大又破,并且,汽车的消声器坏了,驶在路上轰隆轰隆的,如同战斗中的坦克!但是,大破车的引擎仍然工作正常。他们两人开车去买菜、购物,高兴得很。直到后来,汽车开在马路上,轰隆声像打炮似的,被警察在路上截了下来,不让再开,这破车才最后完成了它的历史使命,被拖到废车场去了。德州的几个城市我和章球都去过了。东部的纽约和华盛顿,也坐飞机去玩过一次。这次到西海岸来,还是第一次。陈昌晔来西岸的主要目的有点不一样。他主要是顺便到三藩市的飞机场,去接从国内远道而来的妻子和女儿。这年,已经有不少留学人员的配偶和孩子,从国内申请到护照,持 J-2 或 F-2 签证,陆续来到美国和亲人团聚,或者叫做"陪读"。

半年前,章球也利用回国探亲的机会,把章玄接出来了。

那时,我已顺利通过了论文答辩。毕业后,继续留在西西尔下面做博士后。另外,也在系里教一门为工程系学生所开设的普通物理课。章球的硕士学位也拿到了,准备继续念博士。于是,想在章球读完博士回国之前,将孩子们接到美国,住上一年半载,见识见识外面不同的世界。

写信回家征求三个小孩的意见。章刚想来看爸爸妈妈,但担心到国外会不会被传染上艾滋病?章毅随便来不来。七岁的章玄则表示想来。后来,考虑到章刚是婆婆的宝贝,章毅是外婆的心肝。老人老了,把孙子孙女当成掌上明珠,心头肉,像是一种精神寄托。如贸然将他们接走,可能对老人会是个沉重的打击,后果不堪设想。四川的小玄,也是幺姨爹和小嬢身边的宝贝。但他们不算太老,即使没有小玄,二老仍然可以相依为命。加之天蓉还有四个兄弟姐妹,能经常照顾他们。所以最后,决定先将章玄接出来再说。护照和签证也经过了一点小的波折,但还是很快就办好了。那次回国接章玄,章球与刘柔和同行,取道香港。到香港时,在刘的父亲家里住了一晚。回来时也是如此。章球带着小玄,在广州的美国领事馆,顺利地签好了证。不过,在去香港的旅途上,章玄倒给章球制造了不少麻烦。大哭大闹,不肯去美国了。要找爷爷婆婆,等等。还好,到香港后,就有了好友刘柔和的帮忙。刘柔和天性喜欢孩子。另外,在香港时,刘柔和的父亲也喜欢小玄。刘的父亲是香港的资本家,和刘柔和的母亲离了婚。母亲在上海,父亲则住在香港。刘柔和说到她父亲喜欢小玄一事,不以为然地笑着说:"我爸爸呀!漂亮女人他都喜欢。从6岁到60岁,只要是漂亮的,他就喜欢。"小玄在刘柔和面前表现得很乖。刘柔和夸奖她长得像天使。后来,"安琪"就变成了小玄的英文名字。刘柔和呢,便成了她的干妈。不管怎么样,有了干妈的帮助,章球顺利地把安琪带到了奥斯汀。安琪从来没有学过英语。在中国刚读二年级,已经可以用中文阅读厚厚的童话故事书。安琪不喜欢说话,喜欢读书。虽然不懂英语,但到学校并不害怕,她静静地和其他学生一样,在教室里坐着,坐着坐着,几个月过去了,也不知怎么回事,逐渐就听懂英语了。这时,陈昌晔的妻子和女儿,刚刚在国内办好了护照和签证,已经坐上了往三藩市的飞机,明天就要到了。

　　章球和我来到圣塔克拉拉市,还有一个目的,就是来见圣塔克拉拉大学的陈树伯教授。因为我们正在考虑回国之后的工作单位问题。陈树伯教授打算到深圳去办一个"中国实验大学"。他的想法,是要把这个大学办成像美国私立大学那样的模式,独立自主,不受党的领导和政府的束缚。据说他已经和中国政府谈过多次,有个初步意向,并得到了邓小平等中央领导的支持。陈树伯打算在美国招一些留学人员去任职。

　　这个想法挺吸引人的。章球和陈教授在电话里谈过几次。陈教授希望有机会和我们在加州见面。

　　这样,几个人租了一个新车,就开了过来。陈教授的一个叫高晓春的中国学生接待了我们。高晓春的太太也是不久之前从武汉来的。两人不花钱,住在圣塔克拉拉市市长的一座独立的住房里。据说市长全家住在三藩市的另一栋房里,高晓春夫妇算是为市长守房子。房子里面有 4、5 个房间，用具被褥都很齐全，每星期还有人来打扫一次。所以，章球一行人也就不需要住旅馆了。在湾区呆了几天，见到了陈教授。陈昌晔也顺利地接到了妻子欧阳蓓莉和五岁的女儿陈静。然后，两家六口人坐上车沿着海边的 1 号公路，往南加州开去。欧阳蓓莉精瘦精瘦的，看起来身体较弱。不过，人长得漂亮，大眼睛很有神。从她对女儿和丈夫的态度看，是个贤妻良母型的人。五岁的女儿陈静长得象爸爸，颧骨突出，小圆脸晒得黑黑的。一笑起来牙齿显得特别白。不过，她一路上不太笑。一连几天的火车、飞机，加上汽车，坐得她晕晕呼呼的，还不停地呕吐，笑不起来。

因为这母女俩都晕车，所以，原来打算到大峡谷去玩的计划就取消了。只是到洛杉矶的迪斯尼，好莱坞，圣地亚哥的动物园，海洋公园等地玩了一下，便准备打回头往奥斯汀开。汽车司机基本上是由章球和陈昌晔轮流担任。我坐在两人旁边，担任看路、导航的任务。这天晚上，我们到圣地亚哥和加州大学，逛了一下，到附近的麦当劳吃了晚餐，已经是晚上 11 点多钟了。开上路后，想找一下 6 号汽车旅馆，也没找到。大家就决定停在加州大学的校园里，在车上蜷了几个小时。五点钟，天一亮，我就把司机们叫醒，开车往回赶路。章球开车开了一个小时，就缩到后面座位上打瞌睡去了。陈昌晔看起来很精神，充当司机继续往前开。

陈昌晔说：'我在汽车上照样睡觉。因为我每天晚上在宿舍里也是坐在沙发上睡觉的。我有鼻炎，坐着睡舒服，习惯了。'昌晔开了一个多小时以后，也觉得累了。把车停在路边一个休息处，全车六个人都睡得呼噜呼噜地。

早晨八点多钟，太阳已经升到高处，照在脸上直晃眼，把我晃醒了，抱怨昌晔：'要休息就停到一个荫处去吧，在这儿晒死了。'陈昌晔嘴里咕噜了一句：'不休息了，咱继续开吧！''走'，汽车又驶上了高速公路。我想打起精神为昌晔看路，但一会儿又迷迷糊糊睡着了。接着，我被一阵噼哩叭啦的嘈杂声惊醒，司机陈昌晔也同时醒了。一看，汽车正在公路中间的分隔岛上的小灌木丛里，披荆斩棘，奋勇向前。

陈昌晔心里一慌，方向盘一转，猛一踩油门，汽车顿时像一匹怒吼的野马，快速地窜上了公路，然后在公路上打了几个转，冲到了右边路旁的斜坡上。

还好，汽车被路旁的小栏杆挡住了，没有翻下斜坡去。野马停止了怒吼，灰头土脸地斜歪在路边。这时，车上的其余四人方从梦中惊醒，还不知道发生了什么事情。章球爬出车，一看满是尘土的汽车，吓出一身冷汗。不过，大家都庆幸当时的高速公路上，一辆汽车都没有。否则，几个人可能要在梦中见上帝去了。

这时，有一辆路过的汽车停下来，问是否需要帮忙。他帮忙检查了一下，几个车胎都破了。接着，又来了警车，听说是车胎破了，便打电话找来了拖车，连人带车一起拖到了附近的加油站。

之后，发现汽车引擎居然完好无损。因此，换好车胎之后，载着一车的灰尘和累累的伤痕，一直开回到奥斯汀，把车还给了租车的地方。经过这次事故后，我们开长途车到外面玩的时候，都老老实实地花钱住汽车旅馆，再也不敢连夜不睡，使劲地赶路了。

四、美丽校园往日时光

德州大学奥斯丁分校的校园很漂亮，笔者 1980 年到那儿读博时，特别喜欢仰望校园里那栋高高的钟楼，那是学校的地标，整个城市中最引入注目的建筑。然而，我刚到学校不久便听学生们说到 14 年前在钟楼上发生过的可怕的枪击案。

那是 1966 年的 8 月 1 日，一个疯狂的年轻人从钟楼上的观景台，朝着下面射出了第一枪！然后，接二连三地……，之后，警察也赶到了，平静的校园顿时枪声四起，变成了警匪对峙的战场，直到最后警方逐渐接近观景台，在大约 15 米的距离击毙枪手为止。这是美国校园中发生的第一次随机枪击案，一共造成 16 人丧生，32 人受伤。据说枪手是几年前毕业的一名学生。

不过，我在那儿的 8 年中，倒是没有发生过这类悲惨事件。白云蓝天之下，钟楼高耸挺立，钟声不时响起，一派祥和气氛。我们几个中国留学生，经常喜欢坐在钟楼下面宽阔的草地上聊天。我们夫妇的朋友们，大多数是奥斯汀大学物理系的研究生和访问学者。其实，那时候大陆出来的人员中，人数最多的就是学物理的。不过，留学人员的年龄相差很大，有与我差 1、2 岁的"同龄人"（如陈昌晔、陈平等）。有比我大 10 岁左右的访问学者（如彭堃墀教授）或老研究生（如刘寄星、安志刚等）。此外，也有比我小 10 岁左右的年轻人（如刘俊、肖敏等）。这些年轻人才是真正的"天子骄子"，多为文革后的第一、二批大学生，大学还没读完就考李政道主持的 CUSPEA 出来了。

物理系的留学人员，绝大多数拿的都是 J-1 签证，算是"公派"。也就是说，靠在学校当助教的工资过活，免学费，领馆再给少量补助。多数人刚到美国时也没有要留下的愿望，因为都有孩子或配偶在国内，"锦城虽云乐，不如早还家"，期望赶快拿到学位回国与老婆孩子团聚呢！既然算公派，就不需要像自费生那样要辛苦打工。反正五年后打算回国，也不考虑毕业后的出路、找工作等问题，没有自费生那种要在美国艰苦奋斗的思想负担。此外，物理系的学生还有一个特点：基础比较好。四大力学之类的功课，在国内也修过不止一遍了，不难应付考试，所以学起来感觉轻松。

有了这两点资本，刚到美国的 1、2 年，物理系的同学们在一起"玩"的时间还是比较多的。经常在一起嘻嘻哈哈、叽哩呱啦地闲聊神侃。下面写几位同学，几件有趣的小事，以作纪念。

一位来自北大的年轻小伙，名刘俊，比我晚来一年，却比我小十余岁，同是物理系之四川人。老乡加同学，故视我为姊。我辄戏言他长得白白胖胖，热气腾腾，像是刚出笼的白面馒头。物理系有个访问学者四川人，叫彭堃墀，此后成为科学院院士者。老彭之名难记，每次别人问我，我都想半天答不出来，直到刘俊把他的名字总结成了八个字:"方方土土尸水尿牛"。

　　后来,我每次写老彭的名字,就想起这八个字,立刻就写出来了。可见,巧妙的记忆方法太有用了。刘俊很聪明,是诺贝尔奖得主温伯格的学生,他完成了物理学博士之后,又到斯坦福大学读了一个金融博士,现在是美国加州大学圣地亚哥分校金融系的教授。

　　另一位是后来回国在北航作教授的陈昌晔,是我们几十年的好友,也就是上一节中写的开车时睡着了的那位"糊涂"司机。他当初在奥斯丁时,说话特别风趣。时不时地会冒出几句经典名句,让人记忆犹新。

　　他的夫人蓓莉来美之前,昌晔和物理系另外三位男士同居一屋!如今听起来十分可笑,但在那年头,我们是中国来的穷学生。尽管在物理系当 TA 的工资也足够过日子了,但这代人节约惯了,不是还得存钱给国内亲友们买"八大件"吗?所以,他们四个人便住在一块儿。其中有两个人特能"侃",一个是能说会道的老北京,文革前毕业于北大技术物理系。另一个是口灿莲花的上海人,来自科大,自称是温元凯的哥们儿。

　　两人都天文地理,无所不知,但又各有特色。昌晔把这两人的特点总结得很好,一语中的——昌晔说,老北京那个,是"天上事情知一半,地下事情全知道。"而上海人呢,是"天上事情全知道,地下事情全不知。"

　　为什么说昌晔总结得好呢?此两位何等人物?老北京名章杨忠,上海人叫陈平,两人后来都因某种原因而小有名气。其实,四人中的安志刚也很有特色,他是文革前北大的研究生,出来后三年就拿到了博士学位,到奥斯汀大学是做博士后的,据说成果不凡。此是后话,暂且不表。

　　奥斯丁的朋友中除了物理系的之外,还有不少学音乐的,许红婴是其中一位。许红婴原来是拉小提琴的,她的丈夫林宗禔是拉京胡的。他原在中国京剧院,是样板戏《红灯记》里的第一京胡手。

有一天，我突发奇想，想学弹钢琴。于是，许红婴便给我上了第一堂，也是唯一的一堂钢琴课，教我弹了两个小曲子。这两个曲子都不难。一个是柴可夫斯基的，又短又容易学，又很好听。第二个是巴赫的，左右手各弹两个不同的 melody，像是两个人（夫妇）在说话，各说各的，很有意思。

后来毕业了，大家各奔东西。没有了钢琴老师，我自己学弹琴就变成放任自流的随便乱弹。有兴趣时，练习几个曲子，练一个月，弹得差不多了，觉得进步不了，几岁的孩子都比我弹得好，就放弃了。过了几年不弹，偶然哪天兴趣又来了，又练习一个月，复习起来几个原来会弹的曲子。然后……就这样反复循环，永远只保持这个水平。

记得许红婴上课时曾对我说："学钢琴就是两点：一是学很快看五线谱的本领，二是练习左右手的协调。"然而，我每次都是照着钢琴谱呆呆地练习，有违老师教诲也。

奥斯丁的趣事很多，各种特色的典型人物也不少，还得一个一个慢慢写。怀念那些朋友们，怀念那些往日时光！

左到右：陈昌晔，章球，张天蓉，章杨忠，安志刚

章球，张尔和，陈平

天文台

从反革命到研究生再出国留学

周克诚

作者简历 1944年3月25日生，江西南昌人。1960年南昌三中高中毕业，1961年考入清华大学无线电系，1968年分配到天津工作。1978年考入中国科学院研究生院，1981年赴澳大利留学，1987年获悉尼大学电气工程系博士学位。1987–2002在加拿大和美国的 MPR，NovAtel，Intel，TI 和 Motorola 工作，现已退休在美国亚利桑那州。

1978 年入学中科院研究生院学习是我人生的重大转折。时隔四十多年，有许多事情都记忆模糊了，我甚至不记得研究生考试的初试和复试的时间。但是，有许多事件是永远不会忘记的。

一、莫须有的冤案影响我报考研究生

文革期间，我在清华"四一四"派中参与一个七人小组，学习马列主义。在迟群把持清华大学党委的 1970 年初，七人小组仍在清华的没有分配的四位 0 字班和 00 字班的同学，因涉及反对林彪和江青的言论被调查整肃，并牵连到包括我在内的已经分配到外地的其他三人。经过两年多的调查、批斗和交代问题，在 1972 年初，迟群把我们七位学生定为"马列主义学习小组"的反革命小集团，我被认定为该小集团的骨干成员和付组长。我当时已经分配在天津河西区的一个街道工厂工作。由于清华专案组的调查，原准备要和我结婚的北大西语系英语专业68届毕业的女友也受到牵连，在唐山军垦农场她的连队里也被批判。1970年春天她从军垦农场分配工作前终于与我划清了界线，彻底与我断绝了关系。我在天津的工作单位里被大会小会批判多次，1972年清华定性"马列主义学习小组"为反革命小集团后，落实政策为"敌我矛盾按人民内部处理"，将我开除团籍，在工作单位由群众监督劳动，得以"重新做人"。

我有幸在1973年遇到理解和同情我的姑娘，1974年我们结为夫妻。我感激她在我人生的最低点时选择了我，给了我她的爱，让我有了一个家，让我又感受到了人生的温暖。她陪我从天津街道工厂的苦日子环境中熬过来，1976年我们有了大女儿。1978年我去北京读研究生，她与女儿在天津坚守了三年。1981年我去澳大利亚留学，她与女儿在天津又坚守了四年，1985年才与我在悉尼团聚。

1976年9月9日毛泽东去世，国庆刚过，10月6日就抓了四人帮。我大女儿10月28日出生，我觉得世道要有变化了。

1977年开始，有恢复研究生制度并且要招生的传闻，我在工作单位里表示过想考研究生的意愿，单位的党书记说："你是有政治历史问题的人，考研究生怕是不可能。"

后来形势又有了进一步变化，我终于在1978年春天去了清华大学找到校党委。负责我们七人小组专案的王乐铭先生亲自接待了我，明确告诉我，我们的那个所谓反革命小集团属冤假错案，应该平反。王先生说，他会马上把清华大学党委对七人小组的平反结论发往天津市委，同时转发给我的工作单位。有清华大学的平反结论后，我的工作单位不再反对，我终于可以报考研究生了。

二、成功考取中国科学院研究生院

政治大气候变暖，又迎来考研究生的机会，在天津多年没有怎么与清华同学交往的我又开始积极与清华同学联系了。清华力9的同学周莉从汉沽一个中学调回天津市区工作。在她的串联之下，在天津几个想要考研究生的人常聚一起商讨，最后有四个人决定报考北京天文台：周莉报考天体力学专业；周莉原先在汉沽中学教书时的同事，南开大学物理系毕业的张尔和报考天体物理专业；张尔和的中学同学，北大物理系毕业的李秉秋也报考天体物理专业；我是清华无线电系毕业的，自然报考了射电天文方法与技术专业。原先商量我们四人要尽可能一起复习功课的，好像也没有做到多少。除了数学大家都要复习之外，专业课我和他们不同。他们都考英语，而我的英语是第二外语，我也特别没有把握，所以决定考俄语。初试是何时考的，考的什么我都记不清楚了，但我们四个都通过了初试，都被通知到北京天文台去参加复试。

复试后，我们四个天津来考北京天文台的考生中，张尔和被北京天文台录取为出国研究生；周莉为北京天文台研究生；我和李秉秋被云南天文台录取，由北京天文台代培。当时，许多人考研究生是想要改变环境，离开边远落后地区考进大城市。我则是一心想离开天津的街道工厂，去一个我真正能学到本领、提高我专业水平的地方。我同意了毕业后去云南天文台工作，成为了王绶琯先生收的六个研究生中的最后一个，也是唯一的一个属于云南天文台的研究生。王先生收的六研究生是吴乃龙、王万贤、南仁东、金声震、魏名智和我。我猜想，我可能初试复试成绩都不太好，考的又是俄语，说明我的英语基础也差，好在还有云台要我。我这个唯一的云台射电天文研究生的身份，在后来给了我特殊的机遇。李秉秋不愿意研究生毕业后去云南天文台，放弃了进中科院研究生院的机会，最后去了北大的回炉班。

我当时工资每月55元，留给家里30元，自己用25元。就这样，我离开天津的妻子和两岁的女儿，背着铺盖卷，来到北京肖庄，开始了三年中科院研究生院的学习生活。

三、当"电灯泡"帮助我学习英语

  我是 1961 年进清华的，到文化大革命时我是五年级，除了参加四清工作队一年，我学了四年的普通基础课和无线电专业基础课。进了研究生院后，我感到我差得最多的是英语。我的第一外语是俄语，英语是我的第二外语。我的英语水平只是依靠词典能阅读的哑巴英语，与时代的要求差得太远了，非恶补不可。有幸我在研究生院认识了师资班的陆文禾同学，又经他介绍认识了澳洲来的英语老师 Lyndall Nairn。我记得我第一次见到 Lyndall 时她鼓励我，要我随便说点什么，我说了"Hello"和"How are you?"后就再也说不出来了，而且憋出了一头汗，这就是我那时候的英语口语水平。

  我后来进了 Lyndall 的英文乙班，在听说方面逐渐有了些进步。不记得什么时候开始，陆文禾邀请我星期天时和他一起陪 Lyndall 骑自行车游览北京。我们三个人差不多每个星期天都出去游玩，去过北京的颐和园和其它的一些景点。我们一路上谈论各种有趣的话题，我的英语口语和听力就是在这种三人游的环境中有了很大的进步，随着话题的变化，我明显地感到，我的词汇量也大大增加了，听力也增强了。这个阶段给我打下的英语听说和会话的基础。

  大家都知道陆文和和 Lyndall 后来成了夫妻，但我和 Lyndall 及陆文禾一起骑自行车游览北京期间，我没有察觉到他们两个有谈恋爱的意思，也许是我迟钝，当了很久的电灯泡而自己不知道。直到文禾去了匹兹堡大学后，有一天，Lyndall 有点伤感地对我说："文禾离开我去美国了。"我才意识到她对陆的感情。我对她说："陆文禾可以去美国上学，你也可以去美国上学呀！"Lyndall 似乎恍然大悟地说："是呀，我也可以去美国上学。"在这以后，她也去申请去匹兹堡大学读 linguistics 的硕士课程。我记得她曾抱怨过，美国大学的招生人员居然不知道澳大利亚是英语国家，还要求她提供托福考试成绩。最后，她还是去了匹兹堡大学又和文禾在一起了，而且后来还成了夫妻。

　　陆文禾是个很好的朋友，又是个很细心的人。他考虑到我要申请美国大学的电气工程专业比较不易，申请奖学金就更是困难，必须要向许多大学申请才可能有机会。他知道对每个月只有二十五元生活费的我来说，每个月要寄出若干封信，而每封信至少八角钱的邮资，这在经济可能会成为我极大的负担。他在离开中国去美之后，向 Lyndall 建议，要她"借"给我人民币 200 元，以防止我因为有经济困难而放弃申请出国留学。Lyndall 给我钱时，对我说这是陆的建议，一定要我接受。Lyndall 的这 200 元，使我在申请出国留学的过程中没有遇到经济上的困难。1984 年，我已在澳洲悉尼大学拿到奖学金读博，那时 Lyndall 在香港教英文。我回国探亲时经过香港见到她，我要还她的钱，她却坚决不要，说事情已过，不必再提。

　　我在写这段往事时，曾问过陆文禾，企望核对细节，但文禾说他已经完全不记得这件事了。于是，我只能按我的记忆来叙述此事。不管是文禾建议，还是 Lyndall 托文禾之言主动所为，她给了我人民币 200 元帮我度过当时申请留学时的经济难关是事实。此事确实于她是给我雪中送炭，我却无以为报，只有心存感激，终生不忘。

四、命运安排我留学澳洲

　　1979 年暑假时，云南天文台的射电室邀请澳大利亚联邦科学与工业研究组织（CSIRO）的科尔博士（Dr Trevor Cole）到云台讲座。我是云台唯一的射电天文专业的研究生，所以被要求去听讲座。Dr Cole 讲座共三天，讲的内容我现在已记不得了，但是当时我基本上听明白了他讲的内容，而且在互动时我提了一些问题。有的问题他当时就回答了，有的问题他说要回去后再查一下，并留了我的邮寄地址，说会把资料寄给我。课间休息时，他问我在哪里学的英语，我说我有一个来自澳洲的英语老师等等。在所有的听课者中，除了云台接待者以外，我似乎是和他说话最多的人。他回澳洲以后，确实给我寄来了一大包复印材料。

认识 Dr Cole 是我人生中的又一个转折，我被录取作为云南天文台的研究生似乎是冥冥之中有什么安排，就是为了让我有机会认识他。他是我接触到的第一个外籍专业人士，他的讲座是我第一次听外籍专业人士用英语讲专业内容。回想起来，我当时大概给了他一个好印象，但是我根本不可能想到命运的安排是如此奇妙，他以后会成为我的 PhD 导师。因为那时候，虽然他是剑桥大学卡文迪许实验室的博士，但还只是个 CSIRO 的高级研究员，并不是大学教授。

由于李政道和李佩一批批地选拔学高能物理学生公费出国留学，很让其他非物理专业的同学心动。美籍外教 Mary Van de Water 宣传说"你们不必等研究所的安排，作为学生应该可以自己直接去申请国外的学校"。Mary 还弄来了一些美国大学的招生资料，再加上得到了研究生院开明领导的默许，研究生院学生中自行申请出国留学成了风气。

受到这种气氛的鼓舞，到了 1980 年初，我也开始了留学申请的准备工作。先在研究生院开了成绩单，并做了英文翻译，又去清华大学教务处开了成绩单，补发了我的清华大学毕业证，也都做了翻译。1980 年时，没有个人计算机，没有互联网。极少的地方有复印机，复印费很贵。那时国内也没有 TOEFL 和 GRE 考试，我用 Lyndall 给我写的有关我英语水平的证明来代替。Mary 弄来了一些美国大学的地址和大学的招生资料，我们可以去查什么大学的什么系你可以申请。每申请一处有资料的大学就要手写起草一份申请书，请 Lyndall 用她的手动机械打字机打出来，附上 Lyndall 开的有关我英语水平的证明，加上我的大学和研究生院的成绩单、大学毕业证的复印件。

我前前后后大概给二、三十个美国大学电气工程系寄过信，同时申请入学和奖学金。得到的回应大概有一半是拒绝，一半是同意入学，但没有奖学金。后来有人告诉我说，由于竞争激烈，美国大学对申请 EE 的学生通常第一个学期是不会给奖学金的。如果你的第一个学期表现出色，那第二个学期就可能得到。有家庭背景和海外关系的同学，要是能得到入学通知书，又有海外亲友提供财政担保，家庭也有能力提供最初的两、三千美元的启动资金的话，就可以有机会拿到学生签证，去学校报到开始学习和打工的勤工俭学的留学生生活了。但对我这种没有家庭经济基础和背景，也没有任何海外关系的学生来说，拿到的入学通知书是没有用的。我若不能得到某种形式的奖学金的话，就根本不可能开始我在海外的学习，因为我没有人给我做财政担保，很可能拿不到签证。即使侥幸拿到签证，我也没有启动资金来付去到海外大学的旅费、大学第一个学期的学费、生活费等等。我很是羡慕申请物理等科目特别是高能物理的同学，他们似乎得到奖学金都很容易。我也曾去试着申请大学的天文系，但通常的结果都是拒绝，因为我的成绩单不符合学天体物理的要求。我申请海外留学差不多有一年，几十所学校，花了不少邮资，得到的结果都是一样，我看不到什么希望，我似乎已经陷入困境之中。

1981年初，我申请加州理工学院（Caltech）的天文系被拒绝，但附有天文系某教授（忘了名字）的一封信。该教授说根据我提供的学历背景材料，他建议我去申请澳大利亚悉尼大学的电气工程系（Electrical Engineering）。他说原CSIRO的Dr Trevor Cole已经调到悉尼大学电气工程系当了教授和系主任（Head），而且Professor Trevor Cole有提供给学生的奖学金。我大喜望外，马上给Professor Trevor Cole写信，要求申请在悉尼大学电气工程系他那里读PhD和申请奖学金，并附上了Caltech教授给我的信（我没有留底，所以现在记不得这位的名字）。Professor Cole很快就给我回了信，说欢迎我去悉尼大学做他的PhD学生，他会给我提供Studentship。Studentship是悉尼大学全额奖学金的一种，那时候拿Studentship的学生是全免学费（tuition waver）的。这对我来说真是"踏破铁鞋无处觅，得来全不费功夫"，又是"山穷水尽疑无路，柳暗花明又一村"。

Professor Cole说，现在要做的是要完成悉尼大学申请Studentship

所要求的手续（formality）。除了我已经提供的大学毕业证、大学成绩单、研究生院成绩单外，还需要两封推荐信（Reference letters）。我联系了清华大学的常迵教授，请他给我写一封推荐信，他很高兴地答应了。常迵教授是哈佛大学1946年毕业的应用物理（Applied Physics）博士，曾是我在清华无线电系的教课老师。我把科尔教授的信给我的研究生导师王绶琯先生看，并请他给我写一封推荐信，不料却引出了一些麻烦。据说当时北京天文台学术委员会有不同意我去澳大利亚悉尼大学留学的意见，原因是我私下联系了Professor Cole，申请去悉尼大学电气工程系读博士，私自动用了本应属于中国科学院或北京天文台的资源。王先生要等北京天文台学术委员会讨论同意后才能给我写推荐信。

原来王先生及北京天文台与悉尼大学电气工程系的克里斯琴森教授（Professor Wilbur Norman "Chris" Christiansen）有很深的渊源。克教授是世界知名的天文学家和无线电专家，澳大利亚人，他是"二战"后新一代射电天文学的先驱者之一。克教授曾任澳大利亚悉尼大学电气工程系教授（1960-1978），国际天文联合会副主席，国际无线电联合会主席及终身名誉主席。北台的密云望远镜从1963年到1984年的二十多年间一直在copy克教授在悉尼大学电气工程系的Fleurs望远镜。

为什么在中国被西方帝国主义全面封锁，又与苏联修正主义彻底决裂的1963年，克教授还要来到中国如此无私地帮助北台呢？这就不得不提到克教授与澳大利亚共产党的渊源了。澳共是当时世界上坚决支持中共反对苏共修正主义的一个西方共产党。作为科学家和学者，克教授也许不是激进的共产党人，但克教授的夫人却是当时的澳共主席希尔（Hill）的sister in law，还曾是澳共的要员。克教授夫妇曾多次访华，既有和澳共主席希尔的特殊关系又是世界著名科学家，他们在中国受到的待遇规格极高，住国宾馆，受毛主席接见，由江青接待。我1982年曾陪同北台访澳者去克教授退休后居住的小农场拜访克教授夫妇，在饭后聊天时，得知他们对中共打倒"四人帮"很不理解。克太太说，她曾多次被江青接待，"She is a nice lady"。克教授则说，他年轻时在二战期间因反对法西斯而开始相信共产主义的理论，但他是个科学家，理论是要用实践来检验的。现在看来，共产主义的理论，在所有国家里的实践都失败了。在苏联变修后，希望是在中国，可是现在中国也变了。他表示，他已经太老了，无法再重来一次。

我从他的叙述中深深感受到他从年轻时就开始的对共产主义信仰的真诚和他作为一个科学家在发现信仰破灭时的失落。看着他，我想起当年许许多多的地主资产阶级出身却抱着对抗日救国和或对共产主义的真诚信仰而投奔延安的热血青年，他们中间有不少人后来因为信仰破灭或在党内斗争中站错了立场而被打成反党分子或右派。克教授好在是一个澳洲人，他要是中国人，会不会被打成党内右派呢？我又想起在悉尼大学中文系听说的克教授去中国之前找中文系的刘博士学中文的故事。刘曾经是中华民国驻悉尼总领事馆的领事，牛津大学的博士，中共与澳洲建交后刘不肯回台湾，申请到了悉尼大学教中文的工作。当刘知道克教授要去中国访问后，对克教授说，你这个共产党和中国共产党不一样，你是资本主义国家的大学教授，是资产阶级。中共搞的是穷人无产阶级革命，反对的就是你这样的资产阶级。当然克教授不会相信刘博士的言论，他和夫人去中国访问是怀着对共产主义信仰的真诚，而且访问中国也给了他机会和时间可以对北台射电天文项目予以大力支持。

在克教授的无私帮助下，北台的密云望远镜一直跟随着 Fleurs 望远镜从 Chris Cross 发展到 Analog Aperture Synthesis，再发展到 Digital Aperture Synthesis。密云米波综合孔径望远镜（Miyun Meter Wave Aperture Synthesis Telescope）在 1984 年交付使用时，克教授也是评估委员会的成员之一。

在这种情况下，北台学术委员会的老师们，把克教授任职的悉尼大学电气工程系看成他们的独有资源其实也无可厚非，毕竟那时候在科研人员的眼里，出国只有组织安排，岂可自己联系？在王绶琯先生

1978年招收的6名射电天文研究生中，只有吴乃龙是北台确定的出国留学生，虽然克教授已经在1978年退休，他的学生副教授Dr Frater 接替他的工作，但北台与悉尼大学电气工程系渊源还在，吴乃龙 1980 年 8 月就已由王绶琯先生送到悉尼大学 Dr Frater 名下做博士生了。下一个是谁，北台学术委员会还没有讨论，就被我这个不安分的学生自行其事、无组织无纪律地打乱了秩序。我似乎钻了悉尼大学电气工程系主任换人、科尔教授接手时的空子，私自联系了科尔教授，而且已经得到科尔教授的入学许可和奖学金。我这事还真让北台学术委员会的老师们为了难。我不知道老师们是如何讨论的，我请王先生写推荐信的事被拖了好多天，我心里着急，又不能催问，只是想万一王先生的推荐信我拿不到，我是不是要请清华或研究生院的其他教授给我写推荐信呢？想来想去还是王先生是最合适给我写推荐的人，因为他是我的研究生导师，我最好还是等待。无论如何，我都要感谢王先生和北台学术委员会的老师们，因为北台学术委员会的老师们讨论的最后结果还是让我去，王先生给我写了推荐信。

科尔教授在收到王先生给我写的推荐信后，很快就完成了悉尼大学申请Studentship所要求的手续（formality）。我收到了悉尼大学正式的入学许可和奖学金（admission and studentship）。这时候，在我的心里，我认为我是要自费去澳洲留学，要自己准备旅费。那时，中国没有飞悉尼的直达航班，必须到香港转机去悉尼。我打听到从北京飞香港的机票是人民币100元，但从香港去悉尼的机票大约是900美元。900美元，对每月只有人民币几十元收入的我们家及我父母的家来说就是天价，自己无法筹集。但天无绝人之路，我的师兄弟王万贤自费到美国 Florida University 天文系留学，而且申请到了国际天文学会（IAU）给的旅费。 原来，IAU 有一笔经费，可以提供给年轻的天文学家，从一个天文台到另一个天文台去工作或学习所需要的旅行费用。王万贤是由北京天文台到 Florida University 天文系的天文台去学习，符合申请条件，就拿到了旅费。我得到了国际天文学会在巴黎的地址，就写信去要了申请表格。除了申请人要填表外，出发天文台和到达天文台都要给国际天文学会出具信件，证明确有此人此事。科尔教授同意出具Fleurs天文台的信。王绶琯先生说我是云南天文台的研究生，要由云台出信，云台也出了。申请表上问我申请多少钱，我老老实实地用填表那天的汇率要了一张从香港到悉尼的经济舱飞机票钱。不多日，国际天文学会给我寄了一张我要求金额的美元支票。拿到 IAU 的机票钱后，我父母和家人都松了一口气，因为我赴澳留学已经没有经济压力了。

看来万事具备，只差护照和签证了。我们入学研究生院时，户口都迁到研究生院的集体户口里了，我若是按自费出国，应该去北京市公安局办理。但在中科院各个所的领导眼里，似乎一定要有海外关系的研究生，才有自费出国的资格。有海外关系的同学，拿到了海外大学的录取通知书后，有海外亲友的财政担保书或邀请信，不管有没有得到奖学金，研究所都会帮助他们通过北京市公安局办理护照。我没有任何海外关系，只是拿到了国外学校的奖学金，还要等台领导决定我的这种情况如何办理护照。

但是并没有等很久，上面就有了通知：凡是研究生毕业，拿到奖学金去国外读书的，一律按自费公派处理。这样，北台按公派出国人员通过科学院外事局给我办理外交部签发的因公出国护照，并且办好了澳洲的签证。台里还按公派出国人员的规定给我发了七百元置装费，并且告诉我台里会替我买好飞机票。我告诉台里的工作人员，我有 IAU 给我的机票钱，我可以交给台里。得到的回答是：那是 IAU 给你的钱，我们不能收。我的妻子和女儿从天津来到北京，跟我一起到出国人员服务部，给我买了和其他因公出国人员一样的西装、大衣、衬衣、领带、皮鞋、行李箱等等。我的二妹也特意从南昌赶到北京来给我送行。我们全家人都住在天文台在中关村的招待所里，等着护照和机票发下来的第二天送我去北京机场。

从人生的低谷到去悉尼大学读博士学位，在研究生院，我经历了我人生蜕变的过程。在这个过程中，除了命运的奇妙安排，我受到许多人的帮助和恩惠。我首先要感谢的是我在北京天文台的导师王绶琯先生于 1978 年收我当他的研究生，后来又给我写了去悉尼大学电气工程系读博的推荐信。其次要感谢云南天文台的领导，让我用了云台研究生的名额；邀请我去云台听 Dr Cole 的讲座，让我有机会认识 Dr Cole；以及后来同意我出国；支持我申请 IAU 的旅费等。我还要感谢那位我忘了名字的 Caltech 天文系的教授，告诉我 Dr Cole 出任悉尼大学电气工程系教授的消息。我更要感谢 Professor Cole 收我当他的博士生并给我提供全额奖学金。我要感谢清华的常迵教授为我写了给悉尼大学电气工程系的推荐信。我要感谢我在研究生院的英语老师 Lyndall，没有她的帮助我的英语不可能进步到和 Dr Cole 顺利沟通的水平；当然还要感谢小陆子让我当他和 Lyndall 的"电灯泡"。我还要感谢北京天文台学术委员会的老师们容忍了我私自联系科尔教授的"不守规矩"的行为，他们没有为难我，而是同意我去悉尼大学电气工程系去读博。

出发的那一天早上下着小雨，北台派了一台那时候称为农民车现在称为皮卡的汽车送我去机场，驾驶室里除司机外只有两个座位，我坐一个，妻子抱着五岁的女儿坐一个，我妹妹没有地方坐，就不去机场送我了。这时，不知道从哪里钻出了穿着雨衣的我的另一个师兄弟南仁东，他一边往车斗里爬，一边说："你这一走，不知哪年再见，我去机场送你一程！"那时我们谁都没有想到，以后南仁东居然会成为"中国天眼之父"。但是，他在雨天坐在卡车车斗里送我去机场的这一幕，我记了一辈子。那天，我从北京飞去香港，然后从香港转机去悉尼。我终于离开中科院研究生院，去澳大利亚开始了我人生的下一篇章！

电子所

感恩科学的春天

——我的考研、留学经历

程惟康

作者简介 1946 年 9 月 30 日生于江西乐平
1951 – 1963 在上海上小、中学
1963 – 1969 清华大学无线电电子学系学习
1969 – 1978 北京四机部 761 厂技术员
1978 – 1979 中科院研究生院电子所研究生
1981 美密西根大学电学系硕士（MSEE）
1985 美休斯顿大学电学系博士（PhD in EE）
1985 – 1989 美旧金山州立大学 EE 副教授
1989 – 2009 先后于美加州硅谷若干不同公司任微波数字无线通信系统高工及部门经理
2010 – 退休，定居于美国得克萨斯州达拉斯市
Email: wkcheng931@yahoo.com

"没有遗忘，
虽然流失的岁月不可挽回
可是，山河依旧
那些你走过的路
就是时间留给生命
最珍贵的礼物。"

1977 年是一个很不平凡的年代。"四人帮"虽然被打倒了，但是极"左"路线继续在全国推行。"这是最好的年月，这是最坏的年月；这是智慧的时代，这是愚蠢的时代；这是光明的季节，这是黑暗的季节；

这是希望的春天，这是绝望的冬天。"那段时间就是这样一个时代。一方面，打倒了"四人帮"，人们欢欣鼓舞，认为变革的新时代开始了，光明在望。另一方面，"两个凡是"成为指导思想，人们又普遍感到失望、焦虑和迷茫。1978年3月，中共中央在北京召开了具有深远历史意义的全国科学大会。邓小平提出"科学技术是生产力"、"知识分子是工人阶级的一部分"等重要论断。时任中国科学院院长的郭沫若在闭幕式上发表书面讲话《科学的春天》，用诗一般的语言宣告："日出江花红似火，春来江水绿如蓝。这是革命的春天，这是人民的春天，这是科学的春天！让我们张开双臂，热烈地拥抱这个春天吧！"《科学的春天》成为了中国知识分子解放的宣言，象征着一个科技新时代的开始。

一、在中科院研究生院的日子

我们这一届大学生，1968底年离开清华大学时，正值文革浩劫，学校由工宣队与军宣队掌权，同学们都被贬为"臭老九"，许多人被发配至边远地区，去接受工农兵"再教育"。如同学沈俊所写："无线电专业毕业后，我在大巴山深处当过农民，养牛种地；在县农机厂当过工人，修理柴油机和拖拉机；在建设公司当过电气技术员，做电气施工与调试工作。"我与同届30多名同学，当时算是最幸运的"幸运儿"，留在了北京，进了北京四机部761厂工作。在761厂，我当了两年多铸工，1971年技术部门恢复后，我与同学们也被陆续调到了设计所，当上了技术员。经过十年坎坷，终于迎来了"科学的春天"，欣逢盛世，1978年初又传来了教育部和中国科学院决定恢复招收研究生的消息，大家都无比欢悦。

恢复招收研究生的消息让我无比兴奋。许多边远地区的同学都报了名，希望借上研究生的机会，改变境遇。我虽人已在北京，但几年工作下来，深感知识的不足，很想有进一步学习的机会。我爱人当时远在青海工作，那时他的家庭出身与社会关系难以附合调入761厂的条件。况且761厂当时有不少技术人员分居两地，他们的资历与条件都在我之上，要想让761厂帮助我解决两地分居，实在是"难于上青天"。于是也想借考研究生，通过自己的努力解决我们的分居问题。我与爱人就决定同时报考研究生，他报考回清华(不久后他调回了北京，也就放弃了考研机会)，我报考了中科院电子所"信息与系统"专业。

当年，"信息与系统"专业由付所长沈光铭研究员与一室主任柴振明付研究员领衔，共招收14名学生，但报考的竟有400多人。清华同系同年级（无九）同学中，与我一起报考该专业的还有汪瑞与王建光。王建光当时在西安，而汪瑞则已回到北京铁道研究院工作。汪瑞得知我与他报考了同一专业，就常常来约我一起复习功课。那几个月，我们多次一起讨论，一起做题，一起去清华找尤婉英、吴佑寿、常迥等老师答疑，我们互相加深了了解，也增进了友谊。虽然后来他未进入电子所学习，但我们的友谊未断，出国后也一直保持着电话联系。如今汪瑞已不幸英年早逝，他当年的音容笑貌仍深深地印在我的脑海中，故也借此机会再一次纪念他。

我与王建光后来考上了电子所同一专业。进入这一专业的清华同学中还有无八的马大安与物零的郑元芳。王建光因当时已与夫人陈美莉一起调入了高能物理所，所里不愿放他，故他只好退了学。马大安考上后立即被诺贝尔奖获得者丁肇中教授相中，也离开了电子所。当时，中央已制定了"打开国门"的既定方针，科学院从研究生中选拔了一百多名较年轻的同学(条件是35岁以下，外语与专业考试成绩都名列前茅)，参加了教育部的统一考试。我与郑元芳有幸入了榜。科学院将这些入榜者安排在玉泉路(中国科大原校址)，算是"出国班"。因此"中国科学院研究生院"第一届同学，也就有了两个门户："林学院的"和"玉泉路的"。两拨人虽然联系不多，但还是心心相通的。

那时的中国可以说是百废待兴，玉泉路校园大部份已被高能物理所占用，还有一部份驻扎了军队，研究生院只能将我们这近100名学生安排住在一个小食堂里。食堂边上临时隔了几个房间就成了我们的宿舍。隔板并未到顶，故这些房间实际上都是相通的，隔壁同学讲话彼此都可听得一清二楚。因为是食堂，自然就没有厕所，学校只得在食堂外临时搭了两间茅坑作男女厕所，里面没有灯，晚上必须打手电才能去方便。面对这样的条件，大家还是很开心。好不容易又回来当学生，物质的匮乏根本无法阻挡我们内心的愉快与幸福。玉泉路的"出国班"分成了五个班，教室也是临时搭起来的活动板房。科学院为我们请了五名外籍教员，每位教员负责一个班。女同学人数少，一共只有五名，我们就都集中在同一班上。有两位女生年龄较小，最小的是遗传所的黄斌，她刚满 22 岁。生物物理所的高博宁是 28 岁，我们其他三位年龄差不多，都是老五届学生，她们二位分别来自中科大与南开。我班的教员来自澳大利亚，原是一位中学教员。当时的培训主要是口语，用的教材主要是灵格风与英语 900 句，后来也加上了 TOEFL 模拟考试。英语虽然是我的第一外语，在清华时我第一年就通过了英语统考，第二年就上了全校 12 个系中抽调出来的 20 余名同学组成的"英语提高班"，学了一些文学作品。但此后的十多年，再也未有提高，一直停留在阅读的程度，而且主要是读科技资料。这样的水平面对 TOEFL，一开始确实非常困难。培训班采取的是"突击式"的方式，我们每天至少要背诵记熟几十个单词及全力以赴练习听、说、写。年轻的同学显示了明显的优势，记得数学所最年轻才 19 岁的一位徐姓同学，一天可记熟 100 个单词。我们年龄大些的，只有加倍努力，才能迎头赶上。连续几个月，几乎每周都要有一个 TOEFL 模拟考试，我的成绩也一次比一次进步，最后一次考试竟达到了 90%。当然 TOFEL 考得好也并不真正代表英语的过关，刚到国外时，听、说、写仍是困难重重，直到半年以后，才有了突飞猛进。这是后话。

在英语培训的同时，我也尽量抽时间去"林学院"听课。听过的课有：关肇直先生开的"实变函数与泛函分析"，计算所开的一门"FORTRAN 语言与编程"及我的导师沈光铭先生开的"网络与系统"。那门 FORTRAN 语言课，让我第一次有机会接触了计算机。记得第一次去科学院计算中心"上机"，那是一台 IBM 主机(大概水平只比国产 130

稍高)。中心对我们学生的来临,如临大敌,那份戒备森严,至今仍记忆犹新。那时的编程操作,还是用纸带打孔。修改一条指令,要找到那些孔的位置,再一点点去补贴。尽管设备与课程颇为原始,但对我来讲却很新鲜。我无法与在"林学院"学习的同学一样复习、做作业,但总比不听要强。这些课程还是为我后来的继续学习奠定了一些基础。

三十多岁而且又已为人妻母的我重新进入校门学习,说来也是困难重重。尤其是爱人刚刚调回北京,四岁的孩子也好不容易刚从上海母亲处接回,他们都极需要我的关怀与照顾。玉泉路又路途遥远,每周六晚匆匆骑车回家,周日忙一天的家务后,晚上匆匆离开时,总是那样的恋恋不舍。

1979 年初,研究生院通知我们,不必等待院部统一联系,各所与个人都可以自寻门路申请国外大学。我的导师沈先生与电子所所长吕保维先生都是 1956 年"向科学进军"时归国的留美专家,他们在国外还有不少当年的同学与朋友。沈先生带我去见了当时前来清华讲学的美密西根大学电学系的戴振铎教授。戴教授是西南联大时的清华校友,也是常迵老师在清华与哈佛的同窗。戴教授见我是清华校友,非常热情。他不但为我办理了进入密西根大学研究生院的入学许可。还为我申请到了密大研究生院为东方女生提供的 Barber 奖学金。Barber 奖学金每年获奖者为五名,它不但提供全部学费,还提供足够的生活费,是很难以获得的奖学金。我国原金陵女大校长吴贻芳就曾以 Barber Scholar 著名。可惜那时我清华的成绩单只有三年的成绩,又缺乏正式的 TOEFL 及 GRE 成绩,无法一开始就享有这份奖学金。学校答应第二学期开始我就可以享有,条件是第一学期我必须至少修三门专业课,而平均成绩必须在 A-以上。后来我终于如愿以偿,在密大的第二学期起,我就正式成为了新中国以来,第一位中国 Barber Scholar。

感恩科学的春天

图一 1979 秋摄于北校园 Bates 公寓前。我在这里住了两学期。

761 厂的隋经义总工程师也是留美归国的专家。他听说我要去美留学，也委托了他的老同学，在俄亥俄州立大学的徐雄教授帮助我办理入学申请。因我去密大已有着落，后来我就把去该校学习的机会让给了我的同学、清华物 0 的郑元芳。郑元芳不负众望，在那里学习及研究都极为出色。1985 年以优秀毕业论文获得了全美总统青年科学家奖。在南卡州一家大学当了六年助理教授后，又被俄亥俄州立大学聘为终身教授。后来是该校电学电脑系系主任，也是一位极负盛名的科学家。

回想起来，在研究生院近一年的时间，尽管生活条件艰苦，但学校的气氛非常好。正如许多同学所言，是一种"平等，清新"的气息，从而感到心情非常愉快，轻松，自由，这是一种以前从未有过的那种心情。

1979 年 8 月底，我与中科院研究生一行共 29 人，在北京机场告别了我们最亲爱的亲人，带着对亲人的无比歉疚与思念，踏上了奔赴美利坚的留学漂泊之路，从此走上了一条不归路。

二、在密西根大学留学

那时，中美之间尚无直航。我们从北京先搭中国民航赴法国巴黎，然后再转乘美国 TRW 航班赴华盛顿 DC。出国前，科学院外事局给我们每人发了 20 美元，作为路上的餐费与零用。离开北京几小时后，飞机降落在巴基斯坦卡拉奇机场，飞机要在这里加油。机场一些工作人员，看到我们中国人的到来，都纷纷跑来问我们有没有清凉油（TigerOil），让我很是意外，也很后悔没从北京多带些出来。到达巴黎戴高乐机场时，已是第二天上午。法国使馆有一位教育参赞来机场接了我们，他给我们送来了机票，我们的下一班飞机要六小时以后才会起飞。他吩咐我们要集体在机场内等候，并给每人发了一张票，说到餐厅可领一杯饮料，但午餐我们必须自行解决。吩咐完，他就离开了。我们在机场看来看去，小买部商品多是各种各样的香水，价格实在不菲，当然我们也不需要。中午时，我们去了餐厅，每人领了一杯饮料后，一看一份三明治也得要七、八美元，谁也舍不得去动用我们口袋里的那 20 美元。我们一伙忍住了饥肠辘辘，终于登上了飞往华盛顿的航班。

飞机当天下午抵达了华盛顿，使馆派人来机场迎接了我们。在开往使馆的路上，只见道路宽阔，树木葱郁，一栋栋小楼门前花草如茵。司机一路上不断向我们介绍着经过的名胜：华盛顿纪念碑、林肯纪念堂、国家博物馆、白宫……令人目不暇接。使馆为我们准备了丰富的晚餐，几天没吃到中国饭菜了，那顿饭真是香极了。饭后，使馆教育领事为我们召开了欢迎会。告诉了我们许多注意事项，尤其是要注意台湾留学生对即将到来的大陆留学生的仇视情绪。为让我们尽快适应学习生活，使馆为每位学生都准备了几样学习用具：砖式录音机、计算器与字典。还向没有奖学金及只有部份奖学金的同学发放了第一个月的生活费与必要的学费。生活费实际上是实报实销，一个月向大使馆报一次帐。

密西根大学八月底已经开学，我与电子所另一位研究生马晓非(马大猷先生的公子，电子所所长吕保维先生的研究生)第二天一早就离开了华盛顿，飞往底特律。密西根大学所在的安娜堡市距底特律还有80多公里，录取通知书上告诉我们从底特律机场可以乘灰狗(Grey Hound)巴士赴密西根大学。离开了使馆，我们第一次感到了一丝孤单与恐惧。我们发现自己英语程度的可怜，在机场候机大厅等候飞机时，竖起耳朵，也听不清广播里说什么，实在担心会误了航班。好不容易出了底特律机场，又两眼一抹黑，根本找不到灰狗巴士站在哪里，也不知如何张口去询问。这时有一位白人小伙子来到我们面前，用中文问我们是否需要帮助，简直把我们乐坏了。他把我们带到灰狗车站，又嘱咐我们到密西根大学国际学生中心下车。但我们还是下错了站。到了学生活动中心(Student Union)，司机问我们要不要下车，我们以为这就是国际学生中心了，下了车才发现早下了一站。活动中心的工作人员帮我们给戴振铎教授打了电话，戴教授告诉我们在原地等候，他马上叫人来接。不久就有一位中国小伙开着车过来了，他自我介绍姓李，是台湾来的，在电学系读博士，受戴教授委托来接我们，我们高兴极了。他带我们去了国际学生中心报到，在那里我得知系里已给我在北校园的 Bates 研究生公寓租好了住房，我马上就可以入住。马晓非事先未请系里为他租房，再想租学生宿舍已经太晚。李同学就与安娜堡市美中友协主席简(Jane)女士电话联系，简女士的先生是密大的人类学教授，他们立即表示，如小马不嫌弃，他们非常欢迎小马去他家住。小马自然是非常乐意。

Bates 是座三层公寓，每室住两位学生，自带洗手间与淋浴室。我的室友叫 Marcella，来自宾夕法尼亚洲，是一位很美丽的白人女孩。她对我很是热情，她告诉我她 23 岁，在公共卫生学院读病毒学硕士。Bates 公寓不能煮饭，所有学生都在食堂搭伙，一周中只有周日晚需自行介决。住宿加伙食一个月的费用是$215。伙食是典型的美国饭菜，不限量 (All you can eat)：包括绿色沙拉，正餐(火腿、鸡块、土豆泥、米饭等)、水果、蛋糕及冰激淋等甜点。我最爱吃冰激淋，过多的甜品让我一年后体重增加了10斤。

住宿安排好后，我就到系里与研究生指导教授约谈。我在大学里学的是通讯，虽然未学太多，还是希望在这一领域继续深造。这一领域指导教授叫William Root，60多岁，在这一领域有不少著作，为人也十分慈祥。我告诉他第二学期我一定要取得Barber奖学金，故第一学期我不希望修太多课程，且希望修比较熟悉的课程，希望得到较好成绩。在电学系修一个硕士需要30个学分，不需作论文，正常速度应是三学期。电学系有许多专业，研究生在修专业课同时，还可以修一个次专业(Minor)。我对此很感兴趣。于是Root教授就为我安排了一个两年计划，两年内完成通讯专业硕士，及计算机次专业。Root教授知道我还要继续读博士，他告诉我第二年还要开始准备博士资格考试。故所选的课程也有利于博士资格考试。最后选定了第一学期的三门课程：概率论与随机过程；PL-1程序编制与数据结构；及离散数学。

尽管出国前已有过大半年的语言训练，真的到了完全用英语的环境，听、说、写还是十分困难。

教概率论与随机过程的Birdsall教授来自德国，讲话卷舌音极重，一开始上他的课基本听不懂，只好依靠看书。计算机程序课由于基础差，也感觉甚为困难。一门课共要做五个练习，计算中心只发给每位学生$50一学期练习费用。那时Terminal还不普遍，费用也昂贵。故我多半是用卡片(Batch Job)。后来的练习日益复杂，为便于编辑，我也开始用Terminal。一般都是晚九点后才去用，可以享受半价。这样常常一做就到凌晨两、三点，误了回北校区宿舍的校车。后来得知可以求助于校园警察，只要打一电话，警察就马上来到，把你送回宿舍。在密西根两年，得到无数次警察的帮助，实为令人感动。

密西根大学所在的Ann Arbor城是座大学城，只有十多万人口，而大学人口却占了一半多。城市中一年四季分明，春、夏、秋季花草、树木都葱郁茂盛，冬季常常下雪，也有着北国风光的美丽。大学有着美东大学首屈一指的橄榄球队,每年的秋冬季节,球赛总是全校同学的热门话题。那时城内尚无中国食品店,但超级市场内物品极为丰富,且价格是难以想象的低廉。常听自己开伙的访问学者们谈起,一加仑牛奶$0.69,一打特大号鸡蛋$0.60,一只20多磅大西瓜$1.00……物质之丰富实令当时来自于物质匮乏中国的学者学生们兴奋不已。可处于繁重课业负担下的我,却无心顾暇那美丽的景致,更无心光顾那丰富的市场。我的生活整天就是宿舍、食堂、课堂、图书馆、计算中心几点一线。几个月后,我的努力开始有了曙光。有一天我发现我的听力有了飞跃,Birdsall教授的讲课我基本可以听懂了。再后来我发现自己在听、说中免去了英译中与中译英的过程,可以用英文直接思维了。听与说速度的进步确实让我的英文程度有了飞跃,我开始可以用英文向教授请教,可以自如地与同学讨论问题了。语言的过关让我对今后的学习更加信心十足。第一学期的成绩PL-1程序编制与数据结构得了A-,离散数学得了A,概率论与随机过程得了全班唯一的A+。平均分超过了A-,达到了预期目标。Birdsall教授更是对我另眼相看,第一学年的暑期,他就向我提供了在他的实验室当研究助理(RA)的位置。尽管我有研究生院颁发的奖学金,但仍在参予Birdsall教授的研究,两年后离开了密西根也仍在继续。这是后话。

那年秋季的一天,学生活动中心放映由费雯丽与克拉克盖博主演的《Gone With The Wind》(飘),室友Marcella邀我一起去看。我在文革期间曾看过早期的中译本,非常喜欢。电影拍得非常好,男女主角表演也极为出色。可惜那种浓重的南方英语我大部份都听不懂,只看了个大概。

密大有许多台湾来的留学生。他们中有一些左派(如那位来接我们的李同学),是60年代保钓(鱼台)运动的中坚力量。但大部份确实对中共既恐惧又仇恨。据说大陆学生未来到前,他们就在散布,大陆学生质量极差,顶多相当于台湾大学一年级水平。住入宿舍后,见一些宿舍的门上贴有青天白日旗,这里住的就一定是台湾学生。他们私下都叫我们"共匪"，有时叫了被我听到，又直称"对不起"。第一学期结束时大陆留学生的出色表现也令台湾学生改变了对我们的看法。他们开始来主动邀请我们去做客，一起复习功课等。

第二学期，我如愿以偿地获得了研究生颁发的 Barber 奖学金。奖学金包括全部学费，及每月的$350 生活费。对我来说就足足有余了。我进一步修了通信原理、线性代数、信号处理及计算机有关课程。语言的过关让我顺利地适应了这里的学习环境。

第一年的暑期，好不容易有几天休息时间。我抓紧时间借了几本原文小说阅读。其中有《飘》，厚厚八百多页，三天内读得废寝忘食，爱不释手。感到精彩极了。尤其是对广阔战争场面及人物心里描写，极为丰富与细腻。暑期我没有奖学金，我开始到 Birdsall 教授的实验室作研究助理。当时主要是用 Z80 单片机作一些控制应用。为便于工作，我也同时修了一门 Z80 汇编语言及编程的课程。

1980 年，中国大陆在密西根大学的学者、学生渐渐多了起来。也开始有了一些自费留学生。我们成立了一个联谊会。周末与节日也开始举办一些活动，如放映中国电影。那年"十一"，我们举办了庆祝国庆三十一周年联欢会。学生、学者们自制了不少点心，准备了节目。我们邀请了不少教授与同学参加，热闹非凡，获得了许多好评。

1981 年，我随 Birdsall 教授去底特律参加了 IEEE 信息处理协会年会。在会上宣读了第一篇论文：最佳基带滤波器优化设计。

1981 年初，在铁道研究院工作的先生也办好了自费来密西根大学当访问学者的手续。结束了几年的两地相思，实为高兴。但很快他就发现，自己的水平难以作任何独立的研究。他是清华无八半导体专业毕业。文革前搞四清，实际也只读了三年大学课程。毕业时赶上文革发配，先是在辽宁修水电站，后是到青海西宁，又是到北京地铁搞地水仪与铁科研搞铁路计量，半导体业务几乎从未接触过。如今跟了一位半导体专家教授，真是丈二和尚摸不着头脑，要想搞研究，真是难之又难。

此时，我已完成了密西根大学硕士课程的全部要求。因还有奖学金，我就留在此主修博士资格考试的课程，准备参加年末的资格考试。当时的通讯专业极少有民用研究项目，密大的主要项目多在雷达、声纳及卫星通讯等国防领域，而外国学生尤其是来自红色中国的我们是无法进入这些领域的。故 Birdsall 教授告诉我，如我想继续留在密大念通讯学博士，我只能作通讯理论方面的研究。Birdsall 教授当然愿意继续支持我。

先生这时也希望能从头开始，在美国念一个学位，以利将来的发展。于是我们两人决定联合行动，向一些大学发出了申请。他申请硕士，我申请博士，目标是找寻愿意同时接受我们，又愿意向我们二人都提供财政资助的学校。

其间我们陆续收到了一些学校的录取通知书，但一直到四月底，才等到了第一家也是唯一的一家同时向我们二人提供财政资助的大学 - 德克萨斯州休斯顿大学。他们的财政资助是提供教学助理位置，每周最多需工作 20 小时，可免去全部学费，起薪是我每月$800，先生$600。要求是每学期平均分保持在 B+以上。

1981 年告别密西根大学前夕留影。背后是电学系馆。1981 年春

图二 1981 年告别密西根大学前夕留影。背后是电学系馆。

季学期结束前，我们就正式接受了休斯顿大学的入学邀请。这时我们已化了$350 向一位即将离校的同学买了一辆二手车 -1973 年八缸福特 LTD。先生很快学会了开车，取得了驾驶执照。

八月，我告别了在密大相识两年的教授、同学与朋友，先行飞往休斯顿去安排住房及办理入学手续。临行前，Birdsall 教授一再叮咛遇到困难时随时告诉他，他会鼎力相助。也随时欢迎我回来参加他的研究工作。几年后我从休大毕业，又回到密大 Birdsall 教授实验室参加了一个暑期的工作，这是后话。

三、在休斯顿大学留学

八月底，先生驾驶着他的二手车，从北到南，行车 3000 多公里，抵达了休斯顿，开始了我们新的航程。

当时休斯顿大学理学院已有不少中国留学生，主要集中在物理系与生物系。他们大部份都是被李政道教授创办的 CASPEA 与牛满江教授创办的 CASBEA 中国研究生录取而出国的。这些学生多半都很年轻，物理系学生还有好几位来自中科大少年班。但在工学院求学的大陆留学生还不多。

休斯顿大学电学工程系在全美排名并不靠前，但它凭借着极负盛名的宇航中心、医疗中心及石油工业中心，吸引了不少著名学者与研究课题。它有 40 多位全职教授、付教授，几百名硕士生与博士生。专业领域涵盖计算机、集成电路、数字信号处理、电磁场与天线理论、半导体材料、自动控制等等。在这里念博士学位，入学一年之内需要通过一个"诊断"(Diagnostic) 考试。考试包括八门本科学科：数学、电子电路、计算机、电磁场、半导体理论、信号处理 、模拟与数字通讯、及控制理论，数学必须通过，其它七门只需通过六门。如果只通过五门，就需要补一门课；如只通过四门，就需要补两门课。通过后就算正式进入博士生课程。要取得博士学位，需要在硕士基础上继续修 30 学分的课程。然后要通过博士资格考试。考试前要与研究生指导教授委员会商谈确定研究方向，每位考生都要有一个由5名教授组成的资格考试委员会。考试分笔试与口试，大约各半天。资格考试通过后就算是博士资格候选人了。然后可以开始找导师与论文课题。博士论文一般需要作1-2年，12-15学分。最后再作论文公开答辩，答辩委员会至少也是五位成员，并需至少包括一位外系教授。这样念个博士学位如顺利的话，大约需要3-4年。

入学第一年，在修课的同时，我在微型计算机实验室作助教。负责三年级学生的"8085与8086微型机汇编语言程序与应用"的课程实验。我原先只学过Z80汇编语言，好在8085与Z80还较接近，但8086十六位机语言就很不相同。故基本上是一边学一边教。这门助教还真不好当，学生又常常来问问题，故一周的工作时间常常要超过20小时。好在我英文口语尚好，学生与教授还都满意。为准备"诊断"考试，我以前没念过半导体理论(量子力学)，电磁场也还是在清华大三时念了些，当时就是一知半解，隔了这么多年也早就忘了。本来想第一学期去旁听一下这方面课程，好应付考试。结果根本就没有时间。只好当机立断，集中精力准备其它六门课程，争取全部通过。然后第二学期再补一门电磁场或半导体吧。

这一策略证明是对了。第一学期结束时的寒假，我就参加了"诊断"考试。每门课考两小时，故整整考了两天。考试的结果，如预期我通过了六门。看到半导体材料课还有一门一个学分的实验，觉得会较有意思，于是就决定第二学期补修这门课，共四个学分。有了前几年的经验，我对修课与考试已不再畏惧，我几乎在所有的课程中都取得了名列前茅的好成绩。这门半导体材料课，我也是全班唯一在理论课与实验课都取得了A+。我顺利进入了博士课程班，并获得了系研究生指导委员会的好评。

八十年代初，实用的通讯研究在美国高校多半还限于国防项目，作为外国学生，尤其是来自红色中国的留学生都无缘介入这些项目。与研究生指导委员会商议后，我决定将自己的研究方向定位于数字信号处理。此后，我修的课程就集中于随机信号处理、图像处理、模式识别及人工智能领域。作为博士生，还至少需要修两门外系课程，我就到商学院修了他们开设的统计分析与离散随机过程课程。

1982年暑期，我第一次回国探亲。儿子当时在上海与外婆居住，正在读小学二年级。我与大多数留学生一样，也为家人带来了当时国内还十分稀罕的彩电、收录机等几大件，家人都十分高兴。在上海住了一段时间后，儿子开始放假，我就带着母亲、儿子去了北京。我们当时在北京铁道研究院家属宿舍还有一间小屋。那个暑期，我带着母亲、儿子游览了故宫、颐和园、香山等名胜古迹，玩得十分开心。

令我非常伤心与后悔的是，就在我返美几个月后的某一天，我收到了上海哥哥发来的电报。说母亲突然因脑溢血救治无效去世，丧事已按母亲身前心愿办完。他们告诉我，母亲在抢救期间，曾一度有些清醒，就叮咛他们千万不要告诉我，以免影响我学习。现代医学最终也无力回天，我就这样永远失去了我的母亲，那时她只不过65岁。接到这一电报，万分震惊，也非常后悔。我不到17周岁就离开了家，以后与家人就总是聚少离多。对母亲非但未尽孝道，未遵奉古人言"父母在，不远游"，反而在母亲非常需要我的花甲之年，远渡重洋，从此更是远离了她。再多的悔恨也弥补不了我对母亲的万分歉疚，今生唯有更加努力学习，努力工作，成为母亲所希望的有出息的人，才对得起她的养育之恩。

母亲去世后，儿子就由我弟弟照顾。一年后，弟弟去读研究生，儿子就又寄居我哥哥家。一直到1984年底，他才顺利取得来美签证，来到了我们的身边。那一年，他10周岁。

1983年春天，我顺利通过了博士资格考试，成为正式的博士候选人。我开始寻找论文课题与指导教授，前题是要专业对口，指导教授又一定要有研究经费支持。这样才能集中精力作研究、写论文，不至于一周还要花20小时作助教。刚好一位来自荷兰的教授Ben Jansen刚刚从国家自然科学基金会申请到一笔经费，可以支持两位博士生2-3

年。他同意收我作他的学生,他的研究领域是医学信号(EEG、EMG、EKG 等)处理。

  1983 年暑期,我与先生及系里两位中国访问学者开始策划外出旅游。由于经济条件所限,我们都希望化费最少而又能去尽可能多的地方。我们在运输公司找到了一种"运车"的业务。他们有客户要将自己的汽车运往外地,有一种做法是找人替他们将车开过去,一般说来允许有一周至十天的时间,驾车人行驶里程不得超过实际运输里程的 2 倍。我们为他们边运车、边旅游,运输公司还为我们付一部分油费,这对我们最合适不过了。我们开的是一辆运往纽约的 Oldsmobile 六缸四门车,非常宽敞舒适,计划是 10 天内运到。出发前我们计划了行程。先用一天一夜的时间,开到芝加哥,在伊利诺理工学院学习的中科院研究生同学郭东升热情接待了我们。在芝加哥游览了一天后,我们就继续往东开往位于 Ann Arbor 的密西根大学。两位学者前往底特律游览,我们就留在密大与老同学相聚。与我一起来美的中科院电子所研究生马晓非、浙大研究生吴世明在密大继续读博士,老友相见,分外高兴。

  离开密西根后,我们继续东行奔赴纽约州水牛城(Buffalo)的尼亚加拉大瀑布。第一次见到如此壮阔的大瀑布,无比兴奋。但也遗憾在美国方面只能见到瀑布的侧面,如能过彩虹桥进入加拿大一侧,就可看到它的正面,其气势一定更为震撼。可惜我们没有去加的签证,只好抱憾离开。这也为今后有机会再次造访大瀑布留下了理由。

  离开大瀑布后。我们就直接奔赴"运车"的终点站大都会纽约市。清华老友物八(也是先生校游泳队队友)丁正明与他的妻子水零的邱心伟当时住在纽约布鲁克林,在几百哩外当访问学者的自六学长郝春民听说我们来到纽约,也特地赶来相聚。我们一行五人都挤在小丁与心伟的小家,好不热闹。纽约的确是世界上最繁华的城市,也是极肮脏、极丑陋的城市。布鲁克林更是黑人群居,犯罪率极高之处。早期的留学生生活拮据,小丁家住在一所廉价的公寓大楼里,大楼灰暗、破落,室内设施简陋、陈旧。这栋楼里住着许多中国留学生,无九的周启博、叶寒碧与家人也先后在这里居住过。生活虽然艰苦,但留学生们都在这里过得有滋有味。小丁与心伟也给了我们这些远方来的不速之客最好的招待。我以前一直听说,心伟是个最无私的女孩。她与小丁婚后,尤其是他们儿子(与我儿同岁,游泳队的三小虎之一)出生后,我们有过一些来往,对心伟的为人已有所体会。这次则更加深了了解,心伟的热情、善良、侠义与无私给我留下了极深的印象。对她,我十分敬佩。在纽约,向运输公司递交了我们运来的 Oldsmobile 后,我们又希望能找到一辆可以让我们帮忙运往休斯顿的车。但这次没那么幸运,好不容易才找到一辆要运往路易思安娜州新奥尔良市的车。就是说在新奥尔良交了这辆车时,我们就必须再租车去休斯顿。能这样就很不错了。

旅程的下一站是华盛顿 DC,在这里接待我们的是正在马里兰大学学习的清华力九学友叶志江。叶志江文革前是清华的名人,以前只知道他极为聪明能干,是位出色的学者,想不到他还是位烹饪高手。他怕我们在外奔波,吃喝都不正常,就每天都为我们准备了丰盛的晚餐。他做的糖醋黄鱼尤其美味,大家都赞不绝口。我们在华盛顿 DC 游览了白宫、国会山庄、林肯纪念堂、华盛顿纪念碑、国家图书馆与许多博物馆,这些景点都无须门票。首都景点的完美与庄严给我们留下了极深的印象,令我们赞叹不已。向叶志江告别时,实在是为他的化费与热情过意不去,我们给他偷偷留下了一些费用。但想不到在回到休斯顿的某一天,接到叶志江的一封来信,他将我们留给他的钱买了许多套美国 50 州花鸟邮票寄还给了我们。学友的友谊真令我们感动不已。

1983 年秋天,我开始了博士论文研究,研究方向是脑电信号(EEG)统计与智能方法模式识别。我导师很快为我确定了我的论文指导教授与答辩委员会,共 6 位教授,其中 4 位来自本系,一位来自商学院统计系,另一位来自德州医疗中心 Baylor 医学院,是位脑电学专家。那年年底，我向委员会递交了我的论文提案，并作了答辩。答辩通过后，我就开始专心致力于论文研究。

1984年春天，我先生完成了硕士学位，考虑到要尽快把孩子接过来，他就决定不再继续念博士，开始先行寻找工作。当时密西根的一位老友已在硅谷的一家公司工作，他建议我先生也去硅谷发展。一个月后，先生在硅谷国民半导体公司(National Semiconductor)找到了工程师的位置，开始了在硅谷高科技公司的奋斗生涯。

1984年下半年，我的论文研究逐渐有了眉目，但在最后论文打字时，却颇费了一番周折。那时还没有PC，我作研究用的是Digital公司的 VAX-11 小型计算机，它只带有一个功能很简单的文字处理器 RUNOFF，无法输入复杂的数学公式。这样我只好借用系里科学用的打字机打公式，然后一条条剪下来贴入我打好的文字之中。为此，我常常不得不通宵达旦地工作。费了九牛二虎之力，最后终于在感恩节期间完成了论文，交稿付印。

12月中旬，论文获得了委员会的首肯，我也终于顺利通过了论文答辩。答辩后，根据要求，对个别内容作了修改，论文获得了教授们的签字批准，正式交付印刷，装订出版。几年的汗水与心血终于有了成果，我在论文扉页上写道：我衷心感谢我的父母，感谢所有亲人的支持；感谢曾经给予我知识的所有老师；感谢给予我友谊与帮助的同学与朋友。这都是我的肺腑之言。

在完成论文的同时，我开始为毕业后找工作。当时主要限于大学。我先后去过奥克拉荷马州立大学与位于南加州的州立工业大学面试，作讲座，获得了助理教授(Assistant Professor，属Tenure Tracking)的位置。考虑到我先生已在硅谷工作，我也希望最好能在北加州附近工作。偶尔的一个机会见到旧金山州立大学电学工程系招聘 Tenure Tracking助理教授的广告，虽然它离硅谷还有四、五十哩，但已是我所见到的最好机会了。我申请后立即得到了面试的机会，面试后就得到了 offer，他们也认可了一部分我出国前的工作经验，给我的位置是第三年的 Assistant Professor，相当于理学院的 Associate Professor。

1985 年初，我开始了在旧金山州立大学的教学与研究生涯。留学生活终于告一段落，开始了新一轮的职场奋斗。这时，儿子也来到了我们的身边，在这里开始念小学五年级。渐渐地，我们就在这里安了家，但在海外漂泊的日子还在继续。

图三 1984 年底，我完成了博士学位，这时我 38 岁。毕业典礼一年只有一次，此照摄于 1985 年 5 月

后记

四十多年前的中科院研究生院及海外留学生活，如今想来，已恍如隔世。以上的留学内容是以前陆陆续续写的，原意是为自己留个记录，没想与别人分享。现在再拿出来看，颇感马虎粗糙。去年（2018 年）是中科院研究生院 78 级同学入学 40 周年纪念，同学们以李大卫为首，开始编辑并出版了纪念文集第一集，文集序言中写道："'无产阶级文化大革命'造成社会大动荡十年之久。教育事业受创至巨。至 1977 年高等学校恢复了统一考试招制度。逾十年教育断续造成科技队伍严重的青黄不接。'科学的春天'终于到来了。中国科学院创建了全中国第一个研究生院。

1978年首期学生经初试、复试录取入学。政府继而开始向"西洋"派留学生，自发的"自费留学"也随之兴起。考研，留学关系着国家民族前途，并且也改变了一代人的命运。

2018年，值中国科学院研究生院（初称"中国科技大学研究生院"）正式建校招生40周年。研究生院第一期的校友们皆已到花甲乃至古稀之年；抚今忆夕，百感交集；特撰此文集以志纪念。文集汇聚了作者们各自亲身的经历，各自不同的观感，各自深刻洞察的印象细述当年。或可使后人得以一窥当年学子们如何地努力向上，力图报国。难忘师恩，文字难表我们对研究生院所有师长的敬重和感激。我们对老师们永远怀着无限的深切思念。文集特转载了李佩先生的获奖文章《我心中的中国科学院——记我为中科院原创的二三事》。我们的'总管'，孙景才老师专门撰文《研究生院校友会成立的经过》。"老师与同学们发奋图强的拳拳之心跃然纸上，读后令我感动，也感慨万分。第一集文集的出版在同学与同辈人中很受欢迎，也引起了轰动。纸张所限，不少学子也为未能有更多机会深入交流而感缺憾，希望文集编辑与出版能继续下去的呼声甚高。

今年，陆文禾、田大鹏等同学又主动挑梁，发起了出版第二集文集的号召。本来我觉自己经历平凡普通，没有那么多曲折与惊艳，如今年已过花甲，絮叨过去的事也无啥意思。但受同学们的热情鼓舞，还是将过去的零碎拾了出来，写成了这篇小文。毕竟我们处于那个时代，这样的经历很特殊，是我们人生中难以忘怀的一段。与同学、朋友、亲人分享、交流，应该是一件快乐而有意义的事。

如今在海外漂泊已40余年，退休也已接近10年。应该说，这40年的日子没有虚度。无论如何，我深深怀念及衷心感谢曾给过我许多无私帮助的亲人、教授、同学与同事们。没有他们，就没有我的今天。

写于2019年12月10日

半导体所

中科院研究生院——命运的转折点

高稚宜

作者简历

1962-1967　　BS in Physics, Nankai University, Tianjin，China
1978-1980　　Graduate School, Chinese Academy of Sciences, Beijing，China
1981-1982　　MS in Material Science and Engineering, Stanford University, USA
1982-2014　　Senior Engineer to Director working at Semiconductor Companies in Silicon Valley, USA
主要从事半导体芯片制造工艺的研发工作
2014 to now　　retired in San Jose, CA USA

40多年前的金秋，在大学毕业后又工作了十多年的我，背起了行装走进了中科院研究生院的大门，重新开始了学生的生活，现在回想起来，这是多么大的勇气！那时虽然有孩子要照顾，虽然在大城市有了一份还祘不错的工作，也有了一个安稳的小家，这些都没有挡住我要努力奋斗为自己创造更好的未来的决心。

在研究生院里，我们住的是近20人的集体宿舍，上下舖，里外屋再加上用楼道隔出来的小门房。里屋住着我们的老大姐梁丽糯，美丽的谭江和另外的一些精英们。梁丽糯的先生那时是第一批到美国的访问学者，他们的照片登上了美国当地的报纸，梁丽糯经常和我们分享这些有关的消息。美女谭江出来进去常常吸引我们的目光。我们中间这个屋里有聪明过人的张天蓉，这个三个孩子的妈妈，把孩子交给丈夫照顾，自己一个人，千里拔涉来到了研究生院，真是让人佩服。住在我下面的是与我曾在同一个中学上学的小学妹徐依协，虽说是同学，但我高中毕了业，她还没进校门。她是我们中间最用功的学生，每天晚上大家都睡了，她才悄悄的念完书回来。楼道隔出来的小门房住着两位比我们这些老五届大学生小十来岁的才女。我们这些来自五湖四海的同学们，每人都有着不同的经历，不同的奋斗史，到了晚上睡觉前是我们最热闹的的时光。大家一起谈各人的经历，谈家庭，谈爱情史，谈导师，讲笑话，嘻嘻哈哈到入睡。

在研究生院记忆最深的是有幸坐在课堂上听大师们讲课，我是半导体所的研究生，常常有机会和半导体界的大师们近距离的接触，比如固体物理专家、半导体所所长黄昆先生亲自给我们讲课，我的导师林兰英先生亲自指导，使我一生受益匪浅。是黄昆先生亲自为我联系到美国斯坦福大学的教授，并与林兰英先生一起为我写了推荐信，并且用他的一台旧的打字机亲自一字一句的为我打印出来，这篇手稿我一直保留至今。每当整理旧文件时拿出来看看，都让我怀念起这些难忘的往事。记得在出国前去黄昆先生家告别，老先生自己在那里熨衣服，这个场景更是印在了我的脑海中，让我感慨万千。多年以后回国到半导所探望朋友，看到黄昆先生的雕像竖立在院门口，心中更是感慨万千，深深地向他鞠躬致敬。

另外在研究生院中印象较深的是我们大家一起到大食堂吃饭的场景，只有在排队等饭的时候，我们有机会和其他所的同学们认识交流。虽然是粗茶淡饭，大家吃的也挺香，到食堂吃饭的人很多，包括很多研究所来给我们讲课的，各所及其他院校的研究生来听课的，大家欢聚一堂，有说不完的话题和认识不完的朋友。后来在美国硅谷又见到了这些在大食堂认识或不认识的同学们，聚在一起常来常往。

在研究生院半导体所我们这一届拜师在林兰英先生名下有三人，我的师兄王正元（王正志的哥哥）对我们照顾无微不至，可惜英年早逝，每逢见到王正志都不免想起我的师兄。我还有个师弟陈治明，后来成为西安理工大学的校长，我常常以此为骄傲。有一年他来硅谷参观半导体设备展览，正巧遇上，一起合影留念（附上此照与大家分享）。

1981年离开研究生院后，有幸来到美国斯坦福大学继续深造，我一进校园，首先被这些壮丽的景色深深吸引住了。高耸的胡佛塔，大中路两傍壮丽的棕榈树，美丽的喷泉等等，到处都像是一座座花园。校园里的年青的学生们和风度翩翩的教授们营造出浓浓的生机勃勃的学习氛围，再加上风和日丽的天气使我一下子就爱上了这座美丽的学府，能在这里学习确实是一种享受。这种机遇主要是我研究生院导师们为我指引和创造的，我怎么能不永远感谢他们和怀念他们呢。

从斯坦福大学毕业后顺利地进入了硅谷一家制造半导体芯片的公司，从事芯片工艺的研发和制造工作。那时从大陆出来到硅谷工作的工程师极为少见，虽然我的英语基础还算可以，但是要在公司里能用流利的英语和人家辩论是不容易的，没有过硬的英文讲话水平是不行的，经过自己的刻苦学习和凭借着在中学大学及研究生院打下的基础，基本上在各种场合下都能应付一气。另外自己骨子里有着不能被歧视被欺负的抗争基因，在职场上不断打拚为自己在公司里争得了一席之地，一直这样在硅谷半导体行业奋斗了三十多年。

退休后有了大把的时间，去年有机会参加中科院研究生院建校四十周年庆祝活动，遇到了很多已经认不出来的同学和半导体所的一起读书的同学及我的师弟，大家都感慨万千。看到四十年前由我们近一千人组成的研究生院发展到现在有着美丽校园和这些朝气蓬勃的学弟学妹们的国科大，这是多么大的巨变呀！

在北京参加完四十周年庆祝又赶回旧金山参加了庆祝活动，在这个小型的庆祝活动中，见到了我们敬爱的 Lyndall 英文老师和不远万里来美的孙景才老师，并和 Mary 老师在会上电话连线，大家有机会互相介绍自己，谈自己的人生经历，从中受益不浅。

回顾自己多半生走过的道路，1978 年考取中科学研究生院是我人生中重大的转折点，再次感谢研究生院的老师们和同学们，让我们 45 周年或 50 周年再见！

作者和师弟陈治明在半导体仪器展览会上合影

左面站立者是黄昆先生，右一是杨振宁

固体物理所

人生的相变

舒昌清

光阴似箭，日月如梭，转眼间在美国已经生活了 30 多年。30 余年前，我在国内做物理研究，如今在美国，我在研究如何实现语音识别关键技术上的突破。这其中，经历了从中国人成堆的群体到各色人等的群体，从计划经济的环境到完全市场经济的社会，从端着铁饭碗到自由择业等巨大的改变。所有这些改变都是逼我成长的动力。如今回首溯望，在改变的过程中，有努力，有抉择，有挑战，有机遇，特别是在一道道人生关口的探寻中，那些当时的认知和选择常常在脑海里浮现。随着这些改变的过程我自己也被改变着。借用一个物理学中的名词，我的人生发生了"相变"！

一、补学计算机

来到美国，面对的最大一道题是生存和发展的关系。没有生存就没有了发展的基础。可是谋生存的代价太高牺牲了发展机会，来美国干什么？在大陆，我是受欢迎的好教师，做研究也已经发了 10 多篇论文。可是，我的第一外语是俄语，英文口语够不上得到教职。一年多的博士后经历，明白了申请到物理研究的职位机会渺茫。藉着伯克利大学开会的机会，去硅谷访问了几天。看到蓬蓬勃勃发展的计算机行业，认识到一个大时代来了。经过多方查询，知道"转到计算机行当"对我来说，差一个计算机硕士的学位。几经努力，找到一个"学费可以忍受，一年可以结业，课程设置实在"的方案。在专业，善意和理解的教授和主任们的鼎力帮助下（遇到贵人！），解决了没有 TOFEL 成绩和转签证等困扰，顺利入学。一年以后终于补上了这个短板。

本来以为，拿到计算机硕士学位以后，找一个可以吃饭的工作应该不难。可是，好几次求职都碰了壁。这才知道，市场的人才需求变了，一年多前是"毕业就可以"，现在却要"1-2 年工作经验"。于是，赶快又读了大机器数据库的一个强化实践训练班，又去一家做小型应用数据库的公司写程序。同时，还去一所大学的图像处理课题组做博士后。这一年多十分辛苦，有 10 个多月每周都工作 7 天。我近乎疯狂地在大（IBM），中（SUN）和小（PC)型机上学习实际操作，因为当时还不能确定未来是那种机型的天下。

二、涉足图像处理

最后决定，沉下心来，开始在图像识别领域做研究。这是在计算机大发展背景下的一块新天地，是可能发挥我数理专长、有计算机背景和做过研究等特长的好舞台。根据自己做研究的经验，从读综述论文入手，再由文末的参考论文去寻找课题。不久读到从时序照片组中抽取物体运动轨迹的论文，作者是 MIT 教授。文中涉及的是我熟知的物理运动学。饶有兴趣地读完后，掩卷默想，突然意识到他们只做了物体在二维平面上投影随时间的运动，缺了空间的另一维！联想到人有两只眼睛，遂提出"一对相机"模型，并首创了相应的偏微分方程：可以从这"一对"时序照片组中，抽取出物体在三维空间中随时间运动的信息。整个工作在两个多月内完成，一个多月论文就被接受（而不是通常的3-5 年）。发表两年后被称为是该领域中的Pioneer（前驱者）。虽然我大受鼓舞，但在这领域继续研究的求职也没下落。好在由于有这些积累，纽约市内做图像识别应用的一间公司给了 offer，我懵懵懂懂地有了在美国的第一份正式工作。

有趣的是，在这家公司上班的第四天，小主管要我开始熟悉主产品的源程序，并注意其中的一个 bug（梗，错误）。一周后他出差回来，知道我已经灭了这 bug，大吃一惊说，他们几个人花了三年写好这个程序,可是一直没能消除这 bug。我给他解释说,这个 bug 发生在做二维平面的变换中。平面变换含一个平移和一个转动。问题出在转动变换中。原先的程序逻辑上没有错,只是计算转动角的三角函数时没有直接套用公式,而是用数值计算一直死算出转动角,再回算出所需要的几个三角函数值,bug 就是这些不必要的数值计算的累积误差造成的。他笑着听我讲完,又眯着眼看了我好一会,然后把我写在纸上的公式收起来走了。看起来,我比他们强的是:空间变换很熟悉,控制累积误差的重要性很理解和三角函数公式背得滚瓜烂熟。在工程应用中数学物理的基本功是很用得上的这个例子,给我很大信心。隔天,公司的大主管让我给一位大客户 Pfizer 公司主管演示"bug 不见了"版本的产品。对方非常满意且当场同意把扣住的大额余款解禁。这件事,让公司大主管对我的实力印象深刻。 他特别交待:不给我下达日常任务,只给我别人解决不了的大问题。此后两年多,我在该公司的工作安稳,生活也随之安定了。从这时候起,我在美国的生存问题看上去是有解了。但是,接触有深度的研究题目机会很少。

三、 入行语音识别

图 1 作者在波士顿,1996 年

新的机会是我小儿子提供的。当时他是 MIT 的大学生,因为被该校的 4+1(四年大学加免试读一年硕士,学习期间课余可以在选中该生的公司上班)项目选中,课余在波士顿的一间公司上班,做语音识别。这是一间研究型的公司,吸收了许多 MIT 的博士做公司骨干。有机会做研究,又是做语音识别,我很想去。递交了简历不久,电话面试来了。被问的一个问题是:"你是做物理研究的,为什么对语音识别有兴趣"。这里面的陷阱是:"物理研究做得好,就不应该转行。物理研究做得不好,公司也不要"。稍微想了一下,我回答说,"做物理研究,如果做不出来,只是我们自己有问题,因为自然界规律就在那里,通常它总是对的。语音识别是在计算机上做的,这整个的背景系统都是人做的,会有 bug,会出错的。对研究者来说,后者更具挑战性。此外,把语音从声音里识别出来并提高识别精度也是一个准物理问题。有厚实物理研究功力的人来做可能更好"。入职以后,他告诉我,听到我的回答时,他确定已经找对人了。我回复说,我很幸运,遇到你这位"对"的主管。从纽约市搬到波士顿,在这里生活工作了八年。其间,在 MIT 修读了语音识别课,在公司学到了语音识别的许多具体算法,还成功申请到两项语音识别的美国专利,独立做成了几项产品部件。也有一些意外的收获。如,有一项任务,要在大批量的声音文件组和文本(声音中的文字信息)文件组里尽可能多地找出一对一的匹配对。已经知道:两者都是分别按时序排列的,但是各自的时钟快慢不同。此外两者各自都有少量缺失。如果靠人听,每人每天只能配成 250-300 对。不仅劳力成本过高,限期内也完不成。我注意到:匹配的"文件对"中两文件的长短有相关性,而对与对之间的长短各异。仿照理论力学中最小作用量原理,先定义了描述任何"拉郎配"的一个"文件对"的错配损失函数,在一定批量的两文件组中,在保持时序不变又容忍缺失的条件下,在大批量两文件组上,构建历经全部文件的所有可能配对分布并计算每一配对分布下的错配损失总和,其中错配损失总和最小的配对分布即为所求。我期待:求出的配对分布中的所有配对都不是错配。对随机抽样出的批量配对组,经"人工听"核对,证实了我的期待。

四、危机变契机

生活是有曲折的。一间大客户因为做假账突然官司缠身无力继续按合同付款,导致我们分公司被整体撤销。在那 2001 年互联网泡沫破裂的大背景下，我突然失业，经历动荡和挫折。幸好，语音识别专业人才的市场需求尚在。我先在匹兹堡市得到一个 offer，又先后跳槽到华盛顿 DC 附近和 Orlando 市的两间公司。在工作的同时，也抓住了几个研究题目，成功获颁 9 项语音识别美国专利和 1 项加拿大专利。直到那时，我对一次又一次的面试求职仍然很不适应，我的心情仍会随着不安定的生活上下起落。另一方面，频繁的面试也逼我对人才市场有深入的了解，对市场经济的社会也有了更多的认知。也领悟出：在变化的市场中存在着中长期稳定的行业，职业和生活的安定不应基于某一具体公司而应该基于整个行业是否安定。我知道，多年前选择语音识别领域的决定是正确的。

生活也是有惊喜的。公司的一位高管邀我合作开设我们自己的语音识别引擎公司，我只专心做研究，选题方向和进度等都由我自己定，筹钱和市场都不用我分神。他还邀请了一位程序高手加盟，所有商用程序都不化我的时间。我真的可以用几乎全部时间做研究了。我欣然接受了他的邀约，因为这是我梦寐以求的。

计算机语音识别的目标是让计算机达到人类

图 2 作者在 CMU，2001 年

识别语音的能力。尽管在逐渐接近这个目标，但是仍然有可观的差距。这个差距，就是语音识别研究者的大舞台。语音识别研究有价值吗？

个人电脑是否有商业价值的历史争论告诉我们：乔布斯（Jobs）等在机器（计算机）与人（用户）之间架起的"图标桥"给出了正面的回答！苹果公司和微软公司无可争议的巨大商业价值来源于这座桥（用户图像友好界面）的巨大价值。仔细分析可以看到，他们的这座桥仅仅相当于准文盲高玉宝的看图识字，小儿科的很呢！可是，成人之间即时交流的更有效的方式是声音。不难想象，当声音桥成熟到可以取代高玉宝式的图标桥时，计算机世界将会发生怎样的巨变。而能够带来成熟的声音桥的语音识别研究的重大成果不仅会有相当可观的商业价值，也必然给社会生活带来巨大的改变。

五、寻找突破口

语音识别走向成熟的突破口在哪里？我从物理学史得到的教益是：真正革命性的突破总是来自于对前提、基本假设的全新认知。在我已经对语音识别系统的整体和几乎所有关键算法都"有感觉"的时候，完全应该也有必要把注意力聚焦于寻找和敲打所有的默认前提和视为当然沿用多年的原始假设。沿着这个思路，我在语音模型中发现了一个类似开普勒三定律的三定律，发明了一个非传统的直接抽取和辨识音素核的方法等等。我会沿着这条路继续走下去！

我庆幸中学阶段夯实了数学物理基础，庆幸大学主修了物理，庆幸1978年考入科学院研究生院学做物理研究。我更庆幸的是，在过去的30多年中，在生存和发展的人生大课题上我没有迷失。在自己摸爬滚打上下沉浮中，在许多贵人的提携扶助下，我的人生已经发生了"相变"，而且是在我希望的方向。

记得鲁迅先生说过，"地上本没有路，走的人多了，也就成了路"。人生就是在"走路"，许多时候是在"走的人多了"的路上；也有时要选走的人"还不多"的路；甚至选择"本没有"的路。过去30多年的经历告诉我：在人生的关口，是否有眼光找寻并是否有勇气踏上后两种路是决定往后人生价值的关键。

图 3 作者与孙女，2011 年

师资班

改变我人生命运的英语情结

杨萃青

作者简历 58年苏高中毕业后,进入南京工学院计算机系。68年分配至胜利油田工作。78年考入中科院研究生院。80年去美国留学,获得美国威斯康星大学麦迪逊分校计算机博士学位。历任美国北德克萨斯大学终身教授,美国直觉公司(Intuit Inc.)信息安全高级分析师等职。退休后,现定居于美国科罗拉多州。

　　1944年,我出身于江苏苏州的一个普通家庭。祖父是苏州郊区,阳澄湖畔一个小村庄的没落地主。父亲成年后,因不满乡下的农村生活,独自一人到苏州成了家,并在上海与人合伙经营百货商店。因时局混乱,加上经营不善,百货店在解放初就因资金短缺而关闭。后一直在上海做小生意讨生活。到五十年代初,成为上海黄浦区百货商业部门的一名职工,一直到七十年代退休后才回苏州家中。

　　本人家庭虽称不上书香门第,但父母都笃信读书的重要,决心倾尽全力供家中连我在内共五个子女都读完大学。大哥解放初毕业于浙江大学,后去刚组建的上海华东师范大学任教。姐姐五十年代毕业于上海医学院药剂专业,后去北京从事外贸工作。二哥六十年代初毕业于北京航空学院,后去航天部门工作。三哥1963年毕业于苏北农学院，分配至北京农业学校任教。改革开放后，去南方从事外贸工作。当年，我父亲工资菲薄。记得我上小学、初中期间，有好几年时间，要靠变买家中值钱的东西来维持日常生计。直到大哥、姐姐毕业工作后，给家中生活补贴，家中生活才得以逐步改善。

1958年秋，我考入了称作苏高中的江苏省苏州高级中学。苏高中起始于1904年创办的"苏州府学"。虽然历经时代变迁，但其坚持学生为上，高质量教育的宗旨始终不变。解放后成为江苏省以至全国，有一定影响力的中等学府。当时学校每年召收十个班。班次由一班到十班，每班40——50人。其中一班到六班为俄语班，七班到十班为英语班。班次以年令来编排，一班和七班年令最小，并都是男生班。我被分配在七班学习英语。从此开启了我与英语学习的不解之缘！

记得，教过我们班英语的有两位老师。一位是年长的徐老师，他体形高大，声音宏亮。上课时口若悬壶，滔滔不绝。另一位是刚从学校毕业，当过口译的范老师。她身材娇小，温静文雅。在课堂上字正腔圆，涓涓细流。他（她）们两位都给我留下了深刻的印象。另外，从我自己组装的矿石收音机，和家中的中、短波收音机中，有时能收听到美国之音中文广播的英语教育节目及英语的新闻广播，从而使我产生了对学习英语的极大兴趣。

一九六一年高考，自己根据我平时的成绩，信心十足，准备一搏，以北京大学技术物理系为第一志愿。那知道，发榜通知一出，自己名落孙山榜上无名。我们班与苏高中其他班一样，一反以往70%-80%的录取率，全班仅有三分之一的同学考上了大学。但是自己并不气馁。尽管自己认为那时我的家庭出身可能起了一定的作用，自己还是要凭真本事再博一次，决定来年再考。

一九六二年高考，由于蒋南翔部长执行了以考试分数线为录取的标准，自己顺利的以第一志愿考上了南京工学院自动控制系计算机专业。入学时作为班上01号学生，并被指定为第一学习小组的组长。进入大学后，自己充分利用大学中优越的学习条件，采用了分时操作的方法，合理分配时间。除了上课外，利用平时走路、洗涤、和课外活动等时间，将要做的功课先在脑中盘算好，然后在中午休息或自习时间，一气呵成将所有布置的作业完成。这样，我就争取到很多空余的时间。期间自己参加了学校广播站机务组，完成定时广播的值班，以及线路和设备维修等工作。另一方面自己化了更多精力在外语上，很快通过了英语各级的考试。并开始直接阅读英语原文图书和杂志，也开始自学德语和日语。自己经常在自习时间到学校图书馆查找英文杂志和书籍。由于当时图书馆工作人员，特别是外文图书检索人员缺少，有几次图书馆的徐师傅，让我直接进到书库去找寻我要借的书。当我沿着狭长的楼梯，爬上原国立中央大学图书馆书库的顶层，看到周围塞满图书，尘埃累累的书架，连走廊地上也到处堆满了图书。自己心中十分震动，真是感到书海无涯，人的精力有限，自己一定要加倍努力，出色的完成自己的学习任务。

当时由于国内外汇不足，无法购买许多外文原版书籍，因此就出现了内部发行的外文印影版图书。这些书都是通过各地新华书店的外文部门专门开辟的内部书店来发行。内部书店要凭学生或工作证进入。而这些内部书店成了我每次外出到一城市必到的地方。如上海福州路外文书店二楼，北京王府井外文书店二楼，以及南京和苏州的内部书店更是我常到之地。每次去总要选购一些自己有兴趣的书籍，实在也化费自己不少的零花钱。另外，自己除了对外文科技书籍有兴趣外，也经常浏览如北京周报和中国建设等政论性杂志。还常购买一些毛主席文章和中央文件，公报等英文单行本，拿它们和中文原文对照着读，以此来扩大自己的知识面和提高英语阅读能力。

大学前三年，比较顺利的完成了各门基础和专业基础课程。到1965年，全年级同学下乡参加四清运动九个月。回校后，复课没有二、三个月，轰轰烈烈的文化大革命就开始了。文革中，虽然自己参加了造反派，但总的还是属于消遥派。一有机会还是要回到自己有兴趣的英语学习中。直到1968年毕业，也就没再上什么课了。六七年夏，为躲避南京造反派的武斗，自己在上海父亲处住了几个月。当时，上海因一月风暴造反派掌权，局势相对稳定。而南京路上人民公园隔壁的上海图书馆仍然开放，凭我学生证可以到阅览室借阅外文原版科技杂志。我发现此事后，如获至宝，经常光顾，一耽就是大半天。上海图书馆建筑紧靠在原上海跑马场看台的边上。每当我阅读间歇休息时，站在跑马场看台边，眺望人民公园远景，不免古今中外，浮想联翩，感慨万千。联想到刚阅读的"科学的美国人"及"计算机世界"等杂志中的文章，更坚定了自己探索未知世界的决心。1968年9月，毕业后我被分配至山东胜利油田，从此结束了我的大学生活。

到胜利油田报到后，被分配至采油指挥部。先是到最基层的采油队劳动，参加三班倒的井上值班工作。主要是负责油井上油压、油温的定时记录，以及油井的维护和保养等工作。胜利油田地处黄河入海口附近，周围人烟稀少，一片盐碱土地。因此，自己业余时间，没有地方可消磨。一个偶然的机会，在油田基地（总部）处发现有一个油田图书馆。其中，有一些英语的、有关石油工业方面的过期杂志，可以外借回队中阅读。获此情况后十分高兴，立即办理了有关手续，成为图书馆的常客，定期借阅英语杂志回队学习。队中工人师付，看到这些装订好的大厚本英文杂志，虽有些好奇，也并没什么大的反应。从此自己有了地方消磨我的业余时间。在基层小队过了二、三年后，我被调到属于科研机关的采油攻关队，主要负责研发油田开发中需要的电子设备。为此，自己的英语能力也有了一些用武之地，如翻译一些有关的外文专利和查找其他外文科技资料等。其中有几年与上海有关科研单位合作，自己有机会在上海长期出差。出差期间，平时在合作单位上班，每到周末就去上海图书馆阅览室，浏览我感兴趣的各种外文期刊。而此时攻关队也有一些经费，可供订阅少数外文杂志，我力促队中订阅了如"新科学家"等外文期刊。这样，自己就更容易读到有关外文资料，跟踪国外科技发展的前沿消息。一晃在油田就过了十年，1978年，随着祖国改革开放的春风，我在胜利油田的生活也划上了一个句号。

1978 年，在我一生中具有重大意义的三件大事相继发生了。第一件事是，经过了多年的努力和等待，七八年元月我被批准调回苏州故乡工作，分配到当时生产 130 小型计算机的苏州第一电子仪器厂。这样我回到了本人兴趣所在的计算机行业。第二件大事是，我们唯一的儿子在 3 月降临人世。我和夫人从此担负起养儿育女的父母责任。遗憾的是，在我调回苏州仅九个月后，我又单身一人去北京学习，将自己当父亲的责任都丢给了我夫人。更为甚者，80 年 10 月我又赴美学习，夫人和儿子直到五年后才来美全家团聚。第三件大事是，在文革后恢复的第一次研究生入学考试中，我考上了中国科学院研究生院的研究生。还是在 1977 年底前，在油田听到有关恢复招收研究生考试的消息。

当时自己还不知道很快会调回苏州，而考研是我多年的宿愿，因此经领导批准，自己很快在油田报考了科学院计算所蒋士骕研究员的研究生。当时确定的考试地址是山东济南。78 年初我调回苏州后，经过与家中人商量，觉得既然已报了名，还是不要错过这次报考的机会。因此，我到苏州当地的研究生招生办公室，要求将考试地址换到了苏州。尽管在上述几件事情的干扰下，我没有真正作好准备，还是顺利参加了考试，发挥也算正常，其中英语成绩较为突出。经过在苏州的初试和北京的复试，最后蒋老师收下了两名编制属于计算所的研究生，以及我和另外一名清华毕业生。我们两人被编入研究生院师资班，在学习上师从蒋老师，在编制上隶属于研究生院计算机教研室。

七八年十月，研究生院正式开学。入学后，依据我的英语成绩，我被编入由外籍教师玛丽 沃特（Mary Van de Water）女士主持的英语甲班。玛丽女士性格开朗，精力充沛，在课堂上及课后与学生打成一片。当时班上二十多位同学，来自科学院各院所。经过几学期的努力，大家的英语能力，特别是听力和口语都有长足的进步。记得 1979 年寒假，玛丽女士顺京沪线南下到沿线多个城市旅游。各地都有班上相应同学负责接待。班上另一个苏州同学吴真（后考上李政道先生研究生，现为罗格斯大学教授）和我负责在苏接待。玛丽女士身背双肩包，与我们一起挤坐公交车，游览了拙政园、虎丘等名胜，还品尝了当时有名的"绿杨"小馄饨。玛丽女士那种不求奢华，亲历亲为的精神值得人们称颂。

科学院研究生院部分78届师资班同学合影于北京天坛。（前排自左）刘鸿翊，杨莘青，戴树仁，（后排自左）王世贤，蒋自新，潘云唐。

另外，通过玛丽女士的提倡和引导，以及研究生院领导的支持下，从79年下半年开始，研究生院掀起了一股直接申请美国和其他西方国家大学自费留学的热潮。有些同学行动快，捷足先登，到1980年初已收到了国外大学录取和奖学金的通知书。其他同学看到了也跃跃欲试，纷纷加入到寄发申请书的大潮中。当时，我因考虑到儿子刚出生，没有马上行动，持观望态度。但是命运的女神又一次眷顾了我。80年4、5月份，研究生院计算机教研室杨学良主任，将一份由李佩老师处转来的美国威斯康星大学麦迪逊分校（University of Wisconsin—Madison）的研究生入学申请书给了我。当时教研组认为我英语成绩较好，可以马上赴美学习，录取的机会比较大。在这样的情况下，我当然不能推辞，毅然的接受了下来。随后，我迅速投入了发送申请材料的准备工作。首先取得了蒋老师的同意，由他和他邀请的计算所范新弼研究员给我写推荐信。另外我与母校联系，请当时南工计算机系主任王能斌教授也给我写推荐信。而玛丽女士也高兴的为我推荐。这样，我很快的将一切所需的申请材料发了出去。没过几个月，9月中旬我就收到了威大计算机系发来的研究生录取通知书。因时间仓促，已过了申请奖学金的期限，而我入学的日期也要到1981年春季。接到通知书后，经计算机教研室上报科学院，科学院即批准我为公费留学生尽早赴美。1980年10月22日我踏上了赴美的征途，心中充满着面对一个未知世界的期待和徬徨。

到威大后得知，当时系里以犹太教授为主，系里没有中国，包括大陆、台湾和香港来的教授。从78年开始，计算机系接收了九名从中国大陆来的研究生，其中大多数为78年科学院研究生院录取后直接送往国外学习的研究生。九人中有五人在威大计算机系取得了博士学位，而其余四人因不同原因转到了其他学校学习。在我入学这一届，只有我一人是从中国大陆来的，事实上在这以后五、六年中，威大计算计系都没有再接收从中国大陆来的博士研究生。我于81年春季正式注册就读。由于在英语上未遇到什么困难，在三个学期内我就以39/40的平均成绩，完成了计算机硕士要求的所有课程，取得硕士学位。从82年秋季开始，自己获得了系里的TA（教师助理）的职位。从此不再需要国家负担自己在美学习和生活的任何费用，后来还归回了小部分国家为我支付的费用。在这以后，我就为通过系里的博士资格考试作准备。当时，威大计算机系在全美所有大学中排名在前十名内。系里除从美国各州来的学生外，也有从世界许多国家来的留学生。光从亚洲学生中看，有从如国立新加坡大学、新加坡南洋高等理工学院、台湾大学、台湾清华大学、香港大学、以及印度高等理工学院等来的学生。在资格考试中，学生之间的竞争还是比较强烈的。我在 83－84 年间，顺利的通过了所要求的三门专业课程的考试。其中尤其在我主修专业的课程考试中，取得了当年系里最好的成绩，也算是为中国大陆来的学生争得了一点小小的荣光。为此我被接收为 RA（研究助理），加入到当时由美国国防部高级研究计划局（DARPA）和美国国家科学基金（NSF）资助的，由威大计算机系多个专业的教授们共同倡导的一个重大科研项目的研究团队。此项目的研究目标是通过计算机软硬件的设计和开发，将 80 台 PDP—11 的小型计算机用环行局部网络连结成一个分布式系统，并在其上实现当今所谓的云计算。在参加此项目的近三年中，自己一方面承担了分布式系统系统软件的设计和开发，另一方面师从刚从加大伯克莱分校取得博士学位来威大任教的巴特 米勒（Bart Miller）教授，完成了分布式系统性能评估的博士论文。从而成为米勒教授指导的第一个博士。

在威大计算机系完成博士学位后，我于 1987 年秋季进北德克萨斯大学（University of North Texas）计算机系任教。随着美国人口逐渐南迁的倾向，德克萨斯州的高等教育取得了较大的发展，以满足逐年增加的学生的需要。北德大地处德州第二大城市达拉斯（Dallas）的北边，是由原来的北德克萨斯州立大学扩大而成。其目标是要成为德州北部地区的一所以科研为主导的重要高等学府。当时全校约有两万多学生，计算机系设有学士（本科），硕士和博士学位，系里共有各类教授二十多名。我是系里第一个从中国大陆来的教授。经过数年的努力，我取得了终身教授的职位，并在后一度担任了研究生协调委员会主任。负责研究生录取，奖学金分配，和研究生学位管理等事项。

在此期间，我促成了当时系主任保尔 费舍尔（Paul Fisher）教授和科学院研究生院计算机教研室主任杨学良教授的互访。并扩大招收了来自包括中国大陆、台湾、香港、新加坡、以及印度等亚洲国家的留学生，其中也有数位从科学院研究生院来的学长们。九十年代初，随着互联网的发展，美国一度掀起了通过互联网实现计算机与计算机之间通话技术的热潮。我在此基础上提出了将互联网与电话网络整合，从而实现电话与电话之间利用互联网直接通话的倡议，得到了很大的反响。为此洛杉矶时报（Los Angeles Times）发文作了报道。同时，也有数家电讯公司，如 AT&T 等主动与我联系。因此在 1996 年夏天我决定下海，加入到在南加州圣迭戈市的一家小型电讯公司，后来我干脆辞去了北德大终身教授的职位。事情往往总不能随自己的愿望而发展。此公司因高层管理只重视吸引外部的投资，不注意技术的创新和开发，逐步迷失了方向，前途不明。因此两年后我就跳槽去了地处硅谷的一家高科技公司。

科学院研究生院部分留校任教的 78 届师资班同学合影于北京玉泉路校区。（自左至右）张耀林，赵汉宾，周善有，杨萃青，杨忆

1998 年 7 月，我进入了 Intuit(直觉)公司。作为一家软件服务的公司，其主要产品为个人、商业财务软件，以及联邦和各州的个人与公司的报税软件。此公司在硅谷小有名气，其总部与谷歌（Google）公司相邻，而创世人也是哈佛大学毕业生。早期，微软（Microsoft）公

司曾想兼併 Intuit，只因有可能违反联邦政府垄断法，没有得到批准。我在公司任职十多年，直到六十八岁正式退休，目睹其从一个仅有六百多职工，年产值只有几亿美元的中小公司，发展到一个遍布全美几十个城市及印度、新加坡等国外分部，总计好几万员工和年产值达几十亿美元的大公司。特别是对于公司始终坚持用户至上，员工至上的企业文化，在业界享有广泛好评。

退休后，本想平平淡淡安渡晚年，但命运的女神又给我带来了新的挑战。其起因还要说到我五、六岁时有过的一次不幸意外。当时，我在上海父亲的商店中生活，有一次不小心从商店阁楼上，头朝下脚在上，直向楼下的磨碎石水门汀地冲下。真是命不该绝，我冲上了靠在墙壁边上一张园台面的边缘。当时人事不省、失去知觉，左额角骨头撞出了一道深的凹槽。后经医生抢救，连续打了好几个月的不同针剂，才得以恢复健康。此后，我左眼只有 0.1 的视力，右眼也高度近视，11 岁就戴上了眼镜。2000 年后我被诊断出双眼患有较严重的青光眼。虽经多种不同手术和每天滴眼药水控制眼压，但到 2016 年右眼青光眼突发，视力降到了 0.1。因此我双眼只有微弱光芒，只能在近处看到模糊的影像。自己没法开车，不能读书，不能读计算机或手机屏幕。既然遇上了这样的挑战，自己也只能既来之、则安之。自己逐步的了解到，目前高科技的发展，已经有各种不同的工具，可帮助视力障碍的人正常生活。其中的语言辅助功能，可帮助盲人操作计算机、平板电脑和智能手机。因此我现在每天通过语音操作，听微信，听各种有关科技博客，以及上网处理电邮和购物等。另外我也加入了美国国会图书馆建立的"会讲话的图书馆"，从中可听到许多过期和新发行的杂志和图书。这样有事可做，生活还是比较充实。我的英语情结终将陪伴我一生，成为我黑暗中继续前进的指引，和生活中不断学习，跟踪未来发展的窗口。

电子所

东风 vs.西风 —— 英语 vs.俄语

郑元芳

作者简历 1964-1970 清华大学，1970-1978 宁夏电子仪器厂，1978 中国科学院电子所研究生，翌年入美国俄亥俄州立大学电气与计算机工程系，1984 春获博士学位。1984-1989 克雷姆森大学电气与计算机工程系任助理教授和付教授，1989 回俄亥俄州立大学，按序任付教授，正教授，系主任和讲席教授，2017 起任荣休教授。2004-2008 兼职上海交通大学电子信息与电气工程学院院长。

　　1978 年考上中科院研究生的学子应该说是中国 1949 年来最幸运的一批人了，这些人大都在文革中大学毕业（1968-1970 年间），学业被荒废，毕业后多数从事不需大学文凭的工作，接受工农兵改造，成了精神社会的最底层。1978 年的一次机会让这一批人进入了中国最高学术机构重新深造，经历了沧海桑田的变化。作为同龄人的佼佼者，总不能忘了我们的恩人，邓小平先生无疑是最重要要的一位，是他智慧超群，一声令下，国家改革开放，为我们铺平了下半生成功的道路，但毕竟他老人家离我们太远，退休后念念不忘的还是那些在我身边曾经出现过的贵人，他们在关键的时候助了我一把，才有了成功的机会，我经常挂在嘴上是当年东风和西风的纷争造成一次可遇不可求的机会，让我从初中就开始就接触英语，以及很多教过我英语的老师。

第一次把英语派上用场在 1969 年。当时我正和同班同学在北京重型机器厂接受再教育,突然被通知回校,和老师一起参加新 200 号的建设,200 号是当年清华原子反应堆的代号,六十年代初期在苏联专家帮助下建成,后来发现中国钍的储藏量很大,钍可以用来建增殖堆,非但能发电,还能把钍转化成核燃料。基于这个梦想,清华工程物理系(工物系)被授命建一个新增殖堆,为此"解放"了已被斗倒斗臭的吕应中教授,由他挂帅,开始了一场人民战争。回想当年真是困难重重,苏联已经成为冤家,西方的经济封锁仍在进行,中国自己的科研已中断三年多,不知从何下手,唯一可参考的是通过香港进口的大量国外文献。不久工物系的教师发现我的英语比他们强些,就经常带着我去科学院情报所查国外资料,希望能找到灵丹妙药。看得最多的是美国橡树林实验室(Oak Ridge National Laboratory)的科研报告,当时我就对 Oak Ridge 崇拜得五体投地,但从没梦想去那里看看,要知道在尼克松访华前美国仍是中国头号敌人,后来在 Clemson University 任教时真的被 Oak Ridge 邀请做了一次学术报告。

第二次英语差点改变了我的人生轨迹。1970 年 3 月我被分配到银川宁夏电子仪器厂,银川当时 20 万人,只有"一条街两个楼,一个警察看两头",而工厂只是当年大办电子工业的产物,才几十号人。到工厂报到后,厂领导听说我是清华工物系的,便要我去自治区组织部找有关领导。我还以为是好事,结果是让我看了几个新单位,问我愿意去哪里。我一头雾水,不是已经在北京分配好了吗?我不想随便就范,回厂问个究竟,才知道,厂里早先分配一个工物系学长,性格直爽,经常给"土包子"领导提意见,厂领导有点怵他,不想再有清华工物系的毕业生,便让自治区重新分配我。正在彷徨之间,听到一些传言,说是厂里来了几台进口设备,英语说明书没人能看懂,不知所措。我自告奋勇,把说明书翻译成了中文,这下让厂领导"龙颜大悦",改变了注意,让我留下并参加新产品的开发。八年期间我参与设计了四个新产品,实际上都是拷贝国外同类样品,没有自己的知识产权,但这个经历等于让我重新学了一个电子线路专业，为我考上科学院电子所电路与系统专业奠定了基础。

第三次英语真的改变了我的人生轨迹。那就是 1978 年考上了科学院电子所研究生，又被选为赴美留学。事后我的导师柴振明老师告诉我，在选拔时，我的英语全电子所考第一，包括电子所准备出国的科研人员，由于他们学的都是俄语，英语是软肋。到北京报到后就被安排在玉泉路原中国科技大学校园集训，有一批来自国外老师训练我们口语，为出国学习和生活准备，他们是两位美国华裔，一位新西兰人，还有一对澳大利亚夫妇。

1979 年到美国后，英语伴我开启了新的人生，在 Ohio State University (OSU) 获得博士学位，并于 1984 年初获得 Clemson University 大学教职，发表论文和申请研究经费无不需要英语。1986 年底，获美国里根总统的青年科学家奖，因母校电子与计算机工程系一直无人能获得此奖，三年后被母校召回。回母校四年后任系主任，英语用的就更多了，除了科研还得写各种备忘录、给教职员工的信件、系里的年度报告等等。口语使用机会也大大增加，中间经常得到美国同行指点，让我对英语变得格外喜爱。2004 年去上海交通大学工作一段时间，学校要和世界接轨，专门出了一本介绍学校的年度报告。我看到的是一本用了不少"Chinese English"的出版物，最大的问题不是语法，而是词汇的应用，没有国外长期的生活和工作经验，用词很难恰当，读起来很难顺口，哪怕是英语专业。现在退休了，每天必读的是 The Wall Street Journal，总觉得美国报纸报道客观，评论深刻，语义确切，格调高尚；其实中文个字含义丰富，字形优美，词句简洁，有这些象形文字的特点，理应成为国际语言，不幸的是中文媒体因各种原因，在西方世界不成主流，更不能引领世界。

无论俄语还是英语，在国家动荡年月是政治的产物。1949 年前英语是中学和大学的必修课，人民共和国成立后，政府选择和苏联结盟，东风压倒西风，俄语全面代替英语，成了外语课的绝对主流。

1956年起,中国政府开始和苏联交恶,风向开始变化。1958年不知哪位领导英明,决定重开启英语教育,并从初中就开始。那年我正好进初中,在上海就读的中学被选作试点,但多年来俄语独尊的实践让英语师资十分缺乏,学校只能在现有的教师队伍中选择了一些1949年前有基础的老师来应急。我一辈子不会忘的我的第一位英语老师,名字叫單津,一位原来教语文的女教师。

十五岁初中毕业,考取了上海交大附中,成了上海高中第一批初中学过英语的学生。学校还是没有英语师资,让一位语文老师同时教我们英语,以便我们不中断英语学习,这位老师的名字叫王展成。而初中没有学外语的学生,只能委屈学俄语,实在是因为师资不济。1964年我进清华,清华49年后第一次有了一批初中和高中都学过英语的新生。清华不但让我们这批"特殊"学生进入英语提高班,还让1964级的新生全部放弃俄语,重头开始学习英语。清华已有的俄语老师也纷纷自学英语以接受新的使命,图书馆三楼新辟全英语阅览室,鼓励学生多学英语。1965年清华还招收了一批英语师资班的学生,可见当年英语师资的缺乏和清华改变现状的决心。教我们英语提高班的第一位教师是泰国归来华侨郭开华老师,最后一位是北京外语学院英语系研究生吴古华老师。吴老师文革初期几次在台上陪外国来宾,他一定是清华当年英语口语最好的。1978年考上科学院高能所的王克斌同学与我清华同班,英语也同班,这样我们仅有的几个幸运儿连续学了八年英语,为我们在美国留学和工作创造了不少方便。一个小插曲:文革前夕,我在清华一次英语比赛中获奖,蒋南翔校长亲自授奖:一本原版牛津英语词典。清华和蒋校长在文革前夕搞这样的比赛,鼓励西风,真有点勇气,不幸几个月后文革迅猛爆发,恢复英语教育的努力毁于一旦,12年以后才重新拾起。

在当年的东风和西风角斗中,英语和俄语之争只是其中的一件,领导部门的决定往往影响年轻人的一生,但愿政治远离教育,让年轻人自己选择合适自己的专业、课程和人生道路。

化学所

悼念袁和

冯翘

作者简历 祖籍江苏无锡，一九四一年十二月四日出生于云南省昆明市。一九六零年考入清华大学工程化学系。一九六六年大学毕业，次年被分配至宁夏西北化工厂筹建处工作。一九七零年西北化工厂筹建处被撤销，人员被并入辽宁锦西化工厂。一九七八年报考中国科学院研究生院，被录取为化学所研究生，随导师朱秀昌先生学习功能高分子材料。一九八一年完成学业获硕士学位。同年十月，以自费公派身份进入 Illinois Institute of Technology (IIT) 化学系学习。一九八四年转学到 University of Nebraska, Lincoln 化学系。一九八七年完成学业获博士学位。六四事件以後滞留美国，主要的工作以色谱和光谱等仪器分析化学为主。二零一二年退休。

袁和終於被病魔夺去了生命。这消息虽然早在意料中，却依然觉得非常突然，难以让人接受。我们这些在振兴中华的口号鼓舞下为实现祖国的现代化而走到一起，又怀着学习先进的科学技术的目的来到美国的同学当中，居然在这么短的时间里，就已经有人在事业未竟之时中道而亡，确实令人黯然神伤。

袁和是一个平凡的人，我认识她也并不太久。那是 1978 年，国内在文革后第一次招收研究生。我们从四面八方来到首都北京，考入了中国科学院的研究生院。她像曹南薇一样没有念过大学，靠自学得来的知识考进了这个不易登门的学府。虽然没有曹那样出名，也同样令人钦佩。

　　文化大革命期间，她从中学毕业，属于应该接受工农兵再教育的小知识分子之列，理应送去农村插队落户。她没有顺应那时的潮流，硬着头皮捱下来，一面在街道工厂做临时工，一面抓紧自学，读了不少化学方面的书，英文也学得不错，还自学了德文。到了研究生院，她得到了机会狠补以前自学中欠缺的基础学科。为了听课能坐在前排，她常常清早甚至隔夜跑到教室里去占座位，还曾引起过一些同学的非议，但是，她依然故我。这是一个特立独行，不理会别人议论的人——我对她起初的印象。

　　她真正的惊人之举是申请来美国留学。研究生院里基础比她深厚，成绩比她优秀的同学比比皆是，但她却是第一批下定决心敢于去克服艰难险阻争取出国留学的少数同学之一，而且，她终于成功了。这对于我们这些后来出国留学的同学来说，是一个极大的推动和鼓舞。

　　袁和用她的行动证明了凭我们中国人的聪明才智，刻苦好学和追求真理的精神，没有什么困难可以阻止我们，没有什么目的不能达到。到了美国之后她再一次表现了我们中华民族坚韧不拔的精神。1981年春天，也就是到美国后的第二年，她做了手术摘除了乳房肿瘤，这时确诊她得了癌症。她并没有在这死亡的审判面前萎缩下去，没有躲回家去等待末日，而是一面积极治疗，一面继续她的学业。有人断言她活不过那个夏天，有人说她永远别想得到学位。但她坚持活过了那个夏天，取得了化学硕士学位。她并不停留，向博士学位继续攀登，活一天学习一天，犹如我们的古人说的："朝闻道，夕死可也"。

　　她是乐天派，对死亡的威胁以豪迈的笑声来回答。我来美国后第一次同她通电话就解除了我对她的担忧。那时她已经知道癌细胞正在转移，我在电话中向她问候，出乎我的意料，她还是那样谈笑自若，仅只因为不能同我们一起到别处去观光而遗憾。她并不需要悲天悯人的安慰，相反她鼓励别人，和健康人一起憧憬美好的将来。以后我们通过多次电话，她每次都是连说带笑的。只有一次她有点泄气了，因为她身体逐渐衰弱，无法保持学校的资助，她感到无法继续学习下去，准备回国。研究生院的同学们知道这个消息后给她寄去一些钱帮助她暂渡困难，她在电话中感谢我们的支援，还是那样乐观和开朗："我还活着呢，还要斗争下去！"这是我最后一次在电话中听到她的声音，是那样坚定和顽强。她要同那些不相信她能活下去的舆论，同那些不主张她继续学业的人，同坎坷的命运作斗争，她一直斗争到最后一息。

她那样勇敢地接受了死亡的挑战，那是因为她对人生的意义有深刻的认识。她给我们写道："生命的意义不在于它的长短，而在于它是怎样度过的。"她认为生活在这变革的时代，为了她自己的民族和祖国奋斗过，尽力过，没有虚度一生，死无遗憾。在我们最后几次通信和电话交谈中，她更多地谈到祖国的富强，中华民族的前途。她特别关心国内的改革，鼓励每一个留学的同学回去后做改革的促进派。她不主张王秉璋那样的民主运动，而是提倡做一些脚踏实地的工作。她希望将来回国后还能利用有生之时到各处去讲演，谈她对美国社会和科学技术的看法，介绍值得我们学习或借鉴的事物。她建议我们研究生院留美同学成立一个同学会，扩大同美国科技界的交流，回国后发挥更大的作用，并在重病之中在床上起草了一份倡议书寄给我。她在给我的最后一封信中同我探讨造成中国近代科学技术落后的历史原因，还附了一份复印材料寄给我。可惜我对这封信还来不及答覆，她就离开了人世。

她是骄傲的，以中华民族的一员而自豪。对于那些嘲笑中国留学生的美国报刊记者和编辑们嗤之以鼻，因为这些老爷少爷们绝想不到一个瘦弱的中国女学生会比她们有更大的勇气去面对死亡的挑战。她的行为改变了周围人们的看法，她的导师表示从来没有人像袁和那样对她的生活产生过这么大的影响；她的医生认为袁和是她见到的最坚强的人；她的精神鼓舞了她周围所有的人，包括中国人和美国人。

袁和走完了她暂短而坎坷的一生，奋斗不息的一生。虽然没有轰轰烈烈的业绩，却给了我们这一群志在振兴中华的同学们巨大的鼓舞和启发，仅就这一点来说，她也没有虚度此生。她在临死前两个月给我们写道："我是多么希望看见我们古老的中华民族有一天能够充满朝气和生命力，真正复兴起来啊！……我也许不会活很长时间了，但正当你们为民族复兴奋斗的时候，我的热情，勇气和灵魂将永远追随着你们！"

让我们记住这些话，时时拿来鞭策自己。

袁和同学，安息吧！

7月10日于芝加哥

后记

本文写于1983年，曾发表于是年7月30日之《美洲华侨日报》。值此纪念研究生院创建四十周年之际，将拙文重新打字做成电子文件，请纪念文集编辑组酌情采用。

力学所

怀念徐鸣清

李英治

作者简介 1943年12月出生，广东中山人。1978年进入中国科学院研究生院106班。从师李敏华院士和柳春图教授，固体力学专业，断裂力学方向。1981年研究生毕业获硕士学位，1986年获博士学位（力博字002号）。曾获中国科学院科技进步二等奖。1987年获首届中英友好奖学金前往英国牛津大学当访问学者，1989-1991年受聘于欧洲共同体联合研究中心。1992年曾任教澳门大学科技学院。1992年至退休在荷兰电力研究院(KEMA)任高级咨询。

  2018年我们迎来了改革开放四十周年，也迎来了国科大成立四十周年。回顾这四十年来的经历，我们这些"肖庄一期"老校友自然都感慨万千。因为我们都经历过相似的磨难，心灵上都刻琢着时代的伤痕，蹉跎十年才迎来了改变命运的时刻。美东校友会发起了纪念文集的征文，我的"难忘肖庄"一文被收入。最近，又有78级同学倡议编写回忆文集，当年的往事，老师和同学们的音容笑貌，肖庄大杂院里的一草一木，再一下子涌上心头。此时，眼前掠过的是一个年青的身影 -- 徐鸣清，我们同宿舍的同窗。啊，这位小老弟离开我们也已四十年了。

  徐鸣清只在肖庄待了很短的时间 -- 也就两个多月的样子，以至于我们许多同学也许记不起他了。我记得他，是因为我们在同一个宿舍，而且睡在同一张双层床上，我睡在下铺，他睡在上铺。因此，他的事情我稍微了解多一些。记得开学的时候他来得比我们略晚一些，是他的妈妈和妹妹送他来的。他有一米七五的样子，朴实敦厚的方脸，是从兰州考来的。他的妹妹那年也考上了北京大学的研究生，妈妈送他们一起到北京。两兄妹都长得挺像妈妈的，都像是从西北来的孩子。一家两兄妹同年考上了研究生，一个进了科学院，一个进了北京大学，对当家长的本该是十分高兴和自豪的事情。可是，我从他妈妈的脸上却看不到一点点笑容。这时候我们宿舍早来的同学都已经铺好了各自的床铺子，就剩下我的上铺还空着，于是他就住在我的上铺了。后来知道，他是学燃烧的，导师是王应时老师，和我们宿舍的杜国樑应该是同门的师兄弟。

文革十年对国家和社会的摧毁是无法估量的。当年的肖庄只是一个杂草重生的大杂院，拥挤着七八个单位。研究生院仅有一座大楼、一个阶梯教室、还有一个有名无实的操场。那座大楼还是开学前一个月调用了工程兵开门撬锁抓紧装修出来的，下面两层作教室，上面三层当学生宿舍。老师们都搬到了操场上搭建的小平木版房里办公，开学后第一件事，便是大家动手清理杂物。我和徐鸣清一起抬钢筋，要把一堆钢筋搬走。我留意到，他干活一直只用左手，而右手一直在垂着。这时候我们的班长杨明江走过来，关心地询问他是否干得动并劝他去休息。此时我才知道，他的右手有毛病，没有力气去抓东西了。

在宿舍里有空的时候，他经常是右手拿着两个核桃，不停地转来转去，希望能锻炼恢复气力。他告诉我，七月份兰州下大雨，雨水从阳台漫到了大厅。他和妹妹冒雨在阳台和大厅之间拦了一道小堤坝挡水。那一次受寒之后，就觉得右手没有力气了。为了来上学，他已经练了两个月用左手写字，以便在课堂上做笔记。但是很遗憾，他只在学校上了两个月的课，就因为病情加重不得不住进了医院。

因为要办理住院手续，他妈妈来到了学校，我和她又一次见面。她告诉我，她叫潘朝艳，是兰州大学力学系主任。她介绍马中骐和我认识，说徐鸣清的爸爸徐躬耦是兰州大学物理系的主任，马中骐是他的学生。她说，徐鸣清住院后，学校的一些事情就托付我们两个了，让我负责每月为他领粮票，然后交给马中骐；马中骐为他每月领工资，然后一起交给她。就这样，徐鸣清住进了协和医院。他的主治医生是他的伯父徐躬耕先生留英时的同学。此后，他再没有回到学校里来。

　　研究生院的功课很紧。我不是数理力学系出身，除了要跟上研究生院规定的课程，还要补数理力学方面的课。因此这一个学期，我都没有进过一次城，也没有看过一次电影。等期末一考完了试，我就进城去看望徐鸣清。协和医院坐落在王府井大街的一条胡同里，是一座有着大屋顶的中西合璧的建筑。住院部走廊很宽，好像空空荡荡的没有什么人。徐鸣清一人独自坐在走廊的边上，神情呆滞，没有什么语言。我问他最近如何，他说病情又重了。那个晚上，主要是他妈妈和我交谈。她告诉我，"这孩子遭罪了，为了检查脑中线是否偏移要做气脑检查。气是从脊椎打进去的，做检查的人非常痛苦。鸣清说不如直接挨一刀了。"可更残酷的现实是，他患的是胶质瘤，根本无法开刀。他妈妈又说，"我们还不敢告诉他。这些日子我也看了一些医书，这肿瘤就像树杈一样的，长到脑子哪一个部位，身体受控的那一个地方就会瘫痪。鸣清起初是手腕无力，现在连胳膊都抬不起来了。"徐母在和我谈话时显得很平静，但我能想象出当母亲的心如刀割，背着人时如何泪如泉涌…

　　那时候国内还没有 CT 检查技术，要进行 CT 检查只能前往香港，据说那里有三台进口的 CT 设备。记得是第二学期开学不久，徐鸣清的父母又一次来到学校，同行的还有兰州大学的人事处长。因为要为徐鸣清办理到香港的出入境手续，需要研究生院的证明。这是我唯一一次见过徐躬耦先生。他虽然上了年纪，但看上去很清秀，戴一副眼镜，很有江南读书人的气质。谈起来才知道，他原来是南京大学的教授，1956 年院系调整时从南京调到兰州去的。兰州大学对鸣清的治病很关心，为他联系了出境做手术并且兑换了外币。但是，鸣清最后还是没有去香港。因为协和的医生说，这个病就是胶质瘤，无需再到香港检查了，应该马上到上海的华山医院，那里的中西医结合治疗是全国最好的。就这样，鸣清在家人陪同下离开了北京前往上海。

此后我再没有和他及他的家人见过面了。以后有关他的消息是马中骐告诉我的。在我们将要离开肖庄回所做论文之前，有一次在食堂排队买饭时遇到马中骐，他告诉我，徐鸣清已经去世了，是那年（1980）的年初五去世的。最后病情发展到不能自主呼吸，医生建议切开喉咙插管，但是家人拒绝了，还是让他平安地走了。一颗正在冉冉升起的新星，就这样陨落了。

一年半后我们研究生毕业，马中骐成了中国第一个博士。我们也获得了硕士学位。我再次见到马中骐的时候，已经是1988年了。那年我已经在牛津，和几个中国的留学生合租了一栋小屋，住在Norris Avenue 43号。那年马中骐和白春礼到牛津出差，为了节省经费，联系了牛津学联。正好当时的学联主席秦才东和我们住在一起，就把他们领到我们的住处，和我们一起住了一个星期。马中骐告诉我，徐躬耦先生其实有两个儿子。徐鸣清是老大，他弟弟在十岁时游泳不幸淹死了。后来徐先生当了兰州大学的校长，退休之后离开了兰州这个伤心之地，回老家南京了。想想这家人的不幸遭遇，大家都扼腕叹息。白春礼虽然和我们也同住了一个星期，却没有说过一句话，因为大家都早出晚归。1989年因为爱人车祸，我回到北京，才知道白春礼和我都住在912楼2单元。这是用中关村最后一块地皮盖起的博士楼，我住在2楼，他分在6楼，可能是因为他毕业比我要晚些吧。由于无缘，我们始终未再谋面。

力学所

怀念刘国玺

李英治

国玺兄去世有几年了,但消息是去年才传过来的。明江兄到力学所体检遇到了我们 12 室的申仲翰才得知。他说国玺几年前已经行走不便,要靠拐杖走路了,是脑子的毛病。这是一种家族病,国玺兄的哥哥就是得这个病走的。这个消息让我难过了好久,因为我们毕竟是同门的师兄弟。总想写下一点东西悼念一下我们这位老大哥。去年诸事繁多,于是就拖到了今年。谁知道一踏进了 2020 年,武汉肺炎搞得国人坐立不安。还没有送猪迎鼠,就传来了蒋洪德和屠美容相继去世的噩耗。可怜我们 106 班一下子折损了两位英才。李敏华先生 78 年招收了八位弟子进门,如今已经折损了三个,几近"访旧半为鬼",真是"惊呼热中肠"了。物伤其类,每当想起这些曾经一起奋斗过的伙伴们,总是心有戚戚然。只要合上眼睛,当年生龙活虎的身影就会出现在面前。此种怀念之情挥之不去,只能够付诸笔端了。

国玺兄是哈尔滨人。一米八的个子,一脸络腮胡子,浓眉大眼,是个典型的东北汉子。他往往是人未到笑声先到,总爱跟大伙开个玩笑,起个绰号或者写一首打油诗。浑身透着一股乐观开朗的气息,但对人从来没有恶意。他毕业于哈尔滨工大,文革之前就在力学所工作了。只是因为解决两地分居问题,不得不放弃了力学本行,调到了哈尔滨玻璃钢厂工作。这次报考研究生,就是为了重操旧业。在肖庄研究生院的时候,学生宿舍都在五楼。那次星期天一早就听见他在喊,"胡汉三,你去食堂帮我带个馒头来"。然后又和刘茂修讨论起来"桃花流水鳜鱼肥"的"鳜"字应该读 guei 呢，还是读 ji。两个人一南一北，争的面红耳赤。最后听到他念了一首写给刘茂修的打油诗，大家哈哈大笑作为结束。我们宿舍离得远，只听到最后一句是"最恨肤轻松"，其他听不清楚。

记得有一次期中考试，我们坐在一起备考，好像是准备考"常微分方程"吧。大概他已经准备好了，就悄悄地问我，你读过昆明滇池大观楼上孙髯翁的五百字长联么，那真叫写绝了。我告诉他我读的书少，没有读过。于是他就一字一字地给我背了起来："五百里滇池，奔来眼底，披襟岸帻，喜茫茫空阔无边。看东骧神骏，西翥灵仪，北走蜿蜒，南翔缟素。高人韵士何妨选胜登临。趁蟹屿螺洲，梳裹就风鬟雾鬓；更苹天苇地，点缀些翠羽丹霞，莫孤负：四围香稻，万顷晴沙，九夏芙蓉，三春杨柳"。他念完上联，给我解释说，"这里先写了大观楼所处位置的东南西北，然后写登楼后能看到什么，再推荐你去看些景点。但更精彩的是下联"。他继续一字不落地背道："数千年往事，注到心头，把酒凌虚，叹滚滚英雄谁在？想汉习楼船，唐标铁柱，宋挥玉斧，元跨革囊。伟烈丰功费尽移山心力。尽珠帘画栋，卷不及暮雨朝云；便断碣残碑，都付与苍烟落照。只赢得：几杵疏钟，半江渔火，两行秋雁，一枕清霜"。全部念完之后，他叹了一口气说，伟烈丰功只剩下一枕清霜了。最后四句一句比一句凄凉。本来是准备考试的自习，却成了一堂诗词对联的讲座，让我受益匪浅。原来这位东北大汉师兄，却有着深厚的文理兼备的功底。铃响了，我们赶紧跑到考场，临走前我赶快问了一句，"为什么最恨肤轻松呀"？他边走边偷笑地说，茂修那地方长了湿疹，又不好意思去看，结果越擦越厉害了。

我们在肖庄完成了一年半的课程之后，在八零年初就回所做论文了。所里为了安排我们的住宿，在大楼后边盖了两座木板房，每一座板房安排住二十人。夏天还好凑合，可怎么过冬？那时力学所和工程热物理所已经分家，建设热物理所大楼的工程兵已经撤离，留下了东西两处平房。热物理所认为工程兵是给他们盖房子的，所以这些营房应该都归他们。而力学所则认为营房的地盘在力学所内，一家一半是个合理的方案。都到了十一月零下四度了，两家还谈判不下来，同学们都还住在木板房里。国玺兄对我们说，力学所是有理无势，热物理所是有势无理，动手吧。班长杨明江先知会了力学所蔺书记，天一黑我们就把西边一侧的营房的锁全部撬开，当晚就搬了进去。热物理所班长赵晓路也紧急召集同学，告诉大家要听从安排，不得贸然行动。就这样我们搬进了西侧的小平房，尽管是家徒四壁，但毕竟是砖房可以生炉子取暖了。此后我们在力学所的七年生活，就是在此陋室中度过的。从北航分配来的戴涪陵和中国科大推荐的博士生虞吉林也入了住西平房。我们一起朝夕相处，一起经历过八十年代发生的许多事情，也见证过中国改革开放的历程。

八十年代是一个多么令人怀念的时代。拨乱反正，平反冤假错案正在进行。理论界也在进行实践是检验真理的唯一标准的大辩论。广播不再是张振富耿莲凤的"山也好，水也好，形势无限好"这一类的粉饰文革的歌曲，而是换上了"年青的朋友来相会"之类充满朝气的旋律。谢晋先后导演了描写反右的电影"天云山传奇"，"牧马人"和"芙蓉镇"。伤痕文学的出现开始有人敢去描写文革带来的灾难。录音机里播出了邓丽君的歌和台湾校园歌曲，并逐渐风靡了全国。喇叭裤等新潮的服装也悄悄地流行起来，中国也再不是蓝蚁之国。我的老家中山临近港澳，许多家庭都有港澳亲戚。他们带回来了录音机和电视机，家家屋顶加起了电视天线。一到夜晚，人人都在看周润发和赵雅芝的上海滩，连小偷作案也减少了。但此时的政治气候就像初春的气候一样，乍暖还寒。到了反精神污染，白桦的电影"苦恋"受到了批判。上边一道指令要大家拆除屋顶天线。香港电视不让看了，迪斯科也不让跳了。连我表妹送给我的两盒邓丽君的录音带，也让我们12室的党支部书记收缴去了。虽然政治风向仍然忽左忽右，但整个社会的气氛比改革开放前宽松得多了。

力学所西侧的平房入住了我们这一帮二三十岁的年青人，一下子就热闹起来了。杨明江,王文标,李国斌,谢文豹和我住了一个大间,刘国玺,梁乃刚,任其全和陈其业住在我们对门。宿舍里总是传来国玺兄的笑声和歌声。他把梁乃刚命名为老公鸡,吴应湘命名为小公鸡。把徐大鹏叫做徐大鸟。于是大家就命名他为老鸭子。他说,那我们是鸡鸭的同笼了。徐大鹏补充了一句,"对,我们都是禽类"。那个年头研究生是珍稀动物,是社会上的抢手货。很多高干的子女从部队上复员下来,都想从这些单身的研究生中择偶。所以才貌双全的吴汉明,徐大鹏很快就被挑作乘龙快婿了。吴应湘也被计算所机房的小高看中。国玺兄就立刻送了他们一副对联。上联是"徐大鸟系红线攀上高枝",下联是"吴小鸡算题目结下良缘"。除了杨明江之外,我们这帮假单身汉在北京都没有亲戚。只有杨明江隔三差五跑一下老丈人家。国玺兄又给他写了一首打油诗:"平时菜淡粥稀,进城两只烧鸡。名曰孝敬丈人,其实讨好小姨"。国玺兄是力学所的老人,常跟我们说一些力学所的文革轶事。谁谁谁挨批斗扫厕所了,谁谁谁挨批斗时儿子上台打老子耳光了。他还说了一个因为评论毛主席诗词而挨批斗的事情。毛主席诗词三十六首中有一首叫做"鸟儿问答",当中有一句是"土豆煮熟了,再加牛肉"。有人就说这不对,应该是"牛肉煮熟了,再加土豆,不然土豆就给煮烂了"。结果因为这句话也就挨批斗了。像这样的冷笑话国玺兄还说过不少,有时候他的时评也相当的口无遮拦。电影"牧马人"有一句台词,"子不嫌娘丑,狗不嫌家贫"。他说,"对呀,你长得丑儿子不能嫌你,但你当娘的不能去搞破鞋啊"。

时间到了1981年底,我们都先后通过了研究生毕业答辩。正逢国家开始实行学位制度,我们得到了两份证书。一份是中国科技大学颁发的研究生毕业证书,由严济慈签发。另一份是中国科学院数理学部颁发的硕士学位证书,由钱三强签发。1981年12月,梁乃刚和我首先通过了博士生资格考试,这是力学所举行的第一次博士生资格考试。由李敏华,林同骥两位学部委员和钱寿易先生主考。毕业后留所的同学,除了陈其业已经由李敏华先生安排到美国之外,其余都先后通过了博士资格考试。这一年，力学所一共招收了八名博士生。而热物理所这一年的招生人数为零。我觉得吴仲华先生欠了我们热物理所同学的一个公道，因为他们之中不乏出类拔萃的人才，比如后来成为院士的蒋洪德，为中国风能做出重大贡献的赵晓路，获得中国科学院科学进步一等奖的王正明以及出版过12本专著，横跨气动流体和人机工效三个领域的王保国等等。因为这一批留所的学生大多两地分居，因此我们的西平房陆续入住了几个小居民：国玺兄的儿子刘项，梁乃刚的儿子梁涛，任其全的儿子任作新。国玺兄担起了既当爹又当娘的责任，但男人带孩子难免粗心。刘项有一次调皮把一个硬币吃到肚子里。国玺兄带他到医院做了透视，天天在刘项的大便里寻找硬币。国玺兄大概每周去买一茶缸黄酱，加一点肉末做成炸酱。父子俩天天吃炸酱面。国玺兄告诉我，刘项并不是老大，他有一个哥哥得了白血病去世了。孩子得病是他急于调回哈尔滨的原因。钱花光了，但孩子没有救回来。他和爱人都受到了沉重的打击。倒是他的外母来开导他们：这孩子虽然只活了五岁，但他不一定不幸福。他得到了父母的痛爱和呵护，也免受了许多做人的灾难。

1984年梁乃刚率先通过了博士论文答辩，并去了挪威做博士后了。国玺兄和我还在西平房的里苦熬。后来又要求除博士生英语外，进行第二外语的考试，还要增加专业课程的考核。一直到了1986年我们才算折腾完毕，我5月23日通过博士答辩，国玺兄大概比我晚两三个月。那一年正是力学所成立三十周年，郑哲敏先生正式接替钱学森先生出任所长。国玺兄和我拿到了郑哲敏先生签发的第一批博士学位证书，他是力博字001号，我是力博字002号。此时力学所通过借调的方式解决我们的两地分居问题。但因为国玺兄的爱人专业不对口而无法解决，于是他决意前往深圳去当开荒牛了。他笑着说，上海其实是慈禧太后的特区，我们到邓小平的特区去了。从这以后我们就再没有见过面了。听说他进入了深圳建筑研究所，搞起了我原先的本行土木工程。因为赶上了年轻化知识化的大潮，他很快就地入了党并且走上了领导岗位。那一年缪经良去香港中文大学去当访问学者，路过深圳时探访过他。后来缪经良对我说，别看刘鸭子穿上了西装，一看还是那个土匪样。他自己也自嘲，我就是像座山雕。

我很难想象国玺兄这样有点放荡不羁又有一点口无遮拦的人是如何适应这种体制内的规矩的。我听说他的职位还越升越高。有一年我回国，从一位大学同学那里得知，他已经是深圳或是广东省建筑师资格评审委员会的委员了。中国的事情就是这样，他既没有学过土木，更没有学过建筑，却具有评审建筑师的资格。但我深信，国玺兄对这些官衔并无兴趣，他还是希望做一个做学问的人。大概在1991年，我接到了他的一封来信，"当官当腻了，我想重操旧业。你能否帮我联系一下出国的机会"？我当即把他的CV送到了伦敦理工学院（今西敏寺大学）的Xanthes教授那里。Xanthes教授是潘和西教授的希腊学生，我在伯克利开会时认识了潘和西教授。我推荐过任孝安和王洪波到他那里工作。但是Xanthes教授没有接受国玺兄的申请，理由是他已经五年没有做相关的工作了。我很遗憾没能给他帮上忙，也许他就是当官的命吧。

最近看了一部工凯主演的名叫"大江大河"的电视剧。其中有一句台词，"有人把专业技术作为理想，有人把专业技术当做进入仕途的手段"。我确信国玺兄并非后者，他二度进京苦熬九年，为的是继续在科学的道路上攀登。只是历史给他开了一个玩笑，他其实是个开放豁达，嬉笑怒骂皆文章的人。

2020年2月2日于荷兰

力学所

深切怀念蒋洪德 屠美容

李英治

2020 年新年伊始，武汉肺炎疫情已经让国人忐忑不安。我们力学同窗的群里，更是接连传来了沉重的消息。我们尊敬的兄长蒋洪德院士于元月 4 号逝世，清华大学为他成立了治丧办公室并举行了葬礼。还不到二十天，我们班上唯一的师姐屠美容也与世长辞了。当我写这篇文章的时候，她的葬礼正在洛杉矶的玫瑰山庄举行。

我们 78 届的同学都有相似的经历。都经过了历次政治运动，特别是十年文革的磨难。78 年的研究生招考让我们这些三十开外拖家带口的人赶上了末班车。因此大家都对这个难得的学习机会加倍珍惜。屠美容曾经在纪念研究生院成立四十周年文集上发表了她的大作"破庙礼赞"，讲述了当年被发配到边远山区四川汉旺县，在一座破庙里参加研究生初试的情景。我们这批学生经过初试复试口试才挤进了研究生院的大门，因此大家都对这个难得的学习机会加倍珍惜。蒋洪德 1965 年毕业于清华大学，是当年清华金质奖章的获得者。全校不到二十名学生获此殊荣。他在研究生院的学业成绩自然也是出类拔萃。他不仅天资聪颖，而且努力勤奋。对同学们十分友善，并且非常低调。蒋兄自然成为我们同学的楷模。毕业后，力学所与工程热物理所分家，蒋兄到了工程热物理研究所。他主持开发了汽轮机全三维气动热力设计体系，主持开发了新一代后加载叶型，弯曲叶片，低损耗主蒸汽阀门等通流部分。他和北重合作，对老汽轮机进行改造和升级换代，将汽轮机效率提高了 2.8%，这是个了不起的贡献。他的成就我是从电力界的同行那里知道的。那时我正在荷兰电科院 KEMA 工作，KEMA 与天津电力局有协作关系，我听到他取得成就十分高兴。随后更是捷报频传，他获得了国家科学进步二等奖，在上世纪末 1999 年评上了工程院院士。这是我们同班同学第一个进入院士行列的人。

屠美容和蒋洪德都曾在美国佛吉尼亚工学院工作过，在那里一起工作的还有我们班第二个晋升院士行列的吴汉明。老同学在他乡重逢十分高兴，大家互相帮助也是很自然的事情。蒋洪德对我讲过，那时候只有屠美容有车，他们去超市买东西要用车，屠美容总是有求必应的。吴汉明也说过，屠美容开车带他去参加招聘的面试，可惜走到半路车子坏了。在佛吉尼亚工学院的生活都给他们留下了美好的回忆。此后，蒋洪德回国主持了重型燃气轮机的研发工作，吴汉明看好了芯片的发展前景，毅然放弃了等离子体的本行，到伯克利转行学习芯片技术。近年来芯片大热证明了他的长远眼光，这就是院士的水平。而屠美容则是步了我们导师李敏华先生的后尘，进入了美国宇航局洛杉矶的喷气推动实验室。那时正是火星探测器成功着陆，她告诉我同事们欢欣鼓舞了三天。

屠美容和我是同门的师兄弟，那年李敏华先生招了八个学生。因为当年力学所报考的人多，一千二百四十七名考生只有一百人获得复试资格。复试最后一天还接着口试。我们固体力学考生分为四个组。李敏华老师亲自主持了第一组的考试。李先生的助手吴阜肤报考生的名字，第一个就是屠美容。这是我们第一次见面，没有打招呼也没有说话。后来从研究生院回所见导师，八个师兄弟一起见面。她自我介绍说，我姓屠，屠杀的屠。我们这些学业荒废了十多年的老学生，重新捡起书本是多么不容易的事情。我们班大多数同学都是两地分居的，即使是后来力学所照顾，以借调的方式把家属接进北京，也面临着住房和孩子读书的问题。屠美容被安排到力学所后院路边的一间破旧的房子里，大概有十平方米吧。既没有卫生间也没有厨房，连电灯也是我们的师弟陈其业帮忙接上的。在门外累几块砖头，加一个煤油炉就是厨房了。为了孩子的读书，也得到处磕头作揖，三翻四次才找到一个孩子上学的地方。这真有点像现在的农民工进城的样子。我们这些文革后第一批研究生就是在这样的条件下完成学业的。大概到了1986年，遇上了文革后第二次评职称，竞争自然激烈。屠美容对我说，我们不和他们争了，我们走出去。就这样她去了美国，我去了英国。李敏华先生为我们饯行，我笑着说，谁让你的名字有一个美字，我的名字有一个英字呢。

自从87年一别，我们只见过两面。此后她为海川和亦雄联系到了美国读书，也把父亲母亲以及兄弟姐妹接到了美国。以一人之力撑起来整个家庭，是多么不容易的事情。她至孝至顺，为两个老人养老送终。母亲享年95岁，父亲享年99岁。为了伺候父母，恪守"父母在不远游"。这三十年来，仅在亦雄结婚时来过一趟欧洲。我的女儿李滢和亦雄是同班同学，我又安排大家在欧洲一起见面。第二次见面也是八年前的事情了。陈其业夫妇盛情邀请我们访美。其业驱车二千公里带我们游览了洛斯维加斯和大峡谷，回程时与屠美容和戴涪陵全家见了面。屠伯伯九十高龄，戴伯母八十，依然神采奕奕。屠美容的父母和戴涪陵的父母是在美国的朋友，这是难得的两代人的友谊。我们同窗数载却分别数十年，大家的友谊还是这样的深厚，那个年代的同窗友谊是真诚的。

蒋洪德去世令我们十分沉痛，我们失去了一位好兄长。力学同窗的同学们集体拟了一份悼词，让清华大学蒋洪德院士治丧办公室转给蒋洪德夫人金哲。这份悼词是这样写的：

唁电

蒋洪德院士治丧委员会并转蒋洪德院士家属，

惊悉蒋洪德院士不幸去世，我们作为蒋洪德院士四十多年的老朋友，悲痛殊甚。我们都是与蒋洪德院士在1978年考入中国科学院研究生院的同班同学，大家曾经朝夕相处，结下了真挚的友谊。蒋洪德院士学业优秀，工作出众，待人诚恳，是我们同学的楷模。在研究生院毕业后，他应用和发展了三元流动理论在老汽轮机改造以及在燃气轮机的研究开发上做出骄人成绩，1999年评为中国工程院院士，并成为该领域的领军人物。我们都为他取得的成就感到鼓舞和骄傲。蒋洪德院士的逝世，是中国燃气轮机事业的一大损失。我们也失去了一位好兄长，好榜样和老朋友。

请转告蒋洪德院士夫人金哲节哀保重。蒋洪德院士一路走好。

原中国科学院研究生院106班（力学所）部分同学
赵晓路 熊天渝 杜国樑 王保国 王正明 朱根兴 刘秋生
杨明江 吴汉明 屠美容 陈其业 王文标 吴应湘 梁乃刚 李英治

令我们无法相信的是，参与唁电修改讨论的屠美容在不到两周之后竟然也与世长辞了。听说她从发病到去世不到一个月。刚过了元旦，还未踏进鼠年，我们106班就折损了两员大将。真是天妒英才，令人扼腕痛惜。斯人已逝，风范犹存。在洛杉矶的同窗好友戴涪陵和陈其业肩负了同学们的重托，到玫瑰山庄参加屠美容的葬礼。寄托我们的哀思，送大师姐最后一程。花圈上的挽联是：

亦友亦师，学界翘楚，业绩光耀天上。
至孝至顺，母仪典范，遗爱洒满人间。
谨以此文祭奠曾经共同奋斗过的伙伴们。

2020年元月二十九日于荷兰

植物所

回忆黄升埙学长

张韧

78级原化学所同学黄升埙1993年夏天因病去世，转眼已经快二十七年了。他的身影和音容仍时常浮现在我眼前，值此研究生院首届校友纪念新卷又将结集，把我脑海中存留的一些往事记下，怀念我们这位学长。

升埙学长1964年即大学毕业，在我们那一届同学中应算是年资较深的一位。他不但学业好，而且性格非常开朗外向、十分活跃并乐于助人，在肖庄同学中人缘极好，大家多亲切地叫他老黄。我和他不是一个所的、不同宿舍、也从未一起上过同一门课，与他结识是因为篮球。

因为从小学就开始喜欢打篮球，我到肖庄报到安顿下来后就到处找球场，在当时纷乱的原林学院校园里，只在研究生院楼前有一个篮球架和半块场地。记得最早看到在那儿打球的是位帅帅的大个子男同学，每天都自己拿个球去玩儿——后来知道他是计算所的王正宇（78级著名"三兄妹"的二兄），我于是经常凑上去和他还有其他同学玩儿一玩儿。后来觉着还不过瘾，就找到了研究生院当时唯一的体育老师--三十几岁的男老师好像姓詹，问能不能建个篮球整场并成立个院篮球队。老师听我这样一说很高兴，马上就说他正在考虑体育活动的事，因为刚建院，目前体育教研室只有他和一个校工师傅俩人，正忙呼着呢。很快院里就购进了篮球架，建起了篮球场。记的好像是有一天体育老师告诉我又有一个同学来找他说想打篮球，我一听说有同党，马上就去联系，结果就邂逅了老黄。

老黄一米七八左右的个子、带副眼镜、肤色略黑、不胖不瘦、很结实，一看就是个经常运动的。他说一口带京腔的普通话、语速挺快，一聊又感觉是个精力旺盛、热情、直爽、容易交往的人。第一次见面具体谈了些什么大都忘了，只记得他说喜欢玩儿，什么球都会，尤其是足球。不久我们研究生院的男子篮球队就成立了，老黄被推选当了队长。还有两个主力，一个是自动化所的徐德延，技术全面，打过北京四中和清华大学校队；再一个是数学所的孙捷，身高两米左右，曾是清华校队的中锋。其他成员是：冯群（物理所），韩京（地质所），高守亭（大气所），刘维（自动化所），彭放（计量院），漆冰丁（综考会），沈远超（地质所），王大光（自动化所），曾湘山（地质所，场外指导)，张韧（植物所），周郁（高能所）。老黄打篮球的长项是速度快，我们后方防守拿到篮板球后他的快攻三步上篮常让对方后卫跟不上而得分。随后在肖庄一年左右的时间里，因为大家课程都很重，我们好像没怎么正式练过球，倒是和北京一些单位的球队打过不少比赛，还参加了一次科学院的联赛，但负多胜少，战绩不佳。记得一次去和矿业学院比赛，于小康等几个女同学还跟着当啦啦队为我们呐喊助阵，虽士气大增，可惜还是败北而归；不是我们不行，是对手们太年轻力壮，球打得还相当狡猾。 无论输赢，那阵子我们玩儿的嗨也锻炼了身体，给紧张的学习生活添加了轻松、惬意。当年研究生院另外两个活跃的团体一个是乒乓球队、一个是楼顶交谊舞群。

对老黄的家世了解不多，不知他出生于何地。记得有一次老黄、老沈（远超）、韩京和我四个人在一起聊天，侃每人曾去过的地方，干地质的老沈和韩京料都不少，老黄说有个地方你们一定没去过，我们都没猜出来，他说是香港，小时候曾在那儿住过。网上查到他中学就读于北京名校男八中，1960届高三1班毕业，五十年后同学聚会还

1979年 颐和园，左起：高守亭、张韧、刘维、沈远超、黄升埔、徐德延

1981年 北海公园，左起：黄升埔、韩京、沈远超、张韧

忆起"黄升埔足球场上的倒勾射门"——那可是当年健将级的动作,可见老黄上高中时就已经是个准足球健将。虽然他当年学习成绩也很好,但因为家庭出身"不好"只被录取进北京师范学院数学系,毕业时又因同样原因被分配到北京远郊县延庆山区,到一所教育不良青少年的工读学校任教。老黄说他在延庆几乎什么课都教过、还是校足球队教练、甚至当过校办工厂厂长,也和他的学生们相处得不错。因为他的正义感和直率的性格,文革中曾为他人受欺辱打抱不平、仗义直言而也被污为"反革命"遭批判。文革后恢复研究生招考给老黄带来了希望,他报考了中科院数学所并取得该所总分第五的成绩,没想到却因文革中这宗错案未获数学所录取。最后还是延庆县一位对他了解的老教育局长——研究生院严济慈院长的老同学,担保他是个好人,严先生亲自干预才最终以数学强项被录取到化学所量子化学专业。

老黄的学识功底很好,在研究生院学业也是佼佼者。英语他在甲班,我在乙班末级,遇到问题经常向他请教,每次他都是耐心讲解,让我十分受益。担任量子化学课代表可能是他学业表现最出名的一次。我没有上那门课,但因为同宿舍化冶所的几个同学上了,常听他们说到那门课很难,任课老师虽然是台湾留美博士,但讲解得不清楚,许多同学叫苦连天。因为老黄的数学好,对这门要求数学基础很高的课困难不大,他于是被班上同学们选为课代表和老师沟通。老黄还给同学们开了辅导课,结果被认为比老师讲得还好。他也曾经为一些78级同学补习过数学,帮助他们准备出国留学。

另一件让他在研究生院出名的事是出头带领同学们争取调工资,因为我不是当事人,只是听说的。同学们在肖庄期间赶上了一次全国性的调工资,但不是普调,只有一定的比例。很多同学入研究生院前已经工作了多年而且不少还是单位里的骨干,但由于人已不在原单位(工资关系还在),可能会被忽视而只被当作分母失去那次等了多年才盼到的提薪的机会。老黄1964年即参加工作也是涉及到的人之一,他和同学们商量如何应对,结果又被大家推举担任召集人和请愿代表。结果经过努力，加上院里孙景才老师等的大力帮助，很多同学都得以提高了工资。

  我和老黄相差十三、四岁，视他如可信赖的大学长，也得到他兄长般的关照。我一人在京上学，周日他们所同学组织游园他就也叫上我同去；看我孤单，他还曾热心地牵线搭桥为我介绍女友，可惜是我的原因没有让他这个月老成功。1982年我获得澳大利亚国立大学的奖学金准备去留学，但因为先要自费学一段英语，就向老黄求助，当时他自己刚到美留学不久，但很快就把仅有的五百美金存款寄给我用，帮我度过难关，过了半年多我才得以还给他，那时也不懂得还应该计算利息一起还的规矩。

  1981年秋天老黄赴美到加州大学柏克莱分校攻读博士，导师是华人诺贝尔化学奖得主李远哲教授。因为与一个化学所的导师发生了矛盾，他没有完成硕士论文，只从研究生院肄业就走了。据老黄告诉我，李远哲来化学所合作访问期间挑选了他做博士生去柏克莱，没想到被一个参加指导他论文的导师所嫉妒，自认为那个读博的机会应该归他。结果这位导师就作梗，使得老黄的论文无法完成，最后只好放弃。到美后他的来信透出兴奋和顺利，我为他高兴也心里痒痒的。他第一个月领到奖学金生活费370美元就买了台二手电视和一个打字机，老板每月也给他170美元，他很快又买了辆摩托车，不久又换成了小汽车。尤其更佩服他到柏克莱这样的世界名校也还是学霸，头两个学期成绩全优。他信中告诉我，每次考试因为英语原因读题理解费时而成绩受影响不小，但凡应用数学的证明他都能拿全分。所以他建议我们还未出国的人要多在英文上下功夫，在某种意义上，这比专业还重要。出来后深感诚哉此言，也成了我对后来者的建议。老黄那时在加州兴奋得意之余也差点出了大事儿，1982年元旦期间他和另外三个朋友去南加州圣地亚哥、洛杉矶、好莱坞游玩儿，不想回来路上出了车祸，一人重伤、一人轻伤，他在司机旁前座竟毫发无损，真是命大！但没过几个月，他刚通过考试拿到驾照就又跃跃欲试，计划暑假和同学自驾 5000 公里"兜一大圈儿"——还真去了，这就是老黄！

在 1982 年 5 月的一封来信背面，老黄复印了化学所另一位 78 级同学袁和给他的信，彼时袁和学长刚刚确珍癌症复发，自知已治愈无望，在那封信中写下了她"已奋斗过、爱过，从来没有虚度过任何可以努力的时光"，而"唯一的愿望是希望我们古老的中华民族能够重新焕发青春活力，能够真正强大起来"。她还表达了对老黄的钦佩和厚望。袁和这封信让我很受触动，曾写下《袁和的遗愿》一文[1]。上世纪八十年代中期中国的改革风虽健，但也总是逆流涌动，比如"反对资产阶级自由化"、"清除精神污染"之类。老黄经常参与组织学校和社区为推动中国改革的活动，他曾逐条批判"四项原则"，被称赞为"最具说服力"而获得阵阵掌声。后来他又发起了柏克莱留学生的团体"爱华社"，旗帜鲜明，支持民主和继续改革进步、反对专制独裁和倒退。老黄心系故国同胞亦闻忧即痛，1987 年兴安岭大火灾后不但积极带头捐款并不辞劳苦拉赞助、组织活动募捐。末年京城惨案前后，他更是痛心疾首、义愤填膺地奔走呼号……

我出国后与老黄见过两面。1983 年底老黄和夫人孟丽华大姐携女儿黄辉回国省亲，恰好我也从澳洲回来休假，约上在北京的老沈夫妇、韩京夫妇，八个人在中关村聚会了一次，先到老黄的住处看他在美拍的幻灯片、听他侃趣闻高见，然后老黄作东再到一家京味儿饭馆饱餐了一顿。近七年后，1990 年 11 月我换工作由美返澳在加州小停和他再聚首，老黄博士毕业后当时暂时就职于一家电机公司当工程师（可能因为与他和导师李远哲相处不睦有关）。面试时老板疑惑一个堂堂名校名实验室出来的化学博士怎么能来干电机工程师？老黄说：别管学历背景，就看我能不能胜任工作。结果他如愿得到职位，都是凭当年在中学干校办工厂的底子，真让人折服！老黄还是一副精神饱满的样子，一天能踢两场足球，有时还驱车数百公里去洛杉矶比赛——天文台王正志学友也还记得他曾率湾区足球队到美东大战马里兰大学校队时整场驰骋的矫健（1986 或 87 年）。老黄夫妇热情地接待我住在他们湾区的家里，老黄还带我去他一个朋友家坐客欣赏了一位旅居美国原中央民乐团名家的琵琶演奏。我也邀他们择时到澳洲来相聚、旅游。

  1993年7月4日美国独立日那天，老黄因肝癌不治离世，终年五十周岁。韩京曾去家中探望见到女儿黄辉，说他因腹痛就诊被检查出肝癌时已是很晚期了，医生都惊异他怎么能忍耐得住那么大的疼痛，晚到此时才来检查。我能想象那是老黄的个性，但太惋惜他这次竟没有"娇气"些，早些去看看为什么腹痛？！上苍也太无情，竟让他命断英年，舍挚爱亲朋、弃未竟事业，让人心痛！七天后（7月11日），湾区二百多人参加葬礼为他送别。

  老黄在天堂里也一定不会寂寞，不知他现在最喜欢玩儿什么球？

1. 张韧（2018）"袁和的遗愿"，载《纪念中国科学院研究生院四十周年文集》，研究生院第一期校友合著，2018，CreatSpace, Charleston SC. USA, pp. 48–50。

地球物理所

王新华永远活着

——2018 年 7 月 20 日在王新华骨灰安葬仪式上的致辞

徐文耀

作者简介 陕北绥德县人，1944 年生，1967 年毕业于西安交通大学数理系应用力学专业，1978 年考取中国科学院地球物理研究所研究生，攻读地磁与高空物理专业。1982 年获理学硕士学位，1983 年获理学博士学位，是我国首批 18 名博士之一。1993-1998 年任中国科学院地球物理研究所所长。

编者注 王新华 1951 年生于张家口，儿时在北京，曾到陕北下乡插队，北大力学系毕业，1978 年考入中科院研究生院，1983 年获博士学位，任地球物理所研究员，曾在新加坡和美国加州居住，爱好科学、音乐和文学。2018 年 7 月病逝。

40 年前，第一次见到王新华，他正在指挥科学院研究生院乐队排练节目。我不由得感叹：草创初期的研究生院，简陋寒酸的木板棚内竟也大有人才。三年后第二次见面，是我从美国回来，挤进狭窄、阴冷、终年不见阳光的金工楼 106 宿舍，"老居民"新华和武明肯定不乐意。但是共同的专业语言，共同的业余爱好，共同的黄土地情结，共同的人生价值观，使我们很快融合在一起，成了不离不弃的莫逆之交。我们交流研究学习心得，畅谈过去现在未来，下棋喝酒偷烧电炉，罚款赔钱写检讨。古今中外，诸子百家，雅段荤段一起来，说不完的陕北老故事，唱不完的道情信天游。以致新华妻子小枫都"埋怨"：王二（新华自称）周六都不愿回家了。106 寒舍的两年，留下的不是冷的回忆，而是乐也融融，趣也浓浓的友情。

王新华（右）读博士期间，与徐文耀在宿舍里

新华思维敏捷，学识渊博，悟性极高。他刚刚听我说起地核各向异性的猜想，随手就写出一大片公式来，可惜被所里傅承义先生一句"象牙塔"否定了。10年后UCLA的宋晓东关于地核各向异性的论文发表在美国《科学》杂志上。

刚刚听我说完等离子体波，他就能现买现卖，指导研究生贺长明做哨声研究，有板有眼有章法。过后贺长明吃惊地问：王老师是何方神仙？在美国他对国际著名数学力学权威石根华提出挑战，言之有理，证据凿凿。他的博士论文洋洋洒洒一大摞，尽是地球内部热力学和状态方程，艰深难懂高大上，三位导师不说看不懂，然而就是拖着不让毕业。由此我联想到了爱因斯坦，如果当年评审人因看不懂他的文章而枪毙掉，今天就不会有相对论。同样，如果当年巴黎大学不让德布罗意毕业，今天也不会有量子力学。

左起：许小年、徐文耀、王新华
（许小年：经济学家，曾与王新华同在陕北插队 – 编者注）

新华多才多艺，才气横溢，写诗歌，写小说，谱歌曲，文思泉涌，一挥而就；拉提琴，弹钢琴，弹三弦，无所不能，无所不通。他曾指导音乐学院研究生张伯瑜用傅立叶分析解剖京剧锣鼓点，与"凯旋在子夜"的导演探讨布景设计，改造挂历美女画成李逵跳舞图，发明电鼠器，骗蛋器。他的小说《野草》、《一点苦难一点光荣》、《唐山地震》、《真实的河》，深刻质朴，字字珠玑。于幽默中见酸楚，于通俗中见深邃。他用计算机作曲，与名作家的"π曲"、"e 曲"异曲同工。他给王克明的《黄河问》谱曲，悲怆怨愤，高亢凄凉。新华生性率直幽默，嬉笑怒骂，皆成好文章。

新华重情重义重友谊，讲义气，有与生俱来的正义感，陕北几年，黄土攻心，念念不忘那里的乡亲 -- 米如怀、陈赖赖、李正怀、米桂莲……。回京之后，新华仍负责抚养原来插队所在村里的一个贫穷小孩，由此可见新华的侠义心肠。真是"心在天山，身老沧州"。他的黄土情不是世外人居高临下的给予，不是慈善家悲天悯人的施舍，而是与受苦人颠扑与共、相拥前行的真挚感情。即使到了异国他乡，他也不忘梦绕魂牵的106寒舍，一曲"钗头凤"荡气回肠，催人泪下："黑白斗，眉头皱，小屋烟笼光难透。酒何够，情何厚，道情一曲，家乡万里，home, home, home。"

新华单纯率真，乐于助人，视天下事为己任，每天帮别人的事都是一张大清单，即使在毕业论文出炉的紧要关头，还不忘给别人打字－而只得一句奉承话：王二打字快！新华的朋友很多：杜哲森、许小年、王克明、弥铁强、陆晓娅（**杜：美术理论家、画家；王：陕北文化遗产专家；陆：心理素质教育专家 － 编者注**）……，有的没有见过，但都让我肃然起敬。物以类聚，人以群分，他们都是好人，和他一样正义，一样有头脑，有才气。

好人不会孤单，活着的时候有一群志同道合的好朋友，走了以后，他依旧和朋友们在一起。克明引梵高诗句说得好：不要认为死者是死了，只要有人活着，死者就会活。

王新华永远活着。

原载《陕北文化》

师资班

中国科学院大学与我的人生格局

潘云唐

作者简历 1939 年 5 月 22 日生于四川省合江县。
1951–1957 年在重庆市第一中学学习。
1957 年秋考入北京大学地质地理系。
1963 年秋毕业于北京大学,分配到四川成都西南地质科学研究所(后改名中国地质科学院成都地质矿产研究所)工作。
1978 年考入中国科学院研究生院("国科大"前身)师资班。
1981 年秋毕业于中国科学院研究生院师资班,获硕士学位,留本院任教。
1982 年定为讲师,1986 年升为副教授,1997 年升为教授,1998 年获"有突出贡献的中青年专家"称号,享受国务院特殊津贴。
1999 年退休。以后多次获"有突出贡献教师奖"。

2018 年 10 月,我们在北京市怀柔雁栖湖中国科学院大学校区参加了学校成立 40 周年的纪念活动,心中感慨万千。1978 年我 39 岁,考入中国科学院研究生院(中国科学院大学的前身)师资班,1981 年毕业,获理学硕士学位,留校任教,1999 年退休返聘,一直干到 2014 年,研究生院迁至怀柔校区为止,所以我的教龄定为 33 年,并多次获"杰出贡献教师奖"等奖项。到 2018 年,我 79 岁,正好分成两半,前 39

年是童年及青少年时代，是受教育和参加工作，后 40 年是中老年时代，即考入研究生院学习，毕业留校任教副退休返聘；直至完全进入休闲期。

首先介绍一下我前半生的一些背景情况。我于 1939 年 5 月 22 日出生在抗战大后方四川一个十分复杂的官僚地主家庭。主要在陪都重庆长大。我父亲潘宜之出生于湖北广济县（今之武穴市）一个贫苦农家，从小父母双亡，一家三兄弟从几岁起就被逃荒到江苏南京后开豆腐店的伯父领去养大。他青年时期正值辛亥革命，推翻清朝后，为北洋军阀政府统治。他进了北洋政府办的保定军校第三期去学习，与广西的白崇禧，四川的邓锡侯、田颂尧、刘文辉等是同班同学。他毕业后又回到南方，先后在南京、福建、广东等地的军队中工作。上世纪二十年代初，他参加了孙中山先生领导的"大革命"，也就是第一次国共合作。他与国共双方若干领导人都有不同程度的关系。从与国民党方面的关系来说，他曾短期内作过孙中山的侍从副官。1927 年北伐战争开始时，他在北伐军总司令部任秘书，与陈立夫等都是同事，而他本人作过总司令蒋介石的机要秘书。北伐军总司令部迁到江西南昌时，他有一次不慎顶撞了蒋，遭到训斥。同事中有人提示他想法离开，以免遭到更大的厄运。他就主动要求下基层上前钱。结果，他去了时任北伐军东路军总司令的他保定军校三期同班好友白崇禧处，被白任命为该总司令部秘书长。以后，他就成了以李济深、李宗仁、白崇禧、黄绍竑为首的国民党新桂系集团的核心成员，第二层将领。

再说我父亲跟共产党的关系，先说跟毛泽东的关系，他们都是湖广人，他是湖北广济人，毛是湖南湘潭人；他们是同龄人，都生于 1893（清光绪十九年，属蛇）而且生日相近，他生于 11 月 30 日，毛生于 12 月 26 日，就差那 26 天。1923 年底，他们都满"而立"之年后，1924 年 1 月，孙中山先生在广州主持召开了中国国民党第一次全国代表大会，核心内容是改组国民党，实行联苏联共扶助农工三大政策。他们二人都参加了，毛当时已是中国共产党中央局委员、秘书，又兼中央组织部长，是大会的正式代表，在这次大会上当选为国民党候补中央执行委员，又代理中央宣传部长。而当时潘宜之仅仅是广州虎门安塞司令部副官长，是大会的列席代表。不过，当时的会议代表人数不能跟今天比，估计顶多不过一二百人。所以，他们在会议之中，也可能有初步认识或点头之交。

又过了一年多，1925年3月12日，孙中山先生在北京病逝。不久，廖仲恺在广州主持了中国国民党第二次全国代表大会，继续执行联苏联共扶助农工三大政策，潘宜之作为正式代表参加了大会，并且认识了周恩来及其夫人邓颖超，而且有较深的了解。周恩来曾领导了留法勤工俭学的工作，是中共旅欧支部领导人，1924年回国，任黄埔军校政治部主任、国民革命军第一军政治部主任，又任中共两广区委员会委员长。1926年北伐战争期间，周到上海任中共中央军委书记，兼中共江浙区委军委书记，3月下旬领导了上海工人第三次武装起义，获得胜利，赶走了孙传芳。紧接着，蒋介石来到上海，发动"四·一二"反革命政委、并实行"清党"，周恩来成了被通缉的"钦犯"。4月13日夜，周恩来在上海西郊七宝镇遭巡逻士兵逮捕，被带到司令部，周与司令部的长官打了个照面，彼此都吃了一惊。那位长官正是北伐军东路军总司令部秘书长潘宜之。潘立即叫那群士兵通统出去，他慢慢走向周恩来，上下打量了一番，然后问道："你是周先生吧？怎么跑到这里来了？"周恩来点点头。潘看看手表，对周说："趁夜深没有人看见，你赶紧离开这里，离开上海"。周来不及多说什么，只用目光示意道谢："我会记住你的，后会有期！"

党史资料上叙述的这段史实，说明了潘宜之在周恩来的生死关头面临着最关键的考验。他如果是一个卑鄙小人，出卖朋友，把周呈送到蒋介石那里，将能邀功讨赏，争取升大官，发大财，飞黄腾达，那么周不会屈从蒋，宁可为党为革命牺牲自己，如果那样，我们的党史、国史资料都是另外一种写法。然而潘宜之矢志忠于孙中山先生的联苏联共扶助农工三大政策，对蒋介石背信弃义的叛变行为，在思想上完全保留，行动上坚决抵制，却选择了"网开一面"的做法，帮助恩来老伯伯脱离险境，继续其革命征程。"大难不死，必有后福"。恩来老伯伯终于对中国革命做出了重大贡献，成为中国人民的"好总理"。潘宜之不是不知道，这事如果败露出去，对他自己也许不只是丢官，还可能会杀头，然而他从革命大义出发，就置自己的生死荣辱于不顾了。很多史料提及这件事，都评论为潘宜之"义释周恩来"。

后来，蒋桂冯阎军阀混战中，潘宜之作为新桂系集团的代表，去联络冯玉祥、阎锡山等。反蒋斗争失败后潘宜之遭到蒋介石明令通辑，潘只好去英国牛津大学留学，阎锡山为他提供了2万块大洋的经费。两年多以后，蒋对潘的通辑令撤销，潘才回国，从事抗日救亡工作。1937年全面抗战爆发，潘宜之被任命为第五战区司令长官部秘书长（司令长官是李宗仁），又受命创办"第五战区抗敌青年军团"（实为军校，招募有志青年、流亡学生等，培养抗日干部），任教育长，3个多月培养了4000多学员，有的本是地下党员、抗日民族解放先锋队（"民先队"）队员，毕业后奔赴抗日前线。其中，有三分之一左右（1000多人）去了八路军、新四军的抗日根据地，是帮共产党培养的。曾任中国人民解放军事博物馆馆长、八一电影制片厂厂长的张景华是当时的学员中的地下党员，他对笔者说："你父亲潘教育长对我们这些学员都很好，从来没有什么过不去之处。""我是学古生物地层学的，我间接的上级——中国科学院南京地质古生物研究所原党委书记、副所长李扬（原名马广智）在和我谈科研工作时也提及家庭情况。他对我说："原来你父亲就是我们当年第五战区抗敌青年军团的教育长潘宜之啊！我不说他好，我也不说他不坏。有人怀疑我们左倾，你父亲却一视同仁，矢志抗日救国"。

1938年底至1939年初，国民政府从武汉迁到重庆。潘宜之1939年以新桂系集团核心成员、第二层将领（陆军中将）的背景出任经济部常务次长，1943年调任交通部常务次长。笔者自幼深受父母亲溺爱，常带我们兄弟姐妹去参加应酬场合，见到很多达官贵人，包括蒋宋孔陈，还有翁文灏、白崇禧、钱大钧，等等。其中，尤其是白崇禧，是父亲保定军校三期的同班好友，他公馆在嘉陵江南岸牛角沱与李子坝之间的山坡上，我们不仅常去玩，有时连续几天吃住都在他家，我那时四五岁，都能记事了。可惜我们当少爷、小姐也是好景不长，1944年下半年，濒临衰败的日本侵略者垂死挣扎，在我国战场展开最后的攻势，一直打到贵州省的独山。父亲叫我们疏散，回母亲的老家——四川合江县，我五岁半时与父亲分手说"再见"，不料竟成永诀。

　　1945年初，一方面抗战已临近胜利前夕，但国民党政府内部派系斗争加剧，蒋介石对父亲反对他而投奔桂系，又有亲共嫌疑，因而视作眼中钉、肉中刺，急欲去之而后快，因此免去了父亲交通部常务次长之职，代之以"行政院参事"之虚衔，又派他出国去印度考察。父亲考察回国后在昆明暂住原下属川滇铁路公司总经理萨福钧处。当年8月中旬，得知日本战败投降，举国欢庆。我们也盼着全家团圆。哪知9月中旬各大报载一条消息："前经济部、交通部常务次长潘宜之逝世。"我们全家无限伤悲。母亲只带我一人去重庆料理父亲后事，主要是参加了在夫子池大礼堂举行的极其隆重的追悼大会，首先进场行告别礼的是曾任军事委员会副委员长的冯玉祥将军及其夫人李德金女士，他们行礼后与母亲哭诉当年的友谊，冯老伯伯还把我和小弟抱起来亲吻。从上午到下午，来了很多党国要员和各界知名人士、有军乐队奏哀乐，我们作为"孝子"身穿孝服，在主席台上向参会者行跪拜之答谢礼。在重庆时，母亲也带我去很多老朋友家，得到他们亲切的慰问和同情。这当中，感情最深的还是白崇禧，我给他下跪，磕头之后，他把我抱到他所坐的沙发中，在我耳边说道："小四儿啊！您爸爸已经不在世上了，你就到我家里来，做我的娃娃吧！"我没有说什么话，只是本能地从他的沙发里挣脱出来，回到母亲的身边。后来，打听父亲的死因，才知抗战胜利后，蒋介石给父亲一份新的委任状，是"全国救济总署广西省分署署长，只相当于司局级，父亲对这种无端的降格使用万分冤曲和气愤，便趁家人不在身边，其他人也不知道的情况下服大量烈性安眠药自杀。我6岁就失去了父亲,我们的家道也一落千丈。

父亲的后事料理完之后,母亲仍带我回合江。母亲被任命为合江县立女子初级中学校长,我兄弟姐妹在中小学念书。家庭生活凭着以往一点积蓄,还过得较宽裕。亲戚友人常教导我们要牢记高贵的出身,好好读书,学得本事,将来要像父亲一样当官,当科学家、文学家或从事其他高贵职业,用自己的艰苦奋斗,夺回失去的天堂。我和兄姐们成绩都很好,我从小学四年级起直到六年级上学期,都名列全班第一。

1948年底,经辽沈、平津、淮海三大战役后,国内形势已很明显,国民党必败,共产党必胜。在国统区的地下党也加紧活动,我母亲所在的合江县立女初中有一对地下党员夫妇——陈忻如老师和冯昌惠老师发动该校进步学生,掀起学潮,要赶我母亲下台,母亲想到自己辛苦办学竟落得如此下场,十分灰心,就于1949年打报告向四川省政府教育厅辞职,竟然获得批准。于是母亲为了子女教育和前途,就狠下决心,举家迁往重庆。到重庆后,兄姐都上了著名的南开中学和淑德女中。我在重庆中央医院看病,经X光机透视发现有初期肺结核病,病发已三年(我三年前在合江上小学,那个小县城的医院当时还落后得连X光机都没有,所以我的病情到三年后才发现)。这样,我就只得休学在家养病。后来回想起当年的情况,我们真应该感谢地下党员陈、冯二位老师,是他们和进步学生发动的学潮把母亲的校长职位弄掉,让母亲带我们离开了原始、落后的小县城合江,去到了西南大区的中心城市重庆读书,奔向美好前程。再有,我们在合江有一点田产,因为与佃户关系还算融合,解放后"减租退押"、"土地改革"这一关也过得较顺利,佃户也没有去重庆找我们。而且,我到重庆查出有肺结核,耽误了学业,其最终结果也是"因祸得福",这一点,在后面再作详细叙述。

1949年11月底,重庆解放了。1950年初我去透视,肺结核病仍然存在。母亲心疼我,又让我继续休学养病。到了当年夏秋是学校新学年升学考试，我以同等学历投考，同时考上了三所名校，即重庆市立中学（后改为重庆市第一中学）、南开中学、树人中学。可是母亲一方面觉得老在家养病不去学习也怕赶不上时代，可是医院检查我身体，肺结核还是未好，他就说不同意我带着病体去远处念中学住读，而是要在家附近重读小学六年级。我一时想不通，觉得这样耽误了我的学历，但母亲的最终决定还是要执行，我就在家附近的西南工专附小和私立树人小学读完了六年级的两个学期，总平均分数先后名列第二和第一。我既然是重读，成绩好自然是应该，但是我由于思想上的顽疾，旧意识浓厚，在社会转型的重要时期没能跟上新的潮流。我在群众中说："我们家是开明地主，土改中交出土地就算完事，农民朋友也没更多地找我们的麻烦。我父亲是国民党内部派系斗争中，遭蒋介石倾轧、排斥、打击而悲愤自杀的，他在共产党这边也有很多朋友，如果他不死，一定会投向共产党，至少可以当一个政协委员，……"这些话遭到老师和同学的严厉批评斥责，他们说："你出身是黑五类，跟反动剥削阶级家庭划不清界线，还美化反动的父亲，你根本没有站稳无产阶级的立场，思想要好好改造，要脱胎换骨，洗心革面。……"所以，我的操行成绩却很坏，与优秀的学业成绩形成鲜明的对照。

1951年，升学考试中，我以很高的分数考取了重庆市立一中，也没有检查出有肺结核，就到重庆市中区两路口大田湾广场旁的重庆一中初中部（抗战时期是国民党中央党部办公大楼）去上学，只上了一个学期。1952年初，我们迁到重庆沙坪坝汉渝路与重庆一中高中部在一起，又建了新的校区，我在那里完成了高初中六个学年的学习，于1957毕业才离开。

在中学阶段，跟小学时一样，我一门心思扑在功课学习上，学业成绩一路飚升，到初中三年级最后一学期总平均分数名列全班第三一，到高中更是每学期都为全班之冠。但是，我不关心政治，在各种社会活动中表现不积极，说话也常有失分寸，所以常常遭到老师训斥和同学指责，师生关系和群众关系都很不好，很紧张。那时我母亲刚参加工作，工资很低，供养我们兄弟姐妹读书都很困难。那时有人民助学金，可以申请，我多次申请都遭拒绝，群众中通不过，班主任老师公开宣称："人民助学金不是用来培养你这种不求进步的坏学生的，你交不起伙食费就退学回家吧！你这种人即使是读完了初中，乃至高中、大学也不会要你，你终将被新社会淘汰"。我下来以后，忍气吞声，不能在伙食团吃饭，就课余时间出去捡破烂，如用完的牙膏皮、废铜烂铁、碎玻璃渣子等，卖给废品收购站，换几个钱到小饭馆吃一碗名叫"帽儿头"的干饭，喝一碗免费的"和汤"（刷锅汤里撒点葱花），也可以过一顿。不久，母亲知道，实在不忍，再托亲朋好友借贷，也凑足我的伙食费，回到学校食堂吃饭。

初中三年里，无论我学习成绩多好，可是与低劣的操行成绩形成了鲜明的对照。我一年级两个学期操行都不及格，是"丁"等，二、三年级好一点，也才只到"丙"等，勉强及格。1954年升学考试中，一方面考分很高，又没犯什么大错误，所以还是直升本校高中。高中一年级，我的班主任李泽兰老师是教政治课的，她曾是合江县立女子初级中学的学生，我母亲曾是她的校长，我两位姐姐曾是她的同学，她一开始对我还较关心，后来，她见我有些反常表现，群众关系不好，与班、团干部关系尤其紧张，对我也就疏远了，高中一年级两个学期给我的操行成绩仍然打"丙等"，到二年级第一学期实行"五级分制"时，她居然把我的操行成绩打成"3"分。按规定，若连续两个学期都是"3"分就有可能被勒令退学。这引起我高度紧张和重视。好在那正是 1956 年，党号召"向科学进军"，政治空气宽松祥和了一些，我也转变了态度，关心政治，多为公家为集体做好事，也多依靠关心爱护我的师友，如我大姐高中时的本校同学方延惠，他是学生中的领袖人物。曾任学生会主席、校团委书记，后脱产留校，升任教导处副主任，我更接近他，争取他的教导和帮助。二年级第二学期又发生了新的情况，李泽兰老师调任团委书记，我班班主任由语文老师晏光带接任，晏老师本是前中央大学中文系的高材生，语文课教得顶瓜瓜。他见我文理兼通，对诗词歌赋文和数理化都有兴趣，成绩也优异，就十分器重。他也常与方延惠主任提起对我的鼓励与关怀。那学期末，我的操行成绩居然得了"5分"。

1956年，重庆市在"向科学进军"浪潮中，也在中小学开展了奖励优秀学生的活动。我们重庆一中是全市重点（当今在全国乃至国际上都有相当名气），高初中六个年级，每年级六七个班，总共约四十个班共两仟多人，而一个学年每门功课（我们高二年级共12门功课，包括体育、音乐）都是"5"分，而且操行也是"5"分的只有10多位，我便是其中之一，我们年级仅我一人，其余大多数是年级比我低的，我认识而且印象深刻的是低我一年级的尹明善同学，他一贯成绩好，又当班干部，同学中威信很高，我一直很钦佩他。尹明善后来是重庆"力帆"集团的老总；优秀民营企业家，当过全国政协委员，还被选为重庆市政协副主席，相当于副省、部级干部。所以，我虽然当了"全优生"，也知道低年级中还有比我强的，所以不能骄傲自满。1956年9月，全校2000多人参加的开学典礼上，我们这10多位"全优生"上主席台领奖，全体师生热烈鼓掌，对我们是很大的激励和鞭策，我衷心感谢老师同学们的教导和帮助，特别感谢方延惠主任、晏光带老师这样的"伯乐"，使我能充分发挥专长并且颖脱而出。方延惠主任后来调重庆市教育局任科长、局长，后任重庆市人大常委会教科文卫委员会主任，直至退休。晏光带老师在改革开放时期退休后还被重庆师范学院聘为兼职教授，为中文系大学生授课，我2013年回重庆，到医院看望他，他已96岁，除目力差一些外，说话声音还很宏亮，今年如果健在，将是102岁了。

高中三年级，我们除上当时的课而外，也积极准备即将到来的高考。我以前每个假期都复习前面学过功课，所以，对考大学是胸有成竹的。晏光带老师特别告诉我，开学之初研究颁奖"全优生"的会上就有老师提出异议，说潘云唐第一学期操行得了3分，第二学期即使得5分，平均起来也是4分，所以不该得奖，而主持会议的方延惠主任却解释说，我们对青年人要从发展上看问题，他最终得了5分就说明他真正地进步了，所以还是要充分肯定，结果，还是坚持给我颁了奖。晏老师又提醒我说，他下学期不当我们的班主任了，但是班、团干部对我成见还是很深，特别这次全优生颁奖全年级只有我一个人得奖，而他们都没得到，也很容易滋生忌妒情绪，希望我主动接近他们，顺应他们，跟他们搞好关系，以免将来再遇到新的麻烦。我谢谢了晏老师的好意。

三年级我们的班主任叫姚述隐，也是教语文课的老师，上世纪 20 年代末 30 年代初就读于北京大学中文系，年纪较大，是北方口音。我根据自己的情况，很倾慕北京大学、清华大学等名校，尤其是北大，更是成了自己朝四暮想的偶像，所以，很主动接近姚老师，常去他家访问，长谈，他给我谈了北大的很多故事，也鼓励我好好努力，争取考上。我在班上除自己好好学习而外，也乐意帮助其他同学，帮助他们解答学习中的疑难问题，也和他们交流有效的学习方法，渐渐地在我周围就有了一帮朋友，我们渐渐萌生起形成一个学习小社团的愿望。后来，我们果真在教室开会，成立一个叫"启蒙学会"的组织，其中有党员、学习成绩较好的王保义，团员、班干部、学习成绩较好的徐厚模，团员、学习成绩较好的黄兴柏，团员、体育干部、优秀运动员郑俊秀，非团员、学习成绩较好的袁正富，非团员、学习成绩较差的刘承柱，一共 9 人。大家一致选我为"主事"。我们在学习上加强联系，共同解决疑难问题，有时在教室或寝室也自发举行各种讨论会，交流学习心得，我们也欢迎会外同学参加我们的活动，使得彼此都有收获。我们这些活动都向班委会、团支部打了招呼，也向学校教导处等作了汇报，表明我们的公开合法性。我们还与班委会合作，在教室后面黑版上办过几期墙报，把我们一些学习心得同大家交流。

到了 1957 年上半年，是最后一学期了，大家学习更紧张一些。而且政治上也有很多进展，我们学习了毛泽东主席关于正确处理人民内部矛盾的报告。学期之中，重庆市召开了高中毕业生代表大会，每班去一位代表，代表们开完会回来后，带回一些文件向大家传达，有一天，班上团支部召开全班大会，宣读了该大会的发言稿，其中一篇文章有一些偏激的内容。团支书说，大家可以自由发言，不要轻易扣帽子。轮到我发言时，我站起来说："这篇文章有很多错误，发泄了对党和政府的不满情绪，我们即使不随便给他们扣帽子也坚决不同意他们的荒谬言论，要坚决以马克思列宁主义毛泽东思想指导我们的行动，要严格与这些错误思想划清界限。"

后来临近高考（那时高考时间是 7 月 15—17 日，比现在的要晚一个多月），填志愿时，12 个志愿我前 4 个都填北京大学（物理系，化学系，数学力学系，地质地理系），我遵循前几届参加高考同学的劝告，高考前一天不看书，出去登山游览，在重庆小龙坎平顶山上俯瞰整个沙坪坝，感到心旷神怡，前一天玩够了，洗了澡，睡足了觉，第二天带着充足的精力、清醒的头脑，步行到重庆建筑工程学院大礼堂，进考场去从容地答题，数理化三科较死，有标准答案，出来以后大家对答案，我每道题都做了的，不一定都得满分也跑不了几分，语文、政治两科较活，作文题目是"我的母亲"，总之，自我感觉良好。

一个多月以后的 8 月下旬，我们天天在盼通知，到 8 月 26 日上午，我们看到《重庆日报》当日头版第 2 条载"本省高等学校统一招生考试揭晓"的消息。其中说："据招生机构办公室负责人谈，今年全省有 23000 多人报考省内外 53 所高等学校，现共录取了 8592 人，加上缺额数约为 9600 人，考生来源与招生计划的比例为二·四比一……"又说："这中间权衡比较的范围很大，好的中间挑好的，选择很严。同时各类学校根据自己的特点，在总的要求下也可有不同要求，再加上考生志愿的集中（如北京大学在本省招收二、三十人，而第一志愿报考该校的即有 1900 余人），报考志愿和招生计划的口径不一，因而由于报考志愿的学校录取满额，考生条件虽好仍然落选的也难避免。……"我看了这个报道，心情虽然紧张，然而镇静地对待。下午就在家中心平气和地等候。到了两三点钟，我家楼下沸腾了。妹妹和邻居家小朋友都高举着通知书喊道："四哥！恭喜您考上了北京大学"。我一把抓过来一看，原来我被录取到北京大学地质地理系地质学专业，一家人都高兴得很，我一方面高兴，另一方面又感觉得并不意外，完全是情理中之事，因为刚考完时对答案就没发现什么明显的大错。

经过几天积极的准备，我于9月1日出发去北京，全家人到重庆菜园坝火车站热情相送。我们去北京上大学的新生有组织地出发，因为是自费，大家又年轻，不怕吃苦，因此坐慢车，硬座，一路上换了三四次车，到9月5日才到北京，我到北京大学报到注册，分在地质地理系一年级一班（简称"地一、一班"）。很快就开始上课了。

9月底，学校准备组织国庆节游行队伍时，特别照顾新生，大多数是从外地首次来北京的，让大家能经过天安门广场，见见毛主席和中央首长。到国庆节那天早晨，学校的大车送我们游行队伍的学生到城里东长安街附近，上午10点左右，我们跟游行队伍出发了，我们的行列是紧挨天安门金水桥前最近的，距天安门城楼也不过几十米远，城楼上检阅的中央首长看得清清楚楚。毛泽东主席站在正中央，他左边站着的是来访的苏联某代表团团长阿里斯托夫，右边站的是我国其他领导人。毛主席一会儿向我们招手，一会儿揭下头上的帽子，向大家挥帽子，一会儿又把帽子戴上向大家挥手，如此反复多次。我们也注意看了其他中央首长，刘少奇、周恩来、朱德、宋庆龄等，都能辨认出来，我们真是大开眼界，欣喜万分。附带说说，两年以后的1959年，是十周年大庆，我又参加了国庆节游行队伍，不过有点差别，那一次本来是毛主席与来访的苏联代表团团长赫鲁晓夫在中心位置（后来的新闻报道可知），而我们走过天安门广场时，偏偏没见到毛主席和赫鲁晓夫（想必是他们站久了，进城楼里屋坐坐休息，喝茶去了），站在正中间的是我们的周恩来总理和苏联代表团副团长苏斯洛夫，旁边其他中央首长也还是看得很清楚。我第一次参加国庆已见过毛主席了，这次没见到也不遗憾。

我们在北大第一学期除了上课而外，也参加高年级同学的反右派斗争的批判会。那一年北大全校学生8000多人，划分出右派400多人，约占5%，我们听了学校领导作的反右斗争形势报告，学习了相关文件，又跟二年级同学一起参加面对面的批判右派分子大会，我们听老同学发言，表示支持，自己也发言、表态，痛斥右派分子的罪行，到学期末，对右派分子作了处理，除少数留班继续念书外，很多都送去劳动教养，等等。我们跟老同学熟悉了，成了朋友、战友，有些对我了解的老同学跟我谈了知心话，他们说，像我这样，家庭出身极其不好，自己又不追求进步，思想很落后的人，若早一年进大学，处在上学期的环境，很有可能被打成右派。这使我回顾了自己的身世，我本来上学很早，五岁发蒙，按正规学历1955年16岁就该进大学了。幸亏由合江到重庆检查出患了肺结核，在家养病，我花了家中的钱，增添了母亲和兄弟姐妹的麻烦，还耽误了学籍，最关键是1950年我同时考上三所著名中学母亲还要我在家附近重读小学六年级，结果我1951年上初中，1957年高中毕业考上大学，已是反右高潮过后的尾声阶段。老子曰："祸兮，福之所倚；福兮，祸之所伏"。我以身体的疾患而躲过了政治上的凶险，也真说得上是"因祸得福"啊！

　　反右斗争以后，1958年开始执行"鼓足干劲，力争上游，多快好省地建设社会主义"的总路线，"大跃进"运动又开始了。在我们北京大学，则开始了"红专辩论"和"批判个人主义"。我在班会上向大家交心，谈到了自己的家庭出身和早期历史，接受了大家提的批评意见。后来成为"白专典型"。饱受指责，沦为落后层，日子很难过。在这种情况下，自己又把主要心思放在业务学习上，在北大六年共学了30多门课程，估计四分之三是"5"分，四分之一是"4"分。我是学古生物地层专业的，需查的外文文献很多，我就狠抓外文，第一外语是俄语，第二外语是英语，都有正式成绩表示通过，自己又自学了德语和法语，也只不过能抱着字典查专业文献，自己就爱吹嘘是外语专家，令同学们十分反感、忌妒。

　　1961年，我们上五年级了，因为三年"大饥荒"，我们北大理科五年制延长了一年。我们开始作学年论文，紧接着就在六年级写毕业论文。我当时看中了一个化石门类——层孔虫，主要繁盛于古生代，现代已绝灭，解放前，只有一位青年夭折的古生物学家发表过一篇较系统的论文，解放后还没出现新的成果，我就想在这种"冷门"化石上做文章，争取"一鸣惊人"。1962年，有一位刚从苏联留学归来的老师到我们北大地质地理系古生物教研室来工作，我很崇拜他，常在办公室向他请教古生物和俄语，希望弄出一篇古生物专著来发表，并希望译成俄文、英文等，到国际上去交流。我把全部心思都扑在这上面，还引进一些新的研究方法，如化石的数理统计，坐标图示，等等。可是，1962—1963 年，党的八届十中全会以后，又开始强调阶级斗争，政治空气又开始沉闷起来，我这种"白专典型"在老师和同学中，都寻求不到支持，那位老师对我说："你这些所谓创新，都要在长期实践中经过反复检验，才知道是否正确，是否有用。"我按他的意见，把一些过头的词语都删掉了。可是，到论文答辩会上他又提些刁钻古怪的问题来非难我，甚至对我已经接受他的意见，对自我得意的部分也作了删减，他却还要穷追不放地说："你是不是对自己估计过高了哟？"我对他这种打击压制、忌妒埋没学生的坏老师顿时腐心切齿，深恶痛绝。从那以后，我再也不理他了。

从北大毕业前夕，我也报考了中国科学院古脊椎动物与古人类研究所的研究生，该所派人到北大去调查我的情况，后来他们公开放出话来说："潘云唐虽然考得很好，可惜外调中得知他是'白专'典型，所以就是不要"。这样，我就被发配到老家四川成都的地质部西南地质科学研究所（以后叫"成都地质矿产研究所"，而今叫"自然资源部成都地质调查中心"。刚一去报到，就被派往四川省委"四清"工作团，我和一些新来的同志下到万县专区开县农村去搞了半年"四清"（也叫"社会主义教育运动"，"四清"有各种提法，最后统一为"清政治、清经济、清思想、清组织"）。半年以后，回到原单位，正好四川省委书记处书记、副省长杨超的夫人罗迩（是 1938 年去延安的"三八式"老干部）从省计划委员会天然气办公室主任（处级）调到西南地质科学研究所任党委书记（司、局级），需要捞点政绩。于是就在1964年下半年讨论我的转正问题时，抓住机会，对我罗织罪名，大做文章，上报成都市委，要把我打成现行反革命，让公安局逮捕去劳改。成都市委严厉地将他们打的报告批驳回来，指明我的问题是人民内部矛盾，应该加强教育。

这样，我第一年就不予转正，下放到四川省地质局第210地质队（钾盐地质队）去劳动，跟该队野外地质工作组的同志一起从事地质调查，去过四川万县专区开县、云阳、奉节等县，1965年下半年回到成都西南地质研究所时，又通知我，说我错误缺点很多，今年仍不予转正，又与所里同志一起，被派到宜宾地区去参加"四清"运动，我去的是宜宾县安边区五桂人民公社，到1966年夏回到成都，参加"文化大革命"，铺天盖地的大字报又向我袭来，把我打成"反党反社会主义分子"，运动告一段落后，大多数同志还是出野外从事地质调查，我和另外几位受冲击的同志，被送到成都郊区基地去劳动（被人们称为"劳改队"）。我所在的"地层古生物研究室"主任伍鉴平问罗迭："关于潘云唐的大字报不少，问题都还不落实，是否派人到宜宾去外调一下？"罗迭轻蔑地答道："那还用外调吗？反正都是运动完了送去劳改"。当年8月，党的八届十一中全会召开，公布了"十六条"文化大革命又如火如荼地开展，不过这次矛头主要对准"党内走资本主义道路的当权派"（"走资派"），我们属于"受迫害的革命群众"都被解放了。

过去罗迭说我"运动完了反正都是送去劳改！"一些思想极左的人说我"躲得过初一，躲不过十五。善有善报，恶有恶报，不是不报，时候未到，时候一到，一齐都报。"现在我倒被解放了，罗迭作为"走资派"，遭到群众强烈批判，还被戴上高帽子游街。另外，我被拖了三年的转正问题也终于在当年下半年解决了。不过，仔细盘点一下，一般大学生，那怕是二、三流大学毕业的，念书4年，工作一年都按时转正，从高中毕业算起，只花五年就能拿到初级职称。而我在名牌北京大学读了六年，工作了三年才转正，从高中毕业算起，一共九年才转正，拿到初级职称，几乎是一般大学生的两倍，我觉得自己简直是生活在是非颠倒、黑白混淆的社会环境里，心里实在难以平衡。

罗迭作为走资派，受到革命群众多次批判斗争。到1967年，革命群众更进一步批判罗迭执行资产阶级反动路线迫害广大革命群众。很多人纷纷上台发言，吐苦水。我也上台敞开胸怀，向大家说说心理话。我首先表示感谢毛主席的无产阶级革命路线解放了我们。今天又有机会在这里揭露和批判罗迭执行资产阶级反动路线的残酷凶狠、毒辣和卑鄙无耻，同时也能向大家阐明自己的真实情况，求得大家的理解。我首先发表三点声明。第一、实事求是地说，我本身是有错误的，欢迎大家将来在一定时机、采用一定方式，继续对我进行教育帮助；第二、广大革命群众以前对我有一定的冲击，这些都是罗迭的资产阶级反动路线造成的，我绝不责怪大家；第三、一些中层干部、积极分子在罗迭的指使下，做过一些不恰当的事，希望你们好好斗私批修，与罗迭划清界线，和广大革命群众站在一起，向资反路线进行清算，争取得到革命群众的宽恕和谅解。我们认为可喜的是不少同志正是这样做的。人们评价我这三点声明符合"三高"（高水平、高姿态、高风格）的标准。

我发言谈到罗迭对我残酷迫害时，场面响起口号声："不许迫害革命群众！""迫害革命群众的人绝没有好下场！"我谈到罗迭整人时一些滑稽、无聊、愚不可及的情节时，人们又报以哄堂大笑，笑声是对我的同情，对罗迭的讥讽。我发言一个多小时就到中午了，我说："同志们，是吃饭时间了，我先说到这里吧！"场内群众的喊声此起彼伏："说吧！说下去，不要害怕，我们都爱听！""说吧！走资派、资反路线太不像话了，整人太没谱了！"后来，主持会场的人宣布休会就餐，下午继续，并关照我说："把你的心里话说完就是了。"下午我继续发言时，见会场上大多数人都微笑地望着我，体现了对我的同情、关怀和理解，讲完以后大家热情地为我鼓掌，我也对大家点头、作揖，表示衷心感谢。会后听人说，大家议论我时，都说我态度很诚恳，客观公正。所以，我的群众关系就很好了。

1971年，林彪自我爆炸后，表明"文化大革命"从理论到实践的彻底破产，整个形势有了转机，不再成天搞运动，搞空头政治，也恢复了部分科研实际工作，开始上了一些大项目，例如我们就编了新的工具书——《西南地区古生物图册四川分册》，后由地质出版社正式出版。

1976年9月9日，毛泽东主席逝世，他是为革命、为人民的幸福而死的，他死得比泰山还重。不久，"四人帮"被粉碎，"文革"宣告结束。"文革"时期极"左"的路线、方针、政策都受到批判、纠正和摒弃。1977年邓小平同志复出之后，亲自抓了各方面的工作，包括教育、科学技术等方面，当年，恢复了高等学校招生考试，1978年又宣布恢复了研究生制度，各行各业都出现了一派大好形势。

研究生招考的生源问题，一开始为了招回较老的大学生把年龄放宽到了35岁，后来很多科学家向中央反应，一定要招到"文革"前毕业的老大学生，所以把年龄再放宽到40岁，我当年39龄，于是成了"适龄青年"，特提出报考研究生，原单位成都地质矿产研究所领导一开始不让我考，说他们也急于用人，不放我走，我敷衍他们说，我去拿个学位，提高了水平，再回所里来可以更好地工作。最后，他们也无权硬性阻挡我去报名，我报名后，和另外几位报名者在一间办公室复习功课，我们地质学类的研究生初试要考三门课——政治、外语、普通地质学。在不到一个月的时间内，我们互相交流、切磋，都有了很大收获。5月初考试后，我在6月下旬接到了复试通知。同时，在北京的友人为我打听了情况，说我初试考了第一名，令我十分欣慰。想不到荒废了15年的功课，不到一个月的复习就基本上捡回来了。7月中旬去北京中国科学院地质研究所招生办公室报到时，工作人员和其他来报到的复试考生一听说我叫潘云唐，纷纷向我道贺："你就是初试考第一名的啊！"我感谢大家的好意。再仔细一打听，原来三科满分是300分，我总分260分（其中，政治90分，俄语87分，普通地质学83

分），名列第一。又听说，总的情况是所录取名额为30多人，考生总数300多人，录取率约10%，这次让参加复试的约70人，大概占考生总数20%。也就是说，在复试中又要淘汰掉一半。复试生是按成绩排队的，约70位复试生最低分数线是140（平均46.7分，不及格）。

从以上情况来看，就等于说80%的考生分数还不到140分，有很多青年成家立业，在家中抱孩子，受"知识无用论"的影响，消磨了雄心壮志。能出来投考研究生的总还算有点闯劲，而大多数竟是这种水平，可见得"文革"10年浩劫造成了多么大的一片科学沙漠、文化沙漠啊！如果再以如今的高考来作比较，按比例算一算，300分满分之下的260分与140分就分别相当于750分满分之下的650分和350分。这就意味着，我是在80%的考生都低于350分的情况下能考650分。这样的成绩也就是真正值得珍惜的了。感谢党的英明领导，感谢师友的教导栽培，特别是北京大学母校留下的深厚科学文化底蕴与奋斗精神，再加上个人应有的努力，结果总算对得起方方面面的领导和友人。

我们复试地点在北京第二外国语学院（今之中国传媒大学），在那里住了一夜。第二天上午面试，招生导师及其秘书，助手都来提了不少问题，交谈得很愉快。下午是笔试，每人分别答自己小专业的试卷，然后离开。考完之后，我还留在北京出差，为原单位办很多事，主要是出版科研成果。那段时间又得知我口试成绩是"优"，笔试科目"古生物地史学"成绩是86分（与初试平均分差不多），不过这次大家考的专业课不同，就没有可比性了。

后来，又听朋友说，我考研在"政治审查"这一关出现了障碍，原报考的导师是中国科学院学部委员、地学部主任尹赞勋先生。他可能不想收我。又有人说，我成绩是最好的，招生办公室一定会给我一定的出路。还有人说，中国科学院负责研究生招生工作的副院长严济慈在各所招生办公室联席会议上宣称，我们要向发达国家学习，成立研究生院，把各所新入学的研究生集中上课，培训一年，后两年再回所里去做论文，经答辩而毕业。我们研究生院的教师一开始到各研究所及名校去请，同时也要培养自己的师资，这次招生就特设一个师资班，各所可以把成绩好的考生输送到我们的师资班里来。

当年9月底，当我完成出差任务回原单位后，果然同时收到了中国科学院地质研究所的不录取通知书和中国科学院研究生院师资班的录取通知书。我在成都地质矿产研究所办完离所手续就去到北京，在暂设于北京肖庄原北京林学院旧址的中国科学院研究生院报到并上课。研究生院到中科院地质研究所去为我请到了代培导师，我仍由该所培养毕业。在院期间，我们上课一年半（从1978年10月到1980年1月，共三个学期），我学了20多门课，修满了学分。第一外语英语以较好成绩通过，第二、三外语（俄语、德语）也得以通过。1981年秋冬毕业答辩时，我的成绩是3票"优"，一票"优+"，一票"优-"，所以总平均仍是"优"。最后得到了毕业证书和硕士学位证书，并留在本院任教。

回过头来看，我在改革开放之始考入中国科学院研究生院，可以说是我坎坷艰难的前半生（青少年时代）和灿烂辉煌的后半生（中、老年时代）的分水岭。想起过去极少数擅长整人害人的极"左"分子说我的话："善有善报，恶有恶报；不是不报，时候未到；时候一到，一齐都报"。今天我不是"恶有恶报"而是"善有善报"，"时候"确实到了，但不是我再次挨整甚至被置于死地的"时候"，而是我得到深造机会，能更好地为人民服务，为祖国四个现代化多作贡献的"时候"。

得到"留本院任教"通知后，我们在玉泉路19号大院中国科学技术大学原址报到（该校"文革"中1969年迁往安徽合肥，这里还有留守处，有一些房地产），我和师资班同班同学杨忆都在地学教学部，这里有一位副主任何铸文是科大副教授调来的，还有两位北京大学1978年毕业的工农兵大学生：林秋雁和殷强，一位搞教学管理的王之玉，林秋雁后来当了党总支书记。我们一开始办公和住宿都在木板房，条件比较艰苦。

1981级的研究生1982年春季学期才开始来报到上课，我开的第一门课是《综合地学基础》（就是《普通地质学》）。那时候只需有6个人以上选课就可以开讲，而听我这课的一开始有一二十人，以后又慢慢增加，我除了给学生指定教科书及教学参考书而外，自己也编写讲义，包括自己编绘的图表等。我讲课大家都爱听，反映很好，有学生议论说："像这样负责任的课还真是不太多！"这正是我自己想要做的，我在思考，我们为人民服务，具体的服务对象正是学生，正是要把他们培养成国家的栋梁之材。我们听见一些企业家提出"顾客是上帝"，那么，对我们来说，学生就是上帝。也有人说，要待学生如"亲子"，我们教的这一批学生正好是"文革"后上大学的应届毕业生，和我们正好差一代人的年纪。我们庆当放下架子，和他们打成一片，做他们的忘年知己，真正关爱他们，使他们快乐健康地成长，才能得到他们的尊敬，"尊师爱生"是一个问题的两个方面，只有师生团结一心，才能完成教与学两方面的任务。

我以前也见过或听说过教师中有极少数败类，他们深怕学生赶上和超过自己（也就是"教会徒弟，饿死师父"），对一些有探索创新精神的学生，不是满腔热忱地支持、谨慎恰当地引导，而是忌妒、挑剔、责难、排挤、埋没。这种站在学生的对立面、以学生为敌、刁难学生的人简直是自毁长城。要知道，他们是新生一代，将来要超过我们，科学技术才能发展，社会才能进步。所以，我们任何人在青年面前都要谦虚谨慎。两仟多年前，孔老夫子说："后生可畏，焉知来者不如今之矣！"一千年前，"唐宋八大家"之一的欧阳修，自己写了文章、发表之前总是精心修改。他的属下问道："大人，您还用得着这么谨小慎微吗？您还怕拿出去先生们看了会笑话您吗？"欧阳修回答说："我并不怕先生们笑我，我倒怕将来的后生们会笑我呢！"欧阳修明知道，以他的水平，一般不会出什么偏差，以他的地位和声望，人们也不会去跟他较真，他却要争取做到若干年后新生的一代学者都照旧认可他，那才叫经得住历史的考验。

基于这种认识，我与学生的关系处得很融洽，我讲的是基础课，内容浅显易懂，学生很易接受。在评定他们的成绩上，我按照学校的规定，既不能出太艰深的题去为难他们，也不能迎合他们争取高分的心愿去随便以高分笼络他们而使分数贬值。而且学校规定分数评定在全班应该是"正态分布"，即总的成绩是"中间大，两头小"。我的课还有野外实习，就是带领学生乘学校的车一两个小时车程能到的北京西山去观察地质现象，包括地层、岩石、矿物、化石、地质作用产物，等等。回来要写实习报告，作为平时成绩，最终成绩是期末考试考卷成绩占70%，平时成绩占30%。有的同学不仅期末考试答卷卷面清洁，答题准确，而且平时的实习报告也交来电子版打印稿，篇幅不少，内容丰富而切题，像这样的学生，一看就是负责认真的，理应给予高分。另有少数学生，也许其他功课更忙，没把此课认真对待，不仅答卷失误多一些，平时的实习报告仅用手写，篇幅短，内容贫乏，这一看就不是对此课认真投入的，给他个60多分让他勉强过关，他也不会不服或不满。那时规定的60分以下不及格，60—70分是及格，70—85分是良好，85—100分是优秀。我出题难易适中，又参考平时成绩，最后我给出分数大概是：不及格的没有，及格的10%以内，良好的50%左右，优秀的40%多一点。这样做学生也满意，没有不服。同时，这也是正态分布，对上面也交待得过去。

我为1981级学生开设了《综合地学基础》，又为1982级学生开设了《古生态学》课程。1999年退休后，还反聘继续开设《古生态学》课程，2006年还为研究生院人文学院科技史与科技考古系开设了《地质科学史》课程，直至2014年研究生迁往怀柔雁栖湖校区，我才完全进入休闲状态。我们年轻时曾提出过响亮的口号："要为祖国健康地工作五十年"。我1963年24岁从北京大学毕业算起，工作到2014年75岁后才最后休闲，可算总共工作了51年，基本上实践了早期的誓言。

学校规定，学生为了知道自己的成绩，必须参加网上评课，要在11个评选项目上给老师打分，还要写上评语，因为是无纪名的，学生满可以畅叙情怀。后来我到教务处去查了我的网上评课底子，工作人员热情地把我讲的课的评议资料电子版打给我了，我从头到尾、聚精会神地看了，被学生们热情真诚的评语感动得热泪盈眶、热血沸腾，我不妨列举一些较典型的例子（其他的也跟这些例子大同小异）。

2007级一位选修《古生态学》的学生写道："潘老师知识渊博，讲课能旁征博引，生动地给我们介绍了古生态学的一些知识。并且，潘老师能和学生们打成一片，是学生们心目中的好老师！"同级同课的另一位学生写道："从潘老师身上我们看见了一位真正不言老的科学家，他那激情的演讲总是把我们的兴趣一次次提高。他对自己科研的热爱、对教学的负责、对学生的关爱都令我钦佩不已！他积极地面对人生、面对生活的哲理，指导我们如何做一个社会的合格人才。"

2010级一位选修《古生态学》的学生写道："老师讲课带有激情，讲解详细，同时能合理安排学习，使学生受益匪浅。"同级同课的另一位学生写道："老师很和蔼，讲课的时候很可爱，很喜欢这门课。"

2013级一位选修《古生态学》的学生写道："潘老师对待学生极其认真负责，是一位不可多得的好老师。上他的课是一种享受，非常有激情。他把我们当做他的朋友，除了收获一份知识而外，更多的还是感动。遇见潘老师，是我一生的荣幸，也是我人生中的一大宝贵财富"。同级同课的另一位学生写道："潘老师人特别好，认真负责，喜欢和学生打成一片，下学期潘老师的课我还会选。"

2013级一位选修《地质科学史》课的学生写道："我想说，潘老师是我从小到大见过的上百位老师里面堪称典范的人民教师，虽然他已经退休了十几年。潘老师为人率真、朴实，真正地为学生考虑，器重学生，爱学生，并且知识十分渊博。会五个国家的语言，精通古诗词，主专业古生物地层学，第二专业地质科学史。潘老师的学术水平、教学水平，以及人格魅力深深地感染了我。向潘老师学习！"同级同课的另一位学生写道："老师满腹经纶，讲课滔滔不绝，和蔼可亲，课堂活跃，我们都喜欢他。"

看着这些评语，使我心潮起伏，久久不能平静，深深为"教师"，这个太阳底下最光辉的职业感到自豪，也为我40年前偶然的改行而庆幸。33年的教龄中，我直接教过的学生至少在千人以上，很多都一鼓作气，经硕士而博士、博士后，很多在30岁以前拿到了高级职称，有的竟然拿到了最高学术称号——院士！例如我刚留在中国科学院研究生院任教，第一次为1981级硕士生上课时，听众中有一位叫朱日祥，当时成绩就很优异，后来一路飚升，2003年当选为中科院院士，又长期担任中科院地质与地球物理研究所所长，还兼我们国科大地球与行星科学学院院长，已是我的上级了，我连当人家的学生也不够格，可是人家见了我还一口一个"潘老师"、"潘老师"。回想这也许是自己当年坚守了"学生是上帝"的信条，对所有学生都一视同仁地关爱，才有今天的好结果。

我不但跟学生关系不错，而且更注意同事和领导等方面的群众关系。我在地学教学部时，主任是何铸文副教授，他对我很看重，我也是很尊敬他，他家住复兴门内某胡同时，我也多次去他家拜访，他夫人安宝珠教授曾是留苏归来的，现也在我们研究生院化学教学部工作。1988年，他申报正教授职称时，我去中国地质大学送他的评审材料到该校矿物教研室陈光远教授处，我不认识陈，就向我熟悉的我们地质古生物学界权威、中国科学院学部委员郝诒纯教授打听。郝说，陈正是她在昆明西南联大的同学，并马上打电话给陈，介绍我去找他。我一到陈光远教授家，陈见是他老同学郝诒纯学部委员介绍来的，对我十分热情，我向他呈上了何铸文老师的评审材料，他就和我交谈，我也简单谈了何老师的工作业绩、学术成就等。他连连点头，后来，我起身准备告辞时，他在没有看正式材料之前就表了个态说："看来，你们的何铸文老师申报正教授的条件是够了。"我辞别他时，也特别表示了感谢。我回校后，很高兴地向何铸文老师汇报了上述情况，何老师很高兴。不过，我特别声明："您用不着感谢我，我出点微力是应该的，主要是陈教授的老同学——郝诒纯学部委员的面子大，我们都得感谢她。"后来，何老师果然在当年评上了正教授。

何老师的入党介绍人是林秋雁。她当时已是地学教学部党总支书记兼副主任，并已有了讲师职称，她和我是北京大学校友，先后同学，对我也很关心。她常对人说："老潘人不错，虽然有时爱开点玩笑，说点笑话，但人家做出的成绩摆在那儿，大家都看得到。"1986年，我们研究生院首批提副高职称（副教授、副研究员）的教师中有我。当年，我还被评为全院先进工作者，上台领奖（奖品是一个塑料台灯）。后来，何铸文老师对我说："我想让林秋雁讲点课，虽然吴塘副院长说工农兵大学生上讲台一事应当慎重，严格控制，但我们早晚还是要培养年轻同志的，这事我兜着。"我回答道："您兜着我也兜着，我反正紧跟您"。最后，我们商量好从我教的《普通地质学》课中拨三分之一的课时工作量给林。林秋雁经过一番备课，又进行了试讲，我们都说通得过，可以让她上。她后来就和我一同上那门课了。

后来我和林秋雁再共同编写《普通地质学》课程的新讲义，其中，我执笔写的内容约占三分之二，她写的约占三分之一。写成付印，我提议要让她署名第一作者，表示我们今天正是要把年轻同志推到第一线，给他们压担子、加任务，使他们更快地多出成绩，更快地成长。我们的讲义不但学生认为好，我和林秋雁还就讲义中的一些新颖内容共同研究，写成论文，投到学术期刊上去发表。我又对她说："这是从我们共同写的讲义内容提炼出来的内容写成的，既然讲义您是第一作者，这篇文章您还是当第一作者吧！"我还对她说："目前，我是副教授，前面是奔正教授，我目前学术著作数量已经不少，这两份著作在我的著作中算不上高水平、高质量的精品，对我申请正教授不起主要作用。而您正处在讲师一级，前面是申请副教授，这两份著作对您正能派上用场。所以，如果我排第一，简直是浪费，而您署第一才正是好钢用在刀刃上。她明白了我的意思，也对我表示了谢意。"

我在努力完成教学任务的同时，也加紧从事科学研究，在我从事的腹足类古生物学等方面出不少成果，包括我的代表作——《中国二叠纪腹足动物》（英文版，二人合著，我是第一作者，第二作者是余汶，是中国科学院南京地质古生物研究所的研究员，中国古生物学会全国腹足类学科组领导小组组长、我是领导小组成员）。1993年，我们研究生院教员职称评审中，林秋雁果然由讲师晋升到了副教授。当年我申请正教授职称时，地学教学部名额只有一名，申请者则有三人，一位是比我年长三岁的朱洪山副教授，一位是比我年轻6岁的赵英时副教授，她虽然学术著作数量没有我多（我在1986—1993年副教授任职的7年中，就已发表了学术著作30篇（部）），然而赵却与中国科学院学部委员、遥感应用研究所副所长陈述彭共同发表了经典著作——《遥感地学分析》，他们二人联名（陈第一，她第二），仅这一部经典巨著就超过了我所有的著作，所以我和朱洪山都是服她的。

1995年，我再次申请正教授，地学教学部名额还是一个，申请者只有我和朱洪山二人，我在1986—1995年的副教授任期内已有50篇（部）著作，而朱洪山相应地只有12篇（部）著作，水平和质量也没有特别超过我的，然而还是他上了，我没有上，这时，自己情绪上多少有点波动，可是各级领导和同志们都给予我亲切的安慰和鼓励。当时的副院长、党委副书张培华教授（中国科学院原副院长、党组书记张劲夫的女儿）、院学术委员会副主任陈希孺教授（1997年当选为中国科学院院士）都亲自和我个别谈话，给我以鼓励和安慰。地学部主任何铸文教授、党总支书记兼副主任林秋雁副教授还到我家中来做思想工作。评委中的教授见了我都积极安慰和鼓励，很多人告诉我，朱洪山论成绩并不比我强，但他年已59岁，这是他最后一次申请机会了，再不通过就只能留下终身遗憾了。我跟朱洪山也是无恩无怨，我也就理解大家的意见，这次让给他，我再去争取下次吧！

我没有辜负党的亲切教导和同志们的殷切期望，仍然在教学科研方面继续不断地努力。到1997年，我在11年副教授任职期间发表的著作已达到70多篇（部），而且当年3月在山东泰安（"东岳泰山"脚下）举行的中国古生物学会（中国科协领导的160多个一级学会之一）第七次全国代表大会暨第十九届学术年会上，我当选为中国古生物学会理事，又获得了学科行业最高奖——"尹赞勋地层古生物学奖"。这一年我申请教授职称自然就是"瓜熟蒂落、水到渠成"了。在评委会上几乎是全票（20/21）得以通过，虽然这可说是"险胜、惨胜、哀胜、苦胜"。但退休之前两年解决了这一大问题，一颗心总算放下来了，同志们也纷纷向我祝贺，说："潘先生真是功德圆满、终成正果了"。就在我晋升教授以后不久，学校又为我申报了1998年国务院特殊津贴，获得通过。成为"有突出贡献的先进中青年科技工作者"。可以说，我该得到的就都得到了。无数事实表明，本单位不但没有亏待我，而且对我是关怀备至，照顾入微，令我无限感激。

早在20世纪80年代初，我留校任教不久，深深感到，在改革开放大好形势下，自己教学、科研工作进展顺利，生活过得有滋有味，对前途更是充满信心，因此自己的确是改革开放最大的受益者，应当靠拢党组织，争取成为无产阶级先锋战士，所以，我递交了入党申请。与此同时，党领导下的人民民主统一战线事业也蓬勃发展，中国共产党领导下的多党合作制度体现出中国的特色。各民主党派在参政议政中做出了很大成绩，也在积极发展组织，我认为民主党派完全是共产党领导下的，和共青团、少先队差不多，只不过没有年龄限制。我向共产党基层组织表示了"分两步走"的想法，先入民主党派，后待条件成熟再入共产党。得到党组织赞同。我就在1984年加入了中国国民党革命委员会（"民革"），1985年加入了九三学社，在民革、九三的基层组织担任过职务。1985年还被评为"北京市统战系统先进个人"，获了奖状。

1999年，本院地球科学学院（前身是地学教学部）教工党支部根据我10多年的一贯表现，讨论了我的入党问题，最后得以通过，使我实现了一生最大的愿望和追求。当时我们地学部党总支书记张莉同志，在读了党史资料——《历史游涡中的蒋介石与周恩来》一书中关于我父亲潘宜之"义释周恩来"的重要情节等以后对我说："从这些重要史料说明，我们发展您入党完全没有错，你本人、你家庭具体就说你父亲本来就是我们党的自己人。"我感谢她这番心理话。同时，回想起少数万恶的极"左"分子整我时,真觉得像"大水冲了龙王庙,淹的正是自己人。"到今天,历史的误会终于消除了,我们都应当感恩载德,全心全意忠于党报效党。2000年我如期转正为中共正式党员,一开始就当选为玉泉路校区离退休四支部委员,2009—2012及2012—2015年这两届连选连任离退休四支部书记、期满卸任后,于2018年又再度当选为本支部组织委员。我们主要是学习党内文件,多为老同志、特别是老弱病残者多服务、服务好并在暮年发挥余热、谱写自己的黄昏颂。

除了完成教学与科研以外,我也积极参加很多有意义的社会活动。首先,我除地质科学中我的本专业——古生物地层学我主要取得一些科研成果外,我对地质科学史产生了浓厚的兴趣,在改革开放时期,我们党拨乱反正,回到马列主义毛泽东思想邓小平理论的正确轨道上来。正确全面深入地研究历史,客观、公正地评价历史人物,我父亲反蒋、亲共、抗日的国民党左派爱国将领、进步人士的真实面目得到大家承认,他在前经济部任常务次长时,当初的属下有很多是科学界、包括我国地质科学界的大师、巨匠,中国地质科学事业的开拓者、奠基者,其中有黄汲清、李春昱、高振西、等等。他们很缅怀与珍惜与父亲长期共事的深厚友谊,对我这个世交晚辈也就十分关爱,我也常向他们请教,并为他们整理传记、著作目录等,为他们歌功颂德,正因为有这个背景,1980年成立的中国地质学会地质学史研究会,就把我吸收进了该二级学会的第二届领导核心——十人干事会中,后来改称"地质学史专业委员会委员我也蝉联了多届,直到30多年以后的2018年我才从"顾问委员"位上退下来,还是尽力参加他们的会议及各种活动。

我在学生时代就很喜欢读科学普及作品,包括科普文章和书,也试着从事科普创作,改革开放初期,上世纪80年代成立了中国科学普及作家协会,我也加入了。1988年,我被北京市科普作家协会评为"科普创作先进个人"而受到表彰。1997年我担任了中国科普作家协会基础科学与高技术科普专业委员会委员。2005年,中国科普作协面临第五届改选新班子的时候，我的老领导、著名科普作家、第四届科普作协的副理事长章道义、汤寿根先生特对我说，他们希望第五届选出的理事长既是科普作家，也是顶尖级科学家——院士，我就想到了我在研究生院的同班同学刘嘉麒 2003 年刚当选为中国科学院院士，他不仅在《第四纪地质学》《火山学》等领域有辉煌成就，而且也写了很多科普作品。我对章、汤二位先生提起这些，他们都很感兴趣。于是我就与嘉麒约好时间，陪章、汤二先生去嘉麒办公室畅谈了多次，结果谈得非常融洽，嘉麒方方面面都很理想，很适合继任新一届领导。2007 年底中国科普作协第五次全国会员代表大会在北京老山国际自行车运动俱乐部举行，嘉麒当选为该会第五届理事会理事长，我也参加了大会，并当选为常务理事。以后我也常参加了若干"科普沙龙"之类的活动。

嘉麒在第五届理事长任上干得很出色，组织了很多有意义的活动，他亲自抓了"精品科普书系"的创作和出版，有很多优秀的科普书问世。他在 2012 年换届时，连选连任第六届理事长，开了科普作协理事长连选连任的先例（以前的第 1、2、3、4 届都是单任），我也出席了这一届大会，由于年过 70 岁，就由常务理事转为"终身名誉理事"了。到了 2014—2015 年，嘉麒连选连任的任期快要满了（按规定只能连任一届），理事会商议下一届还要找像嘉麒这样的顶尖级科学家——院士兼科普作家。想来想去，又一个高大形象出现在我脑海中。在中科院研究生院我教过的学生中，有一位叫周忠和，是 1986 级中科院古脊椎动物与古人类研究所的硕士生，拿到硕士学位后，因发现我国辽宁西部大批古鸟类化石而带材料留学美国，拿到了博士学位，使我国成为举世闻名的古鸟类化石大国，立功甚伟，2011 年当选美国国家科学院外籍院士，同年又当选为中国科学院院士，年仅 46 岁，是当年中科院地学部当选的院士中之最年轻者，他也不仅是顶尖级科学家，也写了很多科普作品。我与嘉麒谈了周忠和的情况，嘉麒也对我帮他物色的这位接班人很感兴趣，我们商议决定，先发展他入会，在入会申请表上嘉麒和我都在"入会介绍人"一栏上签了名，嘉麒是第一介绍人，我是第二介绍人。我带着这份入会申请表到中科院古脊椎动物与古人类研究所所长办公室找到了忠和，他见了我这位早期的老师，还是十分亲切热情地招呼。我对他说："忠和，我们中国科普作协第五、六届理事长刘嘉麒到 2016 年就任期届满了，按规定只能连任一届，要找一位接班人，像他那样，既是顶尖级科学家——院士，又是优秀科普作家。我和嘉麒都觉得您挺合适，就想请您先入会，入会申请表上嘉麒和和都在"介绍人"栏上签了名。麻烦您抽空把表填好，寄到中国科普作家协会去"。他很高兴地接过了那张入会申请表，仔细端祥了一会儿。起身告辞时，我又对他说："忠和，祝 2016 年中国科普作协换届时，您能接上嘉麒的班，把我们中国科普作协越办越好！"他也说了几句谦虚、客气的话，热情地送我出了门。后来，到 2016 年中国科普作协换届时，周忠和院士果然当选为第七届理事长，接了嘉麒的班。我也为再次替大家作了件好事，尽了自己一点绵薄的微力而感到十分欣慰。

我曾应邀在若干大学、中学，乃至小学作过科普报告，也辅导过若干科普活动。本世纪初，中国科学院外籍院士、诺贝尔物理学奖得主李政道先生倡导成立了"细推青少年发展中心（典故来自唐朝大诗人杜甫的两句诗："细推物理须行乐，何用浮名伴此身"），此中心成立后共有 10 名顾问。前五名是院士，李政道院士名列第一，是首席顾问；后五名是教授，我最年轻，名列最末。2001 年的"六一儿童节"，本中心举办了李政道先生与少年儿童科技爱好者的座谈会，由我主持，我向大家介绍了李先生卓越的钻研、创新精神，辉煌的科学成就，30 岁"而立"之年就获得了世界上有崇高声誉的大奖——诺贝尔奖，而且常回祖国访问，帮助祖国科学事业的发展进步，希望大家向李先生学习，长大以后也对祖国科学事业做出极大的贡献。李先生谦虚、客气地致了答谢词，又高兴地与孩子们互动，回答了大家的一系列提问。整个会议都充满了热烈祥和的气氛。同时，本中心每年暑假期间都举办"阳光世纪科技夏令营"，吸引全国各地中小学生来京参观大学（主要是北京大学、清华大学)、科研机构(主要是中国科学院的若干研究所),也游览名胜古迹,革命纪念地,等等。我为该营每期主持开营式,并到营员驻地作科普报告。很多小营员回去以后还给我来信、打电话,畅谈收获与感受,我也从中受到很大的教育和鼓舞。

我也常常应邀出外讲学,我讲的内容多半是青年的成才教育、励志教育,主要的讲题有:"青春是最宝贵的资本"、"科学之魂"、"爱国、拚搏、奉献——老一辈科学家的主旋律",等等。我从小对古诗词,特别是格律诗有浓厚的兴趣,后经专家能人指点,掌握了其中的要义,所以也常去各地讲"中国古典诗词的创作捷径与技巧",在学生中、在中、老年人中也都很受欢迎。我先后被长江大学、华北水利水电学院、许昌学院、平顶山学院、成都理工大学等校聘为兼职教授,并且被聘为北京大学与美国哈佛大学博士研究生联合导师组成员。

最后,我回过头来,盘点一下自己这大半辈子的大致历程,这81年的生活可分为0—39岁和39—81岁的两段。前者是处在动荡历史时期的童年、少年、青年阶段,自己一共经历了重庆市依仁小学;四川省合江县中山小学、沱城镇中心国民学校和重庆市西南工业专科学校附属小学、树人小学这五所小学,还有重庆市第一中学、北京大学,共7所学校。前三所学校是在解放前历史动荡期,自己出身剥削阶级家庭,也过了无忧无虑的童年享乐生活,而且学业成绩优异,在后四所学校里是处在社会转型期,自己没能很好改造思想加以适应,所以,在阶段斗争扩大化、政治运动频繁的极"左"路线统治下,人际关系紧张,我总是处于消极、被动、挨整的状态,感到惶惶不可终日。

只有到了1978年,我考入中国科学院研究生院,我算进和离人生的真正自觉努力的阶段。我们改革开放真正开始了,最伟大的总设计师邓小平提出"尊重知识,尊重人才"、"党的工作中心转移到经济建设上","要为建设四个现代化而奋斗"等路线、方针、政策,我在研究生院念了三年书,得到进一步深造,退休前后共教了33年书,培养了数以千计的新型人才。我除了教书而外,也搞科研,并从事科普创作等活动,我每发表一篇作品,都习惯地登记在一张卡片上,日积月累,超过 1000 张,最近我对自己创作卡片作了初步分类,后经过不完全统计,自己共发表了各类著作如下:自然科学史著作 679 篇、511708 字(这里面主要是地质科学史,有的也可算成是科普著作);地质古生物科学著作(128 篇、1882400 字;科学普及著作、教育艺术著作及其他通讯报道等杂类文章 258 篇、292250 字;各类诗词共 60 篇、不便计字数。就上述统计来看,总篇数是 1125 篇,总字数是 7286358 字。实际情况自然是要高于此数,因为有些篇目卡片可能有遗忘或搜集不全,有少数卡片忘了写明字数,等等。这批数字主要完全是改革开放的后半生完成的,假如我的前半生也能像后半生一样放开手脚写作,那末,成绩就难以预料了。

人们都知道德国著名的哲学家黑格尔,在《不列颠百科全书》中关于"黑格尔"的条目是这样论述的:"黑格尔认为,思想永远遵照这一模式:一开始提出肯定的命题,然后,立即用反命题否定它,随后,更深的思想产生综合。然而,肯定命题再次出现,同一过程循环往复。"这里所说的"肯定的命题"也叫"正命题","反命题"也就是"否定的命题",而更深的思想产生综合则是"否定之否定的命题"或者叫"合命题"。这就是"辩证法"的第三定律——"否定之否定律"或者叫"正反合一律"。我反思自己的人生历程,仿佛觉得这条定律用在我身上,也很合适。我是出身反动官僚地主"名门望族"的富贵公子,过着无忧无虑的享乐生活。这是自己的童年时代,权且叫它为"肯定的命题"或"正命题"。随着新中国的诞生、人民民主政权的建立,自己没能好好改造思想,跟上新的形势,在极"左"形势下,自己饱经风霜,历尽忧患,遭到领导和群众的申斥、排挤、打压、埋没,自己的人生格局就成了"破落世家的飘零公子,怀才不遇的失意文人。"这是自己青少年时代,权宜叫它是"否定的命题"或"反命题"。随着"文革"的结束,"改革开放"形势的到来,我与全国人民一样,热烈欢呼、诚心迎接新的时代,我十分珍惜改革开放和科学春天给予我的第二次青春,我努力学习和领会党的方针政策，努力完成教学和科研任务，积极参加各种有益的活动，与领导和同事以及学生都建立了良好的群众关系，深受大家好评，在花甲之年加入了光荣、伟大、正确的中国共产党，实现了自己的终身追求，并长期担任党的基层干部（支部委员和书记）。我第三个阶段的人生格局就是"积极奋发的革命者，合乎党和人民要求的教育和科技工作者。"这是我的中老年时代，全部都是在中国科学院大学（包括其前身——中国科学院研究生院）度过的。权且叫它是"否定之否定的命题"或"合命题"我整个一生就符合黑格尔的"否定之否定律"或"正反合一律"。

2019 年，我整 80 周岁，年届耄耋。我要坚决以习近平新时代中国特色社会主义思想为指导，要为实现中华民族复兴的中国梦而发挥余热，尽力谱写好自己的"黄昏颂"，力争永远做一个合格的共产党员。

自然科学史所

从研究生院到盐湖城

——兼谈两代人的留学经历

刘平宇

作者简介 刘平宇，原籍浙江鄞县，1941年生。从高中起即秉持独立思考追求真理为人生宗旨，从不"吹口哨"。不满17岁即公开提出中共有没有个人崇拜的问题，从此灾难不断。1978年考上科学院研究生院自然科学史所何祚麻教授的研究生。1979年成为李政道博士创建的CASPEA留学生，1984年以医学物理领域的开创性研究取得博士学位。1985年完成博士后训练，历任航天公司工程专家，医学院副教授，安全系统公司高级科学家。

前文我已经叙述了我那多灾多难的青年时代，以及研究生院如何把我从死亡的谷底救了出来的曲折经历。可以说，1978年进研究生院，是我人生的一个重大的转折。在此，我要对严济慈院长，何祚麻教授和研究生院办公室孙景才老师再次表示我永远的真挚的感谢！

研究生院的一切，都让我感到无比欣喜亲切和自然，因为在我的心底里我认为世界就应当是这样的：平等，博爱，自由。肖庄的灰楼，去五道口的田间小路都成了我心中最美好的回忆。以至于四十年后年我还提议并设计了一个"科学碑"立在肖庄灰楼旁，并发起"科学碑"捐款。我还填词"往日时光"歌曲，最喜欢其中的"虽然穷得只剩下理想"，"五道口田间的小路，手风琴声在飘扬"。

1979年初，著名的李政道教授来到研究生院讲学。李政道教授的名字对我们学物理的人来说真是如雷贯耳，我尽最大努力去听李先生的每一门课和每一个学术讲座。有一天忽然看见陈成均等五位同学在一个教室里考试，听同学说这是李先生安排的美国研究生考试。看到有同学可以出国留学，我心中暗暗羡慕。可是马上告诫自己：不要有非分之想！出国的事儿永远不会和我有任何缘分。当了十来年的"反革命"，还没正式平反，就想出国留学？哪儿有这样的好事？

没想到当年秋天，李先生公开招考美国大学的研究生。当我知道我也可以报名参加考试时，虽然心里还是很虚，但还是报了名。不过我对自己说：别抱太大希望，考考试试吧。考试那天，除了研究生院的考生外，还有其它大学来的考生，坐满了一个大教室。当我听说考生中还有兰州大学的讲师时，我就更觉得自己没什么希望了，因为大家都知道兰州大学的核物理专业很厉害。我自大学毕业以后在物理方面完全荒废了十几年，人家虽然也经历文革的摧残，好歹也在大学物理系。我实在没实力和人家比。最后我对自己说："平常心吧。"在考试中我一点儿也不紧张，把会做的题答了就交卷走人了。没想到在宣布结果时我居然考中前十名，并被分配到犹他大学。

如果说1978年考上科学院的研究生是我人生一个重大转折，那么1979年考上李政道教授的出国研究生更是我人生的一个更重大的转折，因为太多的事情发生在出国以后。李政道教授是在1980年正式启动CUSPEA (China-U.S. Physics Examination and Application)，因此我们1979年考试的这一批出国研究生被称之为preCUSPEA。

1980年当我刚到盐湖城犹他大学时，还想继续大学毕业论文的研究方向，从事等离子体物理的学习和研究。因为我相信，沿着这个方向研究下去，就有可能实现受控热核反应，在地球上造出"人造小太阳"，给人类提供几乎取之不尽、用之不竭的干净能源。可是，犹他大学物理系没有这方面的专业，为此我萌生过转学的念头。

不过在第一年里，我暂时把未来的专业方向问题放在一边，因为还有更加迫在眉睫的关口要过，这就是提高我的英语听说能力。我知道我的英语读写能力还说得过去，可是听和说以及日常英语的应用能力就差得太远了。不赶紧把这些最基本的英语能力补上，就无法胜任在犹他大学物理系担任助教的任务来养活自己。如果我连自己在美国的第一个学校都站不住脚，那么转学根本就是一句空话。于是，我选了一些对中国学生来说比较生疏的课，来训练自己的英语听说能力以及实验动手能力，例如电子学、实验课等。由于英语听力不够好，我的听课效果不佳，学习很费时间，一切都在适应阶段。

记得在一节电子学课上，教授教我们使用计算机的汇编语言。汇编语言是一种低级计算机语言，几个英文字母的一个组合代表计算机特定的执行指令。当教授讲到其中一个指令时，整个课堂里的同学都笑了。我没有懂，又没听清楚教授在讲什么，以为有什么重要东西我错过了。于是我赶紧举手问教授："你刚才在讲什么？我没有听见。"教授笑着指指他写在黑板上的三个英文字母"SOB"。其他同学又笑了。可是我还是不懂，于是又问："什么是 SOB？"教授还没回答，全班同学就哄堂大笑起来。我这才意识到自己大概出了什么大丑了，就没好意思继续问下去。下课以后，我再问同学，才知道原来 SOB 与一句人人皆知的英语骂人话的缩写同字同音。

仅此一例，即可看出我当时基本实用英语能力水平之低。

第一个学年紧张地结束了。到了 1981 年的暑假，物理系告诉我，暑假期间系里没有工作让我做，唯一可以给我介绍的工作机会，是到附近山区的一个废弃了的矿洞底下，去做高能物理的中微子探测实验。我请教物理系一位教授，我是否应该去做这个中微子实验。这位教授说，这个工作基本上是简单体力劳动，学不到什麽东西。正当我犹豫不决时，看到医学院放射学系一位教授在校内登广告，这个夏天他需要一名物理研究生到他的实验室去做研究助理。我去应征，并很幸运地被录用了。

到实验室的第一星期，我就碰上实验室用狗做放射学成像的实验机会。教授告诉我，这是难得的动物活体实验机会，因为在美国有太多的动物保护组织反对用活狗做任何实验，错过了一次就不知什么时候能看到下一次。虽然研究工作还没有全面开始，但是为了获得这种很珍贵的用活体动物做实验的研究经验，我应当去亲自体验。那天我在 X 光实验室里，站在旁边观看，教授穿着辐射防护衣，一边忙着做实验，一边给我简单地解释他在做什么，又不时挪过身子挡住我。我当时心里就纳闷："你叫我来看实验，怎么又老来挡住我，妨碍我对实验的观察？"

实验结束后，教授叫住我，并对我说："很抱歉，实验室没有足够的辐射防护衣。你没有防护衣，我又很忙，所以我只能在有空的时候过来挡住你，尽量减少你接受的辐射。"我听后非常感动，心想，我站在远处，本来就没有多少 X 射线的辐射，他还这样不怕麻烦地多次过来挡住我，尽量减少我受的辐射，这不就是我从小就被教导的"毫不利己专门利人的共产主义精神"吗？这件事给我的触动很大。美国大学里没有共产党的组织，也没有党支部书记来贯彻这种政策或那种思想，可是这位美国教授对我，一位他刚认识的外国留学生，很自然地表现出了那种我从小崇敬为"共产主义精神"的真正的爱心。

晚上回到宿舍，我一进房门就假装神秘兮兮地考我的室友："你猜我今天碰到谁了？"他猜来猜去猜不出来，我就告诉他："今天我碰到真正的共产党员了。"我说的"真正的共产党员"指的就是这位教授。他后来成为我的博士论文指导教授，Robert A.Kruger（克鲁格）博士。

在那个夏天的研究工作中，我居然还把七十年代在西北大学计算机上练就的"土本事"也用上了。当年西北大学的 DJS-130 计算机虽然已经是当时国内最先进的全晶体管计算机，但是它根本没有画曲线的打印功能，我成功地设计了一个用文字打印方法来打印函数曲线的程序，方法虽"土"，但还可用。1981年的美国也还没有很多方便的计算机实用软件可用，于是我在放射学实验室的计算机上，运用我原先在西北大学设计的"土方法"计算并打印出我们研发的自适应滤波器的频率响应曲线，对研究工作很有帮助。对此，克鲁格教授非常高兴，以至于把我的名字也写进他的专利申请报告中去了。我是后来才知道的这件事。

夏天结束了，我回到了物理系。不久，克鲁格教授从放射学系打电话来说，物理系已经打电话问他，这个夏天他给我的研究打什么分。克鲁格教授则回答："有没有比 A+更高的分？我对平宇在研究工作中的表现非常满意。"同时，他邀请我留在放射学系和他一起继续做研究，说从这条路也可以拿到博士学位。

克鲁格教授的人品和他的盛情，使我难以说不。我是一个重感情的人，回想十几年来，我一直生活在被凌辱被歧视的环境之中，现在有人如此看重我，请我留下，我别无他选。于是，我放弃了做"人造小太阳"的打算，开始跟克鲁格教授做放射学方面的研究了。

没想到，1981年夏天的这个偶然机遇重塑了我的专业人生道路。此后的二十多年，我在学术界、医学界和工业界的经历都与放射学结下了不解之缘。

在放射学系的实验室，我也结识了新的美国朋友，他们都很友善。有一位专门管计算机的人，名叫 Bubba。他虽然没有计算机专业学位，可是他对计算机非常感兴趣，通过自学，对计算机玩得很熟，成了我们实验室的计算机专家。有一次他对我说："平宇，你知道吗？计算机用得很多的人，回家遇到太太就不那么开心了。"我对他的这一说法一头雾水，不知其所云。他给我解释道："计算机很听话，你叫它干什么，它就干什么。太太就不是这样。"我这才懂了他的意思，从而更佩服他对计算机的熟练掌握，因为对我来说，情况完全不一样。由于我的计算机经验很少，根本不能让计算机听我的话。我经常找 Bubba 问有关计算机的问题，不管问题是大是小，每次他都能给我满意的回答。他喜欢下国际象棋，还有下棋的计算机软件。一天，他请我到他家去玩。我俩就下起了国际象棋，连下两盘，我居然都赢了。最后他说："平宇，你每一步都是错的，可是你赢了。"我想想，他说的可能有理，因为我下国际象棋纯粹是因为好玩，从来没有经过任何正规训练，读有关的书或任何高人指点，全凭自己在观棋和下棋的过程中靠直觉乱摸索，总结出一套我自己独特的应对方法，与国际通行的下法根本"不接轨"。而他是通过书本和下棋软件训练出来的正规棋弈者，我的无章法的棋路，在他看来全是错的，使他无规可循，以致败北。

物理系研究生的生活平时很忙：要上课，要做研究，又要当助教。我就更忙些，因为我做研究的地点是在医学院的放射学系，离物理系很远，要两头跑，很费时间。我做功课也不是很有效率，有一次中午12点坐到计算机终端机面前，等我编完程序，运行测试，总结好数据，写出报告，已是半夜12点了！中间只喝过两杯水，吃过几块饼干，上了一次厕所，但也没觉得累。我发现，一坐在计算机终端前面专心编程序时，人好像就变得亢奋起来，既不累，也不饿，时间也过得飞快。

当然，我们的生活并不是每天都这样忙。

犹他大学是我到美国的第一站，在这里我开始接触美国社会的方方面面。大学的环境虽然比较单纯，但是我还是碰到了许多以前没有碰到过的事情，与同性恋的人接触就是其中之一。事情是这样的：我每次从物理系到放射学系的实验室，都要乘校内巴斯（公共汽车），在这过程中我碰到了一个奇怪的人，使我第一次有机会近距离地认识了同性恋者。在中国我听过同性恋这个词，但是始终不懂人怎么会是同性恋，我不能理解两个男人或者两个女人怎么可能成为夫妻。我想当然地以为同性恋一定是违反人的本性的，反人性的东西一定是犯罪的，所以我认为同性恋是犯罪行为。

在犹他大学的经历使我的这种想当然的思想有了变化。

我乘坐的校内巴士的司机是个很随和的美国人，还会说几句蹩脚的中文。看见有老美会说中文，当然让我很兴奋，我一上车就和这位司机谈笑，没有太注意车里的其他美国乘客。有一天，我忽然注意到经常坐在我对面的一个研究生模样的美国人，在朝我微笑。我也报之以礼貌的微笑。这个人中等个头，人长得白白净净，穿着整齐，待人也很和气。不久我又发现，这个美国人在巴士上经常看着我，在校园里也经常跟着我，我越发感到奇怪起来。有一天我终于忍不住了，在巴士车站上面有怒色地问他："你为什么老跟着我？"他有些犹豫地小声回答说："我看你走路的样子很好看。"我看他没有恶意，也就没有再多难为他。自此以后我就很少再见到他。后来从别人口中才知道这人是个同性恋者。

通过和这个人的接触，使我对同性恋者的看法改变了。虽然我还是不赞同同性恋，但是我再也不把他们看成是犯罪分子了。他们只是按照他们内心的喜恶，做他们想做的事，不想去伤害任何人。这种人当然不应当被当作犯罪分子。如果他们需要帮助，这个社会应当向他们提供必要的帮助。

在1980年，美国大学里来自中国大陆的研究生还是挺罕见的，而来自台湾的研究生却已很多了。我们初来乍到，对美国环境很不熟悉，困难多多。可是不用我们请求，这些先到的台湾研究生都会主动找上门来，问我们需要什么帮助，并且很热情地帮助我们了解学校的各种规定，解决生活中的各种困难。他们的真诚和热心使我非常感动，我感叹道：毕竟是同文同种，相助不必曾相识！

我刚到盐湖城时，是暂时和先我半年到美国的科学院出国培训班的研究生李涛住在一起。在李涛的小房间里挤了一两个星期之后，我和另一名李政道教授挑选的物理研究生合租了一套离学校很近的二室一厅小单元住房。搬进这个新单元后，我们要买的第一个大件东西就是电视机，因为看电视是我们学习英语、了解美国和调剂生活的最重要和最实用的手段。正当我俩准备合伙买一台旧的黑白电视机的时候，一个刚认识的台湾来的物理系研究生郭志平，知道我们手头没钱，就主动要送我们一台二十英寸的彩色电视机。对我来说，彩色电视是非常高级的"奢侈品"，因为当时在国内靠我的大学生工资，即使不吃不喝两年，也挣不到这么大的一台彩色电视机！我说："无论如何都不能白收你这么贵的东西。"郭志平于是说："那就付我 20 元吧。"我说还是太便宜了。郭志平又解释说他要换电视，这旧电视如果我们不收的话，他也只好随便处理了。我和我室友觉得 20 元买一台大彩电实在太便宜了！两人商量后，坚决要他收下 50 元，才收下了他的彩色电视机。从此，我们每天的生活都离不了这台电视，对我们学英语、了解美国和调剂生活起了很大作用。

台湾研究生给我们最多和最有效的帮助，大概就是开车带我们买东西了。犹他大学位于盐湖城最高的地方，从商业区到学校要爬一个很大的坡，步行大概 40 分钟到一个小时的时间。可是我们大陆来的研究生那时还都没有汽车，台湾来的研究生就来帮助我们。

一位从台湾来的读药物学博士学位的女研究生许慧君和我们是邻居，她为人非常善良。当她开车出去买东西时，经常主动问我们要不要搭她的车出去，因此我们坐过许多次她开的车。她告诉我，我搬来的第一天，她的室友对她说："隔壁搬来个'共匪'，听说长得还不错，要不要去看看？"她们这种好奇是由于多年来她们在台湾听到看到的宣传都是说：大陆的"共匪"个个都是"青面獠牙"的。于是这两个台湾姑娘竟然跑来敲我的房门，进来自我介绍一番又叽叽喳喳聊了一阵。没想到，后来慧君成了我的太太。当我们在盐湖城结婚时，在当时的盐湖城华人社区造成了轰动，因为从来没看见过有来自海峡两岸的人结成夫妇，都想来看一看。而且慧君是个许多台湾男生心仪的年轻漂亮的博士生，她不顾许多亲朋好友的善意劝告和坚决反对，一心要嫁给一个比她大很多的穷光蛋，这是比无数爱情小说中痴情女主人公还要圣洁的爱情。几十年来，每当我想起在盐湖城的这段往事，心中就充满了无比的温暖。

婚礼举行的当天，一位在社区颇有影响的华侨帮我们租下社区活动中心作为婚礼会场，许多当地华人和两个系的教授、学生都参加了我们的婚礼。在这场别开生面的婚礼上，我的导师克鲁格教授是主婚人。他在仪式上像基督教的牧师一样庄严宣告："我宣布刘平宇和许慧君成为夫妻。"引起全场人的欢笑。我的另一位放射学教授尼尔逊博士则是我们结婚登记的证婚人。下图有慧君和我在市政府结婚登记处登记结婚时的照片，放射学系教授尼尔逊博士在一旁观看，他作为我的证婚人也在我们的结婚文件上签了字。

慧君在结婚登记处签字，两旁是证婚人尼尔逊教授

没有想到，我们的结婚居然惊动了远在华盛顿的中国大使馆。在我们举行婚礼的那天，大使馆教育处派专人来到盐湖城。犹他大学的中国学生学者联谊会安排教育处的人找我和许慧君一起谈话。我心里一怔："我又怎么啦？值得大使馆派人亲征于我新婚之日？"随后又一想，"我没做什么错事，这又是在美国，见面就见面，没什么可怕的。"当我们三人坐定时，那人先说："我代表教育处向你们的新婚表示祝贺。"然后话锋马上一转，立刻就说："对刘平宇，我们还是要提出批评的，因为这么重大的事应当先向教育处请示报告才对。"

对我来说，这种"批评"实在算不上什么真批评，因为我这辈子听过的批评太多了。别说批评，就是"真刀真枪"的批斗会也不知经历过多少场了，这样的批评只能算是和风扑面，听他说说也就算了。可是从自由宝岛台湾来的慧君不答应了，她是在赞扬与呵护的环境中长大的，长这么大从没挨过批评，更没听说过结婚会挨批评。她马上和教育处的人顶起来，说："结婚是我们的自由，为什么要批评刘平宇？"我赶紧出来打圆场，让慧君不要再说了，因为我理解大使馆教育处所面临的难处。按照当时国内僵硬的政治思维方式，一名公派研究生不经请示就和台湾人结婚，这可是个要说有多严重就可以有多严重的"政治错误"。然而这是在美国，自由结婚是人人都会衷心祝福的大喜事。面对这种两难处境，大使馆教育处实在难以表态。教育处第一次碰到公派留学生和台湾留学生结婚的事情，不知怎么处理才好。不批评，在政治上是会犯错误的；不祝贺，在人情上又是说不过去的。教育处的这位先生对我们的结婚先是祝贺，接着又来个批评，大概是最万全不过的奉命行事，无非走个过场罢了。经过我的打圆场，最后我们总算以握手言欢了事，不过慧君还是不和那人握手。

在这里我不能不提到我所接受的最感人的祝贺，这是从远在中国的我的老朋友王连生给我的祝贺。王连生不仅保持了他对朋友一贯的诚挚和信任，而且显示了他与众不同的政治远见，他看问题的水平之

我和慧君的结婚照

高是使馆教育处的官员们所不能企及的。

我和慧君在婚礼的当天，拍了一张结婚照（见上图）送给了亲朋好友，以资纪念。

后来我才知道，当我和慧君在盐湖城发出我们的婚礼请帖之后，学生会里有人向中国大使馆教育处报告，说我与台湾留学生结婚是"无组织无纪律"行为，是"人才流失"，如不制止又会如何如何。这才有大使馆教育处派人来盐湖城一事的发生。

当时那个学生会的名称是"犹他大学中国留学生及访问学者联谊会"，经常组织各种活动，譬如放映从中领馆借来的中国电影，节假日组织聚餐，到机场接送国内来的人等等。我由于愿意为大家服务，经常主动去放映电影和接受开车任务。联谊会的确给大家提供了不少服务。每次聚餐，大家都会把自己做的食物带来给大家吃，那些访问学者几乎个个都会做物美价廉的精美食物。正是通过这些聚餐，我开始学会了做一些既好吃又简单的菜。我们通常一边吃一边轻松愉快地聊到深夜，过够"中文瘾"之后才恋恋不舍地互道"再见"。

在一次聚餐中，大家不由自主地讨论起美国的民主制度来，认为一个党能不能执政由人民选举来决定，是合理的。有人随便接了一句："共产党能不能执政，也应当由人民选举来决定。"他的这句话引来几声"就是！""也对！"的赞同声。大家谁也没把这些话当回事，继续开开心心地吃喝谈天。忽然一声大叫从靠角落座位里一位访问学者的口中吼出来："你们是不是要推翻共产党？"本来充满欢笑声的聚餐会立刻安静得像死了一样，大家瞪大眼睛看着这位吉林大学来的访问学者。但是，不过几秒钟，大家又继续吃喝谈天了。我们虽然被他那一吼吓了一跳，可是一想这是在美国，就没把这个人的大吼放在心上，也懒得和他辩论。幸好这位访问学者没有继续闹场，大家也没把他的发作当回事。不过，大家也知道了访问学者里有这样的极左派。这也不奇怪，因为那时"文革"刚结束不久，访问学者大多是由大学各级领导选派的"政治可靠"的大学教师。

参加我们婚礼的台湾朋友后来还告诉我，婚礼那天，他看见台湾国民党当局驻盐湖城负责人，竟也不请自来地出现在我们的婚礼会场上。好在这位负责人没有在我们的婚礼上有什么动作，不过他的出现也印证了我刚一到盐湖城时就听到的传说："盐湖城是国民党势力很大的地方。"特别是在盐湖城的邮局里，与中国有关的邮件完全由国民党的人把持着。那时每个大陆来的留学生的第一封写给国内亲友报平安的信，都被先送到台湾，然后返回美国，再寄送大陆，信封上留下了明显的被拆看过的痕迹，有时还加进一些宣传品。这种把寄往大陆的信件先转往台湾的做法，不知在什么时候停止的。

到盐湖城不久，我就意识到必须要有自己的车，否则老坐别人的车也不是个事儿。我是8月底到的盐湖城，由于太想拥有自己的车，到10月份刚攒够钱，我就花了五百美元，从一位取得硕士学位、准备离开盐湖城的台湾留学生手中买了一辆旧车。这是一辆1972年Pontiac厂制造的LeMans大八缸车。这个型号的汽车，是在全球能源危

老同学王连生致我们的贺信

加仑只能跑九英里左右。到 1980 年时，这样的大车已经在被淘汰之列，大批低油耗的小车已经到处在跑了。可是小车太贵，我买不起，只好买了这辆大轿车。虽然我这辆车性能差，但不管怎样我总算有车了！我虽然很高兴，可是不敢马上告诉家里，因为我不想让父亲又说我"贪图享受"。从我六七岁时起父亲对我的管教一直是非常严厉的，我老做错事，老挨爸爸训，可是我又不长记性，因此老挨揍。爸爸的话不多，最经常训我的话是"不许撒谎"，"不许自私自利"。到我高中以后，我有机会自己花钱了，爸爸又加上一句："不许贪图享受"。虽然这些训话一开始我不怎么懂，心里还是抵触的，但久而久之我懂了，并把这三句话作为我的人生准则。我敢把钱花在同学身上，也不敢自己"贪图享受"。大学时，班上一个农村来的同学平时都有助学金维持他的最低生活需求。1962 年全国开始大抓阶级斗争，他的家庭出身被升为富农，于是系里停了他的助学金，他顿时没钱买饭票了。我不能看着同学挨饿，于是主动给他买了两个月饭票。可是我从不敢让自己与"贪图享受"沾边。

　　再回到盐湖城研究生的生活吧。周末和假期是研究生放松的时候。周末的放松通常是从买菜开始的。一周买一次菜几乎是所有中国研究生雷打不动的生活规律。在一般情况下，星期五晚饭前后，几个中国研究生从各自的实验室回到狭小的宿舍，有的吃一点东西，有的根本什么也不吃，就一起挤进一辆旧车子，一边高声用憋了一星期的母语交流一周见闻，一边朝我们熟悉的超级市场开去。买了最便宜的食物后，有说有笑地开回来。如果还有时间，就去学校的体育馆运动一番，或者看场电影。那是我们最轻松的时候。

　　有一次，这种周末的轻松变得不那么轻松了。那天当我们从超级市场回来时，发现后院停车场附近的人比平时多了些；一下车，在空气里还闻到有烤肉的味道。当时我还把美国人调侃一番，说："这些老美不会做红烧肉，只会吃烤肉。那么晚了还在烤肉。"大家哈哈一笑。还没笑完，我就注意到有人在朝我的房间窗户里张望，我没意识到和我有关，直到拎着食物袋，走进狭小的过道，在自己的房门前才发现有几个邻居和两个消防员带着一台大吹风机，围在那儿忙乎。正当一位身穿防火衣盔的消防员举起一把大消防斧要劈我房门的霎那，我从后面大叫："不要砍门，我有房门钥匙！"

消防员放下斧头侧开身体，让我挤到前面。打开房门，一股浓烟扑面而来。我刚要进去看个究竟，却被消防员一把拉住，他要我等他把火灭掉、把浓烟吹光再进去。

第一次面对发生在自己住房里的火灾场面，我真有点儿吓呆了，不知所措地站在那儿，等待消防员处理完一切。

最后，消防员终于出来了。他拿着一个烧漏了的钢锅给我看，我这才想起，买菜出门之前，曾急急忙忙地热了一下前几天吃剩的半锅红烧肉，吃了几口垫垫肚，就跑出来跟大家一起买菜去了，竟把关炉台火的事忘得一干二净！整屋的浓烟就是从这烧焦的半锅红烧肉里冒出来的，好在没有酿成火灾。

当消防员要离开的时候，我胆怯地问他："我要付多少钱？"他严肃地说："这是免费的服务。但是，下次你要关上炉台的火以后再出门。"我当然用力点头，并连连称是。

我的美国邻居过来告诉我，是她在闻到很强的焦味从我的房间飘出来，敲我的房门无人回应，给房东打电话也找不到人时，这才给消防队打电话报火警的。我对她的负责做法表示感谢，同时也为我的粗心给她带来的不便和惊恐表示道歉。

从此，我再没有不关炉台火就出门的事了。

每次放假，我们会向教授请假出去玩。那真是"穷玩"。研究生手头没几个钱，出去只能住最便宜的旅馆，有时还不住旅馆；可是我们喜欢开车跑得很远，过足了开车瘾。西部各州的重要国家公园，几乎都被我们跑遍了。这种长途旅行，我们的破车子是跑不动的，于是只好租车子。一次我们租了一辆租车公司刚买进的新车，一周后我们回来还车时，租车公司的人发现竟开足了2800英里！他吃惊地问："你们真开了那么多里数吗？你们是怎么玩的？"其实，他是心疼他的新车子一下就变成旧车了。我们真的还是玩了好几个州：去了黄石公园、冰川公园，又到华盛顿州，最后一天则由几个人轮流开车，从奥勒冈州的太平洋边一直开回盐湖城！

研究生之间也经常交流出去玩的经验。一位从南斯拉夫来的研究生告诉我，只要有美国签发的国际学生证，夏天在欧洲可以坐火车到任何国家，而且几乎不用花钱。听到这个消息，我兴奋极了，心想这下我可以把整个欧洲跑个遍啦！我立刻到犹他大学的国际学生办公室办了国际学生证。到手之后才发现，国际学生证上有一行小字，说的是：能享受那种待遇的，必须年龄在二十六岁以下；而我已经超过四十岁了，只好放弃了去欧洲玩的念头。当我告诉那位南斯拉夫研究生我不能去欧洲玩的原因时，他怎么也不相信我已经四十一岁了！下图是我那办好了却没能用上的国际学生证。

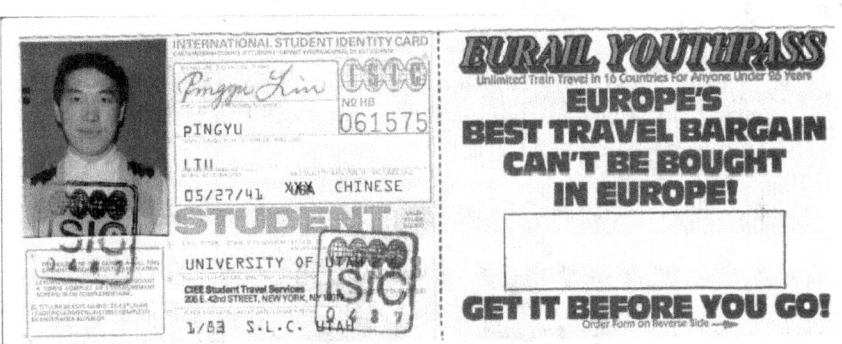

我那没有派上用场的国际学生证。

冬天，盐湖城下雪的日子很多，我经常看到美国人扛着雪橇出去玩。每次开车经过滑雪场，都会远远看见穿着五颜六色滑雪服的人在高耸的林海雪原里飞驰，我被吸引住了。"人所有的一切在我都不生疏"的格言又让我蠢蠢欲动了，我告诉自己：我也要学会滑雪！可是滑雪是一种挺昂贵的运动，光是购买基本设备，费用就不下两三百美元；高级滑雪场的门票，对一个学生来说也是挺贵的。所以，最初两年我没滑雪。到了1982年的夏季，有一天我在路边看到一个人在卖旧滑雪设备，价钱便宜得出奇。我只花了 20 美元就买了一套滑雪的雪橇和靴子。那年冬天，我开始学滑雪了。滑雪之前，向我的物理系指导教授请教在盐湖城附近滑雪的经验，他除了向我介绍有关经验外，还让我滑雪回来告诉他一共摔了多少跤。那天我滑得精疲力尽，一共摔了 12 跤，但是我终于学会了滑雪。我回来向教授报告了我的摔跤数字，他说比他预想的要好，他预想我至少也要摔个 20 跤。

盐湖城真是一个滑雪的好地方。首先，滑雪场离市区很近，开车 20 分钟就有很好的滑雪场。其次，你可以找到很便宜的滑雪场。有一个滑雪场是我最爱去的，因为这个滑雪场星期二的学生票是 5 美元滑一整天！当然，现在票价一定也上去了，不过我相信它应当还是比其他滑雪胜地便宜得多。最后一点可能更重要：盐湖城不仅雪多，而且气温适宜，让滑雪的人非常舒服。有几次在滑雪场碰到从纽约州到盐湖城来滑雪的人，我不解地问他们："纽约没有雪吗？你们为什么要到这么远的盐湖城来滑雪？"他们告诉我："纽约有雪，但是天气太冷了，滑一会儿手脚就冻僵了。你们这里雪够多，也不冷，比在纽约州滑雪舒服多了！"听了他们的回答之后，我很庆幸自己能在盐湖城念书，给了我学习滑雪的好机会。

多年后,我们全家搬到加州硅谷去落户了。虽然我们住的旧金山湾区从不下雪,但是到了冬天，偶而我还是会开五小时的车，到内华达州去重温滑雪的乐趣。左图是我和小儿子在内华达滑雪场的合影。

我和小儿子，摄于内华达滑雪场。

在夏季有一种运动和冬季滑雪差不多，这就是滑水。我看见滑水的人手拉着由快艇拖着的绳索，风驰电掣地在水面上滑出各种花样动作，真是过瘾极了。在学会滑雪之后，我也想学滑水。但是滑水必须有一艘快艇才行，这对研究生来说真是可望而不可及的事情。我是在工作以后才有机会学滑水的。那次我带着全家和两个朋友，在一个大湖边租了艘快艇学滑水。我们先轮流开快艇，待熟练地掌握了驾驶技术、过够快艇瘾之后，我开始学滑水。这一学我才知道，滑水比滑雪难多了！滑雪，你只要穿好雪橇站在雪地上，有一个下坡你就可以开滑。可是滑水就不是这样了：一开始，滑水的人是在水里面，你要设法站到水面上才能滑水。可是，光是从水里站到水面上这一步，就大有学问。我就是没能走出这一步，结果没有学会滑水。

在犹他大学学习的日子里，全美的中国留学生也不很多，而且大多数都是从科学院系统出来的，这些人相互联系很多。由于专业的关系，我和高能物理所出来的郭冬生、钱思进等联系比较密切，有什么大事小事都会互相通报一下。钱思进是中国著名物理学家钱三强的儿子，他个头小，待人非常随和，大家都亲切地叫他小钱。有一次在芝加哥学习的小钱兴奋地打电话告诉我："老刘，我开车开了七千英里了！"我那时的开车记录大概还只有他的一半，七千英里对我来说当时还是个挺遥远的数字，于是对小钱说："真了不起！不过要注意安全呕！"听说小钱现在在欧洲核子研究中心工作。

我们这些改革开放后出来的第一批研究生，中文素养都不算差，加上大家的根还都在中国，所以在学习工作之余不时还会交换一些中文诗作，以抒心中怀乡之情。这些诗作应该说都不错，因为都是有情而发。我们见面时有时竟说："到了美国，英文还没怎么练好，中文却突飞猛进了！"以前不写诗的人现在都会写起诗来。

时间久了，我至今能还记起来那时研究生的诗作已不多。我随时能诵出的只有两句，一句是计算所于小康同学的"乡愁乡怨付香灰"，把一个孤身独居他乡的研究生思念祖国亲友，情切而又无处倾诉，只好借烟消愁的情景,刻画得栩栩如生入木三分。这个句子不仅景意交融,而且用字独特。中国七言古体诗的写法是有很多讲究的,其中有一条是:在一个句子里甚至整首诗里,通常忌用重复的字。诗圣李白那首脍炙人口的《望庐山瀑布》七言绝句,二十八字无一字重复,令人回味无穷。可是也常有例外,杜甫的"独在异乡为异客"就是"破格"的名句。于小康这一诗句也属敢破禁忌的佳句,她不仅在一句中连用了两个"乡"字,而且"变本加厉",还敢再加上第三个同音字"香",造成同音异义之效果。最巧妙的是,小康又借两个去声的字"怨"和"付",把三个同音字联络起来,产生出跌宕有致的音效,让人耳目为之一新。还有一句是我自己的"莫道游子不思蜀",比较一般,只是借"乐不思蜀"这个成语,反其意用之而已。我们这些研究生对祖国的事情都很关心。当华东水灾、兴安岭大火和学生反官倒、反腐败的"六四"等事件发生时,我都尽力捐了钱。

我在犹他大学学习的时候,也没有忘记从育才小学开始的我那永不消逝的"航天之梦"。有一天晚饭后,我和室友老白正坐在沙发上看晚间地方新闻电视节目,忽然听到电视里的播音员说:"本周末希尔空军基地有空军的飞行表演,并且整天开放给民众参观。"我兴奋得一下子从沙发里跳了起来,对老白说:"咱们一块儿去!咱们一块儿去!"他一时不解,困惑地问:"去干什麽?"我说:"去看空军飞机表演呀!"还对他解释,看空军飞行表演是我从小梦寐以求的事情,更不可思议的是,居然还让参观空军基地!

我耐心地等到周末。星期六一大早,就开着我的大八缸车子,载着室友老白,一起去了希尔空军基地。这个基地离盐湖城不太远,开车大约只要一个小时。老白随我在那儿呆了整整一天,看了飞行表演,我给各种飞机照了许多照片。凡是能摸能碰的地方,我都要一一摸一下,碰一下。多年来,我对各种军用飞机的型号和性能是熟极了,就是没有机会亲眼看看,现在终于能亲眼看见、亲手摸到了,那个兴奋劲儿就别提了!老白跟了我一天,也差不多摸到了我的心结。

以后，他遇到机会就对别人说："老刘去看飞机，那个高兴吆，比娶媳妇还高兴！"

  人的兴趣真是一个很奇怪的东西，我也不知怎么就迷上了飞机，而且迷得很厉害。记得在高中三年级一次上代数课，教我们代数的是一位备受尊敬的马老师，他的学问非常好，听说后来去大学当了数学教授。马老师不光课教得好，对课堂纪律也要求很严。我的座位紧靠着窗户。窗外是学校的运动场，和运动场隔一条马路就是空军第二航校，对外代号是 2538 部队。有一天，正上代数课，听见窗外有飞机的轰鸣声。从发动机发出的声音的频率和强度，我一听就知道这是一架米格 15 涡轮喷气歼击机在做地面试车。我稍微把头向窗外轻轻一转，果然远远看见航校空地上十来个学员正围着一架尾部喷着气的米格 15，听一位教员一样的军官在指手画脚讲什麽。正当我要着迷时，只听见马老师叫道："刘平宇！"我只好转过脸站起来。马老师随即问了一个他刚讲过的问题，让我回答。我虽然眼睛在看飞机，耳朵却还是在听讲课的，所以我顺利地回答了马老师的问题，马老师也就让我坐下了。过了几分钟，我的眼睛又去看飞机了，马老师又把我叫起来，问我问题，我又一次答对了。可是，这时马老师的脸色已经很难看了，他警告说："不许往窗外看！"然后让我坐下。可是那架在做地面试车的米格 15 仍然在轰叫，我的头又不由自主地转去看飞机了，马老师立刻又把我叫起来，又问了我一个问题。虽然还能正确地回答他的问题，可是我不敢回答了，因为我知道我已经伤害到马老师的自尊心了，我不忍心再伤害他了。我就一声不吭地站在那里，任由马老师在全班同学面前把我狠狠地训了一顿。

  从这次以后，班上的许多同学都知道了：在别人听来，涡轮喷气发动机发出的是刺耳的的噪音，但对刘平宇来说，这却是充满诱惑的、非常悦耳的乐音。我非常喜欢米格 15 喷气战斗机，它是志愿军空军的主力。我也喜欢画米格 15，我画过无数的米格 15，至今我仍然能随手一画就是一架漂亮的米格 15，也记得它的发动机型号是 RD-45。

我还保存有五十多年前驾驶米格15战机的志愿军空军战斗英雄蒋道平给我的亲笔签名。

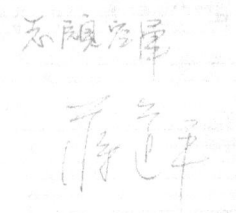

五十多年前志愿军空军英雄给我的亲笔签名。

在"航天梦"的支配下，我在读物理博士学位的同时，还抽空在犹他大学学完了飞机驾驶员的地面课程。由于物理系替每一个博士研究生交付所有的学费，所以我学飞机驾驶员的课程是几乎免费的。1981年12月我顺利地完成了飞机驾驶员的地面课程，得到美国空军后备役军官训练团颁发的结业证书，确认我已有资格参加美国联邦航空局私人飞机驾驶员考试。下图是美国空军中校Robert Leggat给我签发的飞机驾驶员地面课程结业证书和美国联邦航空管理局（FAA）发给我的私人机飞行员考试通过证明。

我的飞机驾驶员地面课程结业证书。

在美国，我乘坐过各种有动力的飞行器，包括大飞机、小飞机、直升飞机和热气球，只剩下超音速飞机和航天飞船没有坐过。不过，我会时不时地到美国国家航天局的网站去看看，是否有当志愿宇航员的机会。如果有，我也不想错过这种机会。让我感到非常遗憾的是，我没能坐上世界上唯一的超音速客机——英国的"协和号"客机。"协和号"能以音速两倍多的速度载客飞行。在一段时间里，英国航空公司用

"协和号"开辟了欧美之间的定期客运航班。可是由于成本的原因，它在2003年就永远停飞了。

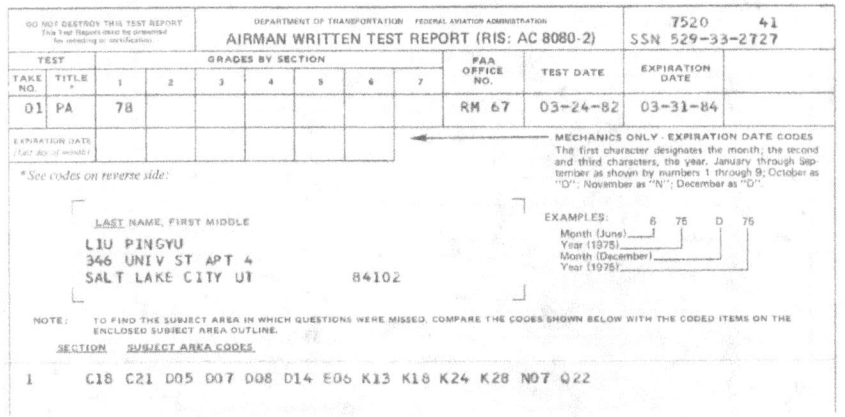

美国联邦航空局颁发给我的飞行员笔试通过证明。

我还飞过两次海上拖弋伞。海上拖弋伞是一种非常特殊的无自动力的飞行器。飞的时候你身背降落伞，站在海上的一个小漂浮平台上，一艘高速快艇用绳子把你连着降落伞一起向前拉，降落伞由此产生浮力，把人带向天空。这种飞行非常刺激，因为快艇开得非常快，拖绳又很长，快艇可以把你拖得很高，你在空中可以看得很远。那天，我说服了拖弋伞的工作人员，硬是把七岁的女儿系在胸前，一起飞上了天空。那是一个大晴天，看着头上蓝天白云，脚下碧波万顷，远处山峦起伏，听着女儿依偎着我不时发出感叹的声音，那感觉之美真是无法言传的！下图中显示1995年我在加勒比海的巴哈马乘拖弋伞时拍的三张照片的拼合照，右下方是我和女儿刚起飞的瞬间，右上方是从漂浮平台上拍得的在高空的我的拖弋伞和在海上的拖我的快艇，而左边的照片是我和女儿返回平台后与工作人员的合影。

1995年我在加勒比海的巴哈马与女儿同乘拖弋伞。

读博士学位的过程应当说是比较顺利的。我把物理系规定的博士生必修课都学得很好，为了适应放射学系的研究工作，我自己要求加修了数字信号处理等电机工程系研究生的课。后来的研究和工作经历证明，我选电机工程系的课真是选对了，因为这门课对我的博士论文和以后的工作帮助极大。在克鲁格教授的指导下，我也很努力地做研究，并很快取得了显著的成就，获得了犹他大学的杰出研究奖学金。1982年夏天，克鲁格教授让我到一个全国性学术会议去报告我的研究成果。那是我第一次面对几百名听众用英语讲话，心里非常紧张。在报告时，每一张幻灯片的说明，我都是低着头照讲稿念，连头也没敢抬一下。听众提问题时，凡是我听不大懂的，克鲁格教授就主动代我回答。经过这次会议的训练，以后我参加学术会议的表现就好多了，我能够比较从容地把我的研究进展介绍给听众，并且会幽默地回答听众提出的各种问题。

我第一次参加学术会议和最后一次参加学术会议的会议学术论文作者及发言人证件影印件显示在上图中。我的文章涉及的都是放射学和医学成像领域，希望对人类的健康事业有所贡献。其中一篇文章是我在医学院副教授任上发表的。这篇文章可以说是医学界极为少见的数学论文。文章通过开创一个新的应用数学概念，P 变换，为一种新的医学成像方法奠定理论基础。这个新的医学成像方法叫光声成像法，它的一个重要用途是乳腺癌的早期探测。乳腺癌是对女性健康危害最大死亡率很高的一种疾病，早期乳腺癌探测是降低癌症患者死亡率的重要手段。可是长期以来乳腺癌早期探测方法是用 X 射线的，这种方法精度高，但是有诱发癌变的明显缺点。而用光声成像方法来做乳腺癌的早期探测则没有任何诱发癌变的危险。下图显示了我发表在

我在美国参加学术会议的部分证件。
左为第一次，右为最后一次

Phisics in Medicine and Biology 杂志的原始论文首页。

在犹他大学，我也很努力地完成了自己的助教任务。平时，物理系的教学工作是由教授们讲课，我们助教的任务是批改学生的作业和为学生答疑。只有在夏天教授们放暑假时，我们助教才有可能分到教课的任务。1982 年夏天，物理系分配我和另一位物理研究生共同教一门基础物理课，我教前半段，那位研究生教后半段。

The *P*-transform and photoacoustic image reconstruction

Pingyu Liu

Department of Radiology, Indiana University School of Medicine, Indianapolis, IN 46202-5111, USA

Received 27 February 1997, in final form 23 October 1997

Abstract. Photoacoustic imaging is a new imaging modality which converts pressure signals received by an array of transducers to a regional distribution of electromagnetic absorption

我教了两天之后发现，这班学生的程度参差不齐。有的学生连最基本的中学物理数学知识都不具备。最令我吃惊的是，这个班里有两个学生竟然是一位妈妈和她的儿子！这大概是暑期班的特点，较多的学生不是正规大学生。针对这个特点，我在教学中非常努力地反复重复基本概念和基本运算，力求让每个学生都能跟上进度；对程度差的学生则给以特别的帮助，特别是那位陪儿子读书的妈妈，我也不让她掉队。虽然我的反复重复基本概念的教学方法引起少数好学生的抱怨，但是大部分学生认同我的方法。我的努力取得了显著的效果。当我快教完一半的课程，告诉学生们下一半将由另一位研究生教时，全班学生都不约而同地说："Oh! No！"他们拥到物理系办公室，要求让Mr.Liu把全部课程教完。可是系里早已安排好了由另一位研究生教下一半的课，无法改变教课人员。再说，那位研究生也想要有夏季收入嘛！学生们只好送了我一张非常精美的感谢卡和我告别，全班同学都签了名。

1984年冬我拿到物理学博士学位。按学校规定，我应当参加1985年夏天的毕业典礼。这时我父亲正好收到密歇根大学的邀请，来美国参加他硕士毕业50周年的庆典，顺便来参加我的毕业典礼。1985年5月我的父母一同来到美国，先参加我的毕业典礼，然后我陪他们去密歇根大学参加父亲毕业50周年的活动。在密歇根大学，当父亲和研究生院的院长谈话时，我也奉陪在座。父亲颇有兴致地回忆起当年他当研究生时的"荣誉制度"，对那时只有在研究生考试时不设监考老师的荣誉考试制度深感骄傲。父亲平时是不健谈的，从这次谈话他所表现出来的对当年"荣誉制度"的热情，可以看出"诚实"在他心中的特殊地位。

参加完我的博士授衔典礼后，我陪父母亲在东西海岸旅游访问了一个多月。我们去了父亲五十年前去过的几个地方，包括纽约市和大西洋城等地，圆了他的故地重游之梦。当父亲走在大西洋城著名的的海边木板道上时，他望着辽阔的海滩喃喃地说："从前也是这样的。"

美国五十年的发展是巨大的，然而依旧在高度发展的地区留下了许多保护完好的昔日之景,让人可以抒发怀古之幽情,多一些人文素质。看来,中国政府完全有必要、也有可能限制那些贪婪的房地产商人。要避免官商勾结,以发展为名掠夺人民的土地和财富,把一切搞得面目全非,以致民不聊生,怨声载道。现在留下了那么多经不起历史考验的面子工程和低质量住宅,除了尽可能"亡羊补牢"之外,希望千万别再重复过去的错误了!

八 留美公费学生

1929年留美预备部结束后,从1933年起,清华大学面向全国招考留美公费生。1933—1936年招考四届共92人,其中清华毕业生39人,约占42%。

第一届24人(1933年)

龚祖同	顾功叙	蔡金涛	蒋葆增	夏勤铎	孙增爵	寿乐	吴学蔺
顾光复	刘史顺	林同骅	朱颐伟	谭寿堃	杨尚灼	黄文熙	覃修典
张昌龄	戴松恩	夏之骅	魏景超	寿标	罗志儒	王元照	徐义生

第二届20人(1934年)

杨钟藩	夏鼐	孙令衔	时钧	温步颐	王竹溪	赵九章	黄之芾
殷宏章	汤湘南	杨尉	赵博	戴世光	黄开榉	宋作楠	费青
曾炯钧	张光斗	徐芝纶	钱学森				

清华大学前两届庚子赔款留美公费生名单。

父亲母亲这次来美国的另一个目的是与当年和他同时留学美国的老同学会聚。父亲是1933年考取清华大学第一届庚子赔款公费留美奖学金,1934年赴美学习航空工程和发动机的三个人之一。据查清华大学的庚款留美历史资料,他们三人是同乘美国"麦金利总统号"客轮于1934年5月15日离开上海,于5月29日到达美国西雅图港。这三人中另外两位是在台湾的顾光复和在美国的林同骅,他们都像那时的爱国青年一样,怀着实业救国航空救国的抱负来到美国学习。下图显示了清华大学公布的第一届公费留美奖学金获得者名单,他们的名字是第一届名单中第二行的前三位。可以看见钱学森的名字是第二届名单中的最后一位。下图还显示了 1979 年李政道亲自录取的 preCUSPEA 名单，里面有我的名字。

顾光复先生后来曾做到台湾空军航空研究院院长，林同骅先生是 UCLA 的航空系教授。他们都知道 1937 年日本大举侵华，身在美国的父亲看到国将不国，当年就回国以自己的航空发动机专长参与组建中国第一支机械化部队，转战西南打击日本帝国主义。从一篇介绍一位浙江籍技术干部徐承志的文章中我们看出父亲在 1937 年秋天已经在这支部队中了。文中提到的刘圭瓒就是我的大伯父，我一出生妈妈就把我寄放在大伯父家。介绍徐承志的文章中提到我父亲和伯父的文字：

> 1937 年在红军大学时，朱一之建议过，要建立红军的抗日机械化快速部队。朱一之在离开延安之前，帮助刘鼎筹划红军摩托化学校，答应帮他从国统区搜寻一些摩托化专家。
>
> 上海"8.13"事变日军大举进攻上海，朱一之逃到抗战中心武汉，遇到五四朋友刘史瓒（杭州华丰纸厂厂长刘圭瓒的弟弟）。刘史瓒在美国留学攻读机械，回国来在这 200 师担任技正。朱一之对抗日摩托化表示极大兴趣，刘史瓒当场给朱一之写封推荐信，介绍朱一之去 200 师参加抗日。这封推荐信里，朱一之启用了新的化名徐承志。

姓名	性别	年龄	国内所在单位	美国所在学校
1979年Pre CUSPEA				
陶荣甲	男	38	中国科学院理论物理研究所	Columbia
陈成钧	男	12	中国科学院自然科学史研究所	Columbia
裴照明	男	33	中国科学院理论物理研究所	Columbia
吴真	男	31	中国科学院高能物理研究所	Columbia
陈大杰	男	40	北京大学	Columbia
任海沧	男	23	中国科学院理论物理研究所	Columbia
李大西	男	31	中山大学	CCNY
徐依协	女	28	中国科学院高能物理研究所	Columbia
钱榕昆	男	37	中国科学院高能物理研究所	Columbia
王平	男	27	中国科学院理论物理研究所	Virginia
奚定平	男	33	北京大学	Oregon
许光男	男	35	中国科学技术大学研究生院	Oregon
杨以鸿	男	33	西北大学	Utah
刘平宇	男	38	中国科学技术大学研究生院	Utah
王垂林	男	33	中国科学技术大学研究生院	CCNY
张鸿欣	男	41	中国科学技术大学研究生院	CCNY
周为仁	男	36	中国科学技术大学研究生院	Carnegie-Mellon

1979 年 preCUSPEA 录取名单

在我陪父母亲会见父亲这些老同学时,他们还告诉我:"你妈妈是中英文俱佳。"我听了暗自大吃一惊,因为多年来我们只知道妈妈的中文很好,写得一手漂亮的汉字,却不知道她的英文也好。妈妈从小即聪颖好学。一位亲戚告诉我,妈妈上的小学当时有一条规定:如果一个学生连续几年考第一,学校的一条小街就以这个学生的名字命名。妈妈真的连续几年考第一,结果当时学校就把这条街命名为"文嫦街"。文嫦是妈妈的名字。

我除了陪父母去一些旅游胜地,还陪父母亲访问了一些父亲的老同学。在他们老一辈的谈话中,我听到了一些有趣的事情。他们回忆:当年在 MIT 的几个同学合买了一辆老旧的福特 1928 型汽车,是我父亲带头把它修好的。当汽车开动时,还要有一个人坐在车头上用手举着汽化器。他们谈到我父亲不仅书念得好,而且特别注重实用。在美国念书时就取得了私人飞行执照。下图显示父亲当年与他飞行的飞机合影。父亲这种注重实际应用的作风,真正体现了他所曾就学的麻省理工学院(MIT)的校训:"思想和动手"。老人们赞扬美国大学都有各自不同的校训,这些校训用简短的语言鼓舞学生向前努力,担负起他们的社会责任。大部分美国大学校训里都有真理自由这样的字句,

父亲与当年他驾驶的飞机

而这恰是中国传统文化欠缺的元素。

其实中国传统知识分子也有自己的传统社会责任，是谓"为民请命，为国赴难，为真取义"。家学渊厚的知识分子家庭都会自觉地承担起这种社会责任，成为社会的良心。1949年以前中国的每一个小学毕业生都知道历史上岳母刺字"精忠报国"的故事。父亲在日本帝国主义大举侵华之际，立刻放下在美国的学业与自己喜爱的专业回国参军抗日，这就是"为国赴难"。我想到我在我的人生历程中也在实践中国传统知识分子的社会责任。大学时一个农村来的同学告诉我他们家乡饿死人了。由于我一直相信共产党是为工农大众服务的，不可能让农民饿死，一开始我并不相信。可是这同学讲得非常真切，我又难以不信。于是我利用五一假期自己花钱买了火车票去到他的家乡。实地看了以后，我相信这位同学说的是真的！我极为震惊。我不会"吹口哨"，因为我认为"吹口哨"是掌握真理的弱者害怕做坏事的强者报复的一种懦弱的表现，违背了"为真取义"的传统知识分子的价值观。我只会直话直说，为了真理毫无畏惧。特别是这个时候救人要紧，回到学校后我立即找到党委要求火速转告上级那里有农民饿死了！请马上采取措施救人！可是听我报告的人面无表情就让我走开。我是在"为民请命"，得到的结果是对我十几年永无休止的迫害。如果那时中国的知识分子都敢于挺身而出呼吁救人，还会有那惨绝人寰的三千万人饿死的悲剧吗？回想更早一点，在我16岁时我看到苏共的个人崇拜给苏联造成几百万人的流放和死亡，为了中国不重蹈苏联的个人崇拜灾难的覆辙，我就公开提出中共有没有个人崇拜的问题,还写在书面汇报中交给领导。在"文革"中这张纸成了我的"现行反革命"和"历史反革命"的铁证，以至于1970年我上了陕西省的死刑名单。在中国，"为民请命"和"为真取义"是真要付出生命的代价！我16岁时写的这个书面汇报至今还躺在那个把我往死里整的研究所人事部门我的档案夹里！

在和父亲的老同学的谈话中，我也告诉他们我在读物理博士的过程中上了飞行员课，并通过了联邦航空署（FAA）的私人飞机飞行员的资格考试。他们十分兴奋，说："大有父风！"我还告诉他们我已经取得了物理学博士，指导教授还主动给我联系了一个高薪的工作，并拿到了 offer。可是我由于自小喜爱航空，自己去找了一个工资低的航天公司的工作，下个月就要去报到了。他们都表示很欣赏我的选择。这家航天公司在洛杉矶附近，林同骅教授还叫我上班以后可以经常到他家玩，他家也在洛杉矶附近。

关于父亲特别注重实际的谈话，使我一下子联想到上大学时被父亲训斥的一件事。那时，中国中学生和大学生的外语课学的都是俄语，只有外语学院才开英语课。预见到英语会成为最重要的国际语言，我们学校给各系俄语学得最好的学生开设一个英语班，我也被选入这个英语班。放假回家时，我读一篇英语文章，碰到一个不懂的问题问我父亲，满以为即使得不到父亲的表扬，至少会很容易地得到他的帮助。没想到父亲一看是英语问题，火就上来了，问我："你的俄语学好了吗？会听，会说，会写了吗？"还没等我回答，父亲又加了一句："学外语要能用。只要能用，一门外语就够了。不要好高骛远。"根本不回答我的问题。对于这次碰壁，多年来我一直耿耿于怀，觉得父亲就是不肯帮我。这次听了父亲的老同学们关于父亲注重实用的讲话后，我才理解到父亲强调"一门外语就够了"的含义，这正是他一贯注重实用的思维方式的自然表现。

后来我发现我的思维方式的确和父亲的思维方式不一样，父亲强调实用，我则常在理论方面绕圈圈。我经常钻理论的"牛角尖"，所谓"坚持真理"与"保持理论的纯洁性"。高中时我们有一个很好的历史老师，我经常单独向他请教，使我对马克思主义哲学发展史很感兴趣。1958 年我 17 岁，刚上大学就碰上全国农村的"公社化"运动，对于这新生事物，我很兴奋，也认真学习有关的中央文件。我知道了公社的优点是"一大二公"。当时学校的党委第一书记却独出心裁把旁边的农村人民公社拉过来，一起成立一个超大的人民公社，全校师生员工敲锣打鼓庆祝了几天。可是我就不同意了，在政治学习会上我公然提出，"我想不通为什么要这样做。因为我们学校本来就是全民所有制的，已经是又大又公了，现在和集体所有制的农村人民公社结合是所有制的倒退。"会上没有人敢支持我，因为我这是公然和党委唱反调；可是也没有一个人来反驳我，因为我讲的是明显的事实，而且提高到所有制的理论高度，并和中央文件挂上了钩。虽然这个超大的人民公社很快就不了了之了，可是刘平宇敢反党的名声已经传出去了。从此，我的名字就在第一书记那儿挂号了，成了随时要整的对象，因为他的老婆就在我们班。

在"大跃进"的浪潮里，学校成立了近乎全职的文工团。我从中学就喜欢玩手风琴，于是我报名参加了文工团，成了手风琴队队长。从大一到大三我除了上课跟随原班之外，其它活动都在文工团。我们经常到工厂农村和部队去演出。有一次我们到海防前线的部队做慰问演出，演出完了还要深入部队生活。这个部队是最前沿的防空哨，由于那时没有很多雷达，发现敌机全靠值班战士用眼睛朝远处看来辨认。我旁观了一次排长训练战士的训练过程。他派一个战士带上一批手掌大小的铝质美国的和中国的军用飞机模型，躲在大约 20 米远的战壕里。然后这个战士用一支小棍顶住飞机模型，慢慢地从战壕里把飞机模型升起来，让在远处的其他战士来辨认，看谁辨认得又快又准。没过两次，我知道了他们在做什么，于是我也参加进去。结果我比他们谁都快，我可以毫不费力地区分出美军的 F-80、F-84 和 F-86，以及我军的 MiG-15 和 MiG-17。（注：至今我仍然能做到！）那个排长非常吃惊，主动过来跟我攀谈。我不无骄傲地告诉他：这是我的"童子功"。我从小就喜欢飞机，读了很多关于飞机的书，也制作过飞机模型。

由于这两年多时间我在文工团，就没有和第一书记老婆打交道。到了大四，正是当年的"困难时期"，文工团解散，我回到班上。由于同学们都了解我为人正派，把我选为班长。上级当然不高兴，于是对同学做工作，可是一经民主选举，还是选我当班长。我当班长碰到的第一件大事就是"甄别"。所谓"甄别"，就是给前几年整错了的同学平反。

据说这是中央统一布置的，在全国搞平反甄别，大概这几年真的错整了许多人。我们系里布置各班的甄别由各班班长主持。同学们告诉我，这三年里第一书记老婆在班里一手遮天，靠几个狗腿子想整谁就整谁，整下去好几个班干部。在第一次给前团支部书记甄别的会开场时，当我刚说完请这位同学先谈一下，话音未落，这第一书记老婆马上气势汹汹地插嘴进来，说："XXX，你不要翘尾巴。你要知道，当初整你是对的，现在给你甄别也是对的…"我一听就火了，这也太欺负人了！还有没有真理了？我不由自主刷地一下站了起来，以主持人的身份打断了她的讲话，说："不对！正是因为以前搞错了，现在才甄别。"整个会议室一下子变得死一样的寂静。我意识到我大概捅了一个大漏子，为了给自己壮壮胆，又加了一句："系里就是这么要求的。"这第一书记老婆在会议中再没说话，会议按正常步骤完成了给这位同学的甄别。

为了捍卫理论的正确性，为了捍卫真理，我把第一书记和他的老婆彻底得罪完了！可以想见，在学校里我绝不会有好日子过。可是在同学们的爱护下，他们不顾上级干扰，坚持连选我为班长。我也是一如既往，努力做到不怕累不怕苦，关心同学，坚持真理。到毕业时，同学们给我的鉴定里有四个字："大公无私"。我心里非常欣慰，因为只有这四个字才能让我父亲高兴。

可是第一书记和他的老婆绝不会这样把我放走的，我预期他们一定会报复的。在毕业的当时，这个报复终于来了。多年后，当我第一次知道他们的报复手段时，我顿时愣在那儿了。因为我无论如何也想不到他们是那么狠，是利用手中的权力把我从学校逮捕走。首先他们不给我发毕业证书，也不给分配工作。我看到同学们一个个拿到了毕业证书，也得到了新工作的报到介绍信，只有我还什么都没有。我向同学们一一祝贺，大家似乎心中有数，也没有多问我的情况。在大批同学离校的前一天，忽然系办公室通知全班到系大楼某教室开会。我到那里坐定后，看到有几个我从来都不认得的人在那里。会议由第一书记老婆和他的狗腿子主持，开场就点明：今天要把藏在我们班里的最危险的阶级敌人揭发出来。我听了几个同学的发言，好像是要说某个人，可是都没有任何具体事实，都是泛泛而谈应付领导。有一位同学平时和我接触多，同一宿舍住了两年，都喜欢理论物理，他写毕业论文时我还帮他翻译了英文资料。在会上发言最长，可是他翻来覆去讲的就是"自己觉悟低，看不到阶级敌人，辜负了组织的期待"，说什么也不肯提我的名字。看来会议前，主持人对他做了很多"工作"，想利用他工人家庭出身启发他能对我造谣污蔑，然后引发"墙倒众人推"的效果，用以把我定为"最危险的阶级敌人"。会议开了两个多小时，几乎每个同学都发过言了，竟无一人提我的名字。主持人不得不宣布收场了。我那时并不知道他们要对我怎么样。三十年后系党委书记告诉我，那天他们的计划是在班会批判之后立即把我逮捕法办。我听了之后当时就愣得说不出话了。我想不出真有那么狠的人吗？

在中共的政治生态里，只要一把手想把谁拿下，没有不成功的。刘少奇贵为国家主席，毛泽东要拿掉他，动一动小手指，他就落得个死无葬身之地的悲惨下场。因为那些党政高官太多都是落井下石墙倒众人推的无耻之徒。在他们的心中没有真理，没有良心。我要永远感谢我的同学们，他们在上级威胁利诱之下没有放弃真理，没有放弃良心。他们在我最危险的时候救了我的命！这是毫不夸大的说法，真的救了我的命。那天与会的几个我不认识的人是党委组织部长和几个保卫处干部。本来他们的计划是在班会批判之后立即逮捕法办，保卫干部是带着手铐去的。他们万万没想到，在他们自以为准备得很充分的批判我的会上，竟然没有一个发言者提我的名字，更谈不上批判我了。在这种情况下，一般来说党性最强的组织部长，也不想按第一书记指示办事，把我放了过去。

再回到父亲注重实际应用的作风上来。父亲的注重实际应用的作风在我大弟弟振宇的身上得到了发扬光大。

振宇在大学学的是内燃机，毕业于"文革"中。我清楚地记得，当我从那个关了我三年的研究所私设的监狱放出来后第一次遇见他时,他讲了他怎样把一辆要报废的汽车修好的故事。当时他在西安附近一个很小的农机厂当技术员,厂里的一辆车被火车撞坏了,撞损得非常严重,厂里准备报废了。但是,对一个小厂来说,报废一辆机动车可是非同小可的事情,但是苦于没有人能担此大纲修好车。刚毕业的振宇提出:"我来试试看。"他说这话时,自己也没有把握能一定修好,因为一来农机厂的技术条件很简陋,二来也缺乏这方面的经验。可是他愿意"试试看"。经过二十多天废寝忘食的努力,他觉得应当修好了,用点火钥匙一启动时,车居然打着了!我至今仍然记得振宇当时讲述时表现出的那个兴奋劲儿,眼睛都发光了!后来,振宇在陕西省汽车工业办公室主任的任上,主持并实际领导西安的秦川公司,造出了陕西省第一辆国产小轿车。

在我们四兄弟中,我是最不会生活的人。我学了很多知识,却从来没有把学到的东西当作谋生手段。我只是把自己当作一个"学习机器",学了很多东西,结果连最基本的民生问题——吃饭都处理不好。在中国时我就没正经做过饭,回家时如果妈妈不在家,也总是由哥哥做饭给我吃。这种不正常情况常让妈妈生气,因为哥哥腿脚不方便,按理应该是我更多地照顾哥哥才对。

到美国后,第一件学会的事就是做饭,否则就没法活了。我从每天的实践中,终于学会了给自己做简单而有营养的饭菜。这次趁妈妈来,还赶紧表演一番。我给妈妈做了我从一位访问学者那里学来的卤水鸡,妈妈吃了觉得还不错,对于我做饭技术的进步感到非常吃惊。

有一次我在洛杉矶地区带爸爸妈妈出去玩,那天傍晚我在710高速公路上开车,忽然听到轮胎的声音有点儿不对,我就把车停在路边进行检查。我没有看出有什么毛病,但是为了安全,也想让爸爸知道我除了会念书考试,还会做一些实际的事情,于是立刻架起千斤顶,以最快的速度把一个最旧的轮胎换掉了。可是,这次我并没有得到爸爸的称赞。大概在他看来,开车过程中轮胎出毛病是我对车保养不善的表现，而且，给汽车换轮胎大概是太简单不过的事情了。不知怎的，710公路这个路段竟成了我记忆中一个极能触动心灵的敏感点。爸爸妈妈回国后不久，妈妈因事故不幸去世，当弟弟从中国打电话告诉我这个噩耗时，我虽然感到很突然也很难过，不知为什么并没有哭。可是之后有一天，当我独自一人在傍晚开车从同一方向经过710公路的同一路段时，忽然想到爸爸妈妈和我在一起时的音容笑貌，想到妈妈非常喜欢美国清洁又安静的环境，说过将来要和爸爸一起来和我同住，可是现在妈妈已经永远不能再来了，我竟泪如雨下，一边开车一边擦眼泪。

我出生于抗战中的1941年，为了生下我并让我得到好的照顾，母亲从抗战前线经香港乘轮船到上海，在上海的法租界医院把我生下并把我交给我的伯母，又回去参加抗战了。

家住宁波的伯母笃信佛教，在我很小的时候就经常带着我去听佛经。虽然我不可能听懂，但是这种佛教环境下的熏陶给我幼小的心灵种下了善良的种子。大概这种活动也同时训练了我有了超级的记忆力，因为听了佛经回家后伯母自己念经时经常有记不清的时候，她就让我为她重复，这样使我从小就养成了一听就记住的习惯。

1945年抗日战争胜利，父亲立刻脱下军装加入当时的资源委员会，继续实现他的实业救国的理想。1946年父亲奉命前往东北，虽

我和抚养我五年的伯母摄于宁波，1946年。

然当时东北的工厂被苏军破坏得满目苍夷，但是东北当时仍然是中国最重要的工业基地，复兴东北的工业是中国的希望。在去东北的路

上，父母来宁波伯母家接我，上图有当年抚养我的伯母与我在分别时的照片。

父亲代表资源委员会到东北接收沈阳机车车辆制造厂，任总经理。在这个职位上他不仅自己全力以赴为中国工业化而努力，并且发动全体职工通力合作，在被苏军破坏的环境下仅仅用不到一年时间就造出了一台新的火车头。这是中国抗战胜利后恢复经济活动中的一个重要事件，国府行政院长张群和资源委员会委员长钱昌照都亲自莅临该公司祝贺与指导。父亲不仅抓工厂的复工生产，而且关心职工的生活，开办了各种识字班进修班和补习班，以及各种球队剧团和音乐会，极大地丰富了员工生活并提高了员工素质。父亲自身则从不谋私利，永远是两袖清风。我记得1949年我们搬家时父亲曾在家里给一面锦旗照相，这面锦旗是职工会送给父亲的锦旗，上面绣有"廉洁奉公"四个字。

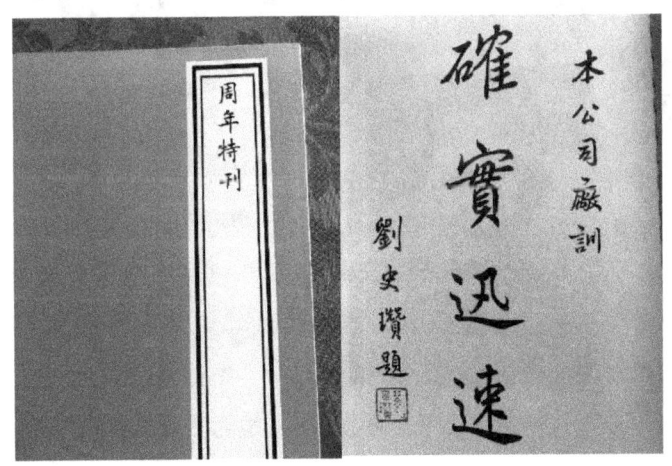

"周年特刊"的封面与父亲题的厂训均为妈妈的亲笔。

1947年该公司出了"周年特刊"，封面刊名的四个字出自妈妈的手书，周刊内的父亲的厂训题词是妈妈代写的，上图。下图还显示了该特刊的一张父亲（站立者）与巡视该厂的国府领导人张群等人的照片。

1949年资源委员会在上海起义后，父亲要求回东北工作，继续他的实业救国的理想。从1949年到1958年，他从东北重工业部工厂设计处处长到一机部三分局第一副局长兼总工程师的任上，为东北的工业建设呕心沥血，走遍东北数十个重工业工厂。他几次病倒在出差的途中，被同事紧急送回就医。他不仅对自己要求极严，对我们也是要求很严。我由衷地感谢父亲的严格要求，让我保持了永远实事求是追求真理的品格。

父亲（站立者）与张群，陈诚（左）和孙越崎（右）合影

妈妈一生为人谦恭厚道，工作任劳任怨。几十年来从不炫耀自己，从不和任何人争吵，无论到哪里工作，她都被评为先进工作者。她获得的各种奖状摞起来足有两尺多厚！她对自己的孩子要求很严，我们小时候和别的孩子有了冲突，妈妈总是责备我们。几十年来我们在她身边，从来没有听过她说别人不好。妈妈永远保持着她固有的高贵美丽的形象，这次到纽约她还在第五大道的理发馆去做了头发。在我陪爸爸妈妈完成了美国东西海岸的旅游后，妈妈还挺认真地问我："为什么我在美国这两个多月，连一个漂亮女人也没看到？"我没有注意这件事，只好如实回答道："我没注意。"其实我心里想，那是因为妈妈

自己太漂亮了。

母亲和父亲的感情极好，我们兄弟自打记事起，从未听见过他们之间有提高嗓门讲话的情况，更不用说有任何吵嘴的事发生了。我们兄弟四人在这种平和的环境里长大，每一个人从来都不会与人吵架。在这次我陪父母周游美国的过程里，我看到父亲和母亲虽然都年逾七十高龄，但他们互相之间无时无刻不以微笑相迎，妈妈对爸爸的照顾无微不至，爸爸对妈妈也是呵护有加。他们似乎有永远讲不完的话，其亲密相爱程度，当让现代年轻情侣自愧不如。

父母亲这次来美国，使我第一次有了和他们较多单独接触的机会，但是由于多年形成的习惯，父亲还是没有多少话和我说。这个缺憾，现在多多少少由我太太许慧君弥补上了。慧君当时正在读博士学位的最紧张阶段，没有和我们一同去东西海岸。当我们回到盐湖城后，她有了与我父母接触的机会。慧君是她家中备受宠爱的幺女，从小就和她的父亲很亲，这次见到我父亲，她就像一个小孩子一样，围着我父亲问这问那。父亲不善言辞，但拗不过慧君撒娇似的发问，也只好顺着她的问话，不那末情愿地说了些我从来没听过的事情。慧君问他："平宇晚上老做'文革'的噩梦。爸爸，你爱做什麽梦？"父亲微笑地回答说："梦得最多的，是在 MIT 的事情。"我一算，父亲在 MIT 的时候，正是我"文革"遭难时的岁数。看来，年轻时的经历真能让人记住很久，以致深藏在潜意识中。在慧君的左问右问之下，父亲还说了他在美国念书时最爱做的事情是游泳和踢足球，最不喜欢的事情是跳舞。我亲耳听见父亲那次对慧君说："老要去跳舞，让人讨厌。"看来那时也有学生会这样的团体组织舞会，我父亲当年还是满"封建"的呐。有一次兴之所至，父亲还告诉慧君："我们家是刘备第二十七代在浙江鄞县鄞江桥的直传。"我这一听，才知道原来我还是真正的皇家后裔！不过，是两千年前的蜀汉皇族的后裔。最近我的一位亲戚从世界著名的宁波"天一阁"藏书楼典籍中，发现我父亲的名字早已写在那著名的皇族刘氏后裔的族谱里了。我的祖父刘寅甫是鄞县悬慈乡清末民初开明乡绅,他不仅在乡里发展实业,而且特别注重下一代教育,他的四个儿子都进了北京上海的著名大学,分别以文学士,工学士,法学士和理学士的学位毕业。这在当时闭塞落后的中国可谓开风气之先。据地方志载浙江悬慈刘氏是七百多年前汉王室后裔自中原迁来的直传,以汉高祖刘邦为始祖。宁波天一阁馆藏悬慈刘氏家谱对此有清晰的记录,有该家谱一页之影印件。

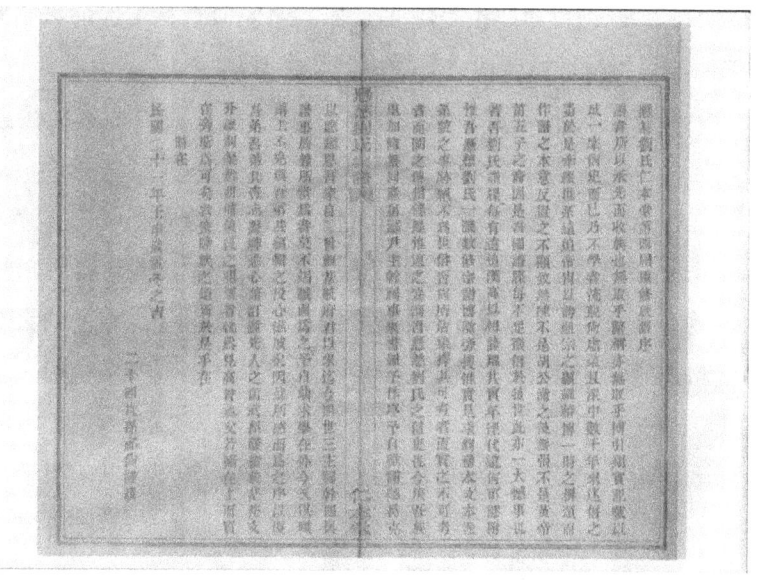

宁波天一阁馆藏悬慈刘氏家谱之一页

在父亲母亲回国之前,慧君的父母也飞来盐湖城与我的父母见面。四位老人一见面,就有很多共同的话题。原来慧君的父亲也是留学生,他留学德国。也是怀着实业救国的抱负去德国学化工。她父亲在"十万青年十万军"的号召下参加了抗日战争。更不可思议的是,抗战胜利后也到东北接收工厂,只是两人专业不同,我父亲接收沈阳机车车辆厂,慧君的父亲接收的是锦西炼油厂。我和慧君带着四位老人愉快地游了黄石公园。

在黄石公园的入口,我看到一个石刻题词,中文意思是"一切为了人民的福祉"。对于我这样一个自小接受的教育认为"一切为了人民的福祉"是只有社会主义国家才有的东西，怎么能出现在"万恶的资本主义国家"呢？我当时很诧异。后来在美国的三十几年的经历，特别是我竞选地方公职的经历告诉了我，美国的各级政府都是确确实实受选民监督和制约的，而且每一个行政措施都考虑如何最少扰民，最大优惠优惠弱势群体。喊喊"一切为了人民"的口号很容易，但是一个不受选民监督和制约，处处打压弱势群体的政府是不可能做到"一切为了人民"的。

当父亲和母亲结束了在美国的三个月旅游，准备返回中国时，母亲对我讲了一句让我终生难忘的话。她叫着我的小名说："小佩，这三个月是爸爸妈妈一生中最快乐的三个月！"我听了以后，真是高兴极了！这是妈妈对我的最高奖励！回想我从小到大，多少年来不知给他们带来了几许烦恼和不幸，我庆幸自己终于能对他们有所补偿了。在父亲母亲回国之前，父亲母亲慧君和我在盐湖城照了张像（下图）。

回想父亲他们那一代留学生，秉承中国传统知识分子的道德规范，为国赴难不谋私利。当国家有难，他就立刻弃学从军。当国家开始经济建设，他就立刻弃军从工，领导职工在一个被苏军严重破坏的工厂造出了有上万零件的大火车头，用时才不到一年！1949 年后他亲自组织设计并参与东北十几个重工业工厂的建设，为中国的工业化做出了实质的贡献。1958 年以后，他虽受多次运动迫害，但报效国家的赤子之心永远不变。在他七十高龄时一有正常服务的机会时，就做出显著的贡献，为一著名国产柴油机解决了运转时的震动问题。而我对国家的贡献几乎是零！与父亲一比，觉得惭愧得无地自容！我不是不想做贡献，我很想。但是我不能。从青少年时期起我就一心想做一个大公无私，为真理献身，为人民贡献一切的人。当我说出真理为民请命的时候，我就被当作"反党分子""反革命分子"了。我的全部青年时代就是在这个阴影下度过的，能活过来就是奇迹，根本无法对国家做贡献。

我在美国拿到博士学位后进了一家航天公司，进去后的第一个工作是要我解决一个非常重要的产品的精度问题。老板告诉我，这个产品直接影响到几种一线战机和航天飞机的性能，精度上不去，成品率很低，公司为此一直在赔钱。已经换了四五个工程师，花了几年时间也解决不了这个难题。希望我能解决它。为了让我安心工作，他还加一句：不要着急。我和前几任工程师不一样，他们一天到晚在车间里试这试那，很有点气氛，可就是最后解决不了问题。我就按照我的独特的工作方法，先是透彻分析和理解问题的物理本质，再做出完整精确的数学模型，然后写出非线性最优化代码。两个月后，我告诉老板我看可以试一下了。老板通知车间试我的新方法调整后的产品。结果一次试验就成功！全车间轰动。我因此得了公司大奖。

在我写这篇文章的时候，我已经快八十岁了，还在作各种研究，以满足我的好奇心和求知欲，也可以造福人类。去年我在"2019 CUSPEA 40 周年庆研讨会"发表了两项研究成果。一项是关于对基本粒子宇称的理解，一项是关于对全球暖化的根治方法。今年我又给国内一个建筑研究所发去了为应对新冠病毒而发明的一辅助设施的设计。根据我对全球暖化的研究，我预料长眠在青藏高原西伯利亚冻土层和南极大陆的地下的病毒，在全球暖化的过程中会"醒来"。人类如果不对此做好各方面的准备，人类在这个星球上的生存将面临严重的挑战。当然，我是不会放下对哲学的思考。我正在思考一个命题："认识的主体不可能完全认识主体自身。"希望能为康德的认识论增添新篇章。

1985年父亲、母亲、慧君和我合影于美国犹他州盐湖城

半导体所

一则新闻和一桩往事

葛惟昆

这几天让全世界揪心的一则新闻是：当地时间1月8日，一架载有176人的波音737客机在伊朗德黑兰霍梅尼国际机场附近坠毁。这架乌克兰客机是在起飞2分钟后坠毁的，机身随后起火。

现在伊朗承认，因"人为失误"无意中击落了失事的乌克兰客机。俄新社说，该声明同时表示，击落客机一事发生在(伊朗方面)"高度戒备"的情况下，因为伊方考虑到美国可能会对美军事基地被伊朗导弹袭击做出反应。于是伊朗进一步指责是美国的"冒险政策"导致了这场悲剧，虽然他们对自己的责任人也要起诉追究。

中东这个火药桶，每时每刻都在制造着灾难。溯及远古，位于底格里斯河和幼发拉底河之间的新月沃土（美索不达米亚平原，位置约在现今的伊拉克）所发展出来的文明，是西亚最早的文明。阿拉伯文化对人类文明影响深远，例如我们所使用的阿拉伯数字。但是两河文明并没像中华文明那样延续几千年而至今天，并不断发扬光大。相反，各种文明的冲突使得中东地区成为当今世界最危险的战争策源地。

以世界警察自居的美国人不断制造麻烦。第一次伊拉克战争，老布什发动，我正在美国，觉得美国人干得漂亮，因为起因是萨达姆入侵科威特，美国人主持了公道。到第二次伊拉克战争（第二次海湾战争，2003年3月20日-2011年12月18日），是小布什当政，以美英军队为主的联合部队对伊拉克发动军事行动。美国以伊拉克藏有大规模杀伤性武器并暗中支持恐怖分子为由，绕开联合国安理会，单方面对伊拉克实施军事打击，战争历时7年多，最终以美军全部撤出结束。这次伊拉克战争实质上是美国借反恐时机，趁机清除反美政权的一场战争。一般认为，美国铲除伊拉克政权，实质就是维护美元霸权的地位。

回到伊朗，其居民主要是波斯人，不属于阿拉伯世界。我在英国留学期间，正值伊战争（Iran-Iraq War、第一次波斯湾战争）。战争于1980年9月22日爆发，共四个阶段。1987年7月23日和1988年7月18日，伊拉克和伊朗各自接受了联合国的停火决议，但双方直至1988年8月20日才正式停止战斗。两伊战争是20世纪最长的战争之一，双方经济损失惨重，发展停滞，石油出口骤降，战争中的军费支出和战争导致的经济破坏巨大，战争使两国经济发展计划至少推迟20至30年。两伊战争的原因很复杂，不过伊朗的输出革命显然是其中之一。同属于伊斯兰教，以沙特为首的的逊尼派和以伊朗为首的什叶派却势不两立、你死我活。这正是中东成为动乱之源和灾难之海的重要原因之一。

2020.01.08 波音737客机在德黑拉失事现场

因为这次空难发生在伊朗德黑兰霍梅尼机场，使我回忆起整整四十年前途经那里的情景。那是1979年的九月，霍梅尼的伊斯兰革命刚刚成功，机场上布满实枪荷弹的伊斯兰革命卫队的军人，女人们黑袍包身，只露出眼睛，对我们这些初次走出国门的人，无疑很有震撼

德黑兰霍梅尼机场一瞥

力。我们一行12人，6名中科院和6名教育部的78级研究生，作为第一批送往英国读学位的留学人员，于1979年9月12日飞往伦敦。那时还是波音707客机，中间要停留两次：德黑兰和苏黎世。到达德黑兰机场时，看到许多消防车尾随我们滑行的飞机，很觉诧异。进入机场以后，机组告诉大家：飞机两个发动机中有一个在飞经乌鲁木齐时损坏了。当时有两个选择：或者飞回北京、或者继续飞到德黑兰。最后决定继续飞，由于飞行十分危险，所以降落时有消防车尾随，怕飞机失去平衡起火。幸而一切正常，但是要修理发动机，大家耐心等候。又过了一阵，我们被告知，发动机修不好，要从北京重新起飞一架飞机来，所以要在德黑兰过夜。当时机组把机上两位大人物王任重和曹禺送到大使馆，我们一般乘客就在机场大堂里等候。记得同济大学的李国豪校长也和我们在一起，非常不满，我想他认为他也和曹禺是一个量级的，也应该受到照顾。

后来一位同机的外交部司长出来打抱不平。他说按外交惯例，这种情形下，伊朗应该签发过境签证，允许乘客进入德黑兰市区酒店。最后谈判成功，我们很兴奋地在午夜乘大轿车进入德黑兰，途径亚运会旧址等，入住希尔顿酒店，因此而有了在德黑兰过夜的不寻常经历。我们两人一个标准间，印象最深的就是有一台电视机。第一次看外国电视，有一点好奇。结果只有两个台，而且都是在不停地祈祷，不禁失望之极。不过那是文革刚结束不久，倒也使我想起我们全民手拿小红书的情景了！伊朗之所以到今天这个地步，我认为是伊斯兰原教旨主义严重阻碍了经济的发展和文明的进步，而且我相信，曾经经历过比较开放的巴列维时代的伊朗民众，终会有一天会把历史扭转过来。

德黑兰自由纪念塔

这次事件，算是我们这批不算年轻的学子走出国门的第一堂课。我们到达伦敦时已经是 9 月 13 日。联想起 1971 年 9 月 13 日林彪的折戟沉沙事件，我们也把这次经历调侃为"913 事件"，大难不死、终生难忘！

2020 年 1 月 10 日

计量院

我没有忘记（诗）

张增耀

我没有忘记，
肖庄，林学院，木板房，
屋外呼啸的北风，
冰雪路头的开水房。

我没有忘记，
讲台上伟岸的身影，
彭恒武，关肇直，李佩，
前辈的教诲，
鼓起我理想的风帆。

我没有忘记，
一笔书报费，
一份份补助金，
是寒冬里的阳光，
温暖我的心。

我没有忘记，
黑色纸带上点点小孔，
科学的远征，
从这里起航。

我没有忘记，
深夜教室里一个个坚毅的身影，
姑娘的教务，
老孙的后勤，

让学校精准运行。
　　40年过去了，
　　我仍没有忘记。
　　千山万水不能阻隔，
　　我要回去，
　　回到那远征的起点。
　　向我的亲人，
　　一诉衷肠。

张增耀 2018.11.28 第二稿，2019.10.14 第三稿， 2020.1.3 第四稿

　　说明：这是在 2018.10.14 晚上"庆祝中国科学院大学建校 40 周年联欢晚会"上朗诵的第一首诗词，当晚一共朗诵了 5 首诗词。

半导体所

纪念研究生院成立 40 周年兼寄板房兄弟

陈治明

作者简介

1945 年生于四川涪陵（今属重庆市）
1978 年入中国科学院研究生院，师从半导体研究所林兰英院士。
1981 至 1986 年留半导体所工作
1982 至 1984 年受派加拿大西安大略大学物理系，继续非晶半导体材料研究
1986 至 2015 年于西安理工大学任教，主攻宽禁带半导体材料与器件
1995 至 2004 年任西安理工大学校长
2005 至 2013 年任西安理工大学学术委员会主席
2015 年退休。

外一首

又到十月菊花黄，春秋四十多华章。
玉泉折柳一腔血，雁湖把酒两鬓霜。
中关村头忆相识，五道口外话沧桑。
独楼巍然倚林院，板房落寞立肖庄。
名师三百欣然至，新徒一千喜若狂。
兄妹同窗传佳话，夫妻联袂赴科场。
连读未及论嫁娶，在职已然子成行。
瞩目私议宜家女，俯首暗夸田舍郎。
报国无须问出处，攀峰不必登庙堂。
求知何惧路遥远，苦学岂嫌灯昏黄。
三餐捧碗蹲树下，一澡难成思浴场。

纪念研究生院成立 40 周年兼寄板房兄弟

夜读常觉三更短，思儿每怨四季长。
冬来室内生煤炉，春去窗外蔓瓜秧。
寒窗半启防煤气，暖墙微裂沐星光。
夜半某兄发病急，清晨校医消毒忙。
寒来暑往终归去，花开花落各还乡。
板房同住三百日，甘苦共尝一世芳。
千山万水隔音讯，五湖四海问沧桑。
三四十年倏然过，六七十岁须发苍。
短暂一聚再离别，互道珍重祝安康！

2018 年国庆后三日于古都长安半言堂

怀念校庆四十周年聚会

校庆欢聚后一年重读光熙兄大作《五言乐府》，原韵奉和，戏作。

何时再相见，无奈如参商。
今夕复今夕，醉眼赏星光。
同窗共读时，鬓发尚未苍。
壮志惊神鬼，热血满衷肠。
倥偬四十载，不识老学堂。
问君曾几婚，儿孙竟成行！
鹤发掩旧容，足健走四方。
肖庄识君处，不见老板房。
闻君转新学，蓬荜生辉光！
与君同甘苦，可曾忆寒窗？
诗书虽满腹，翩翩布衣装。
报国无多虑，济世好儿郎。
狂士无多愁，腐朽敢猖狂！
平生惟一愿，国兴民富强！
普天同欢乐，全民共仰望。
来年无多余，余生如琼浆。
浩气震山河，雄心何茫茫？
临别无多言，言短情谊长。
微群时时在，孤坐不悲伤。
再过四十载，续写四十行！

2019 年 10 月 16 日参观汉中川陕革命根据地纪念馆旅次枯坐大巴，偶兴。

参加校庆盛典的半导体所 7 人
左起：王玉富、王丙燊、陈治明、高稚宜、石寅、陈纯达、林世鸣

参加校庆盛典板房三兄弟
地理所许炯心、半导体所陈治明、局地所王锡硕

自动化所

寻梦风雨中

应行仁

作者简介 美国华盛顿大学系统科学与数学博士，主要研究方向在智能控制、博弈理论和复杂系统。

邮箱 xying@ieee.org

"一切都是瞬息，一切都会过去，而那过去了的，就会变成亲切的怀念。" ——普希金

1965 年 7 月，榕城一如既往地热，只有监考老师脸是冷的。同学们屏声静息地端坐在课桌后，准考证放在左上角，白色稿纸覆盖的考卷在中间。我将灌满墨水的钢笔小心地搁在右侧，看一眼腕上借来的手表，等着那一声开始的铃响。

高三下学期，在以前半期考的时间便结束了期考，随后便转入高考的复习。当时能上大学不足同龄人的百分之一，我们福州一中是连续几年的全国高考红旗，但每年都还是有人落马，弄得大家胆战心惊。志愿早已填好交上去了，老师都是见过几度春秋的老手，精准地指导过的。我的好友DH是班上学习尖子，想报清华数力系，只因老爸不是工农革军，在老师劝说下红了眼睛改成冶金系。我却为了寻找小说中那个失落的灵药，昏了头似的报了八年制的北京中国医科大学，

三个专业只填了一个"药物化学"，追梦。家里人没说什么，老师劝了一下，看我痴心不改也就放弃了。我们上一届，有个同学，慷慨倜傥，曾豪气干云地对同学宣称，以后原子弹爆炸威力要以他的名字为单位，被批为成名成家白专的典型。他却是我心中的楷模，"少年心事当拿云，谁念幽寒坐呜呃"，是吧！

考试并不难，题海里练过几十遍了，看了题目，答案几乎就能倒出来，只是老师交代要保持试卷整洁，我先在稿子上作好文，再端端正正地抄上去。数理化都有加分题，几乎都做了，特别是化学加分题，问某个反应，为什么生成一种化合物而不是另一种？我灵光一闪，把新看到一本大学书里化学键的解释说了一通。每场出来后，和同学略对一下答案，心中颇为自得。

大家心里明白，这考试是以后穿皮鞋或草鞋之分，可是天天在讲"一颗红心，两种准备"，上不了大学就到山里教小学，所以眼里不能透出那份热衷，社会上更没有现在的疯狂，欢欣和懊恼都只在考生心中翻滚，外面寂然无声。学校里比平时更静，闲人回避，更没人接送抹汗打扇的事，这要让同学看到，那还不羞死？我回家后父母略问一声考试感觉，也就放下来。晚餐给我加了个蛋。这月待遇特殊，由我变着花样决定这个特权是煎是蒸或是炒。烧饭的任务早在一年前，从我手里转给妹妹，现在连刷碗都免了，专心读书，跟古时大少爷似的。

三天考毕，暑天下午昏睡，早上懒懒地晚起，把过去的辛苦都补回来，晚上则打听哪儿街道有评话，早早地端了张凳子去。无所事事七八天后，想起以前和 DH 比斗过微积分，那时急用先学，靠套公式来解极值和面积问题，知其然不知其所以然，现在有时间可以系统地看了。如此过了几星期，迎来了发榜。到学校后，老师却不说，再叨了遍"一颗红心，两种准备"，熬到十点多，让大家各自回家看通知，一类重点大学的当天都会到，二类本地院校要过些天发。我和好友 DH、CL 相约好一起走，先去 DH 家。刚到楼前，欢声一片，他妹妹雀跃在二楼侧廊上，全身上下都是笑，手中挥舞着一封信："哥，清华！"。

DH 喜形于色，奔上去接过通知书，匆匆一看，手一挥："走，去行仁家！"晴空骄阳似火，到了我家，院子里遇到我妹妹，看了脸色，了无欢愉，心中一沉，低声问了句。摇头。两位朋友说："再等等吧！"我枯声说："不用了，去 CL 家吧。"三人各怀心思，急匆匆地到了他家，邮差接踵到，打开通知一看，"北京农业机械化学院"，哄地掀起一家人的高兴。两位朋友看到脸色黯然的我，说我们再到你家看看，没准才到。我心中苦涩，说："不用了，各自回吧，要有，我再去告诉你们。"

唐公子李贺长歌当哭："我当二十不得意，一心愁谢如枯兰。衣如飞鹑马如狗，临歧击剑生铜吼"，我不到二十，也已愁谢如枯兰了，只是无剑可击，只能敲击微积分。

我母亲是小学教师，舅舅和舅妈都是中学教师，我父亲从狱中出来后也代课教过一段中学，爷爷民初就在当地办过学，现在家里还有一本他留下的英文代数书，也算是教育世家了。我却特别烦当教师。因为小时候暑假，我妈常带几个差生在家里补习，有时一道题说了三遍还不懂，分开一步一步地讲，问，都点头，合起来又不懂，我低他两年级在旁都听懂了，他还是不懂。我想要是让我教，一定会吐血，决不能当教师！报考时，老师建议二类学校一定要填一个师范，不仅是光荣，而且比较保险。朋友当时问我，我说，宁可下乡务农也不去。发榜前我们聚在一起去西湖划船，其时金乌西堕，凉风渐起，没了早上的蓬勃和烈日下的焦躁，又谈起如果没考上，调剂到师院怎么想？DH 表示，不去，宁可复读来年再考。我却是有所预感，看着天边云缝中的一抹金色，低沉地说，不管什么学校，我都去。

二类院校通知来时，我在家，打开信，"福建农学院，农业机械系"，想了半天，也记不起这是第几志愿了。不过有总比没有好，该高兴的，是吧？匆匆来到学校，同学已经聚散几回了，大多数都进了，连一个每年补考的女生都进了重点大学，经常辅导她的那个、被大家疑为男友的却落榜了，落榜的还有在高一时的班长、曾经的学习委员，还有一个课代表，都是成绩很好，成份不好的。要说成份，我家只会更差,想划清界限也无用,就不努力了。我就像《迎春花》还是《苦菜花》里那个富裕中农:我落后,但不反动,志愿的事都不勉强,所以连入团都没申请过。政治评语肯定好不了,不知怎么如此的幸运了?

回家后,妈让我去告诉我爸一声。我去他工作的誊印社,那里多是像他那样的前朝罪臣,都靠着一手好字,刻蜡纸为生。进了一栋衰败的大房子,古色古香隐藏着旧日的辉煌,沿着右边石砌的门廊往里走,只觉得凉凉的沉静。遇到一位面善的老伯询问,他听了,朝后叫声:"应兄,你家大少来了。"我爸出来,我说了,他按着我肩膀的手微微颤抖,喑哑地说两声,"好,好!"让我先回去。

晚上祚帧伯伯来访,他女儿落榜了,大人在屋里聊了很久,我坐在天井边的石廊上,想着定积分套不定积分公式背后的道理。伯伯一人走出来,在黑暗里,他蹲下握住我的手,低声说:"祝贺你!珍惜机会,好好学!"

文革时批系领导,有大字报揭露说,系里为了毕业设计能出彩,收了个不该收的学生。

文革结束了,成份论不提了,科学春天来了。1977年底,先传出复旦的苏步青先生要收研究生。1978年,清华等高校也发了招研究生通知,我将一份设计总图送清华,被推荐到精密仪器系。那时我已在机械设计上颇有心得了,我们机床厂里有一半的产品和专用机床是我设计的,我与大连组合机床研究所和上海机械设计院交流过设计,到兵工厂讲过课,还被评为省科学大会的代表。如果去清华研究机械把握会更大些。这时科学院发通知也要招研究生,考试时间和清华的冲突。DH问我是怎么选择?他也是回清华把握更大。我选了科学院,说:"这也许是我们最后一次实现梦想的机会了,总要拼一次才甘心。"他也下了决心,他考力学所,我考自动化所。后来知道,这也是很多人的梦,这两个所,有几千人报考。

我到自动化所复试、口试时,评委问:"你不是学自动化和计算机的，工作也不做这个，怎么想来考这个？"

我答："看到《摘译》上，日本科学家渡边惠说：人工智能是本世纪以来，人类最富有冒险性的雄心勃勃的事业。我冲这句话来了。"

考进科学院后，消息传到农学院，当年冒险拍板收我的系总支书记对人说：我一点都不惊讶，看他当年高考成绩时，我就知道了。

2014年6月曾以《我的高考——寻梦风雨中》贴在科学网应行仁博客

电子所

"充军口外"的日子

杨静韬

作者简历 杨静韬,1944 年生,原籍河北抚宁,北京长大。1963 年从北京八中毕业考取北京大学物理学系。1970 年 3 月毕业分配张家口,在柴沟堡师范、张家口师专任教。1978 年考入电子所气体激光专业研究生,1981 年底获理学硕士学位,分配解放军防化学院工作,主要从事大学物理、结构化学、军事侦察等课程教学工作。2005 年以教授职称退休。曾获军队科技进步一等奖,二等奖各一次。有多篇论文发表。

63 人的"战斗情谊"

2010 年 10 月 23 日星期六上午,北京邮电大学教 3 楼迎来了一群白发苍苍的古稀老人,在来去匆匆的年轻学子中十分醒目,原来是 40 年前北京大学分配到河北省张家口地区的部分同学在此聚会。回想当年离开母校来到塞外山城,大家为了维护自己的权益,组织起来与地区领导抗争,这在当时是绝无仅有,恐怕也是空前绝后的了。

文革中,军(工)宣队进校以后,经过了斗、批、改几个阶段,学校要招收工农兵大学生了。老大学生已无利用价值必须要腾笼换鸟。学生也厌倦了无休止的"被运动",渴望早些离开是非之地。1970 年 3 月传来了清华、北大率先分配的消息。我所在的物理系三个年级 (63、64、65) 四百多名学生在军(工)宣队的地图与尺子(他们只根据地图上的直线距离决定远近）的支配下被决定了一生的命运。当时分配原则是四个面向，而且还要先到工厂或农村劳动锻炼。工宣队认为比较好的到工厂，比较落后的到农村。学生中有顺口溜："远分对儿，近分赘儿，不远不近是光棍儿"。北京生源的"光棍儿"大部分到了河北省，天津生源到辽宁，上海的到贵州，其余各回各省。分到江苏、安徽、湖南、湖北、江西的都到部队农场锻炼。

据说北大分到河北的有800多人，63名分配到张家口地区，我有幸成为其中一员。为了速战速决以免夜长梦多，军（工）宣队以迅雷不及掩耳之势，公布方案之后马上把车票送到你的手中，要求立马去报到。

分配前，有学生在上边授意下贴出大字报"要继续革命，不要毕业证书"。我们似乎没毕业就两手空空被踢出了燕园，就这样满怀着悲愤、迷茫的心情匆匆告别了未名湖，告别了一起生活了六年半的同学，告别了首都，奔向"口外"，走入前途未卜的社会。

除了当时在汉中653分校的无线电系、技术物理系、数力系力学专业学生以外，本校各系分配张家口的同学一起于3月14日乘夜车前往张家口北站。记得那天正好下了大雪，天气很冷。夜色之中，我们一行几十人迈着疲惫的脚步走出张家口车站，蹒跚在塞外山城空无一人的街道上。古代的罪犯有"充军口外，发配沧州"一说，我们调侃自己这是被"充军口外"了。

来到地区教育局，只见大门紧闭，一片黑暗。叫开门后，看门的老头只探了一下脑袋就赶紧关上大门。非常时期深更半夜莫名其妙来了一大群年轻力壮的小伙子，他被吓坏了。听我们说是北大分配来的大学生，才舒了一口气，赶紧给教育局长打电话。后来我们才知道，原来学校着急把我们打发走，还没来得及通知张家口，给了他们一个措手不及。第二天学校才电话告知分配来学生的名单以及锻炼期间是工人还是农民的安排。在河北省其他地区，分配方案都是下到县里，学生直接到县里报到。分到张家口的却因过于匆忙，全分到了地区，然后再由地区分到县里。造化弄人，谁也没想到的是，恰好是这一点成就了我们63人长达40多年的"战斗情谊"。

在教育局礼堂中凑合休息了几小时之后，第二天一早，局长徐鹏程与管分配的刘爱娣（外号刘大腿，因她的名言是"胳膊扭不过大腿"）来了，先安排我们住进地区招待所，答应研究后很快会公布分配方案。

几天后方案公布了。学校定为"工人"的大部分分到宁远钢厂，少数有关系的分到无线电厂、化肥厂、制药厂等；40几名当"农民"的被分散到坝上、坝下各县，每县2-3人。"工人"报到走了，"农民"却炸了窝。考虑到一年后再分配很可能就分在那个县里了，人太少很容易被同化或者各个击破，人多一点有什么事便于商量，我们提出要求：希望集中锻炼。他们当然不同意。几十个"被农民"当即组织起来，也不管原来是"山上的"（井冈山兵团）的还是"社里的"（新北大公社），为了共同的目标走到了一起。因绝大多数都住在一个招待所里，组织起来很方便，大家推选了化学系的赵凯元、地球物理系王强和哲学系陈占国三人当代表，与地区教育局展开了"谈判"。

地区领导从未遇上过这种情况。当时河北全省已经是某造反派的一统天下了，这批北大学生竟敢在太岁头上动土挑战地区革委会，十分恼火。但对这些经过"无产阶级文化大革命"洗礼，在"六厂二校"中见过大世面的学生也没好办法。他们如临大敌，采用软硬兼施、分化瓦解的手段，一面组织参观烈士陵园由老革命进行传统教育正面劝说，一面由消防队出身的造反派头头革委会李副主任训话进行恐吓，还找了个别学生先让他单独下去加以分化。我们则据理力争，不为所动。谈判持续了两周，几个回合下来，学生中也产生了分歧。有人主张坚持到底，也有人认为应该适可而止、见好就收。最后双方让步，决定锻炼地点相对集中，分配到五个县，自愿结合，一年后由地区重新分配工作。最后的分配方案是坝上康保4人、沽源11人，坝下蔚县8人、怀安14人、赤城10人。斗争取得了部分胜利，近一个月的共同生活也结束了。我们互道珍重、洒泪而别，奔赴各县去接受贫下中农的再教育。

在这 20 多天里，大家在一起吃、住、组织活动，没事时串门聊天，原来互不相识的"农民"成了好朋友。除了开大会商量对策，我们还三五成群出去品尝早已闻名的塞北名食——莜面，逛逛两条商业街：武城街和怡安街，过的也悠闲自在。张家口历史悠久，过去曾是察哈尔省省会，自古就是京师北大门，是连接内地与蒙古的交通要冲。城市位于山沟里，一条清水河穿城而过把市区分为桥东和桥西两部分。当时人们形容张家口是"一条街两座楼儿，一个警察看两头儿，一个公园两个猴儿，一个姑娘两个求"。满眼望去到处是一片片低矮的平房，全市唯一像样的建筑是新建的毛泽东思想展览馆。张家口最高学府是属于地区的"三块砖"：医专、师专和农专，还有属于省里的建专。冬天很冷，居民住房没有暖气，全是烧烟煤生火取暖做饭，空气中充满了煤烟子味，呛人鼻孔。据说现在张市可鸟枪换炮了，空气比北京强多了。

光阴荏苒，转眼 40 年过去了，我们几个好事者通过各种途径找到了 63 人当中 60 人的下落。其中有 9 人不幸英年早逝，7 人定居境外。根据大家的回忆，60 人中有数力系 10 人，物理系 7 人，化学系 4 人，生物系 4 人，地质地理系 3 人，地球物理系 7 人，无线电系 7 人，技术物理系 8 人，中文系 3 人，历史系 1 人，哲学系 2 人，经济系 3 人，国际政治系 1 人，几乎涵盖了北大所有的科系。经过多年打拼，大部分成为了高校、科研机关的骨干，少数人从政。目前已从北京大学、清华大学、邮电大学、化工大学、政法大学、语言大学、首都师大、首医大、河北农大、工商大学、防化学院、北方学院、苏州科技学院、气象学院、科学院各所或各地重点中学退下来，都有重聚的愿望。

为了纪念当年的战斗情谊，在我们乘车离京整整 40 周年的 2010 年 3 月 14 日，北京又是一个下雪的日子，部分在京的同学聚餐以示纪念。技物系的刘选中是邮电大学的教授，请校方提供了场所，10 月 23 日，包括外地来京的同学在内，我们22个白发苍苍、历经磨难的老人在北京邮电大学聚会。大家抚今追昔畅谈分别后各自的经历与人生感悟，缅怀故去的老友并合影留念。

相聚40年后再相聚

插队生活与考研风波

1970年4月，我与物理系同班的焦丞民，地球物理系的王强、王世忠、李有刚，无线电系的孙心复、陆文娟、刘以定，技术物理系的姚树楣，经济系的刘德麟十个人来到赤城县报到，县里安排我们到样田公社样田大队锻炼。

赤城县位于张家口地区东部，是有名的贫困县。多年后出了名，是因为张艺谋在赤城大山里拍了一部电影《一个也不能少》。县城南边15公里，白河边上的样田村是样田公社所在地，算是县里比较富裕又交通便利的好地方了。除了大田，每年白河发水冲击出来的一块块小平地（河滩地）土壤肥沃、水源丰富。村民在地里种了水稻。能吃上大米，尽管很少，这在只生产五谷杂粮的赤城可真算是天大的幸福了。大队干部知道我们不会种田，没有把我们分到各个小队，而是把我们组织成水利专业队一起干活。大队派了厉队长和小韩、老张领着我们，每天的活就是挖土、搬石、垒墙、修渠。虽然干的都是苦力活很累，但是与朴实农民在一起却不受歧视，尤其用不着像在校时那样每天被洗脑，用不着千篇一律地说那些本来不想说但又不得不说的套话，思想上得到解放。恰好我们十个人全是北京考来的，各方面都比较接近，没什么大矛盾，用现在的话说就是比较和谐。队里让我们住在原来为县城知青盖的新房子里。女生陆文娟和一个留守知青小赵（后来成为姥姥夫人）住一个小房间，其余9个男生睡在一个大火炕上。我们推选了王强当"头儿"，刘德麟（外号姥姥）为总后勤，过起了"日出而作，日落而息"的中国式农村生活。每天留一名同学在家挑水做饭，其余的出工干活，晚饭后，闲聊或散步，悠哉悠哉。李有刚每天拉起带在身边的小提琴，常常引许多姑娘小伙儿来小院做客。到了暑假，留一人看家，大家一起回京并相约到处游玩。

我们每月有425"大毛"的工资，吃的是商品粮，从大队菜园买点很便宜的蔬菜，时不时还进县城买肉回来打牙祭，活得有滋有味。都是插队，生活上却与上山下乡知青不可同日而语。

物质生活不能掩盖精神上的苦恼。千里挑一的北大学生，国家花了巨资培养，难道就让我们永远修理地球？当时信奉的格言是"俯身守命，以待天时，不可与命争焉"，把它看成是"苦其心志、劳其筋骨"，"天降大任于斯人"之前的必经程序，坚信命运必会改变，北大的"天之骄子"不会永远栖身于此。

有几件趣事值得说一说。

1、一开始我们做饭、烧炕的燃料都是大队供应的干柴。夏天来了，为了准备冬天的燃料，我们决定到公社最南端的小村灰窑子去砍柴。灰窑子村在靠近后城的大山里，景色十分优美，完全是原生态。

我们每天一边打柴一边欣赏风景。打下的柴捆成梱顺山坡放下来，由队里派牛车拉回去。一次刘以定不小心，被柴禾梱带着滚了下去，幸亏被小树挡住才没有英勇牺牲。直到今天说起此事都感到后怕。

2、无线电系的孙心复心灵手巧，动手能力极强。赤城县很偏僻，天高皇帝远，没有强干扰信号，他经常用自己装的收音机"收听敌台"。这是我第一次听到许多外边的的新闻，对我的觉醒起了重要作用。71年秋天再分配

1970年与厉队长小赵摄于宿舍门前

时孙心复、陆文娟夫妇分到龙关中学当老师。因为给县里安装了电视差转台，被调到县电视台，后来升任了地区广播电视局局长。地市合并时却因仕途不顺，郁郁寡欢，积劳成疾，他们夫妇不幸分别于1994年、1995年相继患癌症去世。他们患病期间，多亏了同在张家口市里的刘德麟大力帮助，并妥善安排了后事。

3、公社里还有30名从天津来的插队知青，是天津铁路中学67届初中毕业生。因比我们来得早，许多人已经抽调到公社或县里工作了。离样田不远的双山寨村还剩下两个小姑娘，小刘和小冯。听说样田来了十个北大学生，就把我们当成了大哥哥，经常来玩，很愿意说说心里的苦闷。我们虽然同情她们，但也爱莫能助，只能开导开导，劝她们不要灰心，要多读点书，将来一定有用处。1971年再分配离开后就断了联系。巧的是二十多年后已在北京退休的李有刚竟然在样田村里碰到了她们的插友。一打听才知道她们也都回了天津，联系上以后就请她们到北京来聚会。说起当年事，还念念不忘当初勉励她们的

话。

4、1970年秋天县里抽调大学生去参加"斗批改"。我们十个人中八个到兴仁堡、万泉寺去当工作队员，留下我与焦丞民看家。

1971年夏天开始再分配，地区教育局这次学乖了，不再集中，各县分别进行。在其他几县分完之后，我们也接到了通知：调我等四人到地区报到，其他六人留在县里分别到县中、城关中学、龙关中学任教。地区报到后，我与王强分到柴沟堡师范学校。

20多年后，1998年北大百年校庆的时候，赤城样田的"插友"又一次聚集在一起并相约暑假时一同回到赤城去看看，可惜这时少了已故的孙心复、陆文娟夫妇。赤城北部有个"汤泉"，是当地的名胜。刘德麟当时是张市民政局长，安排我们8人连同6名家属住在民政局汤泉招待所，7月24日回到了插过队的样田村。相隔27年，又见到当年修筑的水渠和住过的房子与小院，早已物是人非，破旧不堪了。厉队长与老张头已经作古，小韩外出打工，认识的人不多了。来到当年散步的桥头和照过相的芦苇地里，心潮澎湃；站在曾经捉鱼的水塘前，当年的笑声与围观的人群似乎就在眼前。想起二十多年前在这里渡过的蹉跎岁月，真是酸甜苦辣五味俱全。

在柴师工作五年后，1976年我调入张家口师范专科学校。师专是地区的最高学府，已经有十几名北大同时分来的同学在此任教。老友重逢十分高兴自不待言。

1978年传来了文革后首次招收研究生与北大、清华招收"回炉生"的消息。我们奔走相告，兴奋至极。对我们这些没有门路的普通百姓来讲，这是回京的唯一途径。除了努力复习准备应考之外，最大的障碍是报考必须经过原单位同意。师专领导当然不愿意天上掉下来的"馅饼"，且已成教学骨干的北大学生离去，只同意报考研究生，因为在他们看来不可能考上何不做个顺水人情，但坚决不同意考"回炉生"。我也心知大学只上了两年半，考研谈何容易？"回炉生"却靠谱得多。为了报考"回炉"，我们十几个北大同学回想起刚到张家口时与地区的谈判，又一次集体行动。经研究后决定做两项工作：一方面派人回北大通过关系找到招生办的人求援。他们说这种情况很普遍，会给单位发一封函提出请求，但决定权仍在人家。同时答应不管师专是否同意，先派人带着试卷来张家口监考，以免错过时机。另一方面大家轮流到师专祝书记家里软磨硬泡求学校高抬贵手。老天有眼，就差几天考试时校方终于同意了。考的结果有两人考取了研究生，六人考上了"回炉生"。我被科学院电子所气体激光专业研究生和北大物理系"回炉生"同时录取。我利用暑假回京复习准备复试。北大生物系毕业的谢巧纹被微生物所录取。复试时的专业课"激光物理"我从未学过，只能临阵磨枪，因此考的不好。幸亏我的初试成绩第一，才勉强被录取。经过这番苦斗，我在1978年10月到科学院研究生院报到读研，结束了八年半"充军口外"的生活。

现在我们都已是退休的古稀老人。当年的"农民"大多在家含饴弄孙。"样田插友"10人中三位辞世，两人定居海外，五人在京。患难中结下的情谊在物欲横流的今天更显得难能可贵。回想起来，这段经历刻骨铭心。回顾自己的一生，几十年虽历经坎坷且一事无成，但始终秉承"思想自由、兼容并包"的北大精神，"清清白白做人，认认真真做事"，不吹牛拍马，不随波逐流，坚持自由思想、独立人格。完全可以自豪地说，我不愧于"北大人"的称号。

"充军口外"的日子

1998年重回小院（左起第三人是作者）

天文台

天眼之行

周莉　周克诚

2018年10月研究生院四十周年校庆时周克诚提出是否可以在2019年组织78级天文台班的同学参观FAST，得到在国家天文台工作的多位同学支持，认为可行。2019年初周克诚又在天文台班群里在提此事，并请已是中国科学院院士的汪景琇同学请示国家天文台领导，得到同意后，周克诚于2019年2月下旬在天文台班群发起征求同学报名的接龙，周克诚和周莉两人报名。

我们两家人经由汪景琇同学与FAST站的李伟和赵保庆两位主任联系安排行程如下：6月25日下午到，27日上午离开。由于FAST观察站调试观察任务很紧，多名科研人员接待了26日的参观学习项目。

6月25号下午王青银师傅准时接站，到达时已过了晚饭时间，但是李伟赵保庆主任已给我们预留了饭菜。工作人员帮我们安排了住处。

26日上午9点，宋立强给我们介绍了世纪工程天眼的艰辛历程，看到了南仁东的平凡和伟大。从航拍图片中找出300多个候选台址，南仁东一个不落地走遍了，许多地方没有路，南仁东用拐杖走过来的。在工程中许多难题的解决又是世界首创，取得多项专利。

中午11-13点，乘观测的窗口期吴文才带领我们近距离看天眼，而且允许拍照。

天眼像个大碗，碗边是维修人员走的镂空走廊，小伙子又要讲解，又要帮着拍照，还要注意我们的安全忙前跑后。因13点前必须出山口警卫室，否则扣相机删照片，所以时间很紧张，连跑带颠的。在去天眼的路上，周克诚还种了一株给南仁东的纪念树。

下午司机把我们送到平塘县克度镇的天文小镇，我们参观了天文展览馆，看了太阳系的电影。虽是科普，但有了多媒体，也很新鲜。小广场对面是南仁东先进事迹馆，除了已知的官方宣传外，受触动的是南仁东的遗物--他的工作日记。多处标记着疼，胸疼，后背疼，左臂剧疼，让人止不住落泪。

晚上的活动是座谈，由潘高峰和李铭哲召集，题目是缅怀南仁东，来了大多是年轻人，张蜀新参加了座谈。题目是缅怀南仁东，这是个说不尽的话题，直到9点多。

27日早饭后退房，告别这次短暂而难忘的天眼之行。还是司机王师傅送我们到火车站。再见了天眼，谢谢FAST观测站为我们操劳的领导和工作人员。

吴文才(右)带我们参观天眼

和南仁东在一起

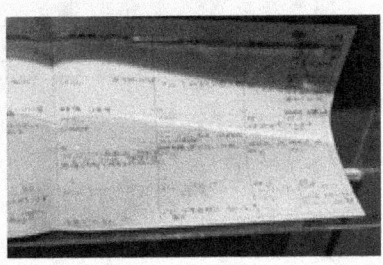

在南仁东先进事迹馆前

周克诚种了一株给南仁东的纪念树

南仁东的遗物，工作日历

高能所

中科院研究生院培育了网络安全人才

许榕生

摄于1978年考取研究生院

作者简介 1947年出生于福州。1978年考入中科院研究生院获高能物理实验硕士学位，1987年获美国加州大学(Santa Cruz)博士学位。1988年回国参加北京正负电子对撞机实验的软件建设与数据分析。期间在高能所开通最早的互联网并建立中国第一台WWW网站。后转入网络安全研究，成果获"中科院科技进步一等奖"、"国家科技进步二等奖"。

1978年中科院研究生院就像科学春天出现的一座火热的熔炉，我们一千多名幸运儿投身其中，开始了千锤百炼的锻造。四十年过去，我们更加怀念这所曾经陶冶我们情怀，赋予我们学术信念的母校。本人后来一直从事互联网事业，特别是网络安全的研究。虽然该专业当年还不存在，但无疑应该归结到当年研究生院这座熔炉的功效。谨借此出版研究生院纪念册第二集之际，回顾我如何最终投入到中国互联网安全事业的经历。

一、考进研究生院

我得知恢复招考研究生的通知比较晚，那时我被送到五七干校劳动，外界消息不灵。即使得知通知，能否有能力考取也是很担心的。我是文革前一年考取北大的，福建的中学数学特级教师推荐我提前参加高考，但我在北大数学系只上8个月的课就遇到文革停课了。1970年被送往湖南洞庭湖边上的农场"锻炼"，在那些芦苇棚里整整住了两个春夏秋冬。幸好每天允许看一小时业务书，我做了一个小油灯，繁重的劳动之余晚上继续读些书。已经荒废几年的知识才慢慢捡回来。没有书店、图书馆，我向高年级同学借书，开始自学大学的数学物理和英文课程。

1972年春从部队农场出来，我有幸被分配到长沙的湖南计算技术研究所编写程序。当年一台体积庞大的国产计算机（X-2机）用最原始的机器语言编写程序，必须拿着穿孔纸带排队上机。该计算机的存储容量仅仅4K的空间，编写程序必须十分严谨、细心。进行计算的题目包括水利大坝设计、气象预报以及机械应力分析等，在程序设计中大量涉及到计算方法和统计数学的知识。

恢复招收研究生是我久盼的机会，不管面临多少困难无论如何也要去拼搏一下，我在湖南工作时恶补过大学的基础数学课程，便报考了科学院计算中心。考试的要求是数学分析与线性代数，外语允许选俄语。这时离考试只有几个月时间，且我已经成家还有了两个儿子，这个决心也是不容易下的。我把各种复习公式和例题贴在墙上，经常是抱着不到一岁的小儿子在墙边走来走去记下这些复习要点。考试在1978年的5月份举行，长沙地区考生集中到湖南师范学院图书馆大厅里进行。我一早骑了自行车来到了久违的考场，走进考场坐在大桌子的一边，每张桌子围着几个考生一起考。第一天政治、外语，第二天是两门专业课，看到数学题目就觉得熟悉，这是北大数学专业风格的题目！有几道题虽然是高年级的内容，但凭借平时熟悉计算数学和以前的考试功夫，我把它当场攻下来了。很快接到通知到北京复试，这时我信心倍增，后面的考试一帆风顺。在北京还顺便到北大参加了"回炉"考试，也考得不错。北大软件专业的研究生导师希望我转到北大那里做研究生，但我考虑还是按原志愿到科学院去。不久研究生录取通知书到达，出乎意料上面写的录取单位变成中科院高能物理研究所。原来高能所正在大规模准备建造大型电子对撞机工程，李政道先生引进的国际合作项目需要大批高级人才和交叉学科的研究生，高能所特地到科学院计算中心商调了几位已录取的研究生进行培养，于是我步入了中科院研究生院的大门。

二、在研究生院学习

在研究生院高能所的研究生班人数比较多（约 40 多人），同学的素质都很高，很多都是原来名牌大学中的高材生，科大、北大、清华的占了多数。大家集合在一起本身就能够共振出许多能量和动力。放眼整个研究生院的新生和老师，个个摩拳擦掌、精神抖擞，校园充满一派振兴中国科技的大气氛。我在纪念册的第一集里写了研究生院的一些情况，这里再做一些补充，旨在说明这所研究生院真正给予我们的不仅仅是猎物而是猎枪，一种宝贵的精神武器。它指导我们历经 40 多年战胜多种多样的困难，勇敢地拥抱未来，义无反顾地站到了科技发展的第一线，做出了各自卓有成效的贡献。

如果说我在研究生院有什么机遇和启示，回想起来当年高能所导师交给我一个解决国外磁带解读的问题就是一例。那是因为第一批赴欧洲到丁肇中教授那里工作的中国代表团带回的 IBM 计算机磁带无法在国内的计算机上读出来，国内当时还没有进口 IBM 计算机，用不同型号的计算机读出的是一堆乱码。我以前也没遇过这类问题，但我的计算机基本知识让我读懂了这些乱码的意思，看出了不同计算机之间 32 位比特排序的不同之处。于是编写了一个调整 32 位比特调整排序的小程序，就将国外带回的磁带顺利译出了里面的内容。这个问题的解决，实际上就是后来互联网的 FTP 协议（不同计算机型号下文件传输格式转化协议）。我在研究生院那年遇到的仅仅是一个个案，但这为后来我们引进互联网以及深入研究网络安全问题奠定了一个基础。

在研究生院我去听过华罗庚先生的讲座，他轻巧地把偏微分方程的三种类型按新的方法进行界定，评述前苏联数学家的传统分类方法

"幼稚"！后来知道我国的计算机技术也是华罗庚先生引入的。我还听了曾肯成教授的群论课，小时候也看过他的数学科普书，十分敬仰。记得他在课堂上讲解抽象的 SU（3）群概念，生动地举例说骑自行车时它的前轮就是 SU（3）的过程。曾肯成教授曾经在美国访问期间把美国刚刚发布的三项商业密码规则一下破解了两项，他开拓了中国国家密码研究重点实验室，做出了许多重大的贡献。后来我投身到网络安全的研究中，一直把他看作一个榜样。

研究生院时常开办一些大师的课程与讲座，记得钱伟长教授就给大家讲了他刚从美国考察回来的观感，风趣幽默令人启发。时任科学院院长的卢家锡先生到研究生院开会致辞言简意赅、没有废话，同学们不禁赞赏说"这就是科学家的致辞！"在研究生院播放的中英文电影让我们大开眼界，每次放映同学们都挤得满满的，当时主要是一些英文片作为教学辅助，但也有一些港台片放给大家看。正值中央号召全国改革开放的时刻，研究生院的环境为我们营造了思想大踏步解放的氛围。

三、继续深造与回国贡献

国内十年文革最大的灾难是人们失去了对世界的全面认识和理解。研究生院使我们打破了思想的禁忌，随即出现了出国留学的阵阵高潮。我们那届研究生有机会参加李政道先生的 CUSPEA 考试出国，还有许多是自行联系赴美留学的。1982 年我在导师推荐下也到了美国加州大学圣克鲁斯分校物理系攻读博士，有七年的时间在美国斯坦福直线加速器中心（SLAC）从事高能物理实验与数据分析。

在美国能源部重点实验室可以接触到大型计算机及其各种软件与应用，同时很吸引我的是计算机的联网。上世纪八十年代初是计算机网络技术突飞猛进的发展时期，PC 机也在美国硅谷诞生。要学的新东西太多了，在国外的大量时间都在图书馆和实验室里，几乎每天都离不开计算机，我对计算机的联网远程登录与电子邮件等网络技术的运用情有独钟。

1987年我完成了高能物理博士学位,第二年北京正负电子对撞机成功投入数据采集,急需数据处理的系统软件、技术和人才,李政道先生推荐我回国到高能所帮忙。我在美国七年时间没有回中国了,当敬重的李政道先生希望并推荐我回国时,他表达出的深情令我深深感动,立即下了决心回国去尽义务。于是我中断了在加州大学粒子物理研究所的博士后工作,携家人启程回中国高能所,协助北京正负电子对撞机实验的软件工程与数据分析工作。

我又回到了北京玉泉路的高能所,夫人调到研究生院医务室工作。在很短时间里,我编写了全套北京对撞机实验数据的计算机软件接口,使移植到北京的国外应用软件得以在国内计算机平台上顺利运行;通过软件的数据分析使得北京对撞机的实验结果跃然呈现出来,实验成功的科学论文迅速得以发表与报道。原来我考虑在北京高能所完成任务后就继续赴美国做博士后,但科学院调了四个北京市户口安排我全家落户首都,而我又接到了新的任务,即负责为高能物理开通中美之间的互联网专线,这项历史性的中美联网过程我在纪念册第一集的文章里已作了记述。

四、投身网络安全的研究

开通中国互联网后,在随后的30年里,我转到网络安全研究领域中,这里予以一些记述。当互联网刚出现时,人们更多想到的是在全球网络中的信息共享、理想中的远程教育、远程医疗、网络购物、甚至通过物联网遥控家中空调、微波炉等;而年轻人有了网络可以尽情地欣赏网络电影、音乐和玩电子游戏等。然而,我预感到今天"无限美好"的电子时代,是需要将网络安全与信息化建设一起考虑,甚至要把它放在核心的位置上。不幸的是很多决策者没有做到,甚至也没有多想过这些。这就导致了很多网络安全的隐患,例如早期的网络工程中网络安全的考虑就很少,有关安全保障的投资比例往往不到总投资的

5%，甚至为零，作为网络安全最重要的人才的因素通常都被忽视了。

当今想成为一个强国，网络空间的信息技术必须要占据一定的优势，也即必须具备信息技术的雄厚支撑以及掌握这些技术的各个层次的人才。哪个国家不重视网络安全的技术与人才，那就是自废功力。那种认为有了经济后盾，或者储备了核武器、航空母舰就能成为军事强国的思维是不够全面的。1996年我被借调到国务院信息化领导小组办公室工作一年。这一年的经历，有机会对中国互联网的发展有了一个全面的认识，更加感觉到中国的网络管理与安全问题将变得非常突出，于是我决定组建一支网络安全研究队伍，开展专题攻关，同时培养网络安全方面的高级人才。

随后（1998年）中国科学院正式委托这一网络安全团队承担了第一批研究课题，从而开发出第一套在 Linux 系统下的网络漏洞扫描系统，并在国内的政府、金融、电信、教育、电力、石油石化等诸多的行业中得到推广应用。这项隶属于中国科学院的信息安全重点项目（包括密码学理论研究、安全操作系统等子课题，分别由中科院研究生院、软件所和高能所等共同承担），于1999年获得中国科学院科技进步一等奖，2000年获国家科技进步二等奖（一等奖缺）。通过这些课题出现了一批投身网络安全的领军人物，他们现在大部分在关键领域发挥着作用。我也兼任过网络安全实验室首席及学术委员会主任等职位，发表了一批文献和著作，做过相关网络安全的讲座，组织进行了网络安全有关技术的培训和竞赛，指导了十多位网络安全的博士和几十名硕士。网络安全逐步成为了一门热点学科，各国均加以了高度重视。我多次到美国、欧洲及香港等地交流，学习先进的经验。在近二十多年的摸索中体会到要从事网络安全研究需要具备计算机与网络的许多底层知识，需要深厚的数学逻辑训练（包括人工智能、大数据分析等运用能力），还需要信息技术的软、硬件知识以及法律学、心理学等多学科的综合经验。现在国内已经有了学科的博士点以及各种规模的网络安全实验室，在治理网络犯罪的历程中赢得了国际上的一席之地。

　　回顾四十年前中科院研究生院的诞生历程以及人才培养的典型示范，它深深印在了我们脑海中，尤其今天我们倍加敬佩老一代科学家、教育家的卓越眼光与远见，以及他们传帮带的精神。从研究生院出来的毕业生，无论他们在国内或是在国外都不会忘记当年的入学考试和校内的学习生活，以及研究论文的写作答辩。在后来的几十年里研究生校友们不负众望，在有生之年做出了各自的贡献，这都应该感谢母校中科院研究生院，感谢我们的导师和为大家服务的各位员工！

作者邮箱：xurs@ihep.ac.cn

近期照片（摄于乌镇，世界互联网大会）

后　记

2018年10月是中科院首届研究生入学四十周年，校友们分别在北京和美国旧金山举行了纪念活动。李大卫同学主持出版了《纪念中国科学院研究生院四十周年纪念文集》，获好评。许多同学希望继续出版纪念文集。在旧金山的聚会上，物理所杨晓青同学提议，由陆文禾负责筹划此事，得到一致通过。

历经一年多，在同学们、编辑部及其他有关人员的共同努力下，现在本纪念文集2020终于定稿付梓，正式出版。全书共有134篇文章，一千一百页，分《78忆78》和《78留痕》两卷。

本文集征稿和编辑的原则是：对作者的选题、内容和观点不予限制，文责自负；编辑部仅提供文字上的修改建议，终稿由作者确认。每篇文章的版权归作者所有，整书版权归编辑部所有。

借此机会，我们首先要感谢所有作者，84位同学和Mary Van de Water, Lyndall Nairn及孙景才三位老师的投稿和提供了这些珍贵、感人的回忆和其他类文章。值得特别提到的是：这些作者绝大多数是理工科专业背景，每个人不但入校前经历迥异，老少兼之，离校后更是八仙过海，目前在世界各地，思维观念差异多元，却在一起为文集供稿，使其内容多彩丰富，彰显了我们科学院研究生院首届校友特别崇尚的科学民主精神和深厚的同学校友情谊。

我们也要感谢为本文集提出各种建议，帮助联系稿件和提供各种帮助的同学，恕不在此一一列举，但要特别感谢周家馨同学为搜集玉泉路出国班同学名单作出的努力。

后记

亚美导报出版社的李维华社长在本文集成书的过程中给予排版和出版的帮助；刘燕女士在封面封底设计的早期付出了劳动；贝黎虹女士参加了稿件修改。我们在此一并鸣谢。

最后，我们特别感谢李又宁教授为本书写的序言（李教授简介请见附录）。

本编辑部的分工是卷一，朱蓬蓬、张天蓉、舒昌清、朱学渊和张韧。卷二，王宏、张韧、蔡强国、田大鹏、王正志和陆文禾。

在同学们的信任和支持下，编辑部的全体成员做了大量的工作，但特别要提及朱蓬蓬和张天蓉同学的组织和设计以及田大鹏同学强有力的网络支持。

我们还要感谢许多同学的捐款。但根据捐款原则，恕不能公布捐款人的姓名及捐款金额。我们也借此机会特别感激曹南薇和唐一华同学拨冗为我们管理财务，使得编辑部和财务分开，严守分际。

尽管作者们、编辑部全体成员、出版社和其他志愿人员做了大量工作，但仍可能出现错误和疏漏，诚企见谅、斧正。

本纪念文集的筹划编辑过程长达一年多，开工时值中国四十年崛起之末，付印时逢新冷战宣启之初。其间经历了中美贸易战、香港反送中，以及今天还在肆虐人类的世界瘟疫和百年洪灾。在变化急剧的数月，辑集急剧变化的40年历史叙事，别有一番滋味在心头。

本编辑部七男三女均为78同学、无单位指标和级别、不挣分文。数月以来，借助网络虚拟世界，众"大编"读文纠错各展所长。平和讨论与舌剑唇枪同在，寻美求真和兼收并蓄共存。也有甩手撂担子和舍不得又回来的起伏，充满调侃风趣。

多少天的辛苦以后，两大书卷终于摆上了案头，心里涌起的是带苦涩的甜美和欣慰！

在文集定稿之前，我们已经收到新稿，一些同学也提出了继续发表各类纪念文章的要求。我辈同学即令已逾从心所欲之年，洞明世事，大彻大悟，但仍童心未泯、壮心不已。希望同学们继续笔墨耕

后记

耘，将各自的前无古人后无来者之四十余年非凡经历写出来，争取2021年继续出版我们的纪念文集，以慰先贤，以志后人。

中国科学院研究生院首届研究生纪念文集2020卷编辑部
二零二零年七月二十九日

附录： 李又宁教授简介

李又宁教授是一位具有特色的史学与教育工作者。她从生活环境中识别历史与当代的关连性，开拓胡适研究、华族留美史研究，著作颇丰。作为纽约市的长久居民，她热心于推动社区文史工作，创办了六种期刊为华美移民提供学术与艺文的创作舞台，并且经常举办各种国际性的学术研讨会，称之为："捕捉进行中的历史"。她举办的「华族留美史」研讨会，「学习与超越：全球视野下的华族艺术发展」论坛等，均为系列研讨会，历年来曾在纽约多次举行。此外尚有「华族对美国的贡献」，「福建人在纽约」，「世界历史中的孙中山、蒋介石、宋美龄」以及「纪念世界级戏剧作家汤显祖逝世400周年」等专题讲座，成为研究华人，主要是旅居海外华人的历史的重要平台。

Copyright ©2020 by the Editorial Board

All rights reserved. No reproduction or translation of this book may be made without written permission of the author.

版权所有，没有作者书面授权，任何人不得以任何方式复制或以任何语言翻译本书。

78 忆 78
——1978级中国科学院研究生院纪念文集
卷一 《78 忆 78》
卷二 《78 留痕》

美国　印第安纳　印第安纳波利斯
USA, Indiana, Indianapolis
www.yamei-today.com
IngramSpark
Amazon.com & aatoday@gmail.com
印张 6 X 9 英寸　字数 346,711
2020 年 6 月第一版　2020 年 8 月第一次印刷
ISBN：978-1-942038-09-2
LCCN: 2020909576
定价：$25 (USA)

封面设计：张天蓉

编辑：朱蓬蓬，张天蓉，舒昌清，朱学渊，张韧

www.ingramcontent.com/pod-product-compliance
Lightning Source LLC
Chambersburg PA
CBHW071948110526
44592CB00012B/1030